DAS ZYNISCHE GAG-LEXIKON

Falko Rademacher

# DAS ZYNISCHE GAG-LEXIKON

LEXIKON IMPRINT VERLAG

# INHALT

# REINGEFALLEN!
# DAS IST GAR KEIN LEXIKON!

Selber schuld, hätten Sie halt vorher mal reingesehen in die Schwarte und nicht gelöhnt. Denn anders als die anderen Lexika dieser vorzüglichen Reihe will dieses Buch dem Leser überhaupt nichts beibringen, vermitteln oder erklären. Es ist kein echtes Nachschlagewerk, es ist noch nicht einmal ein Sachbuch. Das ist besonders wichtig, weil es in diesem Lexikon möglicherweise einige wenige Stellen gibt, bei denen sich der eine oder andere prominente Zeitgenosse nicht unbedingt geschmeichelt fühlt. Denen und allen Lesern soll klar sein: Nichts in diesem Buch ist ernst gemeint. Es ist lediglich ein Kompendium der Verarsche. Es erhebt keinen Anspruch auf Richtigkeit oder Vollständigkeit, sondern nur auf Komik. Womit wir beim Thema wären.

Falls Sie glauben, Sie halten eins dieser dösigen Witzbücher in den Händen, die niemand liest, die nur verschenkt werden, und zwar meistens an Leute, die einem meilenweit am Rektalbereich vorbei gehen, so liegen Sie falsch. Natürlich dürfen Sie es verschenken, am besten gleich mehrere, nur bezahlen Sie bitte vorher dafür, das wäre nett. Aber Witze kommen in diesem Buch nicht vor, sondern Gags, One-Liner und Aphorismen, thematisch und alphabetisch geordnet, schön übersichtlich, wie wir Deutschen das lieben. Bei etwa 5000 Gags, eingeteilt in ca. 670 Stichwörter und 16 Kapitel, werden so ziemlich alle wesentlichen Aspekte des menschlichen respektive deutschen Daseins bedacht.

Tja, sehr schön, und wozu das ganze? Wie viele Bücher ist auch dieses durchaus als Lesestoff geeignet. Es empfiehlt sich in erster Linie aber nicht für lange Lesestunden mit einer Pfeife und einer dicken kastrierten Katze vor dem Kamin, sondern ist eher für das kurze Schmökern zwischendurch gedacht. Nehmen Sie das Buch zur Hand, wenn beim Fernsehen gerade eine Werbeunterbrechung läuft. Lesen Sie es auf der Toilette, zur Not dient es auch gut als Klopapier-Ersatz (dann müssen Sie natürlich ein neues kaufen, Sie Ferkel, also wirklich). Wann immer Sie gerade etwas gelangweilt oder schlecht drauf sind, lesen Sie ein paar Gags zu Ihrem Wunschthema. Tragen Sie das Buch immer bei sich: Überbrücken Sie Wartezeiten an Schaltern, auf der Bahnstation oder auf dem Arbeitsamt. Nehmen Sie das Buch mit ins Bett und lesen Sie jeden Morgen einen Gag zum Wachwerden. Lesen Sie in der Badewanne oder unter der Dusche (Sie sollten allerdings unter der Dusche das Wasser nicht anstellen). Auch auf Reisen bietet das Große Gag-Lexikon leichte Zerstreuung. Lesen Sie einzelne Gags, bestimmte Stichwörter oder ganze Rubriken. Jeder Leser kann sich aussuchen, wie er dieses Buch konsumiert.

Solange es für den rein privaten Gebrauch ist, dürfen Sie die Gags in diesem Buch natürlich auch schriftlich weiterverwenden (denkfaule Gagschreiber und Komiker sollen sich aber hüten, mein Zorn würde sie alle treffen, sie und ihre Kinder, und ihre Kindeskinder!). Wenn Sie einen Brief schreiben oder einen Bericht, ein Memo oder ein Fax, können Sie den Text mit einem Gag aufpeppen, der zum Kontext paßt. Das geht natürlich auch z.B. bei Examensarbeiten und allen Formen von Aufsätzen und Essays. Schreiben Sie Leserbriefe an Zeitungen, mit ein paar Gags erhöht sich die Chance, daß sie abgedruckt werden. Mit diesem Buch können Sie geschickt vortäuschen, witzig und geistreich schreiben zu können.

Ebenso von Nutzen kann Ihnen dieses Buch bei allen Arten von Ansprachen und Reden sein. Vielleicht sind Sie gerade Minister geworden (bei unserer Regierung darf ja anscheinend jeder mal für ein paar Monate, was ich sehr demokratisch finde) und wollen ihre langweilige Antrittsrede aufpolieren. Vielleicht möchten Sie einen geistreichen Toast auf das junge Brautpaar ausbringen. Vielleicht halten Sie eine Rede in Ihrer Firma, bei einer Party oder vor einem Untersuchungsrichter. Was auch immer, dieses Lexikon wird Ihnen eine unschätzbare Hilfe sein.

Und zu guter Letzt: Wenn Sie genügend Exemplare kaufen, wird der Autor so reich werden, daß er einen kleinen Teil seines Einkommens irgendwann auch mal eventuell der dritten Welt spendet. Also kaufen Sie gleich mehrere Bücher und verschenken Sie sie an alle Feinde und Wildfremde.

Köln, im Jahre des Herrn

Falko Rademacher

# FILM, KUNST UND LITERATUR

## 101 DALMATINER

Ich fand die Zeichentrickversion von »101 Dalmatiner« viel besser. Da wurden die Genitalien der Viecher ausgespart.

Vorsicht! Wenn Sie nicht wollen, daß Ihr Hund Horden von Welpen anschleppt, lassen Sie ihn niemals »101 Dalmatiner« sehen.

So familientauglich sind die Disney-Streifen gar nicht. Z.B. »101 Dalmatiner«. Pongo und Perdi hatten 99 Welpen und waren nicht verheiratet!

Amerikanische Tierheime sind wegen des Films inzwischen voller Dalmatiner. Das sind Windhunde mit schwarzen Flecken, die als Welpen niedlich sind und erwachsen hässlicher als der Penis meines Großvaters.
Aber seien Sie nicht allzu traurig, ein Gutes hat die Sache nämlich: Viele Tausend Dalmatiner werden eingeschläfert!

Erwachsene Dalmatiner sind sehr komplizierte Hunde. Die fangen kein Stöckchen, das nicht vorher in Katzenblut getaucht wurde.

Dalmatiner brauchen sehr viel Auslauf, können kalte Temperaturen nicht ertragen und verlieren das ganze Jahr lang Haare. Manchmal könnte man fast meinen, daß Disney-Filme ein wenig zur kitschigen Verherrlichung neigen.

Ich bin gespannt, wann Disney endlich einen Film über herzige kleine Pitbull-Welpen rausbringt.

## ASTERIX

Der Asterix-Comic »Der große Streit« wurde ins Ruhrdeutsche übersetzt mit dem Titel »Zoff im Pott«. Sie wissen ja, Zoff ist als kleines Kind in den Pott mit Zaubertrank gefallen.

In dem Ruhrdeutsch-Asterix geht es um ein kleines Amateur-Dorf namens Essen, das umzingelt ist von den in der Liga befestigten Lagern VfL, BVB, MSV und 04.
Der Unterschied zum Original: Das Dorf gewinnt relativ selten.

Im Ruhrpott-Asterix ißt man kein Wildschwein, sondern Döner.
Und man trinkt keinen Zaubertrank, sondern Curry-Soße.

Welche Sprache spricht man in Ägypten? Richtig, Arabisch.

Ägyptisch spricht man nur in Asterix-Comics.

## BAROCK

Mein liebster Barockmaler ist Rubens Barockello.

In Barock und Rokoko hatten Farben eine starke Symbolik. Rot bedeutete »Liebe«. Heute bedeutet Rot nur noch »SPD«.

Barock war ja schon sehr opulent, aber Rokoko war noch dekorativer. Eine Mischung aus gotischer Kirche und Disneyland.

Rokoko heißt die Zeit des Spätbarock. Sperrstunde heißt die Zeit des Spätbarhockers.

Rokoko zog sich hin von 1730 bis 1780. Nur 50 Jahre, das ist doch keine eigene

Periode! Das ist gerade mal eine kleine Blutung.

Die Rokoko-Architektur war ziemlich kitschig, total verziert und tuntenhaft. Ein paar Überbleibsel gibt es noch, z.B. den Palast der Republik.

Das Hauptornament des Rokoko war ja die Rocaille, eine Muschelform. Das lebt weiter in den Shell-Tankstellen.
Wenn der Künstler diese Rokoko-Muscheln malte, wie oft mußte er seinen Pinsel eintauchen?

Es gibt ja auch noch die typische Rokoko-Frisur, also diese aufgetürmten Haarberge. Das tragen heute nur Ivana Trump und Klaus Kinkel.

Vor einer Rubens-Ausstellung sollte man auf jeden Fall eine kalte Dusche nehmen.
Und einen langen Mantel anziehen.

## BRECHT, BERTOLT

Bertolt Brecht feierte kürzlich seinen 100. Geburtstag. Ich gratuliere und wünsche ihm weitere 100 Jahre.

Brecht gilt als erfolgreichster Dramatiker dieses Jahrhunderts. Abgesehen von Walt Disney.

In der DDR wurde Brecht zu einem Staatskünstler hochgefeiert. So wie bei uns heute Johannes B. Kerner.

Brecht starb mit 58 an Herzversagen; man sagt, Deutschland habe ihm das Herz gebrochen. Deutschland und die 5 Packungen Zigaretten täglich.

»Mutter Courage« soll wieder verfilmt werden, allerdings unter dem moderneren Titel »Mutter Beimer«.

## BÜCHER

*→ Grass, Günter; → Lind, Hera; → Lindgren, Astrid; → May, Karl; → Wallraff, Günter; → Walser, Martin*

Ich habe einen Bücherschrank voll mit den größten Werken von Goethe, Tolstoi, Rilke, Eco... und ich habe ein Bücherbord mit Büchern zum Lesen.

Die Bürger beklagen, daß Bücher auf Kinder kaum Einfluß haben. Das stimmt gar nicht. Ich z.B. verprügle Kinder fast ausschließlich mit Büchern.

»Der kleine Prinz« ist für die Franzosen das Buch des Jahrhunderts. Na, vielleicht gibt es dann auch bald endlich eine schöne Verfilmung. Mit Arnold Schwarzenegger als kleiner Prinz.

Als Kind habe ich wahnsinnig gerne »Wir Kinder aus Bullerbü« gelesen. Und Ihr könnt mir gratulieren: Seit letzter Woche hab ich das Buch endlich durch!

Die Buchpreise steigen immer mehr. Irgendwie muß man diesem Bildungswahn ja beikommen.

Die Zahl der Buch-Neuerscheinungen steigt unaufhaltsam. Wenigstens ein Markt profitiert von der Arbeitslosigkeit.

Kein Wunder, daß Bücher so boomen. Bei den billigen Möbeln heutzutage braucht man viele Stützen.

Der absolute Renner sind immer noch Bibeln. Jeder will noch eine haben, bevor's keine mehr gibt.

Bei Taschenbüchern kann man ja ruhig Eselsohren reinmachen. Alles was man braucht ist ein Esel und ein scharfes Messer.

Taschenbücher sind eine gute Erfindung. Ich weiß nicht, ob sich »Walt Disneys lustige extra schwere Hartumschlagschwarten« so gut verkauft hätten.

Taschenbücher sind niveaulos, ich lese grundsätzlich keine. Okay, ich lese auch sonst keine Bücher, aber das ist meine Sache!

Der Friedenspreis wird vom Börsenverein des Deutschen Buchhandels verliehen. Dieser Verein hat es sich zum Ziel gesetzt, deutsche Langeweile und Phantasielosigkeit in die Welt hinauszutragen. Also so ähnlich wie der DFB.

Der Friedenspreis gilt als eine der bedeutendsten deutschen Auszeichnungen. Quasi das Eiserne Kreuz für Intellektuelle.

## CASABLANCA

Die marokkanische Hafenstadt Casablanca ist für zwei Dinge berühmt: Für den romantischsten Film aller Zeiten und als Paradies für Pädophile.

Ich fand das blöd, daß die Bergman am Ende mit diesem Resistance-Chef geht. Ich meine, wenn man gut vögeln kann, wen interessiert dann noch Frankreich?

Der Satz am Ende ist toll: »Ich glaube, das ist der Beginn einer wunderbaren Freundschaft«. Das kommt gut, während man gerade an den Nippeln seiner Kino-Begleitung nuckelt.

Seine größte Rolle hatte Humphrey Bogart in »Casablanca«. Da trug er auch die größten Absätze.

Schön war der Satz »Uns bleibt Paris«. Ich hatte mal 'ne Freundin aus dem Ruhrgebiet, der hab ich gesagt »Uns bleibt Castrop-Rauxel«.

## COMICS

→ *Asterix,* → *Disney*

Mein Lieblingscomic war immer »Ficks und Fotzi«, oder so ähnlich.

Walt Disney ist ja nicht der Erfinder der Comics. Er ist nur der Erfinder des Copyrights.

Ich habe als Kind selbst gerne Comics gezeichnet. Na gut, ich habe nur Nacktzeichnungen meiner Musiklehrerin ins Schulheft geschmiert, aber das war auch Arbeit.

## DER MIT DEM WOLF TANZT

Ein toller Film. Nehme ich an. Hat ihn irgend jemand zu Ende gesehen?

Seit »Der mit dem Wolf tanzt« gilt Kevin Costner ja als großer Fürsprecher der Indianer. Sie nennen ihn »Der mit uns die große Kohle macht«.

Böse Zungen behaupten, der Film sei nur deshalb so erfolgreich, weil man darin Kostners nackten Hintern sieht. Noch bösere Zungen behaupten, daß der Film nur deshalb nicht NOCH erfolgreicher war.

Kevin Costner dreht bald seinen letzten Film: »The Flopman«.

## DICAPRIO, LEONARDO

Experten meinen, daß sich jedes Mädchen einen DiCaprio-Film mindestens fünfmal ansieht. Das kommt dann insgesamt einer Entjungferung gleich.

Robert DeNiro will angeblich nicht an der Seite von Leonardo DiCaprisonne spielen, weil er Angst hat, neben ihm zu alt auszusehen. Deshalb dreht Uschi Glas auch nie mit Johannes Heesters.

Kate Winslet wurde als beste Schauspielerin in »Titanic« nominiert. Das ist der Ausgleich dafür, daß man auf allen Filmplakaten sieht, wie DiCaprio ihr in den Ausschnitt starrt.

Leonardo raucht nicht und trinkt nicht, sagt seine Großmutter. Jaja, wie süß. MEINE Oma glaubt, ich bin noch Jungfrau.
Und Bischof von Limburg.

Leonardo DiCaprisonne sieht sich noch nicht als vollgereifter Mann. Keine Angst, Leo, ich war auch ein Spätstarter. Aber eines morgens bin ich aufgewacht, die Bettdecke war feucht und - voilá...

Leonardo DiCaprisonne will für seinen neuen Film Muskeln aufbauen. Viel Glück! Und läßt er sich auch Brusthaare wachsen? Oder sogar Schamhaare?

Leonardo DiCaprisonne sagt: »Frauen, die mich antörnen, sind aufrichtig, warmherzig und haben wirklich etwas zu sagen.« Süß. Dann kenne ich die ideale Partnerin für ihn: Regine Hildebrandt.

Leopold meint, es sei nicht gerade nobel, Tourist zu sein. Wieso? Ich liebe das, wenn ich im Urlaub deutsche Urlauber sehe, die zum schwarzen Kellner sagen: »Ey Kohlekasten, mach ma zwei Bier, abba flott!« Da ist man gleich so stolz, Deutscher zu sein.

Leonardo DiCaprisonne soll vielleicht den Darth Vader spielen. Erst »Titanic« und jetzt das. Tja, dann ist er endgültig auf der dunklen Seite der Macht.

Leonardo diCaprisonne hat einem Sonnenstudio in Bad Salzuflen verboten, sich »DiCaprio« zu nennen. Finde ich bei dem bleichen Knaben auch unpassend. Genausogut könnte man ein Fitness-Studio nach Mario Basler benennen.

Ein Café in Bad Salzuflen darf sich nicht »DiCaprio« nennen, weil das angeblich die Markenrechte von Leonardo DiCaprio verletzt. Oh Mann. Kennen Sie diese Nippes-Ladenkette namens »Leonardo«? Die können sich jetzt warm anziehen.

Ich wünsche Leo und Kate Moss viel Glück. Ich hoffe nur, daß sie keine Kinder kriegen.

Leo will angeblich sein Image als »böser Bube« abschütteln, heißt es. Was? Ich meine: Häh? Leonardo DiCaprisonne ist ein böser Bube? Dann ist Jack Nicholson Flaffi das Knuddelhäschen.

Leo versucht das Rauchen aufzugeben. Er raucht nur noch während des Sex.

Leo will ein Jahr lang den Armen in Indien helfen. Er will dafür sorgen, daß es sich jeder Inder leisten kann, sich eine Kinokarte für seinen neuesten Film zu kaufen!
Ich finde das total süß von ihm.

### DISNEY

*→ 101 Dalmatiner; → Glöckner von Notre Dame, Der*

Walt Disney - Fast 100 Jahre und ABSOLUT leise.
Walt Disney ist ja leider 1966 gestorben. Ich glaube, ein Klavier ist auf ihn draufgefallen.

Micky und Minnie sind vorbildlich. Sind seit 50 Jahren zusammen und hatten keinen Sex. Naja, und inzwischen ist Micky dafür auch zu alt.

Die katholische Kirche in den USA wirft dem Disney-Konzern vor, dessen Filme seien familienfeindlich. Richtig, ich krieg danach auch keinen mehr hoch.

»Schneewittchen und die sieben Zwerge« steht im Kreuzfeuer der kirchlichen Kritik. Eine Frau, die mit sieben alleinstehenden Männern zusammenlebt! Demnächst kommt eine Wiederverfilmung mit dem Titel »Madonna und die sieben Fitnesstrainer«.

»Die Schöne und das Biest« wird von der Kirche scharf angegriffen. Mein Gott, seit wann sind die denn gegen ein bißchen Sodomie?

Die Kinder mögen die Disney-Filme eigentlich nicht. Die schauen sie sich nur an, damit die Eltern das Gefühl haben, sie richtig zu erziehen.
Danach spielen sie wieder »Mortal Kombat«.

Das Schönste an den Disney-Filmen sind ja die Lieder. Das Schlimmste an den Disney-Liedern sind die Filme.

## E.T. – DER AUSSERIRDISCHE

Ich habe furchtbar geweint am Ende von »E.T.«. Ein großer Science-Fiction-Film – und nicht eine einzige Leiche!

Erinnern Sie sich noch: »E.T. telefonieren nach Hause«... gut, daß er's nicht bei der Telekom versucht hat.

Ich fand das Ende von »E.T.« total doof. Wieso ist Elliot nicht mit E.T. weggeflogen? Das wäre ein Rotzbalg weniger auf der Welt.

## FILM

*→ 101 Dalmatiner; → Casablanca; → Der mit dem Wolf tanzt; → E.T. - Der Ausserirdische; → Glöckner von Notre Dame, Der; → Godzilla; → Independence Day; → James Bond; → Jurassic Park; → Pate, Der; → Rocky; → Schindlers Liste; → Schweigen der Lämmer, Das; → Star Wars; → Titanic; → Vom Winde verweht; → Weisse Hai, Der*

Der deutsche Film ist wieder da! Jawoll! Aber total! Wieso begreift das bloß im Ausland keiner?

In Berlin soll es künftig nach dem Vorbild Hollywoods einen »Walk of Fame« geben, auf dem internationale Filmstars ihre Hand- und Fußabdrücke hinterlassen. Es könnte wohl keine bessere Versinnbildlichung für die Ideenlosigkeit des deutschen Films geben.
Hey, wie wär's mit 'nem Film über den Untergang der Titanic?

Volker Schlöndorffs Film »Palmetto« nahm in den ersten Tagen nur drei Millionen Dollar ein. Was in Amerika ein Flop ist, ist für Sönke Wortmann ein Welterfolg.

Schlöndorff hat angekündigt, weitere Filme zu drehen. Warum gibt es eigentlich gegen solche Leute keine US-Sanktionen?

Laut einer Studie weint bei traurigen Filmen jeder dritte Mann. Bei deutschen Komödien sogar jeder zweite.

Die Filmfestspiele von Cannes gewähren tiefe Einblicke – in das menschliche Leben und in mondkratergroße Décolletés.

Die meisten Filme in Cannes stellen vor allem die Menschen und ihr oft tragisches Dasein in den Mittelpunkt. Besonders erschütternd zuletzt: Die Biographie des Wolfgang Lippert.

Demnächst wird in Berlin wieder der Bundesfilmpreis verliehen. Und das ist sehr wichtig, denn bekanntermaßen sind die Gewinner des Bundesfilmpreises im nächsten Jahr immer heißeste Oscar-Favoriten!

Einer der erfolgreichsten deutschen Filme der letzten Jahre war »Comedian Harmonists«. Der Film war rein thematisch für den deutschen Film ein gewaltiger Schritt - tapfer nach vorn in die 20er Jahre.

Deutsche Filme haben es im Ausland schwer. Stimmt, ich hab in ausländischen Videotheken noch nie deutsche Pornos gesehen.

»Comedian Harmonists« hat fünfmal den Bundesfilmpreis gewonnen. Das ist wie bei einem Massenverkehrsunfall: Die Patienten mit den meisten Verletzungen sind immer ganz besonders stolz.

Katja Riemann bekam das Filmband in Gold gleich für zwei Rollen in »Bandits« und »Die Apothekerin«. Logo, zwei durchschnittliche Leistungen ergeben eine gute. Das war ja auch das Credo von Berti Vogts.

1998 ging das »Filmband in Gold an eine ausländische Persönlichkeit für eine herausragende künstlerische Leistung und für das Lebenswerk« an Gregory Peck. Und der hat sich tatsächlich nicht entblödet, den auch noch anzunehmen! Warum nennen die das nicht einfach »Filmband in Gold für einen angesehenen Schauspieler, der so tut als wäre der Deutsche Filmpreis im internationalen Geschäft zumindest einen Scheißdreck wert«?

Kevin Costners Flop »The Postman« war Mist. Ich finde wirklich, der Film spiegelt den Alltag eines Briefträgers nicht sehr realistisch wieder.

Demi Moore landet ständig nur Flops. Das finde ich doof. Ich finde, Brustvergrößerungen sollten gefördert und nicht sanktioniert werden.

Die »Goldene Himbeere« wird jedes Jahr für die schlechtesten Filme vergeben. Gottseidank werden nur amerikanische Filme gewertet, sonst gäbe es da nur deutsche Teilnehmer.

Der Anti-Filmpreis »Goldene Himbeere« ist aus Plastik und mit Goldlack besprüht und hat einen Verkaufswert von 2,29 Dollar. Damit ist er aber immer noch wertvoller als zehn Bambis.

Deutsche Filmkomödien sind in Amerika sehr beliebt, die Leute lachen sehr viel dabei. Wenn auch aus anderen Gründen.

Bei den Filmfestspielen von Cannes machen die deutschen Filmemacher in den letzten Jahren wieder mehr auf sich aufmerksam. Sie servieren die Getränke.

Seien Sie in der »Movie World« in Bottrop nicht beleidigt, wenn jemand mit einem Jagdgewehr Ihre Frau über den Haufen schießt. Das ist nur Spaß.

Machen Filme gewalttätig? Nein. Nur weil ich den »Paten« zwanzigmal gesehen habe, laufe ich doch nicht los und bringe Leute um. Ich beauftrage ein paar gute Freunde, die das übernehmen.

Immer mehr holländische Fußballer wechseln nach Deutschland, weil Fußball-Holland mehr und mehr ins Mittelmaß abgerutscht ist. Aus demselben Grund wechseln deutsche Filmemacher nach Hollywood.

Ich mag Filme voller Emotionen, Romantik und Stil. Ideal zum Weiberflachlegen.

Gewalt im Kino kann ganz witzig sein, versperrt aber die Sicht.

Es gibt demnächst eine Fortsetzung von »Der englische Patient«. Man ist sich nur noch nicht über den Titel einig. Dies ist die Auswahl:

- Der englische Patient 2
- Der noch englischere Patient
- Die englische Leiche

Ich war aber mal Statist in einer Massenszene in dem Film »Gandhi«. In der 82. Minute, ich war der 176. in der achten Reihe.

Ich habe mal eine Weile als Komparse gearbeitet. Und in allen Filmen soll ich eine Leiche spielen. Es ist toll, wenn einen so viele Leute tot sehen wollen.

## GLÖCKNER VON NOTRE DAME

Es ist ein toller Film. Ich hab ihn noch nicht gesehen, aber jeder Kritiker, der einen Disney-Film verreißt, begeht beruflichen Selbstmord.

»Der Glöckner von Notre Dame« ist eigentlich ein recht düsterer und trauriger Roman. Es ist die Lebensgeschichte von Karl Moik.

Was ich komisch finde: Der Glöckner sieht jeden Tag die tollsten dicksten Glocken und fährt auf so 'ne Flachbrüstige ab!

## GODZILLA

In Japan hat es letztes Jahr einen großen Atom-Unfall gegeben. Und das Überraschende: Dabei ist KEIN Godzilla-Monster entstanden.

In »Godzilla« geht es um einen jungen Dinosaurier, der zum ersten Mal die Heimat verläßt, um sein Glück zu machen. Dabei bringt er ein paar tausend Menschen um und legt eine Großstadt in Schutt und Asche. Für mich persönlich etwas zu sentimental.

Vor dem Carlton-Hotel in Cannes stand während der Filmfestspiele ein großes »Godzilla«-Plakat: »Er ist größer als das Carlton«. Mein Gott, ich bin auch nicht unbedingt schlecht bestückt, aber ich finde, das artet nun wirklich in plumpe Angeberei aus.

## GOETHE

Goethe wurde vor 250 Jahren geboren. Wenn er nicht schon tot wäre, würde er spätestens beim Ausblasen der Kerzen umkippen.

Ich bin ja ein großer Fan seines Stücks »Götz von Berlichingen«. Nie wieder hat ein Dichter diese goldenen Worte schöner formuliert: »Der kann mich am Arsch lecken!«
Auch wenn irgendwann niemand mehr seinen Namen kennt, dieses Zitat macht Goethe unsterblich.

Unsterblich ist Goethe ja für sein Meisterwerk »Faust im Nacken«.

Ich beneide ja die Leute im Goethe-Institut. Wer hätte nicht gerne einen Chef, der seit über 150 Jahren tot ist?

Nach einer Allenfalls-Umfrage ist Goethe für jeden zweiten Ostdeutschen der typische Deutsche, aber nur für jeden dritten Westdeutschen. Und zwar, weil er zu selten auf Mallorca Sangria aus Eimern gesoffen hat.

## GRAFFITI

Die Polizei soll sich mal nicht so aufregen über Graffiti! Die schmieren doch auch dauernd Kreide auf die Straße, in Form von menschlichen Umrissen!

Eine neue Waggon-Beschichtung soll Graffiti-Sprayern den Spaß verderben. Es steht einfach drauf »Graffiti erlaubt«. Damit ist die Fläche tabu. Diese neue Waggon-Beschichtung macht auch das Saubermachen leichter. Kann man diese Beschichtung auch auf Babies auftragen?

Liz Taylor wurde gestern wegen Graffiti verhaftet. Ja, ich finde auch, man kann es übertreiben mit dem Make-up.

Ich wurde früher auch mal wegen Graffiti festgenommen. Dabei hatte ich nur mit meinem Eis gekleckert.
So hab ich es zumindest den Bullen erklärt.
Und die haben mir sogar geglaubt.

## GRASS, GÜNTER

Günter Grass erhielt letztes Jahr den Nobelpreis für eklige Schnauzbärte. Ach Quatsch, für Literatur. Tschuldigung.
Der Nobelpreis für eklige Schnauzbärte ging an Wolfgang Petry.

GG meint, der Schaden, den Lafo der Partei zugefügt habe, sei »zu groß«. Ich finde, das ist gar nichts gegen den Schaden, den Grass der deutschen Literatur zugefügt hat. Jetzt mal ehrlich: Haben SIE »Die Rättin« gelesen?

Günni Grass hat seinem ehemaligen Freund Oskar Lafontaine gesagt: »Halt's Maul und such dir eine sinnvolle Beschäftigung!« Der redet genau wie meine Mutter. Aber die kann mich genauso kreuzweise.

Da kriegt der den Literaturnobelpreis und kann nichtmal seinen Namen richtig schreiben! »Gras« schreibt man doch nur mit EINEM »s«!

Günter Grass bekommt schon wieder den Literaturnobelpreis. Und zwar dafür, daß er dieses Jahr kein Buch geschrieben hat.

## INDEPENDENCE DAY

»Independence Day« fand ich toll. Auch ein paar echte Außerirdische haben ihn gesehen. Sie fanden ihn sehr realistisch. Bis auf das Ende.

»Independece Day« ist im wesentlichen ein Remake von »Krieg der Welten«. Allerdings ist er nicht ganz so spannend wie »Krieg der Knöpfe«.

Am tollsten ist ja die Szene, wie das Weiße Haus in die Luft fliegt. Die Amerikaner müssen sich dabei fühlen wie Kinder, die zusehen wie ihre Schule abbrennt.

Am Ende des Films werden die Aliens ja besiegt. Ich frage mich, ob sie Reparationszahlungen leisten müssen.

In der Fortsetzung des Films kommen die Aliens zurück. Diesmal versuchen sie, den Planeten von innen zu zerstören. Sie verschaffen sich verantwortliche Posten in Fernsehsendern.

Ein Deutscher bekam den Oscar für die besten Special Effects in »Independence Day«. Wenn man sich in Amerika so richtig beliebt machen will, muß man nur das Weiße Haus in die Luft jagen.

## JAMES BOND

Pierce Brosnan will weitere 007-Filme drehen. Sehr klug, oder hat irgendjemand eine Ahnung, was Roger Moore zur Zeit macht?

Eine britische Gewerkschaft fordert, daß James Bond nicht mehr im BMW fahren darf. Sehr schön, dann müssen wir Deutschen endlich nicht mehr mitansehen, wie der Trottel die schönen BMWs zu Schrott fährt.

Shoemakers Komet ist ja mit dem Jupiter zusammengeprallt. Damit hat er mehr erreicht als die meisten James-Bond-Bösewichte.

Sony verklagt United Artists auf die Rechte an James Bond. Das ließ jedenfalls der neue Vorstandschef von Sony verlauten, Mr. Ernst Stavro Blofeld.

Sony meint, die Firma hat die James-Bond-Lizenz dadurch verdient, daß sie den Ko-Autor des Bond-Films »Feuerball« unter Vertrag hatte. Ja klar, und mir gehört die Paulaner Brauerei, weil ich gestern ein Weißbier von denen getrunken habe.
Das ist eigentlich alles Quatsch. Die einzige Firma, die James Bond wirklich besitzt, heißt BMW.

»Sag niemals nie« war ja ein Remake von »Feuerball«. Abgesehen von dem Titel war die einzige Veränderung Sean Connerys Toupet.

## JURASSIC PARK

Ich kann mich nicht recht entscheiden: War der zweite Teil von »Jurassic Park« noch dämlicher als der erste?

In den beiden Filmen werden ständig Menschen gejagt, zerfetzt und aufgefressen. Naja, ist halt mehr was für Kinder.

Ich fand diese riesigen Brontosaurier total niedlich. Erinnerten mich an meine Schwiegermutter.

Spielberg verklagt sich angeblich bald selbst, weil »Jurassic Park 2« ein Plagiat von »Jurassic Park 1« ist.

## KINO

Vor hundert Jahren wurde in Amerika das erste Kino eröffnet. Der erste Film hieß »Die weiße Leinwand«.
Der Film war der absolute Renner der Saison. Okay, er war auch der einzige. Genaugenommen war es noch nicht mal ein Film.

Wissen Sie, woher der Begriff »Happy End« kam? Das Publikum war happy, wenn's vorbei war.

Wenn man sich früher im Autokino einen Horrorfilm ansehen wollte, mußte das Auto über 18 sein.

Es gibt jedes Jahr etwa 60 Mio Kino-Zuschauer. Das sind also 60 Mio Menschen, die gerne den Macher der Langnese-Spots erschlagen würden.

## KUNST

*→ Barock; → Comics; → Graffiti; → Moderne Kunst; → Picasso, Pablo; → Renaissance*
Wer mit 50 noch nicht verhungert ist, ist kein Künstler.

Zu Kunst gibt es eigentlich nur wenig zu sagen. Das merkt man daran, daß ständig drüber geredet wird.

Früher war man kein richtiger Künstler, wenn man nicht pro Bild mindestens drei nackte Frauen verarbeitete.

### LAUTERBACH, HEINER

Heiner Lauterbach will künftig etwas kürzer treten und das Rauchen und Trinken einschränken. Und da kommt der schon nach dem zweiten Herzinfarkt drauf? Ich hätte gedacht, der wartet wenigstens, bis sie ihm einen neuen Lungenflügel eingesetzt haben.

Heiner Lauterbach will wegen seiner Herzprobleme künftig disziplinierter leben. Als ersten Schritt hat sich Jenny Elvers drei Vibratoren gekauft.

Heini: »Die ganz langen Nächte, die harten Schnäpse, muss ich wohl abhaken.« Oh je, ich muß meine Brau-und-Brunnen-Aktien abstoßen!

Eine Scheidung von seiner Frau Katja Flint, von der er bereits seit zehn Jahren getrennt lebt, ist nicht geplant. Sehr gut, nichts überstürzen, Heini. Irgendwann kommt die dumme Nuss schon wieder angekrochen.

Auch mit dem Sex habe er kein Problem, sagt Lauterbach. Natürlich nicht, Heiner. Das Problem beim Sex mit dir haben die FRAUEN.

Klabauterbach sagt, er sehe sich selbst gar nicht als Macho. Ja sicher, und Verona Feldbusch sieht sich gar nicht als hohle Tittentorte.

Heini findet, allein schon der Beruf des Schauspielers sei eine extrem »unmachohafte Angelegenheit«. Ja, stimmt. Es ist schwer, sich als ganzer Kerl zu fühlen, wenn man stundenlang geschminkt wird, von einem Schwulen mit Dauerwelle .

Lauterbach ist sehr stolz darauf, durch seine Theaterauftritte früher die Leute zum Weinen gebracht zu haben. Das gelingt ihm mit seinen Filmen ja immer noch. Besonders in den Komödien.

### LIND, HERA

Ein paar der Kinder sollen beim Vater in Köln bleiben. Sehr gut, so müssen wenigstens die nicht drunter leiden.

Als Liebe ihres Lebens stellte sie den österreichischen Hotelier Engelbert Lainer vor: «Diesen Mann werde ich heiraten. Auf ihn habe ich 42 Jahre gewartet.» Ach ja? Also schon ab ihrem 15. Lebensjahr?

Zunächst will Hera ein Haus suchen, wo die ganze Familie leben kann. Und am besten prophylaktisch auch die Familien ihrer nächsten drei Ehemänner.

Der neue Lebensgefährte von Hera Lind, Engelbert Lainer, will die Bestsellerautorin heiraten. Mann, was manche Männer in ihrer Verzweiflung tun, wenn sie dringend Geld brauchen.
Warum kann der seinen Arsch nicht am Bahnhof verkaufen, wie ich das gemacht habe?

Die verheerende Hera Lind selbst sagte, sie habe sich anfangs heftig gegen die neue Beziehung gewehrt. «Meine Seelenqualen waren so heftig, dass ich vor fünf Wochen mit Engelbert Schluss gemacht habe.» Danach habe sie eine «peinigende Selbstreinigung» durchgemacht. Igitt, sowas hab ich auch mal mitgemacht. So'n Schlauch im Arsch macht weniger Spaß als man denkt.

## LINDGREN, ASTRID

1978 bekam Astrid Lindgren ja den Friedenspreis des Deutschen Buchhandels. Und zwar, weil in ihren Büchern nie ein Deutscher umgebracht wurde.

Die Wiederholungen der Pippi-Langstrumpf-Fernsehserie hat immer noch gute Quoten. Anscheinend gibt es immer mehr Päderasten.

Ich liebe die Langstrumpf-Serie. Besonders die Stellen, wo das Mädchen so wild auf dem »kleinen Onkel« reitet.

Es gibt bald eine Erwachsenenversion von Pippi Langstrumpf mit dem Titel »Pippi Langstraps«.

## MÄRCHEN

→ *Münchhausen*

Ich finde Märchen wichtig für Kinder. Sie sind eine gute nervliche Vorbereitung für Splatterfilme.

Umfrage: 82% der Eltern finden Märchen wichtig. 82% der Kinder finden Eltern völlig unwichtig.

Keiner kennt mehr die klassischen Märchen, wie z.B.:

- »Hänsel bumst Gretel«
- »Aschenbecher«
- Die Schöne und das Lothar Matthäus«
- Peter und der Steuerprüfer«
- Dan Kelly und die sieben Zwerge«
- »Johannes B. Pan«
- »Des Kaisers neuer Trainer«
- »Zwerg Pinscher«
- »Keinhöschen«
- »Rotkäppchen und der böse Adolf«
- »Froschschenkel«
- »Der gestiefelte Vater Graf«
- »Hase und Ofen«
- »Hans im Puff«

Die alten Märchenerfinder sind kaum noch bekannt. Sie werden überschattet durch zeitgenössische Märchenonkel wie Kohl, Clinton und O.J. Simpson.

Die Brüder Grimm fallen dem Vergessen anheim. Kein Wunder, die sind auf dem Tausendmarkschein drauf, und wer hat heute noch soviel Geld?

## MAY, KARL

Ich bin schon immer ein Riesenfan von Karl May gewesen. Auch wenn ich finde, daß seine Bücher den Filmen nicht gerecht werden.

May soll leichte manisch-depressive Züge gehabt haben. Haha, normalerweise kriegt man die nur, wenn man May liest.

Als Kind wollte ich immer nur ein Blutsbruder von Winnetou sein. Heute würde ich vorher einen Aids-Test verlangen.

Mays Bücher spielten ja im Wilden Westen und im Orient. In beiden Fällen passierte das Gleiche, er ersetzte einfach »Indianerstamm« durch »Karawane«.

Ich kann mich bis heute nicht entscheiden, wer mein Lieblingscharakter war bei Karl May: Winnetou oder Eddie Arent?

Sie haben sicher diese beiden neuen Winnetou-Filme im Fernsehen gesehen. Ich hab erst gedacht, die hätten zwei ältere Filme restauriert. Aber dann hab ich mich gewundert, warum alles so neu aussah, nur das Gesicht von Pierre Brice war so merkwürdig grobkörnig.

Pierre Brice hat den Indianer Winnetou gespielt. Oder muß man sagen, den »eingeborenen Amerikaner«? Allerdings ist Brice Franzose. Also hat er den »ausländischen Amerikaner« gespielt.

Wir alle haben ja Pierre Brice bei der Winnetou-Neuverfilmung bewundert: »Mein Gott, der hat sich überhaupt nicht verändert.« Dann schlug die Bewunderung um in Mitleid.

Eigentlich war Winnetou ja schon gestorben, und zwar mit 33 Jahren. Ma' kuck'n, vielleicht gibt's bei RTL ja bald »Das allerneuste Testament«, mit einem um ca. 2000 Jahre gealterten, aber sehr rüstigen Jesus Christus.

## MODERNE KUNST

→ *Picasso, Pablo*

Es soll ja Banausen geben, die der Meinung sind, eine schmutzige Badewanne oder ein Stuhl mit 'nem Klumpen Fett drauf sei keine Kunst. Schon traurig, wir Deutschen sind so spießig.

Warum ist moderne Kunst so häßlich? Ganz einfach, weil auch die Künstler total häßlich sind.

Das Problem ist, daß es keine verkannten Genies mehr gibt. Es gibt nur noch verkannte Dilettanten.

## MÜNCHHAUSEN

Vor 200 Jahren starb Baron von Münchhausen. Zumindest hat er das behauptet.

Münchhausen war der größte Lügner aller Zeiten. Mal abgesehen von Kopernikus und Goebbels.

Er galt als Lügenbaron. Dabei war alles wahr, was er erzählt hat! Ich war selbst dabei! Und ich verabscheue Lügen.

Eigentlich war er kein Baron, sondern nur Freiherr. Und wo wir schon dabei sind: Roman Herzog ist gar kein Herzog!

## MUSEUM

Ich liebe ja in Museen oft diese großen Wendeltreppen. Ich stelle mich unten hin und schaue nach oben, besonders in der Minirock-Saison.

Meine Eltern haben mich immer ins Museum geschleift. Das war 'ne härtere Strafe als drei Wochen Zigarettenentzug.

Man soll sich vor dem Museumsbesuch fitmachen. Dafür gibt es einen Fernsehkurs: »FIT FOR VAN Gogh«.

## OSCAR

Was soll man von einem Schauspieler halten, dessen größter Traum es ist, die Statuette eines kleinen, nackten, glatzköpfigen Mannes mit 'nem Schwert als Genitalschutz in die Patschhand gedrückt zu bekommen, dessen Goldwert bei 100 Mark liegt?

Sie wissen ja, seit ein paar Jahren sagen sie bei der Oscar-Verleihung nicht mehr »And the winner is...« sondern »And the Oscar goes to...«, damit es nicht zu offensichtlich klingt.

Warum sagt man nicht zuerst »And the Oscar does not got to...«?

Kirk Douglas hat mal den Ehren-Oscar bekommen für sein Lebenswerk. Eine sehr charmante Art zu sagen: Von uns aus kannst du jetzt tot umfallen!

Madonna wurde für »Evita« für keinen einzigen Oscar nominiert. Und niemand weinte um sie, nicht mal Argentinien.

Ein Deutscher bekam mal einen Oscar für den besten Kurztrickfilm. Der Film hieß »1 Dalmatiner«.

In der Regel gibt der Golden Globe sicheren Aufschluß über die Oscar-Preisschlepper. Das ist in etwa dieselbe Beziehung wie zwischen einem Grammy und einer Anklage wegen Drogenmißbrauchs.

Caroline Links Film »Jenseits der Stille« wurde für den besten nichtenglischsprachigen Film nominiert. In dem Film geht es um ein taubstummes Ehepaar. Damit gehört er eigentlich in die Kategorie »überhauptkeinsprachiger Film«.

Die britische Sozialkomödie »Ganz oder gar nicht« wurde für den besten Film nominiert. In dem Film ziehen sich Männer für Geld aus. Und sowas wird nominiert? Ich wußte es, die sind in Hollywood alle schwul.

Wolfgang Petersens Film »Air Force One« bekam kaum eine Nominierung. Wenn sich Harrison Ford als Präsident in dem Film einen hätte blasen lassen, wäre der Oscar allerdings garantiert gewesen.

Jack Nicholson bekam den Oscar als bester Schauspieler. Das ist schon sein dritter Oscar, und das im Grunde immer für die selbe Rolle.

Der Oscar wird immer kommerzieller. Im nächsten Jahr bekommt wahrscheinlich Roger Rabbit den Oscar als bester Hauptdarsteller.

## PATE, DER

In den »Pate«-Filmen werden Mafiosi endlich mal von ihrer menschlichen Seite gezeigt. Gut zu wissen: Nur weil die tagtäglich haufenweise Menschen umbringen, sind sie nicht völlig schlecht.

Ich fand Marlon Brando einfach klasse. Aber warum mußte er 200 Kilo zunehmen, um ein guter Schauspieler zu werden?

Was mir gar nicht gefiel am »Paten« war die vielzitierte Gewalt. Ich habe sie vermißt.

## PICASSO, PABLO

Ich bewundere ja seine Kunst. Seine Kunst, so zu tun, als könnte er malen.

Das Besondere ist: Picasso hat so gemalt, noch BEVOR es LSD gab!

Am berühmtesten ist ja seine »blaue Periode«. Ich wußte gar nicht, daß auch Männer sowas haben können.

Berühmt war auch seine »rosa Periode«. Naja, das war wohl nur so eine Phase...

Picasso hat Frauen ja immer nackt gemalt. Das war kein schöner Anblick für die Frauen.

Ich habe mal einen Picasso gekauft. Das Bild ist in einem Banksafe, dafür ist der eingelöste Scheck bei mir im Wohnzimmer eingerahmt.

Ich habe einen Picasso bei mir zu Hause hängen. Er beklagt sich dauernd, daß der Strick ihm die Luft abschnürt.

Picasso war ein großer Künstler. Sicher, er war offensichtlich völlig farbenblind, sah alles doppelt und konnte keine gerade Linie ziehen, aber so what?

Picasso hat die abstrakte Malerei ja quasi erfunden. Und zwar völlig frei erfunden.

Im Kunstunterricht habe ich mal einen Aufsatz über ihn geschrieben. Aber der Lehrer hat mich nicht verstanden.

Ein gutes haben Picassos Bilder für mich gehabt. Sie waren eine anhaltende Warnung, nie mit Drogen anzufangen.

Die moderne Malerei wäre ohne Picasso nicht das, was sie ist. Sie wäre womöglich schön.

## REGISSEURE

Ich wäre gerne Regisseur. Die anderen machen meine Arbeit, und ich brülle sie dafür auch noch an.

Regisseure sind ungeheuer wichtig. Sicher, sie schreiben nicht das Drehbuch, stellen nichts dar und haben auch mit der Kameraführung weitgehend nichts zu tun... verdammt, was machen Regisseure eigentlich?

Wieso wird bei Opern immer noch so getan, als wäre der Beitrag des Komponisten von irgendeiner Bedeutung? Die Drehbuchautoren beim Film kennt doch auch kein Schwein.

## RENAISSANCE

Früher dachte ich, die Renaissance wäre eine Art Spargelcrème-Soße. Heute weiß ich es natürlich besser. Es ist eine Tomatensoße.

Die Renaissance war die Wiedergeburt der Antike. Allerdings hat man lieber darauf verzichtet, wie im alten Rom in der Öffentlichkeit auf den Boden zu scheißen.

In der Renaissance mußte alles gleichmäßig und ausgeglichen sein. Nur die Könige nicht, die waren alle total geisteskrank.

## ROCKY

Ich finde, der fünfte »Rocky«-Teil ist der beste. Den hab ich nämlich noch nicht gesehen.

Sylvester Stallone hat ja an den Drehbüchern von »Rocky« mitgeschrieben. Von ihm stammen die »Aargghs« und »Öffs« in den Kampfszenen.

## SCHAUSPIELER

*→DiCaprio, Leonardo; →Lauterbach, Heiner; →Schweiger, Til*

Robert DeNiro soll demnächst in einem Film Fidel Castro spielen. Ursprünglich sollte es ein Film über Erich Honecker werden, aber Tom Cruise hatte kurzfristig abgesagt...

Die 45-jährige US-Schauspielerin Kathleen Turner wird in einem Londoner Theater hüllenlos auftreten. Oh Mann, hoffentlich hat das Uschi Glas nicht gehört, sonst kommt die noch auf dumme Gedanken.

Gwyneth Paltrow sagt, daß sie der Star-Rummel krank macht. Tja, nur mal so'n Vorschlag: Hör einfach auf, Filme zu drehen! Das wäre gleich eine Lösung für ZWEI Probleme.

Catherine Zeta-Jones und Michael Douglas wollen zusammen eine Abenteuer-Komödie drehen. Douglas spielt Catherines Großvater.

Klaus Maria Brandauer spielt in einem Film den russischen Revolutionär Lenin. Albern. Warum holen die sich so einen großen Schauspieler für so eine Rolle? Ich meine, bewegungslos in einer Glasvitrine rumliegen, das kann doch jeder.

Arnold Schwarzenegger will noch mal den »Terminator« spielen. Unklar ist nur noch der Titel des Films. Wie wär's mit »Terminator 5«? Ist doch 'ne hübsche Zahl.

Johannes Heesters gilt als der älteste aktive Schauspieler der Welt. Abgesehen von Uschi Glas.

David Hasselhoff sagt, daß sein eigener Job nicht besser ist als der eines Busfahrers. Die Vereinigung deutscher Busfahrer hat bereits protestiert.

Der neue Film von Sharon Stone wird erst freigegeben ab 80.

Humphrey Bogart war der Held meiner Jugend. Er war weltberühmt, obwohl er gar nichts tat. Logo, er war schließlich tot.

Humphrey Bogart ist vor 40 Jahren gestorben. Gut für ihn, sonst wäre er jetzt 97 Jahre alt und könnte nur noch Werbespots für Erwachsenenwindeln machen.

James Dean hat ja nur drei Filme gemacht. Dann war er unsterblich und starb.

Mein Lieblings-Rühmannfilm ist »Wenn der Vater mit dem Sohne«. Auch wenn der Titel in der heutigen Zeit einen gewissen unangenehmen Beigeschmack hat.

## SCHINDLERS LISTE

Gut, daß Schindler nicht aus Bayern stammt, sonst hieße der Film wohl »Schindlers Bierdeckel«.

Warum war der Film eigentlich schwarzweiß? Der Farbfilm war in den Dreißigern doch schon erfunden.

## SCHWEIGEN DER LÄMMER, DAS

Ich fand den Film total gruselig. In manchen Szenen sah man fast die ganzen Beine von Jodie Foster.

Mein Lieblingssatz aus dem Film: »Ich habe seine rohe Leber mit einem Glas Chianti runtergespült«. Zugegeben, ziemlich geschmacklos. Ich bevorzuge bei solchen Anlässen einen französischen Weißwein.

Ich hab »Das Schweigen der Lämmer« zunächst für eine Tierdokumentation gehalten. Aber dafür gab es irgendwie zu wenig Tote.

## SCHWEIGER, TIL

Schweiger sagt, er würde gerne weiterhin in Hollywood drehen. Ja, und ich würde gern Verona Feldbusch ferkeln. Man muß damit leben, Til.

Schweiger hat keine konkreten Angebote in Hollywood. Die haben in Hollywood zu seiner Überraschung eine völlig alberne Marotte: Die verlangen von einem Schauspieler sowas wie »Talent«!

Schweiger meint, der deutsche Film habe keine Chance auf dem US-Markt, solange wir nicht in englisch drehen. Ich halte das eher für kontraproduktiv. Wenn man bisher Amerikaner gefragt hat, hatten sie immer die höfliche Ausrede, sie würden die Sprache nicht verstehen.

Schweiger will weiterhin Filme produzieren. Gut, vielleicht lernt er es ja mit der Zeit.

Schweiger sagt, er sei »schamlos kommerziell«. Mit anderen Worten, er weiß genau, daß seine Filmchen nur in Deutschland erfolgreich sind, und auch nur, wenn Fickszenen drin sind.

Ich frage mich nur eines: Wann macht Schweiger ENDLICH seinem Namen alle Ehre?

Til Schweiger gilt als besonders treu. Seit Jahren steht er in seinen Filmen treu zu seinem einzigen Gesichtsausdruck.

Der Ultra-Flop »Der große Bagarotzi« wurde als »skurriles Psychodrama« bezeichnet. Naja, mit Til Schweiger würde auch eine Neuverfilmung von »Wir Kinder aus Bullerbü« zum skurrilen Psychodrama.

## SHAKESPEARE

In letzter Zeit kamen haufenweise Shakespeare-Filme heraus. Man brauchte für jeden Film nur eine Kamera.

»Romeo und Julia« werden wieder verfilmt, in den Hauptrollen Dieter Bohlen und Verona Feldbusch.

Ich wollte mal den »Othello« spielen, aber die haben einen anderen Schauspieler vorgezogen, nur weil er schwarz war. Sehen Sie, auch ich war ein Opfer des Rassismus!

## STAR WARS

Es gibt ja immer wieder im Kino völlig überflüssige Fortsetzungen von Erfolgsfilmen. Star Wars Episode 1 ist der erste Fall eines völlig überflüssigen Vorgängers.

In der neu beginnenden Trilogie geht es darum, wie aus einem kleinen Jungen der böse Darth Vader wird. Oh, laßt mich raten: Seine Eltern haben sich nicht um ihn gekümmert, und er geriet in schlechte Gesellschaft?

Kritiker bemängeln, daß Episode 1 Magie und Charme der ersten Filme vermissen läßt. Ja, das fand ich auch bei Police Academy 7.

Viele der Figuren in Episode 1 scheinen nur zu existieren, um später als Spielzeugpuppe verkauft werden zu können. Also so wie Pamela Anderson.

Episode 2 wird bald gedreht und soll angeblich im Jahr 2003 in die Kinos kommen. Nicht, weil die Dreharbeiten so lange dauern, sondern vor allem die Produktion der Plastikfiguren.

George Lucas hat Leonardo DiCaprisonne als neuen Annakin Skywalker abgelehnt. Begründung: Seine Honorarforderung war zu niedrig.
Ich finde das gut. Ich will nicht wissen, was die Mädchen mit ihrer Leonardo-Plastikpuppe alles angestellt hätten.

Eine belgische Mutter darf ihr Baby jetzt doch nach einer Figur aus »Star Wars«

benennen. Das Kind soll den Namen »Anakin« tragen. Toll, wenn ich mal 'ne Tochter habe, nenn ich sie »R2-D2«.

Vor 20 Jahren kam Star Wars das erste Mal in die Kinos. Wer erinnert sich nicht noch an Reinhold Messner als Chewbacca. Oder Norbert Blüm als Yoda.

Mein Lieblingsteil war »Die Rückkehr der Jedi-Ritter«. In dem Film trug Prinzessin Leia am wenigsten Kleidung.

Ich fand im Kino die Szene toll, wie der Todesstern explodiert. Das Mädchen neben mir hat dabei einen Orgasmus gekriegt. Naja, der andere Junge hat sie auch ganz schön befummelt.

Wissen Sie, warum Darth Vader immer so gestöhnt hat? Seine Maske war in echt ein 3D-Helm, und da liefen Pornofilme.

Die neue Fassung der ersten drei Filme war ja ein großer Renner. Weil, in dieser Fassung wurden alle Szenen mit Mark Hamill rausgeschnitten.

## THEATER

*→ Brecht, Bertolt; → Goethe*

Ich sollte wieder öfter ins Theater gehen. Da kann man die Darsteller wenigstens mit irgendwas bewerfen, wenn's einem nicht gefällt.

Ich liebe modernes avantgardistisches Theater. Da laufen die Darsteller ständig nackt rum.

Ich bin lange nicht mehr im Theater gewesen. Die Leute fragen sich bestimmt schon, wo der Zuschauer geblieben ist.

## TITANIC

»Titanic« bekam den Oscar für die besten Bauten. Ist ja lächerlich. Das blöde, kaputte Schiff ist doch am Ende untergegangen!

»Titanic« bekam unter anderem den Golden Globe für den besten Titelsong. Wobei ich das schon etwas geschmacklos fand. Warum ausgerechnet »Yellow Submarine«?

»Titanic« bekam unter anderem den Golden Globe für die beste Musik. Das Original-Orchester des Schiffs konnte den Preis leider nicht mehr entgegennehmen.

James Cameron hat ja bei »Titanic« auf seine Gage verzichtet und bekam den Golden Globe für seine Regie. Er übergab das Ding noch am selben Abend dem Gerichtsvollzieher.

Der Film »Titanic« hat 14 Oscar-Nominierungen erhalten. Die Todesopfer von damals wären jetzt bestimmt sehr stolz, daß sich ihre Ausbeutung wenigstens gelohnt hat.

James Cameron bekam den Oscar für die beste Regie. Also, den müßte dann eigentlich auch posthum der Kapitän der Titanic erhalten. Der mußte ja sogar mit Laiendarstellern arbeiten.

Außer für den »Besten Film« und die »Beste Regie« bekam »Titanic« eigentlich nur unwichtige Neben-Oscars. Oder wie ich sie gerne nenne, »Lafontaines«.

»Titanic« bekam den Oscar in den Kategorien »Einfallslosester Kassenschlager« und »Menschenverachtente Katastrophen-Ausschlachtung«. Meinen Respekt!

James Cameron rief bei der Preisverleihung: »Ich bin der König der Welt!«. Na endlich mal einer, dem der Erfolg nicht zu Kopfe steigt.

»Titanic« bekam auch den Oscar für die besten Sound-Effekte. Die Toningenieure hatten echte Todesschreie aus den New Yorker Notambulanzen aufgenommen.

»Titanic« bekam den Oscar für die beste Kamera. Das Witzige daran ist: Wenn der Kameramann bei der Untergangssequenz die Kamera schräg gehalten hätte, hätte man 150 Millionen Dollar gespart.

Ein schweizerisches und ein amerikanisches Unternehmen planen, eine zweite Titanic zu bauen. Toll! Dann braucht die nur noch unterzugehen, und James Cameron kann noch einen Kassenschlager drehen!

## VOM WINDE VERWEHT

Tjajaja, solche Filme werden heute gar nicht mehr hergestellt. Halleluja.

In dem Film wurde die Sklaverei endlich mal richtig dargestellt: Nämlich daß alle Sklaven total glücklich waren!

Scarlett O'Hara wird zweimal Witwe, dann stirbt ihr Kind und sie wird von ihrem Mann verlassen. Diese Margaret Mitchell hatte schon 'ne komische Auffassung von Romantik.

## WALLRAFF, GÜNTER

Günter Wallraff ist ja dauernd undercover unterwegs. Man weiß nie genau, was er eigentlich treibt. Es gibt Theorien:

- Undercover bei Undercover-Polizisten
- Unter Geiern
- Allein unter Frauen
- Allein unter Männern

Vielleicht begleitet Wallraff unerkannt die Wildecker Herzbuben auf Tournee. Titel des Buchs ist dann »Gorillas im Nebel«.

## WALSER, MARTIN

Martin Walser hat den Friedenspreis des Deutschen Buchhandels erhalten. Und wer kriegt den Kriegspreis?

Wir alle erinnern uns ja noch an seine skurrile kleine Rede bei der Preisverleihung. Dabei hat er nachdrücklich mit dem Vorurteil aufgeräumt, er sei ein Intellektueller.

Walser hat sich zu einem europäischen Schriftsteller und Vordenker entwickelt. Schade, daß er es nie bis zum Nachdenker gebracht hat.

## WEISSE HAI, DER

Weiße Haie sind im Grunde völlig harmlos. Man darf ihnen nur nicht so eine unheilvolle Melodie vorspielen, das macht sie zu reißenden Bestien!

Meine Eltern haben mir den Film schon als kleines Kind gezeigt, damit ich lernte, wie wichtig es ist, Schwimmen zu lernen.

Ich weiß gar nicht, warum die den Hai etötet haben. Der war doch eine brauchbare Lösung für die Rentnerschwemme.

## ZIRKUS

Ich war als Kind anfangs sehr gerne im Zirkus, weil ich dachte, da werden Christen von Löwen gefressen. Nie wieder glaube ich einem Asterix-Comic.

In Potsdam gibt's jetzt die erste Clown-Schule Deutschlands. Der Umzug der Regierung nach Berlin und Umgebung hat schon eigenartige Nebenwirkungen.

# PRESSE UND TV

## AKTE X

»Akte X« ist die Kultserie der Neunziger. Und sie ist fast so spannend wie »Aktenzeichen XY«.

Ich finde Gillian Anderson total sexy. Angeblich trägt sie nur deswegen immer so konservative Klamotten, weil der bloße Anblick ihrer Schultern jeden Mann bewußtlos macht.

Gillian Anderson und David Duchovny hatten angeblich am Anfang der Serie was miteinander. Kein Wunder, daß Mulder an Übersinnliches glaubt.

Die Serie »Akte X« ist entsprechend dem Mystery-Trend beliebt. Dabei macht Ulrich Meyer gar nicht so viel zum Thema Übersinnliches, oder verwechsle ich da jetzt was?

## ANDERSON, PAMELA

Pamela Andersons neue Serie heißt »V.I.P.«. Das ist die Abkürzung für »Voll-Implantate«.

Pamela Anderson hat angeblich ein Verhältnis mit einem Handwerker. Tja, ihr Mann Tommy Lee ärgert sich jetzt sicher, daß er Rockstar geworden ist: Klempner kriegen alle geilen Weiber!

Tommy Lee mußte sechs Monate ins Gefängnis wegen Mißhandlung seiner Frau Pamela. Hoho, jetzt kommst Du ins Schwitzen, Dieter Bohlen...
Gottseidank war Verona zu dämlich um ihn zu verklagen.

Zusätzlich zu den sechs Monaten Knast kamen noch 3 Jahre auf Bewährung für Tommy Lee. Wie soll er das schaffen, ein Rockmusiker verstößt doch schon gegen Bewährungsauflagen, wenn er nur mal kurz ins Publikum uriniert.

Tommy Lee durfte nach der Mißhandlung von Pamela keinen Alkohol trinken und keine Drogen nehmen. So was kann ein Richter verfügen? Toll, die perfekte Art des Drogenentzugs.
Kann man auch zu fettfreiem Essen verurteilt werden?

SAT.1 ist bei der Serie »V.I.P.« nach eigener Angabe »finanziell, am kreativen Prozeß und bei der Drehbuchgestaltung dabei.« Aber vor allem servieren sie die Schnittchen.

## ARD

ARD heißt »Arbeitsgemeinschaft der öffentlich-rechtlichen Rundfunkanstalten der Bundesrepublik Deutschland«. Ein abgefahrener Name für ein mega-cooles Programm!

Damals hatten sich ja alle Rundfunksender zusammengeschlossen, um ein Fernsehprogramm zu machen. Eigentlich nur, weil die Fernsehgeräte nur einen Programmplatz hatten.

Eine der ersten Sendungen der ARD war die »Augsburger Puppenkiste«. Benannt nach einem Augsburger Bordell.

Toll beim ARD-Morgenmagazin sind ja immer diese Telefon-Preisausschreiben, da kann man zwei Kaffeetassen gewinnen! Dafür lohnt es sich echt, zwei Stunden früher aufzustehen.

## BIG BROTHER

Mein Gott, was für ein Haufen bescheuerterArschgeigen bei Big Brother. Ich find's toll, das erinnert mich an meine Familie.

Dauerkonsumenten von »Big Brother« drohen angeblich Persönlichkeitsänderungen. Ja? Hört man dann auf, sich für das Leben anderer Leute zu interessieren und führt stattdessen ein eigenes? Ist ja furchtbar.

Nach Ansicht von Bundesinnenminister Otto Schily verstößt die Sendung gegen das Grundgesetz. Also verdammt, dann plädiere ich für eine sofortige Grundgesetz-Änderung! Schily rief zu einem Boykott von »Big Brother« auf. Meine Güte, ich kann meinen großen Bruder auch nicht leiden, aber dem schenk ich einfach nur was Mieses zu Weihnachten, damit hat es sich.

Ich seh bei Big Brother jeden Abend mindestens zwei nackte Hintern! Obwohl, das sind eigentlich viel weniger, als man normalerweise bei RTL 2 sieht.

Manu verlangte am Anfang die Sitzhaltung der Männer auf der Toilette. Die Männer verlangten die Sitzhaltung der Frauen beim Sex.

Wer braucht eine TV-Sendung, in der man seinen Nachbarn zusehen kann? Für sowas hab ich doch mein Fernrohr! Und mein Infrarot-Teleskop.

## BILD

BILD ist die größte deutsche Zeitung. Deshalb kaufen Männer sie, um sagen zu können »ich hab das größte Organ Deutschlands«.

78% der Menschheit muß mit einer zensierten Presse leben. Na und? Wir müssen mit einer UNzensierten BILD-Zeitung leben.

Ich lese ja jeden Tag BILD. Wobei das Wort »lesen« natürlich sehr frei interpretiert werden muß.

Sie kennen ja den Slogan »BILD Dir Deine Meinung«. Ich habe ein paar neue Vorschläge:

- BILD dir nichts ein – das tun WIR schon
- HalbBILD ist auch 'ne BILD
- Voll im BILD und doch daneben

Axel Springer hat der Welt viel mehr beschert als nur BILD. Er erfand auch BILD AM SONNTAG!

Viele schimpfen ja auf BILD, aber ich bitte Sie: Stellen Sie sich vor, ab morgen gäbe es BILD nicht mehr! Das wäre furchtbar! Wir alle wären glücklich und freundlich. Wir würden leben wie die Teletubbies!

## BRAVO

Viele schreiben ja die Geschichte ihrer Entjungferung an »Bravo«. Na, also ICH werde das bestimmt nicht tun. Wenn es so weit ist.

Auf dem Zeitschriftenmarkt gibt es ein neues Blatt namens »Vanilla«. Zielgruppe sind junge Mädchen zwischen 10 und 14, die für »Bravo Girl« noch zu jung sind. Das bedeutet: Keine Bilder von nackten Jungs. Tja nun, dann kauf ich's natürlich nicht...

Das abendländische Kulturmagazin »Bravo« erscheint jetzt auch als Cassette für Blinde. Und für diejenigen, denen vom »Bravo«-Layout schlecht wird.
Ich frage mich, wie die den »Bravo-Starschnitt« auf die Blinden-Cassette kriegen.

Die Erben verstorbener Prominenter dürfen jetzt klagen, wenn der Tote zu kommerziellen Zwecken mißbraucht wird. Tja, dann wird's wohl nichts mit dem Starschnitt von Erich Honecker in der Bravo.

### CARRELL, RUDI

Mit 50 höre ich auf zu arbeiten. Genau wie Rudi Carrell.

Ich habe früher ja keine Ausgabe von »Rudis Hundeshow« verpaßt. Ich will es einfach nicht verpassen, wenn er wieder mal gebissen wird.

### DALLAS

»Dallas« ist die beste Soap aller Zeiten! Das ist ungefähr soviel wert wie »der lustigste Weltkrieg aller Zeiten«.

Ich hatte immer Schwierigkeiten, mir Namen und Gesichter zu merken. Ich hab erst nach drei Jahren kapiert, wieso es nie Bettszenen gab mit Bobby und Miss Ellie.

War schon komisch, wie mal eine ganze Staffel plötzlich nur ein Traum von der Tussi mit den dicken Titten war. Andererseits: Welche Frau träumt nicht oft, daß ihr Mann tot ist?

### DERRICK

Horst Tappert, die deutsche Antwort auf Bruce Willis, ist schon fast 80 Jahre alt. Damit zählt er beim ZDF aber immer noch zu den Nachwuchs-Schauspielern.

Kommissar Derrick wird bald als Zeichentrickfilm zurückkehren. Die Produktionskosten sind sehr niedrig, weil die Zeichner ja bei Derrick nie das Gesicht verändern müssen.

Die Bavaria Filmtour will das Derrick-Büro ausstellen. Und zwar ist alles Original-Ausstattung, von den Schreibtischen bis zu den Beatmungsgeräten.

Ein niederländischer Derrick-Fanclub hat ein Derrick-Museum gefordert, weil die Serie ein Stück Zeitgeschichte darstellt. Ja mein Gott, auch Hexenverbrennungen sind ein Stück Zeitgeschichte.

Ab nächsten Herbst gibt es wie bei »Baywatch Nights« eine Nachfolgeserie mit dem Namen »Derrick Nights«. Da passiert das Gleiche wie bei Derrick, bloß ist es immer stockdunkel.
Ein unschätzbarer Vorteil, wie ich finde.

Das ist eigentlich egal, daß Horst Tappert aufgehört hat. Man kann ja neue Folgen aus den alten Folgen zusammenschneiden, das merkt kein Mensch.

Fritz Wepper wollte ja gerne Nachfolger von Horst Tappert als Derrick werden. Das wäre aber zu kompliziert geworden, wenn er sich selbst den Wagen vorfährt.

Tappert glaubt, daß die Nachfolgeserie ohne ihn bestimmt ein Flop wird. Der nimmt den Mund ja ganz schön voll für einen, der es mit 74 nur bis zum Oberinspektor gebracht hat.

Tappert hat gesagt, daß ihn die Rolle schon seit Jahren nicht mehr zufriedengestellt hat, weil er nur am Rande der Handlung entlanggelaufen sei. Genau wie die Zuschauer.

Horst Tappert warnt junge Kollegen: »Eine Rolle über so viele Jahre zu spielen, ist unbefriedigend.« Horsti, es ist noch viel unbefriedigender, eine solche Rolle über so viele Jahre zu sehen.

Peter Kremer sagt, er sei nicht der neue Derrick. Stimmt, es gibt drei wesentliche Unterschiede:
1. Kremer kann selbst autofahren.
2. Kremer kann bis zu drei verschiedene Gesichtsausdrücke pro Folge aufsetzen.
3. Im Vergleich zu Derrick ist Kremer viel ernster.

Ursprünglich wollte das ZDF ja eine Serie rausbringen mit dem Titel »Derrick junior«. Aber man fand keinen 12jährigen Jungen, dessen Tränensäcke groß genug waren.

Fritz Wepper hat gesagt: »Wir haben eine gute Zeit hinter uns gebracht.« Naja. Sicher. Im Vergleich zu der Zeit, die man beispielsweise in einer Todeszelle verbringt.

Die »Derrick«-Drehbücher waren Tappert zu philosophisch und moralisch. Und es gab viel zu viel Sex und Action.

Horst Tappert wurde jetzt dem Frühgeschichtlichen Museum zur Verfügung gestellt.

### EMMA

EMMA ist immer noch Deutschlands größtes Satiremagazin.

Früher sagte man zu Zeitungen ja auch »Periodika«. Aber dann kam EMMA.

Um die Auflage zu erhöhen, soll Alice Schwarzer inzwischen erwägen, nackt fürs Coverbild zu posieren. Da soll noch einer sagen, Feministinnen hätten keinen Humor.

### EXPLOSIV – DAS MAGAZIN

Hallo, ich bin Barbara Eligmann, und ich gehe gegen Bares über Leichen.

Anwälte leben nur von Unfällen, Scheidungen und menschlichem Elend. Genau wie Barbara Eligmann.

Barbara Eligmann gilt laut einer Umfrage unter 1.058 Bundesbürgern als die glaubwürdigste Moderatorin. Ich wußte gar nicht, wieviel Humor die Deutschen haben.

### FELDBUSCH, VERONA

»Veronas Welt« auf RTL wird bald eingestellt. Vielleicht läuft dann bei RTL 2 eine abgespeckte Version mit dem Titel »Veronas Möpse«.
Eine Konzeptänderung ist da eigentlich kaum nötig.

Verona Feldbusch hat einen Freund! Mal sehen, wie lange der braucht, bis er zum ersten Mal das Bedürfnis verspürt, sie zu schlagen.
Die beiden lernten sich im Sommer beim Formel-1-Rennen in Silverstone kennen. Wie romantisch. Jedesmal wenn die beiden Motorenlärm hören, können sie sagen: »Hörst du, sie spielen unser Lied.«

»Blöd« zeigte Fotos von Feldbusch und ihrem Stecher beim Schmusespaziergang durch einen Kölner Wald. Die beiden sind darauf intensiv mit Vögeln beschäftigt. Also, ich meine, sie beobachten Vögel.

Veronas Männe sagt, sie seien »sehr bodenständig« und legten viel Wert auf eine intakte Familie. Da haben wir sie, die Zukunft der CDU.

Sie hat den Schönheitschirurgen, der ihre Nase gemacht hat, auf einer Party kennengelernt. Meine Güte, die läßt sich auf Parties Nasen aufschwatzen. Wegen Frauen wie der gibt es die Zeugen Jehovas.

Veronas neue Nasenspitze hat angeblich 3000 Dollar gekostet. Ist ja erbärmlich. Welcher Organspender läuft denn freiwillig für 3000 Dollar ohne Nasenspitze durch die Gegend?

Die BILD-Zeitung hat Fotos von 1993 aufgetrieben, auf denen Verona Feldbusens Brüste viel kleiner sind als jetzt. Na und? Das ist ja noch gar nichts! Ich hab Fotos gesehen, die beweisen eindeutig: Michael Jackson war früher ein Schwarzer!

Ich glaube auch, daß Veronas Brüste echt sind. Nur die Frau, die da dran hängt, die haben sie in irgendeinem RTL-Labor zusammengebastelt.

Die Chefredakteuse der »Bunten« bezeichnet Feldbusch als »sehr intelligent«. Naja, aber nur wenn man den Durchschnitts-IQ der »Bunte«-Leser als Maßstab nimmt.
Dann ist sogar mein linker Badeschlappen »sehr intelligent«.

Verona hatte einen Auftritt in der Serie »Conan«. Sie spielte »Silikona vom Stamm der dussligen Sahneschnitten«.

Verona sagt: »Ich finde es klasse bei der Schauspielerei, sich zu verkleiden und irre Sachen zu machen.« Ja, so ähnlich dachte auch Norman Bates.

Wenn Verona nach Hollywood geht, hinterläßt sie hier aber eine große Lücke. Genauer gesagt, ZWEI große Lücken.

In ihrer demnächst anlaufenden Show hat Verona keine Gagschreiber. Sie redet einfach eine Stunde lang über Weltpolitik, und das Publikum lacht sich kaputt.
Tja, so ein Talent hat nicht jeder.

Veronas Show heißt »Veronas Welt«. Der ursprüngliche Titel »Veronas Ausschnitt« wurde gecancelt, weil er vorab zuviel über das Konzept der Show verrät.

RTL definiert das Konzept von »Veronas Welt« so: »Mehr Spaß, weniger Sex«. Das ist genau wie das Konzept der »Sesamstraße«.

Feldbusch sagt über das Ausziehen: »Ich habe das nicht als Sprungbrett für meine Karriere benutzt.« Soll das heißen, Dieter Bohlen hat sie nie nackt gesehen?

Verona hatte ja jahrelang keinen Mann. Nach Dieter Bohlen war ihr irgendwie kein Mann doof genug.

RTL hat dementiert, daß die urkomische, spritzige, auf bester britischer Comedy-Tradition fußende Feldbusch-Show »Veronas Welt« eingestellt wird. Es gibt lediglich geringfügige Konzeptänderungen: Verona spricht nicht und tut nichts anderes, als eine Stunde lang im Bikini auf und ab zu hüpfen.
Endlich reagiert mal jemand auf meine Zuschauerbriefe!

## FERNBEDIENUNG

Die Fernbedienung ist 40 Jahre alt. So ein Zufall, genau wie der Bierarsch.

Vielleicht erfindet man ja bald eine Fernbedienung für Reißverschlüsse!

Die Fernbedienung ist wirklich die großartigste Sache seit der Erfindung der Werbeunterbrechung.

Männer zappen ja viel mehr als Frauen. Männer haben keine Schwierigkeit, gleichzeitig ein Fußballspiel und einen Sexfilm zu sehen. Danach sind sie allerdings eine Weile etwas beunruhigt und schlafen nicht mit ihren Frauen.

Leute vom Fernsehen haben vor einem Mann mit Fernbedienung in der Hand mehr Angst als vor einem Mann mit 'ner Panzerfaust.

### FERNSEHEN

*→ Akte X; → Big Brother; → Dallas; → Derrick; → Explosiv - Das Magazin; → Glücksrad; → Kommissar Rex; → Lindenstraße; → Monitor; → Nachrichten; → Ran; → Sesamstraße; → Soaps; → Sportschau; → Star Trek; → Talkshows; → Teletubbies*

Die Menschen in Deutschland sitzen immer länger vor dem Fernseher. Tja, das liegt an dem verdammten Fernsehprogramm, das ist einfach zu gut! Warum können die nicht auch mal was SCHLECHTES produzieren, damit man mal wieder Zeit für die Familie hat?

Ich habe mich reinlegen lassen. Ich habe mir einen neuen Fernseher gekauft, und in dem liefen genau dieselben dämlichen Sendungen wie in dem alten!

Die Hollywood-Schauspielerin Goldie Hawn bekam ein Bambi. Und zwar in der Kategorie »Billigster US-Star den man auftreiben konnte«.

Ausländer in Deutschland schalten am liebsten RTL und Pro Sieben ein. Na klar, das sind ja im Grunde auch ausländische Sender: RTL kommt ursprünglich aus Luxemburg, und Pro Sieben aus Bayern.
Und beide Sender haben österreichische Intendanten.

Im Schnitt sehen die Europäer 200 Minuten pro Tag fern. Und 700 Minuten pro Nacht.

Die Amerikaner schauen 239 Minuten pro Tag fern. Und das, obwohl die weder Derrick noch 7 Tage 7 Köpfe empfangen können!

Die Schweizer schauen am wenigsten fern. Kunststück, die haben ja auch nur einen Sender. Wieviel würden Sie denn fernsehen, wenn Sie nur ZDF empfangen könnten?

Am liebsten sehen die Europäer Sport. Anders als die Amerikaner, die TREIBEN am liebsten Sport.

Die Briten schauen am meisten fern. Was soll man auch machen, wenn man arbeitslos und impotent ist?

Die Uni Cef (wo liegt das eigentlich) veranstaltet jährlich einen »Internationalen Kinder-Fernsehtag«. Als ob das nötig wäre. Das Fernsehen hat doch schon Millionen von Babysittern arbeitslos gemacht.
Am »Kinder-Fernsehtag« soll das Programm gewaltfrei sein. Also gibt's hauptsächlich Sex.

Angeblich beeinflußt das Fernsehen zu sehr die deutsche Sprache. Wie bitte? Jetzt reicht's! WiSo? Wetten, daß diese Behauptung eine Pleite, Pech und Panne ist?

Die Europäer schauen immer mehr Fernsehen. Gott sei Dank, endlich ist Schluß mit dieser Bücherleserei.

Meine Lieblinkskultserie ist der Fernsehgottesdienst. Das ist dann ja eine echte Kulthandlung.

Eine Untersuchung hat herausgefunden, daß TV-Serien den Alkoholkonsum steigern. Im Fall von Harald Juhnke passiert das auch durch TV-Mitwirkung!

Ich glaube, das Fernsehen fördert wirklich Süchte. Mein Waschzwang hat erst angefangen, als ich »Rote Erde« gesehen habe.

In jeder 4. Szene im Fernsehen werden Suchtmittel konsumiert. Alkohol, Zigaretten, Kinder-Schokolade, Pamela Anderson...

Ich schau mir ja die Fußballspiele auf Premiere immer verschlüsselt an. Deswegen hab ich bald 12 Dioptrien, aber ich spare Geld.

Mit dem neuen Digital-Fernsehen können Sie Thomas Koschwitz zuhause bald auf Knopfdruck aus zehn verschiedenen Blickwinkeln sehen. Na, das wird die 1000 Mark Grundgebühr doch wert sein, oder?

Ein Quiz ist immer noch die schönste Form von Fernsehen: Spannender als die Nachrichten, witziger als die Lotto-Ziehung und informativer als die Sesamstraße!

## FERNSEHGEBÜHREN

Die GEZ will in Zukunft stärker kontrollieren. Also melden Sie Ihre Kiste schnell an, bevor die GEZ-Guerilla mit dem Bulldozer durch Ihr Wohnzimmer fährt!

Wenn die GEZ stärker kontrolliert, werden wieder mehr Leute öffentlich-rechtlich gucken, damit sich die Ausgabe auch lohnt.

Ich brauche mir nichts vorzuwerfen. Ich habe alle meine 82 Fernseher angemeldet.

Warum soll man eigentlich seinen Zweitfernseher anmelden? Glauben die, ich sehe zwei Programme gleichzeitig?

## FLIEGE, JÜRGEN

In einer Werbebroschüre der ev. Kirche hat Jürgen »Die Fliege« Fliege gesagt, er fände es völlig in Ordnung, wenn die Leute aus der Kirche austreten. Nicht so schön ist es wenn sie IN der Kirche austreten.
Okay, okay, ich tu's nie wieder.

Fliege sagt von sich selbst: »Ich bin kein Therapeut, ich bin Missionar«. Warum geht er dann nicht nach Afrika?
Ehrlich: WIESO NICHT???

Er bezeichnet sich als »Einzelkämpfer« in der Kirche. Toll. Fliege, der Kirchen-Rambo.

Jürgen Fliege ist von allen Exorzisten der brutalste. Wenn ich als Teufel den sehen würde, würde ich sofort abhauen.

## FOCUS

»Faken, Faken, Faken und nur noch Leser die nicht denken.«

Helmut Markwort soll sich angeblich für einen Journalisten halten. Bisher bestreitet er diesen Vorwurf jedoch.

Focus ist die einzige Zeitung, die sich traut, die Wahrheit zu sagen. Daß alles in Ordnung ist.

## GLÜCKSRAD

»Glücksrad« läuft seit über 10 Jahren. Die Show hat ja sogar die Rechtschreibreform in weiten Teilen voraus geahnt.

»Glücksrad« wurde von Kabel 1 übernommen. Mit der Show ist es wie mit »Ruck Zuck«. Wird die Show gekippt, läuft sie einfach woanders weiter.

Maren Gilzer will jetzt verstärkt als Schauspielerin arbeiten. Sie findet, Verona Feldbusch ist nicht die einzige, die das nicht kann.

Kabel 1 wollte Maren Gilzer ursprünglich halten. Schließlich findet man eine alternde Torte, die spätestens nach dem zweiten Versuch den richtigen Buchstaben umdreht, nicht überall.

Glücksrad ist Deutschlands älteste und beliebteste Gameshow. Abgesehen von »Aktenzeichen XY«.

Maren Gilzer will Schauspielerin werden. Hallo, Dieter Wedel: Sie können schon mal Kondome kaufen!

Maren Gilzer hat bei ihrem Abschied gesagt: »Ab und zu braucht man vom Schicksal einen kleinen Tritt.« Also, bei der würde ich gerne mal Schicksal spielen.

Bei Kabel 1 wird mehr um Sachpreise gespielt, wie Toaster oder Bügeleisen. Das gilt auch für Fredric Meisners Bezahlung.

Ich würde in dieser Show abräumen! Im Gegensatz zu den Kandidaten dort kenne ich alle 18 Buchstaben des Alphabets!

## GOTTSCHALK, THOMAS

Deutschlands größter Moderator. Aber wenn er sich die Haare schneiden läßt, wird er von Harald Schmidt übertroffen.

Thomas Gottschalk hat immer wieder tolle Gäste. Natürlich schalten die Zuschauer nur wegen Gottschalk ein, aber Madonna, Elton John, Gerhard Schröder, die Spice Girls und die Backstreet Boys liefern ihm gute Stichwörter.

Gottschalk hat mal einen Film gedreht mit dem Titel »Frühstück mit Einstein«. Gottschalk spielte das Frühstück.

Wetten, daß..? hat regelmäßig Marktanteile von 50%. Wenn mal Horst Tappert und der Papst dabei sind, können die anderen Sender nur noch Testbild senden.

Erinnern Sie sich noch an den Versuch von Krupp-Hoesch, Thyssen zu übernehmen? Das nannte man eine »feindliche Übernahme«. Ungefähr so wie bei Thomas Gottschalk und Wolfgang Lippert.

## HALLERVORDEN, DIDI

Ich finde den Typen total witzig. Allerdings finde ich auch Angela Merkel witzig.

Diese Befürchtung, daß gewalttätige Filme zur Nachahmung anregen, finde ich lächerlich. Wenn ich im Fernsehen Didi Hallervorden sehe, fange ich ja auch nicht an zu lachen.

## JUHNKE, HARALD

Kürzlich erschienen Juhnkes Memoiren. Das Buch ist recht dünn, weil sich Juhnke nur noch an sehr, sehr wenig erinnert.

Juhnke sagt, er würde am liebsten auf der Bühne tot umfallen. Naja, wenigstens das Umfallen dürfte kein Problem für ihn sein.

Juhnke: »Da können meine Freunde rings um mich herum saufen, bis sie umfallen. Mich rührt das nicht mehr.« Also, mit der Einstellung sollte der Spaßverderber nicht zum Kölner Karneval fahren.

Harald Juhnke hat sich nach seinem Unfall wieder erholt. Er kann sogar besser torkeln als früher!

Juhnke sagt, daß er nach jeder Arbeit in ein Loch fällt. Ja, ich weiß, die Straßen in Berlin sind in einem furchtbaren Zustand.

Juhnke sagt, er will spielen »bis 75«. Ähnlich wie Mario Basler.

Um zu beweisen, daß Juhnke es mit seiner Abstinenz ernst meint, will er eine eigene Sektmarke herausbringen mit dem Namen »Juhnke trocken«.

Ich hoffe sehr, daß Juhnke nüchtern bleibt. Es reicht, wenn seine Fans besoffen sind.

Politiker haben mal ein Fernsehverbot für Juhnke gefordert. Mann, das würde mich umbringen, wenn ich nicht mehr fernsehen dürfte.
Fernsehverbot für Juhnke? Das wirkt schon bei meinen Kindern nicht, wieso bei einem 67jährigen Mann?

## KERNER, JOHANNES B.

Kerner gilt im Unterhaltungsgeschäft als »Allzweckwaffe«. Ich wünschte nur, er würde einen Schalldämpfer benutzen.

Kerners Talk-Show heißt »Johannes B. Kerner Show«. Den Titel hat er von Harald Schmidt geklaut, er hat nur den Namen vertauscht. Unverschämtheit, finde ich.

Das Thema der ersten JBK-Sendung lautete »Ganz oben«. Das Thema der allerletzten Sendung steht auch schon fest: »Ganz unten«.

Kerner sagt, er scheue ernste Themen nicht, aber darüber müsse einem nicht gleich jedes Lachen vergehen. Aha, also über Karneval wird er demnach nicht reden.

Kerners neue Show heißt »Kein Geld der Welt«. Das paßt sehr gut, denn genau das ist es, was mich dazu bringen kann, mir noch so 'ne dämliche Spielshow reinzuziehen.

Das Format für »Kein Geld der Welt« ist in England entwickelt worden und dort sehr erfolgreich. Und jetzt kommt die Show nach Deutschland. Verdammt, diese Tommys sind aber auch so was von nachtragend.

Die Wettbewerbe in »Kein Geld der Welt« sind eine Mischung aus Actionspielen und speziellen Quizrunden. Wow! Jedesmal wenn Du denkst, die Fernsehmacher nudeln doch nur immer dieselben alten Ideen ab, da passiert so was und Du stellst fest: Die Fernsehmacher nudeln doch nur immer dieselben alten Ideen ab!

Das ZDF meint, Kerner stehe für Unterhaltung und Sport gleichermaßen. Und für ein unerschütterliches Dauergrinsen mit der Penetranz von offenen Fleischwunden.

## KIESBAUER, ARABELLA

Ich finde, Arabella verschwendet ihre Talente. Sie sollte Zeichentrickfilme synchronisieren.

Klarabella Kiesbauer hat ihren Vertrag bei Pro Sieben verlängert. Allerdings hat sie eine Ausstiegsklausel einsetzen lassen für den Fall, daß Inter Mailand anruft.

Seit 1994 moderiert Klarabella die Talkshow »Arabella«. Dabei ist es ihr gelungen, das Thema »Dicke sind auch Menschen« öfter zu bringen, als Harald Juhnke besoffen war.

Es gab da ja mal diesen Bombenanschlag von der »Bajuwarischen Befreiungsarmee«. Was für ein bescheuerter Name. Warum nicht gleich »Weißwurst-Front« oder »Bierzelt-Guerilla«?

Die Staatsanwaltschaft ermittelt nicht mehr gegen Arabella Kiesbauer. Laut Meinung der ermittelnden Beamten verstößt ihre Stimme NICHT gegen die Genfer Konventionen.
Ich muß sagen, ich finde das völlig unbegreiflich.

Die Kirche sollte die Schwangerenberatung auf jeden Fall aufrecht erhalten. Sonst gehen die Frauen ja alle zu Arabella!

## KINDERKANAL

Das Programm des Kinderkanals ist gewaltfrei. Also gibt's hauptsächlich Sex?

Der Sender sendet schon am frühen Morgen. Ja klar, wozu noch zur Schule gehen, wenn die Maus einem alles erklärt.

Seit es diesen Kanal gibt, sind Tausende von Kindermädchen arbeitslos geworden.

## KOMMISSAR REX

Kommissar Rex hat ja immer noch tolle Einschaltquoten. Typisch, immer dieser Quoten-Rex.

Kommissar Rex wird immer mehr vermarktet: Er bringt bald seine eigene Palette von Kot-Beuteln raus.

Kommissar Rex ermittelt jetzt wegen Tiermißbrauchs an sich selber. Aber das Opfer weigert sich zu reden.

Kommissar Rex wird bald als Werbefigur für den Homeshopping-Kanal H.O.T. arbeiten: Als H.O.T.-Dog.

## LINDENSTRASSE

Vor etwa acht Jahren habe ich von einem Tag auf den anderen aufgehört, die Serie zu gucken. Und ob Sie es glauben oder nicht – ich lebe noch!

Das Team der »Lindenstraße« geht ja ab und zu auf Tournee. Also, Rolling Stones, nehmt euch in acht!

Die ARD will die Lindenstraße im Osten bekannter machen. Richtig, wieso sollen nur die Wessis verblöden?

Die Lindenstraße ist im Osten nicht so populär wie im Westen. Klar, das Programm vom Mitteldeutschen Rundfunk sendet ja schon 24 Stunden am Tag auf demselben Niveau.

Die Lindenstraße will verstärkt ostdeutsche Themen aufgreifen. 12 Prozent aller Lindenstraßen-Bewohner sollen rechtsradikal sein.

Es gab ja mal 'ne Ostdeutsche in der Lindenstraße, aber die wurde ja prompt von einem Lastwagen überrollt. Auf dem Lastwagen waren übrigens Bananen geladen, eine wie ich finde wunderschöne Allegorie.

Annemarie Wendl, das alte Urviech aus der Lindenstraße, fordert bessere Drehbücher für die Serie. Watt? Die haben Drehbücher? Ich dachte, die Schauspieler lesen sich gegenseitig das Wort zum Sonntag vor.

Ich bin Lindenstraßen-Fan. Ich würde am liebsten da einziehen. Und die gesamte Belegschaft kaltmachen.

Lebt eigentlich noch jemand von den Schildknechts? Leute mit dem Namen sind ja offenbar eine gefährdete Spezies.

## LIPPERT, WOLFGANG

Die strafrechtliche Verfolgung von DDR-Unrecht ist offiziell beendet worden. Wolfgang Lippert atmet auf.

Lippi wurde ja angeblich beim Ladendiebstahl erwischt. Allmählich wird mir klar, wieso der seinen Gästen immer so an die Wäsche geht.

Caroline von Monaco zieht vielleicht nach Hannover. So ähnlich muß sich Wolfgang Lippert nach seinem Rauswurf bei »Wetten daß« gefühlt haben.

## MEISER, HANS

Hans Meiser ist sauer auf die Boulevardpresse. Und zwar, weil sie seine Nacktfotos nicht veröffentlicht hat.

Hans Meiser hat sich geärgert, weil seine neue Freundin in der Presse gelandet ist. Wieso ärgert ihn das? Wenn ich 'ne neue Ische habe, kann ich's gar nicht erwarten, es jedem zu erzählen.

Meiser sagt, nach den Berichten über seine neue Freundin habe er »abhauen« wollen. Das ergibt ja interessante Perspektiven. So kann sich die Boulevardpresse endlich mal richtig nützlich machen!

Meiser hat mal in bezug auf sein Privatleben gesagt: »Wenn ich auf Toilette gehe, möchte ich gern das Türchen schließen dürfen.« George Michael ist da offenbar anderer Meinung.

Meiser sagt: »Bei mir muß niemand etwas sagen, was er nicht will.« Höchstens Sätze wie »Du warst klasse, Schatz...«

Meiser sagt, er sei jetzt wieder viel gelassener. NOCH gelassener? Dann muß er ja bald künstlich ernährt werden.

## MONITOR

Sie wissen ja, manchmal weiß man bei Monitor gar nicht mehr, ob ein Beitrag ernst oder komisch gemeint ist. Ingolf Lück hat ein ähnliches Problem.

Um »Monitor« war ja ein Riesenwirbel wegen diesem gefaketen Telefonat zwischen Kohl und Jelzin. Ich wußte sofort, daß das gefälscht war. Ich glaube, Männer, die zusammen in die Sauna gehen, haben am Telefon andere Dinge zu besprechen.

»Monitor« ist auch bei meinem Nachbarn sehr beliebt. Jedesmal, wenn der sich Fußball anschaut, höre ich ihn durch die Wand brüllen: »MONI! TOOOR!«

## NACHRICHTEN

Ist schon komisch: Bei den Nachrichten lassen wir alle Katastrophen dieser Welt an uns vorbeiplätschern, aber verzweifeln tun wir erst bei der Wettervorhersage.

Die Hauptausgabe der Tagesschau bleibt weiterhin die Nummer eins der Nachrichtensendungen. Es sei denn, bei RTL 2 gehen sie endlich den ganzen Schritt, und die Nachrichtensprecherin moderiert nackt.

Daggi Berghoff hat bei der Tagesschau aufgehört. Zuerst der Bergdoktor, und jetzt die Berghoff!
Denkt denn keiner mehr an die älteren Zuschauer?

Seit Dagmar Berghoff weg ist, ist Caroline Reiber die letzte große deutsche Betonfrisur.

24 Jahre lang hat Daggi die Nachrichten vorgelesen. Und das mit einer Leichtigkeit, als ob das jeder könnte!

Dagmar Berghoff ist ja gelernte Schauspielerin. Und ihre Lieblingsrolle war immer die emotionslose monotone Langweilerin.
In der Rolle wurde sie bisher nur von Katja Riemann übertroffen.

Dagmar Berghoff wird in einem TV-Film von Dieter Wedel mitspielen. Häh? Maren Gilzer, Sonja Kirchberger, kann ich ja verstehen, aber wie ist denn die Alte auf Wedels Besetzungscouch gelandet?

Petra Gerster findet persönliche Schlußphrasen wie bei manchen Sprechern »doof«. Na, das wäre doch eine tolle Schlußphrase für sie. Jeden Abend sagt sie dann: »Eigentlich sollte ich jetzt irgendwas sagen, aber das finde ich doof. Das Wetter.«

Peter Kloeppel wirkt sehr menschlich, finde ich. Wenn der von einer Flutkatastrophe berichtet, könnte man fast meinen, die Opfer gingen ihm NICHT völlig am Arsch vorbei. Fast.

## PRO SIEBEN

Pro Sieben macht ja nur wenig Eigenproduktionen. Pro Sieben ist mein Lieblingssender.

Stefan Raab kriegt vielleicht bald eine eigene Late-Night-Show, in Konkurrenz zu Harald Schmidt. Super, das ist der krasseste Fall von beruflichem Selbstmord seit Oskar Lafontaine.

Pro Sieben ist ja jetzt auch an der Börse. Wenn Sie sich rechtzeitig genügend Aktien sichern, können Sie vielleicht »Arabella« absetzen!
Und »Liebe Sünde« auf drei Stunden pro Tag verlängern.

Das ideale Vollprogramm: Soviel Unterhaltung wie man will; soviel Journalismus wie gerade nötig; soviel Sex wie man gerade noch sehen kann, ohne eine Sehnenentzündung zu kriegen.

## RADIO

Ich höre überhaupt kein Radio mehr. Sogar im Auto habe ich einen Mini-Fernseher auf dem Armaturenbrett.

Marius Hagen-Müllwestern und die Scorpions haben eine bundesweite Lizenz erhalten für ihren Sender »Rockradio«. Sozusagen die Lizenz zum Töten der Musikkultur.

Deutsche Rockstars haben sich in einem offenen Brief für ein bundesweites Rock-

radio stark gemacht. Also einschließlich Polen und Tschechien.
Das Vorhaben der Rockmusiker klingt vielleicht auf den ersten Blick etwas egoistisch... Hey, auf den zweiten Blick ja auch!

Die Aktion der deutschen Musiker für mehr deutsche Musik im Radio steht unter dem Motto »Deutsche tanzt bei Deutschen!«

Viele deutsche Musiker bedauern, daß deutsche Rockmusikkultur im Radio zu wenig vorkommt. Das hat in etwa die Qualität eines Fußballspielers, der gerade 0:10 verloren hat und behauptet, der Schiedsrichter ist schuld.

## RAN

Ich find's gut, daß die Sendung gekürzt wurde. Das war ja auch unumgänglich, denn seit Lothar Matthäus nicht mehr da ist, entfällt ja schließlich das 20minütige Blitzinterview mit ihm.

Ran nimmt angeblich zuviel Einfluß auf die Schiedsrichter. Also ich finde, Schiedsrichter nehmen viel zu viel Einfluß auf das Spiel!
Natürlich muß der Schieri manchmal warten, bis ein Werbeblock bei »live ran« zu Ende ist. Aber das müssen die Zuschauer schließlich auch!

Man sollte lieber dankbar sein, daß die Übertragungsrechte der Bundesliga nicht bei RTL liegen. Da würde vor lauter Werbung jede Saison zwei Jahre dauern.

## RTL

Die Spezialität von RTL sind Unterhaltung und Serien. Also, das klauen die am besten.

Die Rechte für die Champions-League kehren von tm3 zu RTL zurück. Och schade. Hoffentlich übernimmt RTL dann auch Hansi Müller und Karlheinz Rummenigge, das wär sonst wirklich ein Jammer.

Die RTL-Betreiberfirma CLT-UFA hat sich bei Helmut Thoma für die geleistete Arbeit bedankt. Thoma sagte daraufhin: »Ich nehm lieber das Geld.«

Laut Produzent Werner Kließ hat »Alarm für Cobra 11« unsäglich schlechte Stories, schwache Schauspieler, dilettantische Regie, aber sensationell gute Autostunts. Und das mit den Stunts will RTL auch noch in den Griff kriegen.

RTL wird vor allem von Frauen bevorzugt. Ja, das ist halt der unwiderstehliche Sex-Appeal von Hans Meiser, Ulrich Kloeppel und Barbara Eligmann.

Ex-RTL-Chef Thoma hat mal gefordert, bei Fußballübertragungen Werbung in Form von Untertiteln einzublenden. Okay, wenn im Gegenzug auf den Kommentar von Marcel Reif verzichtet wird!

Die Leute lassen sich wirklich alles aufschwatzen. Das sehen Sie am Nachmittagsprogramm von RTL.

»Der Preis ist heiß« wurde ja leider eingestellt. Die Zuschauer sind zu blöd geworden, um den Einschaltknopf zu finden.

## RTL 2

RTL 2 - Where the tits come out at night.

Sie kennen ja den Slogan von denen - »RTL 2 - Ich glaub ich bin im Kino«. Mindestens für das Nachtprogramm fänd ich aber viel besser: »RTL 2 - Ich glaub ich bin im Puff«...

RTL hat »Der Preis ist heiß« aus dem Programm gekippt. Die Show läuft aber weiter bei RTL 2 unter dem Titel »Der Preis ist geil«.

Naddel soll bei »Peep!« durch eine Blondine mit Körbchengröße F abgelöst werden. Endlich reagiert man auf meine Zuschauerbriefe!

## SAT.1

Trotz der vielen Werbung hatte der »König von St. Pauli« mehr Zuschauer als der »Große Bellheim« damals. Was ein paar Titten und Masturbationsszenen doch ausmachen. Vielleicht hätte man so auch »Mallorca« retten können.

SAT.1-Chef Fred Kogel meint, der Markt sei mit Soaps übersättigt. Ich persönlich finde, wenn es GAR KEINE Daily Soaps gäbe, wäre das gerade noch erträglich. Einen weiteren Versuch einer Daily Soap wird es bei SAT.1 nicht geben. Dann hab ich jetzt einen neuen Lieblingssender!

SAT.1 hat den »Bergdoktor« in Rente geschickt. Wahnsinn, dabei hat der nur fünf Jahre gearbeitet!

Der »Bergdoktor« wurde abgesetzt, weil die Zuschauer zu alt sind. Verflixt, ich wünschte, SAT.1-Chef Kogel könnte auch über den »Musikantenstadl« bestimmen.

Im Zuge der Verjüngung des SAT.1-Publikums hat Senderchef Kogel ja das »Glücksrad« und »Bitte melde Dich« gekippt. Mann, ich stell mir gerade vor, Kogel wäre alleiniger Programmchef beim ZDF. Der hätte den Sender wahrscheinlich schon längst in die Luft gesprengt!

Dieter Thoma's Heck wettert gegen SAT.1-Chef Kogel, weil der Sendungen rausschmeißt, deren Publikum zu alt ist. Ist doch toll: Das bedeutet mehr welkes Fleisch für ihn!

Die SAT.1-Talkerin Sonja hat sich nach knapp einem Jahr Ehe von ihrem Mann getrennt. Er hat es nicht mehr ausgehalten. Jedesmal wenn er Sex wollte, sagte sie: »Gleich, nach der Werbung!«

## SCHREINEMAKERS, MARGARETHE

Viele rätseln immer noch, woran ihr Quotenrückgang lag. Dabei ist es doch klar: Die Show war viel zu kurz, Frau Schreinemakers zahlt zuviel Steuern und ist den Zuschauern außerdem viel zu sympathisch!

O.J. Simpson ist bei »Schreinemakers TV« aufgetreten. Das sollte eine Warnung sein für alle Mörder. Auch wenn man nicht in den Knast muß, wird das Leben zur Hölle.
Ich persönlich finde das einfach widerlich. Wie tief muß man sinken, um mit so jemandem zu reden? Ich weiß wirklich nicht, warum O.J. sich so was antut.

In ihrer letzten Sendung hatte Schreinemakers ihren Ex-Mann Jürgen von der Lippe zu Gast. Vielleicht tritt sie bald auch in seiner Show auf. Obwohl, ihre Antwort auf die Frage »Geld oder Liebe?« dürfte klar sein.

Margarethe Schreinemakers darf nicht mehr für RTL arbeiten. Na gut, gearbeitet hat sie ja auch vorher nicht. Sie hat ein bißchen getratscht und genervt, das macht meine Mutter seit Ewigkeiten und kriegt dafür keine Millionen nachgeschmissen.

Ex-RTL-Chef Thoma sagt, Schreinemakers hat bei RTL einen gewaltigen Schaden verursacht. Die Frage ist nur, wer hat den gewaltigen Schaden bei Frau Schreinemakers verursacht.

Schreinemakers droht, sie würde bald auf den Bildschirm zurückkehren. Wolfgang Schäuble hat sich mit Gerhard Schröder schon darauf verständigt, dagegen ein Gesetz auf den Weg zu bringen. Wahlkampf hin oder her, es gibt Zeiten, da muß man zusammenhalten.

RTL hat Schreini angeblich 4 Mio Mark Abfindung angeboten. Und das nur, damit sie bei RTL keine Sendung moderiert. Hey, RTL: Ich mach das schon für 3 Millionen!

Eigentlich wollte SAT.1 damals gar nicht die Sendung unterbrechen. Aber Margarethe Schreinemakers hatte sich gleich zu Anfang auf ihren Lügendetektorsessel gesetzt, und schon bei der ersten Frage sind sämtliche Leitungen zusammengebrochen!

Klonen bedeutet, daß aus Zellen identische Kopien eines Lebewesens entstehen. So entstand auch »Schreinemakers TV«.

## SESAMSTRASSE

Die Sesamstraße hat mir viel beigebracht über Toleranz bei anderen Hautfarben. Ob es nun schwarz ist, oder rot, oder blau...

Kermit der Frosch war ja auch in der Sesamstraße, mit der deutschen Stimme von David Hasselhoff. Und mit dessen Schauspieltalent.

In China gibt es jetzt eine Ausgabe der Sesamstraße. Es gab nur Probleme mit der Figur »Bert«. Der sieht dem Ministerpräsidenten viel zu ähnlich.

Wenigstens sind die Chinesen nicht so prüde wie wir. In der dortigen Version der »Sesamstraße« werden die Fickszenen zwischen Ernie und Bert gezeigt.

In China funktioniert die Sesamstraße anders. Wenn das Krümelmonster einen Keks stiehlt, wird es sofort standrechtlich erschossen.

Meine Lieblingsfigur war immer Graf Zahl. Der war der Grundausbilder für jeden späteren Spitzenmanager.

Ich mag diesen Typen, der in seinem Trenchcoat Zahlen verkauft. Eine wunderbare Berufsvorbereitung für Porno- und Drogendealer.

## SOAPS

»Gute Zeiten, schlechte Zeiten« erhielt einen Publikums-Bambi als beliebteste »Daily Soap«. Wahnsinn. Gibt's auch 'nen Bambi für den beliebtesten Serienkiller?

Die Krankenhaus-Dokumentarserie »Gefickte Schwestern« wurde mangels Beweisen eingestellt. Zu blöd, jetzt müssen die Darstellerinnen wieder auf den Strich.

Letztes Jahr gab es die 1500. Folge von »Gute Zeiten schlechte Zeiten«. Ich glaube, darüber gibt es sogar eine verschlüsselte Warnung von Nostradamus.

Haben Sie schon mal eine deutsche Daily Soap gesehen? Vom Niveau müssen Sie sich das ungefähr so vorstellen: Ein Porno von Teresa Orlowski, bloß ohne Sex.

## SPIEGEL

»Spiegel« und »BILD« wollen bald ein gemeinsames Magazin herausgeben mit dem Namen »Spiegelbild«.

Ich find den »Spiegel« scheiße. Wenn ich den beim Rasieren benutze, schneide ich mich dauernd.

Viele prominente Politiker lieben den »Spiegel«, allen voran Gerhard Stoltenberg und Manfred Stolpe.

## SPORTSCHAU

Das »Tor des Monats« der ARD-Sportschau gibt es schon seit über 25 Jahren. Wann gibt's denn endlich mal ein neues?

Die Sportschau konzentriert sich jetzt auf andere Sportarten. Dementsprechend sind auch schon neue Rubriken für die jeweiligen Disziplinen geplant:

- Formel 1: Crash des Tages
- Fechten: Tragisches Mißgeschick des Monats
- Hammerwerfen: Schädelbasisbruch des Jahrzehnts
- Speerwurf: Unfälle passieren
- Gewichtheben: Flatus der Woche
- Ringen: Safer Sex
- Boxen: Tiefschlag des Tages
- Freeclimbing: Plumps des Monats
- Eishockey: Unbedachte Bewegung des Monats
- Bobfahren: Loch im Eis des Jahres
- Bogenschießen: Zu spät weggenommener Finger des Tages
- Hürdenlauf: Kastration des Jahres

Heribert Faßbender wird für mich immer DER Sportjournalist schlechthin bleiben. Auch wenn er sich jetzt beleidigt fühlt.

## STAR TREK

Ich bin ja ein eingefleischter Trekkie. Ich überfahre Menschen nur mit dem Trekker.

William Shatner, der Darsteller des Captain Kirk, will im nächsten Star-Trek-Film wieder mitspielen. Ja, und Oskar Lafontaine will wieder SPD-Chef werden.
Hey, wie wär's mit William Shatner als SPD-Chef!
Und Oskar Lafontaine als Captain Kirk!

Uhura war die berühmteste Telefonistin der Fernsehgeschichte.
Abgesehen von den Torten aus diesen Telefonsex-Spots.

Bei diesen Star-Trek-Treffen kauft man immer viele Star-Trek-Devotionalien. Sehr beliebt sind die Kruzifixe mit dem angenagelten Mister Spock.
Das hat die Kirche von denen angeblich geklaut.

Voyager ist die neueste Star Trek-Serie, aber bei weitem nicht die letzte. Folgende Serien sind in Planung:

- Raumschiff Achselschweiß (mit Steffi Graf als Captain)
- Star Trek: The first century (spielt in der Steinzeit)
- Raumschiff Rentengreis (mit der Original-Crew)

Vor gut 30 Jahren lief in den USA die erste Star Trek-Folge. Zur Feier des Ereignisses wird die Episode noch mal nachgedreht, diesmal mit echten Schauspielern.

Eine Folge von Star Trek wurde in Deutschland nicht gesendet, weil da Spock und Kirk in Nazi-Uniformen rumlaufen sind. Begreife ich nicht. Ich finde, die echten »Enterprise«-Uniformen sehen noch viel beschissener aus.

Geil sind die Star-Trek-Uniformen nur bei Frauen, da werden die Drüsen so richtig schön herausmodelliert. Das nenne ich eine echte Utopie.

Wissen Sie, was dem Trek-Kult die Krone aufsetzen würde? Daß William Shatner stirbt! Aber man findet seine Leiche nicht...
Das würde den Trekkies gefallen, wenn Shatner stirbt. Sofort hieße es »Nein, Shatner ist nicht tot. Der tut nur so, damit er keine Fortsetzung mehr drehen muß«.
Hübsche Vorstellung, William Shatner in einem Versteck: »Hihihi, ich bin gar nicht tot, ich bin gar nicht tot...«

## TALKSHOWS

*→ Fliege, Jürgen; → Kiesbauer, Arabella; → Meiser, Hans*
Ständig gibt es neue Talkshows. Großartig! Mein Informationsbedarf über dicke Nymphomaninnen mit Riesentitten ist noch lange nicht gedeckt.

RTL will vorerst auf die Sendung mit einem »unmoralischen Angebot« verzichten. Darin wollte ein 29-jähriger Frührentner eine Sex-Nacht mit seiner Frau für eine Million Mark anbieten. Ist ja auch Käse. Ich kenne Damen am Hauptbahnhof, da krieg ich für eine Million zehntausend Nächte!

Bald hat jeder Mensch in Deutschland seine eigene Talkshow. Und was dann? Dann moderiert ein Moderator zwei Sendungen zeitgleich auf zwei Kanälen.

Was ich schrecklich finde bei Talkshows: Ständig machen die bloß anspruchsvolle Themen, um die Quoten hochzutreiben.

Der Deutsche Frauenring will eine Kampagne starten gegen Sexthemen in täglichen Talkshows. Die Damen sind es leid, daß sie öfter über das Thema fernsehen als es selber praktizieren.

Es sitzen bis zu 300.000 Kinder und Jugendliche vor den Bildschirmen, wenn über Sex-Themen gesprochen wird. Manchmal liegen sie auch davor. Manchmal sogar übereinander.

Die ARD-Talkshow »Sabine Christiansen« erhielt letztes Jahr die »Saure Gurke« als frauenfeindlichste Sendung des Jahres. Ist ja interessant. Dann seh ich mir die Sendung in Zukunft auch mal an.

Viele Politiker haben ja ein Verbot der »Schmuddel«-Talkshows gefordert. Viele von deren Ehefrauen haben sich diese Sendungen angesehen und ihren Männern plötzlich völlig unrealistische sexuelle Forderungen unterbreitet.

Eine Landesmedienanstalt wollte mal gegen Bärbel Schäfer vorgehen, weil in einer Sendung menschenverachtende Äußerungen gefallen sind. Der böseste Satz lautete folgendermaßen, und Kinder hören jetzt bitte weg... »Hallo, herzlich willkommen bei Bärbel Schäfer!« Pfui Teufel! Und so was mitten am Tag!

Ich habe ein paar Vorschläge für neue Talkshow-Themen:
1. Verklebt – Was tun, wenn das Marmeladenglas nicht aufgeht?
2. »Ich hasse Talkshows!«
3. »Ich hasse Talkshows noch viel mehr!«

4. »Ich war zu 30 verschiedenen Themen in der Sendung und keiner hat's gemerkt«
5. Zwangsneurotiker die mehr Zeit haben als sie brauchen
6. »Mir ist langweilig« - Zuschauer bei Hans Meiser
7. »Ich habe ein Verhältnis mit meiner Frau und meine Mutter weiß nichts davon«
8. »Ich habe große Brüste und werde deshalb ständig in Talk-Shows zitiert«
9. Nachts Porno-Star und tagsüber Ministerpräsidentin

## TELETUBBIES

Ich liebe ja die Teletubbies. Versuchen Sie aber nicht, sich eine Antenne auf dem Kopf zu montieren. Das funktioniert gar nicht.

Ein philippinischer Fernsehsender hat in eine «Teletubbies»-Folge das Foto einer halb nackten Schauspielerin eingeblendet. Ich finde das gut. Das wird zumindest die Jungs besser beeinflussen als dieser angeschwulte Tinky-Winky mit seinem Handtäschchen.

In Sachsen nimmt die Zahl von Schulanfängern mit Sprachstörungen immer mehr zu. Oh-oh! Tumme Tache. Wattollma dategen tun?

Verhaltensgestörte Grundschulkinder bereiten Kinderärzten zunehmend Sorgen. Seit die Kinder Teletubbies gucken, tanzen sie nur noch brabbelnd umher, anstatt sich gegenseitig zu erschießen. Man fragt sich wirklich, wohin das eigentlich noch führen soll.

## TIERFILM

Früher habe ich Tierfilme geliebt. Aber dann bin ich auf Peep-Shows umgestiegen.

Natürlich gibt es bei Tierfilmen nicht nur Rammeleien. Manchmal fressen sich die Viecher auch gegenseitig auf oder scheißen in den Wald. Perfekte Familienunterhaltung.

Ich liebe das, wenn die Tierfilmer immer in der Scheiße der Tiere rumrühren. Die tun wenigstens was für ihr Geld.

Neulich habe ich mir mit meiner Freundin einen Film über Pferdezucht angesehen. Danach hat sie mich so geringschätzig angesehen.

Ich fand Grzimek toll: »Ich habe hier eine putzige kleine Python mitgebracht, die gerade ein putziges kleines Hängebauchschwein verdaut...«

Tierfilme werden ja immer brutaler. Vor allem bei Jean-Claude Vandamme.

Ich finde diese brutalen Tierfilme furchtbar. Warum können die Krokodile nicht ab und zu auch mal Gemüse essen?

Durch Cousteau haben wir ja den Zauber der Meere kennengelernt. Durch ihn, und durch Spielbergs »Weißen Hai«.

## VIDEOCLIP

Ich habe neulich einen tollen Videoclip gesehen, den fand ich einfach geil. Der Song hieß »Unser Bestes von Persil«.

Madonna erinnert in ihrem neuesten Video-Clip an Prinzessin Diana. Und zwar indem sie auf dem Video ständig kotzt.

In dem Clip wird Madonna genau wie Diana von Paparazzi verfolgt. Bevor Sie sich Hoffnungen machen: Sie überlebt.

Der welterste Clip zeigt die Rolling Stones auf ihrer ersten Abschiedstournee.

Der welterste Clip wird bald gezeigt auf »viva 3«, dem Musik-Sender für Koma-Patienten.

## VIVA

In Ost-Europa besteht eine Tendenz zu Englisch als erster und Deutsch als zweiter Fremdsprache. So ziemlich genau wie bei Viva-Moderatoren.

Wie wird man Moderator bei »viva«? Ganz einfach: Nehmen Sie eine große schwere Bratpfanne und hauen Sie sich damit hundertmal vor die Rübe.

Ich schau mir sehr gerne Videoclips auf »viva« an. Den Ton dreh ich allerdings ab.

## WICKERT, ULRICH

Das schönste an den Tagesthemen sind ja Wickerts Überleitungen zum Wetter. Nach der Überleitung kann einen das miese Wetter schon gar nicht mehr erschüttern.

Wickerts Buch »Der Ehrliche ist der Dumme« verkauft sich sehr gut bei den Ostdeutschen. Es schmeichelt deren Intelligenz.

## ZDF

Abschalten können Sie woanders. Es sei denn, sie haben schon zu starke Arthritis.

In der ZDF-Serie »T.E.A.M. Berlin« geht es um ein vierschrötiges Sondereinsatzkommando gegen das organisierte Verbrechen. Besonders gegen Fernsehmacher und ihre schießwütigen Handlanger.

Das ZDF will mit »T.E.A.M. Berlin« das junge Publikum für sich gewinnen. Vielleicht sogar Zuschauer ab 50!

Michael Schanze moderiert für das ZDF eine Lotterie-Show. Wow! Das ist mal originell. Da müssen die aber aufpassen, daß ihnen keiner diese Idee wegschnappt.
So wie bei »Verstehen Sie Spaß?«

Bald kommt eine neue Sendung im ZDF: »Live vom Friedhof - Das Magazin für Ex-Rentner«.

Das ZDF will jüngere Zuschauer ansprechen. Ungefähr so: »Hau ab, du junger Flegel!«

Stimmt das: Es gibt eine Programmreform im ZDF? Was kommt als nächstes? Eine deutsche Sitcom, die keine Würgereflexe auslöst?

Beim ZDF gilt es schon als Infotainment, wenn bei Alexander Niemetz der Teleprompter ausfällt.

## ZEITUNGEN

*→BILD; →Bravo; →Emma; →Focus; → Spiegel*

Ich lese keine Zeitungen, ich schau mir nur die Bilder an.

Ich persönlich vertraue keiner Zeitung, die man nicht auch als Toilettenpapier benutzen kann.

Seit 400 Jahren gibt es in Deutschland Zeitungen. Die Fischhändler brauchten was zum Einwickeln.

Ich habe mal die erste Zeitung Deutschlands in einem Museum gesehen. Es war die FAZ, und sie sah genauso aus wie heute.

Die erste Schlagzeile im Kulturteil der allerersten Zeitung war damals: »Keith Richards feiert seinen 50. Geburtstag!«

Ich lese am liebsten die Lokalnachrichten von Mecklenburg-Vorpommern. Das gibt mir das Gefühl, in der Welt passiert nichts schlimmeres als ein Verkehrsunfall mit einem Wildschwein.

Ich finde Zeitungen irgendwie sexy. Von der Kopfleiste bis zur Spalte.

## ZENSUR

Ich finde, Meinungsfreiheit ist nur Zensur von schwarzen Listen.

Kati Witt hat in Karlsruhe Verfassungsbeschwerde eingelegt wegen eines Nacktfotos von ihr, das die FAZ abgedruckt hatte. Das Bild verstoße gegen die Menschenwürde. Gegen die der Leser.

Die bayerische Landesmedienzentrale hat eine härtere Kontrolle von Talkshows, Zeichentrickfilmen und Action-Serien beschlossen. Gut so, besonders diese homoerotische Sadomaso-Beziehung von Tom und Jerry hat mich immer schon gestört.

Wer sagt eigentlich, es gäbe keine Zensur in Deutschland? Bei jedem Behördenformular steht doch die Aufforderung »Unzutreffendes bitte streichen«.

Gewaltkennzeichnung ist bei Fußballübertragungen ein Problem. Da muß jedesmal ausgeblendet werden, wenn Jens Jeremies an den Ball kommt.

Ich bin für Sex-Kennzeichnung im TV. Die meisten Deutschen wissen nämlich gar nicht, was das ist.

Gewaltkennzeichnung im TV? So ein Blödsinn! Als ob nicht jeder Deutsche von Grund auf ein Experte für jede Form von Gewalt wäre.

Nur weil ich den »Paten« zwanzigmal gesehen habe, laufe ich doch nicht los und bringe Leute um. Nein. Ich beauftrage ein paar gute Freunde, die das übernehmen.

RTL 2 hat mal den Film »True Romance« total kaputtgeschnibbelt und umbenannt in »Der Glücksbärchi-Film«.

Gewalt im Fernsehen wird total überschätzt. Glaubt mir, liebe Kinder: Echte Gewalt macht viel mehr Spaß!

Das mit der Zensur sollte man nicht übertreiben. Sonst gäbe es bei RTL ja nur noch von morgens bis abends Schwarzblende.
Natürlich unterbrochen von Werbung.

Gewalt im Fernsehen soll ja in Wirklichkeit belehren. Die Lehre lautet: Laß dich dabei nie von einer Kamera beobachten!

Ich finde Gewalt im Fernsehen gut. So lernen die Kinder gleich, wie es in der Welt zugeht. Das ist wichtig, wenn sie später Fußballspieler werden.

# MUSIK

## ABBA

Wissen Sie, was ABBA rückwärts gelesen bedeutet? »ABBA«! Ganz schön teuflisch.

Ich habe ABBA nie gemocht. Besonders die Frau mit dem Vollbart war total eklig.

## BACKSTREET BOYS

Für den unwahrscheinlichen Fall, daß es die Backstreet Boys bei Drucklegung noch gibt: Ich finde, die Backstreet Boys sind unsterblich und unnachahmlich.

Die Backstreet Boys sind die umsatzstärkste Gruppe auf dem amerikanischem Musikmarkt. So langsam verstehe ich, warum die Amerikaner an den Weltuntergang glauben.

Die meisten Frauen entspannen angeblich am besten bei Musik. Auch wenn das bei Konzerten der Backstreet Boys meistens ganz anders aussieht.

Die Backstreet Boys arbeiten nebenbei ehrenamtlich fürs Groupie-Genesungswerk.

Die Backstreet Boys sind die beste Boy Group der Welt. Wenn nur nicht die Musik wäre.

## BEATLES

Die wenigsten wissen es: Ich war der achtunddreißigste Beatle.

Paul McCartney spielt angeblich jede Woche im Lotto. Das kann ich verstehen. Ich würde in dem Alter auch nicht mehr arbeiten wollen.

John Lennon wurde von den Briten zum »einflussreichsten Musiker aller Zeiten« gekürt. Ja stimmt, der kennt jeden, auch die »ganz oben«.

Liam Gallagher hat seinen Sohn »Lennon« genannt, nach John Lennon. Wieso sucht der sich von allen Beatles ausgerechnet den aus, der erschossen wurde?
Also den, der als ERSTER erschossen wurde.

Demnächst erscheint die nächste Beatles-Anthologie. Oder wie die Fachleute es nennen: »Brieftaschenfledderer-Scheibe«.

Die Beatles gehören ja immer noch zu den absoluten Spitzenverdienern im Musikgeschäft. Was macht John Lennon eigentlich mit der Kohle? Kauft er sich einen Grabstein aus Platin?

Paul McCartney wurde von Queen Liesbett zum Ritter geschlagen. Eigentlich wollte sie ihm nur die Ohren abhacken, aber die Gute ist halt auch nicht mehr die Jüngste.

McCartney heißt jetzt »Sir Paul McCartney«. Das klingt genau so doof wie »Seine Lordschaft Marius von und zu Müller-Westernhagen«.
So läßt der sich von der Presse angeblich nennen.

Paul bekam den Ritterschlag hauptsächlich wegen seiner Arbeit an der »Beatles«-Musik-Universität. Er hat es sogar geschafft, Ringo Starr richtiges Schlagzeugspielen beizubringen.

## BEETHOVEN, LUDWIG VAN

Ich bin ein großer Beethoven-Fan. Ich hätte nie gedacht, daß ein Bernhardiner so gut komponieren kann.

Am besten ist ja Beethovens Neunte Symphonie. Dabei ist die gar nicht fertig, wenn ich mich nicht irre. Das ist so, als würde ich hier einen Witz erzählen und mittendrin.

Der Mann wurde ja leider taub. Hat wahrscheinlich zuviel Walkman gehört.

Das tollste Werk von Beethoven ist seine Oper »Fellatio«. Oder so ähnlich.

Er hat ja nur eine Oper geschrieben, »Fidelio«. Das klingt wie 'ne Salatöl-Sorte vom Aldi.

Das Tollste von Beethoven ist der Soundtrack zu »Clockwork Orange«.

Beethoven war der größte Komponist aller Zeiten. Das weiß ich von diesem Schröder bei den »Peanuts«.

## BLACK, ROY

Ein phantastischer Sänger, ein genialer Schauspieler, einer der schönsten Männer der Welt! Aber kommen wir nun zu Roy Black...

Kürzlich erschien ein neues Lied von Roy Black. Sehr schön, man hat lange nichts mehr von ihm gehört. Hab schon gedacht, der ist tot. Roy lebt!

## CD

Früher sagte man zu Alleinstehenden »Singles«. Aber inzwischen heißt es wohl eher »Maxi-CDs«.

Bei den Hitparaden zählen nur noch die tatsächlich verkauften Platten. Das wird schwierig, schließlich bringen die meisten nur noch CDs heraus.

Ich vermisse ja diese großen, flachen, viereckigen Tüten für Schallplatten. Mit so was sah man total cool aus. Mit diesen CD-Tütchen sieht man aus wie ein besonders armer Bahnhofspenner.

## DISCO

Plötzlich sehe ich winters überall wieder Moonboots. Die gammeln seit fünfzehn Jahren im Keller rum, und jetzt werden sie wieder benutzt. Genau wie John Travolta.

Erinnern Sie sich noch an die Show »Disco« mit Ilja Richter? Der fand auch seinen Henker.

Der Film »Saturday Night Fever« hat die Discos populär gemacht. Der Film hat mein Leben verändert. Früher habe ich eigentlich ganz gerne getanzt.

Die Siebziger waren harte Zeiten! Ihr jungen Leute braucht gar nicht zu lachen! Ihr habt's ja nicht miterlebt!

Der neue Tanztrend heißt vor allem: Weg mit den Einzeltänzen. Der neue Disco-Tanz heißt Sirtaki!

John Travolta singt ja heute noch triumphierend: »I'm still alive!«

Jeder will heute der John Travolta der Neunziger werden. Also abgesehen von John Travolta.

»Saturday Night Fever« in Deutschland bedeutet nur eins: Aktuelles Sportstudio mit Michael Steinbrecher.

## DREWS, JÜRGEN

Jürgen Drews moderiert eine Striptease-Show. Überraschenderweise nicht für 3sat, sondern für RTL 2.

Drews wurde gestern wieder in die Grundschule eingewiesen, bis er lernt, wie man sich als Erwachsener benimmt.

## GRÖNEMEYER, HERBERT

Der einzige deutsche Rockstar, der auch singen kann. Fragt sich nur, warum er es so selten tut.

»4630 Bochum« ist die meistverkaufte Scheibe in Deutschland. Abgesehen natürlich von noch 'ner Scheibe Fleischwurst.

»Die Härte« ist ein toller Song. Endlich traut sich mal ein Sänger, offen für die Rechte der Schwulen einzutreten.

Herbert Grönemeyer hat sich vor Gericht erfolgreich gegen den Vorwurf gewehrt, er habe einen Fotografen bei einer Trauerfeier geschlagen. Ach, das stimmt überhaupt nicht? Schade, dadurch hatte ich zum ersten Mal Respekt vor ihm.

## HAUSMUSIK

Als meine Eltern mich zur Hausmusik überreden wollten, war ich begeistert. Als ich dann meinen Dudelsack reinschleppte, waren sie nicht mehr so wild drauf.

Wir haben zuhause immer viel musiziert. Meine Eltern schrien sich an, und ich hab sie am Flügel begleitet.
Woanders nennt man das Wagner-Oper.

Die Kinder müssen immer Blockflöte spielen. Sicher, für Mädchen ist das 'ne gute Vorbereitung, aber Jungs werden davon schwul.

Ich mußte schon sehr früh Klavier lernen. Heute kann ich es aus dem Schlaf: Ka, El, Aa, Vau, Ii, Ee, Er. Klavier.

Schlaginstrumente werden immer beliebter. Die S/M-Shops sind total überlaufen.

Ich wollte früher Trompete lernen, bis ich gemerkt habe, daß man dazu ganz schlecht singen kann.

Ich kann ja überhaupt kein Instrument spielen, ich bin total unmusikalisch. Das heißt, ich kann immer noch Rockstar werden!

## HEINO

Heino ist ja sehr bemüht um ein jugendliches Image. Seine Fans sind enttäuscht und meinen, früher war er viel älter.

Die Energietabletten, für die Heino wirbt, sind angeblich ganz normale Vitaminpräparate. Und nicht nur das, sie haben auch schädliche Nebenwirkungen: Man wird ganz blaß, die Haare werden gelb und es wächst einem eine Sonnenbrille im Gesicht.

Es hieß ja mal, Heino sei in Wirklichkeit ein russischer Spion. Ich habe mir das schon immer gedacht: Ein bigmäcessender Albino, der Volkslieder singt. So einen Menschen kann es ja eigentlich gar nicht geben. Alles Tarnung!

Heino hat ja sein Café nur eröffnet, um keine Kaffeefahrten mehr machen zu müssen.

## HITPARADE

Die ZDF-Hitparade habe ich immer gemocht. Eigentlich nur, um meine Uhr zu stellen.

Eine Hitparade ist ja was sehr Militärisches. Aber bei Militärparaden sind die Männer besser frisiert.

Seit 50 Jahren gibt es Musikhitparaden. Damals waren alle überrascht, daß Bach und Schubert nicht so beliebt waren, wie man allgemein dachte.

## HORN, GUILDO

Guildo Horn spaltet die Nation. Mehr noch als Walter Ulbricht.

Viele von Horns Schlagerkollegen finden, daß er die schönen alten Schlager verunglimpft. So ein Schwachfug. Genausogut könnte man sagen, daß Wolfgang Gerhard die FDP verunglimpft.

Roland Kaiser sagt über Horn: »Eigentlich habe ich nichts dagegen, obwohl man bei ihm nicht weiß, veralbert er das Publikum oder umgekehrt?« Naja, Roland, zumindest bei DIR wissen wir's ja.

Horn findet, daß er gut aussieht, wegen seinen langer Beinen. Ja nun, Trichternetzspinnen haben auch lange Beine. Sind aber nicht ganz so stark behaart.

Horn sagt, er habe ein reines Herz. Ja klar, und ich hab 'nen sauberen Dickdarm.

Horn sagt, er stehe für die Perestrojka im deutschen Schlager. Und Michail Gorbatschow steht für musikalische Verblödung in Russland.

Ich versteh das nicht mit dem Horn. Vielleicht kann man auch als Komiker ein Star werden, indem man einfach die alten Witze von Didi Hallervorden aus den Siebzigern nachplappert?
Obwohl, das macht Hallervorden ja schon selber.
Und Rudi Carrell.
Und .......... (Setzen Sie einen Wochenshow-Star Ihrer Wahl ein)

Horn ist ja auf einem sogenannten »Kreuzzug der Zärtlichkeit«. Genau wie Walt Disney, allerdings nicht ganz so grausam.

Guildo Horn behauptet von sich, er habe den deutschen Schlager gerettet. Das ist so ähnlich wie einer, der damit angibt, die Beulenpest ins Land geschleppt zu haben.

Horns Fangemeinde nennt ihn bekanntlich »Meister«. Hmmm... allmählich sollte sich mal der Verfassungsschutz um die Sache kümmern.
Obwohl, vielleicht erledigt sich die Sache ja bald von alleine. Es muß ja nicht jeder Massenselbstmord verhindert werden.

Horn sagt, der Auftritt beim Grongbrie war der »Höhepunkt seiner Laufbahn«. Mal abgesehen von dem Tag, an dem er Sex hatte.

Ich fand's toll, daß Horn zum Grongbrie ging. Endlich ist dieses Bild vom häßlichen Deutschen verschwunden.
Endlich hat das Ausland gesehen, daß nicht alle Deutschen dicke lärmende Halbglatzenträger in geschmacklosen Klamotten sind.

Ralph Siegel sagt über sich selbst: »Ich war ein schlechter Verlierer.« Also, ich finde, er war ein VORBILDLICHER Verlierer. Er hat geheult, hat sich in aller

Öffentlichkeit zum Deppen gemacht und die beleidigte Leberwurst gespielt. So würde ich mir das von jedem wünschen.

Die englische Presse beschwerte sich damals lautstark über Guildos Kleidung, Frisur, seine Art Humor und den Namen seiner Band »Die orthopädischen Strümpfe«. Ganz schön peinlich, aber was soll's. Engländer haben nun mal keinen Sinn für Humor, das weiß ja jeder.

Hörnchen sagt, sein Traum sei es lediglich gewesen, mitzumachen und dem Grand Prix wieder Bedeutung zu geben. Und hinter der Bühne stapelweise Groupies flachzulegen.

Horn wäscht seinen türkisfarbenen Anzug sehr selten, »damit der Odem des Erfolgs drinbleibt«. Ja, genauso mach ich es mit meinen Socken, aber ich stoße nur auf Unverständnis.
Und Morddrohungen.

Guildo ist ja beim Grand Prix wie ein Irrer über die Bühne getobt und hat Zuschauer angefaßt. Er hat sich im Grunde genauso verhalten wie jeder Deutsche beim Mallorca-Urlaub.

Die »Sunday Times« meinte damals, Guildo sei einer der ersten »Versuche« zu zeigen, daß Deutsche Humor haben. Und das war einer der ersten »Versuche« einer englischen Zeitung, zu zeigen, daß sie keine überheblichen Vorurteile gegenüber Deutschen hat.
Naja, für den ersten Versuch war's ganz putzig.

## JACKSON, MICHAEL

Jacko sagt, er habe es satt, dass sich alle Welt über seine Schönheitsoperationen lustig mache. Haha, Schönheitsoperationen? Da bist du aber nicht auf dem Laufenden, Michi. Bei Witzen über dich geht's hauptsächlich um Potenzstörungen, Pädophilie, Homophilie, Nachwuchs aus dem genetischen Satzbaukasten und notorisches öffentliches Sackkratzen.

Viele Junggesellen sind ziemlich fertig. Sie selbst sind noch Single, während sogar Michael Jackson schon zwei Frauen hatte.

Michael Jacksons Co-Produzent Afanasieff hat Verbesserungstips für Jackos Gesang. Als allererstes: Nicht mehr so enge Hosen.

Jackos Produzent meint: »Michael muss sich neu erfinden.« Wieso? Ist auf seine asexuelle Bleichmittel-undSauerstoffzelt-Persönlichkeit das Patent abgelaufen?
Trotzdem sei der Popstar in der Musikszene immer noch der größte, betont der Produzent. Ha! Der kenn wohl STEFAN RAAB noch nicht!

In einem Interview klagte Jacko darüber, dass ihn die Pop-Tretmühle fertig mache. Ja wirklich! Da arbeitet man drei, vier Stunden pro Woche, und es kommen höchsten fünf Milliarden im Jahr bei rum.
Und dann auch noch die Öko-Steuer! Es trifft immer die Kleinen!

Die lächerlichen Gerüchte um Michael Jacksons Kinder kommentieren wir an dieser Stelle nicht. Ich finde es jedenfalls vorbildlich, wenn ein Popstar mal kein sexbesessener Frauenheld ist. Im Gegenteil, der Typ schläft nicht einmal mit seiner eigenen Frau.
Womit er zweifellos für sehr viele Männer ein Vorbild ist.

Michael Jackson wird angeblich in einem Kino-Film den Schriftsteller Edgar Allan Poe verkörpern. Na spitze. Was kommt als nächstes? Jürgen Drews als Günter Grass?
Poe wurde ja nur 40 Jahre alt. Na, da wollen wir nicht hoffen, daß Jacko sich zu sehr mit seiner Rolle identifiziert...

Ein Berufungsgericht in Mailand hat Michael Jackson vom Vorwurf freigesprochen, einen Song des italienischen Sängers Al Bano kopiert zu haben. Ist ja auch Quatsch, Jacko hat es doch nicht nötig, Songs zu kopieren. Der bringt einfach immer denselben Song und verändert drei Noten.

Ein Dieb, der Privat-Videos von Michael Jackson gestohlen hat, erpresst Jacko nun damit, die Videos zu veröffentlichen. Was ist auf dem Video drauf? Wie er Sex hat mit Debbie Rowe? Harharhar...

Als Michael erfuhr, daß sein zweites Kind ein Mädchen wird, hat er sofort gefragt, was das ist.

Debbie hat mal gesagt, Michael sei »so ein toller Dad«. Ja, er spielt ja immer mit den Kindern. Genau wie Woody Allen mit seiner koreanischen Adoptivtochter.

Michael Jackson ist mal in München als arabische Frau verkleidet mit seinem Sohn einkaufen gegangen. Man hat ihn daran erkannt, daß er für eine arabische Frau eine viel zu hohe Stimme hat. Das Kuriose daran war: Der Junge war anscheinend nicht im Mindesten irritiert.

Bei einem Besuch in München ließ Jacko verlautbaren, er fände die Schlösser in der Umgebung »märchenhaft«. Ja, und vielleicht wird er in einem davon bald Schloßgespenst.

Michael Jackson ist angeblich an einem Schloß im südpfälzischen Edesheim interessiert. Du meine Güte, das ist ja als ob... naja... als ob Michael Jackson ins südpfälzische Edesheim ziehen würde. Tut mir leid, aber etwas Unpassenderes als das kann ich mir wirklich nicht mehr vorstellen.

Michael macht nie Urlaub im Süden. Er hat Angst, daß sich in der Sonne sein Gesicht auflöst.

Ich habe mal einen Film gesehen, in dem so'n Typ einen fremden Terminkalender gefunden hat und dann einfach die Stelle des Besitzers eingenommen hat. So was ähnliches muß auch dem echten Michael Jackson passiert sein.

Nach seiner Heirat war Jackson sogar bildlich gesprochen unter der Haube.

Die Hochzeits-Zeremonie mit Debbie Rowe war sehr ergreifend. Besonders als der Priester sagte: »Sie dürfen der Braut jetzt die Hand geben.«
Der schönste Moment der Hochzeit war es natürlich, als Michael seinen Schleier hob. Also seine Atemmaske.

Zwischen Michael und Debbie gab es keinen Ehevertrag. Nur einen Blanko-Scheck.

Debbie sagt, die Hochzeit war ein großer Fehler. Donnerwetter, die meisten brauchen 30 Jahre, um das zu merken.

Ich frage mich, woher Jacko das Sperma für die ganzen Befruchtungen hatte. Vielleicht hat er's in den Backen gehamstert.

Michael hat sich nach der Scheidung die Kinder geholt. So ähnlich wie Rumpelstilzchen.

Jackos erstes Kind ist ein Junge. Oder zumindest ist es kein Mädchen.

Hoffentlich wird Michael nicht eifersüchtig auf seinen Sohn. Der kann jetzt schon besser singen als sein Vater, wenn er sich in die Windeln macht.
Der Sohn.

Jackos Kinder müssen jetzt nur noch ein paarmal unters Skalpell, damit sie dem Vater wenigstens ansatzweise ähnlich sehen.

Als ich das Foto von Jacksons erstem Baby gesehen habe, dachte ich gleich: Ganz der Vater. Jetzt muß man nur noch rausfinden, wer der Vater ist.

Für die ersten Fotos seines Sohnes hat Jacko angeblich 2,7 Mio DM kassiert. Und wieviel mußte man hinblättern, um das Kind übers Wochenende zu behalten?

Später kann sich Jackos Sohn ja umbenennen in »The baby formerly known as Prince Michael Jackson junior«.

## JOHN, ELTON

Den Ritterschlag erhielt Elton John unter seinem richtigen Namen, Reginald Kenneth Dwight. Wieso hat der 'nen Decknamen? Wird er gesucht wegen akustischem Terrorismus?

Queen Liesbett hat Elton John den Ritterschlag versetzt. Der Mann darf sich nun »Sir Elton« nennen. Die Frage ist nur, ob er das auch will. Genaugenommen ist die Frage, ob das IRGENDJEMAND tun will.

Sir Elton John soll angeblich total pleite sein. Die Schulden fressen ihm die Haare vom Kopf. Und das anscheinend schon seit langer Zeit.

Elton Johns Steuerberater mahnen ihn, daß er unbedingt größere Geldbeträge beschaffen muß. Jetzt kann er nur hoffen, daß ganz schnell irgendeine Prinzessin abkratzt.
Oder wenigstens irgendeine Generalsekretärin.

Es kommt angeblich vor, daß Elton John an einem Tag mal eben 1,5 Mio Mark ausgibt. Ich finde das vorbildlich. Solche Leute brauchen wir, um unsere Binnenkonjunktur wieder anzukurbeln.

Elton John soll angeblich darunter leiden, daß seine frühere Frau ihn völlig aus ihrem Leben ausgeschlossen hat. Aber er sollte die Hoffnung nicht aufgeben, seine Schecks nimmt sie ja immer noch an. Das beweist doch, daß sie zumindest sein Geld nach wie vor liebt.

Das Originalmanuskript von »Candle in the Wind 97« wurde bei einer Versteigerung für rund 720.000 DM verkauft. Haha, und für das gleiche Geld muß Hera Lind zwei Wochen lang an einem Buch sitzen!

Elton wurde bei seiner Ritterschlagung von seinem Lebenspartner David begleitet. Auf Nachfrage der Königin wurde ihr gesagt, das sei nur eine Frau in Männerkleidung. Da war sie beruhigt.

Elton erhielt seinen Ritterschlag für seine »Verdienste für die Musik und für wohltätige Zwecke«. Und für so was wird man heutzutage Ritter? Ich bezweifle, daß man mit so was Kreuzzüge gewinnen kann.

Elton John sagt, er hält den Ritterschlag der Königin für die Krönung seiner Karriere. Und die Königin sagt, sie hält ihre Krönung für die Krönung ihrer Karriere.

Elton John spielte mit drei Jahren schon Klavier. Das ist ja schrecklich, wenn sich ein Mensch seit seinem dritten Lebensjahr nicht mehr weiterentwickelt!

Elton John bekam einen Grammy für »Candle in the Wind« in der Kategorie »Gewissenloseste Vermarktungsstrategie und Selbstbeweihräucherung«.

Elton John hat im Düsseldorfer Rheinstadion ein dreistündiges Konzert gegeben. Davon muß man natürlich insgesamt fünf Minuten Applaus abziehen. Und zwei Stunden Pinkelpause.
Oder was immer der auf dem Klo gemacht hat.

Mein Lieblingssong von ihm ist ja »I'm still standing«. Keiner kann einen Dauerständer so poetisch besingen wie Elton John.
Vielleicht mal abgesehen von Jürgen Drews.

Nach dem für Lady Diana umgedichteten Song »Candle in the wind« wurde Elton John der erfolgreichste Solo-Interpret der Pop-Ära. Na, wer weiß. Vielleicht sahnt eines Tages Udo Jürgens gewaltig ab, wenn Hannelore Kohl stirbt.

## JÜRGENS, UDO

Udo Jürgens hat öfter 'ne Jungfrau bestiegen als Reinhold Messner.

Udo Jürgens erhielt einen Ehren-Bambi für sein Lebenswerk. Eine sehr charmante Art zu sagen »Von uns aus kannst du jetzt im Grunde abkratzen.«
Willy Millowitsch bekam übrigens den Ehrenbambi für sein »Todeswerk«.

Kaum zu glauben, daß der schon über sechzig ist. Wir wissen ja: Mit 66 Jahren, da hört das Leben auf.

Seinen internationalen Durchbruch feierte er ja mit dem Titelsong zu »Tom und Jerry«.

Es gibt bald wieder ein neues Revival-Album von Jürgens: »Griechischer Wein, aber bitte mit Sahne«.

## KELLY-FAMILY

Viele Kinder glauben noch an den Nikolaus. Sie nennen ihn allerdings »Vater Kelly«.

Gab's die Kelly-Family eigentlich schon in den 70ern? Ich habe oft das Gefühl, die hat man 1979 eingefroren und jetzt wieder aufgetaut. Das sieht man bei einigen Mitgliedern an diesem komischen Hautausschlag: Das ist Gefrierbrand.
Deswegen ist deren Gesang auch so zäh und fad.

Die menschliche Antwort auf die Wombels, die Kelly Family, hat das ehemalige Gästehaus der Bundesregierung gekauft. Es ist eine Burg namens Schloß Gymnich im Erftkreis. Endlich haben die das richtige Ambiente für ihren Hofnarren-Look.
Dan Kelly hat bei einer Zwangsversteigerung das höchste Gebot abgegeben. Er hat drei lebendige Kinder geboten. Michael Jackson aber nur zwei.

Die Kelly-Family ist nach Schloß Dümmlich oder so ähnlich gezogen. Schon nach drei Tagen war das Wasser im Burggraben dunkelbraun.

Erst Michael Jackson, jetzt die Kellys. Wieso wollen eigentliche alle Popstars in deutsche Schlösser einziehen? Wo wir doch so schöne, malerische psychiatrische Anstalten haben.

Das Schloß der Kelly-Family steht in einem 200.000 Quadratmeter großen Landschaftspark. Das bedeutet viel Auslauf für die Kellys und viele Bäume, wo sie ihre Notdurft verrichten können.

Der Mega-Sowjet Breschnew hat früher auch mal in dem Schloß der Kellys übernachtet. Dann ist es ja an grausame Tyrannen gewöhnt.

Der Deutsche Journalisten-Verband hat Fotoreporter zum Boykott der Konzerte der Kelly-Family aufgefordert. Bei einem Auftritt durften Fotografen nur unter Kontrolle fotografieren. Das ist aber auch wichtig. Wenn man einen Kelly aus dem falschen Blickwinkel heraus fotografiert, wird man blind.

Fotografen wird bei Kelly-Konzerten die Brennweite der Objektive vorgeschrieben. Die Kellys wollen mit verwaschenen Fotos vortäuschen, sie würden sich waschen.

Eins wundert mich: Warum heißt eine von den Töchtern »Angelo«?

Angelo muß ja hier zur Schule gehen. Wie werden die Fans reagieren, wenn er eine 6 in Musik kriegt?
Wenn Angelo in der Schule sitzenbleibt, muß er dann alle Lieder vom vorigen Jahr nochmal wiederholen?

## LANGSPIELPLATTE

Die älteren werden sich noch erinnern: Eine Langspielplatte war eine große schwarze CD, die sich etwas langsamer drehte. Deshalb wurde Techno auch erst vor ein paar Jahren erfunden.

Früher war ich ein Single, jetzt bin ich eine Langspielplatte. Und nachts ein Doppelalbum.

Es werden ja kaum noch Platten hergestellt. Nur im Osten, da macht man Plattenbauten draus.

## LINDENBERG, UDO

Gesundheitsministerin Fischer plant einen Warnhinweis auf Alkohol. Es ist ein kleines Foto von Udo Lindenberg mit dem Satz »So sehen Sie auch bald aus!«

Udo Lindenberg ist über 50! Hätte ich nie geglaubt, so alt und sieht auch so aus.

Sein neuester Hit heißt »Sonderzug ins Altersheim«.

Udo bringt bald eine verschärfte Version seines Hits »Ich lieb dich überhaupt nicht mehr« raus mit dem Titel »Du kannst mich mal am Sack kratzen«.

## MADONNA

Madonna macht zur Zeit sehr von sich reden. Für ihr Alter ist die Gute wirklich noch sehr rüstig.

Madonna hat sich in London für rund fünf Millionen Pfund ein Haus gekauft. Das Haus ist angeblich sehr renovierungsbedürftig. Genau wie die Besitzerin.

Pop-Schlunze Madonna (51) ist wieder schwanger. Das ist bei ihr wie beim Lotto: Jeder dreimillionste trifft.

Ist sie noch mit diesem Ritchie zusammen? Würde mich wundern, denn das ist ja bekannt bei Madonna: Sobald das Kind gemacht ist, kann der Erzeuger Leine ziehen.

Ritchie erklärte bei Bekanntgabe der Schwangerschaft: »Wir wären dankbar, wenn die Medien uns freundlicherweise in dieser ganz besonderen Zeit etwas Privatsphäre erlauben würden.« Wo lebt der Kerl? Die Medien werden für Madonnas Haus einen Extra-Satelliten ins Weltall schicken!

Madonna ist angeblich »absolut begeistert« über ihr zweites Baby. Ja, jetzt kann sie ihren ausgelutschten Körper auf das Baby schieben.
Welche Ausrede hat eigentlich David Hasselhoff?

Wenn ihr Baby ein Junge wird, wie wirder wohl heißen? Ihre Tochter hat sie »Lourdes« genannt. Ich schätze, der Junge heißt dann »Altötting« oder so.

Ursprünglich sollte Madonna in ihrem neuen Film eine Schwimmlehrerin spielen, doch dann wurde die Rolle auf Yoga-Lehrerin umgeschrieben. Angeblich aus Imagegründen, aber ich schätze mal, mit 41 sieht die Alte im Badeanzug einfach nicht mehr so optimal aus.

Madonna will einen Anbau an ihrem Haus in London aufbauen lassen. Sie braucht noch ein paar Gästezimmer. Das heißt, eigentlich nur ein sehr großes Gästezimmer mit einem zwanzig Meter breiten Bett.

Madonna hat ihr Haus in London nur wenige Wochen nach dem Erwerb wegen befürchteter Sicherheitsmängel zum Verkauf angeboten. Also echt! Die behandelt ihre Häuser ja schon wie irgendwelche Liebhaber!

Madonna will nun erstmals in einem ernsthaften Film mitwirken. Es geht angeblich um eine talentlose alternde Sex-Ikone, die mit jedem Produzenten pennt, der ihr eine Rolle verschafft.
Die Produzenten überlegen jetzt nur noch, wie man den Film mit überflüssigen Sex-Szenen füllen könnte, ohne daß es zu pietätlos aussieht.

Pop-Ikone Madonna sagt neuerdings, Ruhm, Reichtum und auch Berühmtheit machten auf Dauer nicht glücklich. Ja, das kann ich bestätigen.
Es sei denn, hinzu kommen noch tägliche Sexorgien mit weiblichen Wasserballmannschaften.

Das US-Magazin »People« hat Madonna zur schlechtest angezogenen Frau der Welt gewählt. Dagmar Schipanski freute sich über Platz 2.

Niemand schätzt Madonna mehr als ich. Oder schätzt sie jemand hier auf mehr als 49?

Zu ihrer nächsten Geburtstagsfeier sind viele Prominente eingeladen, unter anderem das Team der Seattle Supersonics. Naja, eigentlich ausschließlich das Team der Seattle Supersonics.

Madonna erfüllt sich jetzt einen langgehegten Traum: Sie trägt Unterwäsche, die man nicht essen kann.

Madonnas Hund ist eifersüchtig auf das Baby, macht Krach in der Wohnung und

uriniert überall hin. Das Tier will wohl sagen: »Was das Baby kann, kann ich auch!«
Außerdem möchte der Hund seine Leine zurückhaben.

»Evita« hat drei Golden Globes gekriegt. Nicht schlecht für eine Frau, die seit 40 Jahren tot ist.

Endlich wird Madonna als Schauspielerin anerkannt. Wenigstens bei ihrer Sterbeszene haben alle begeistert applaudiert.

Madonna wurde für »Evita« für keinen einzigen Oscar nominiert. Und niemand weinte um sie, nicht mal Argentinien.

Es ist immer noch nicht ganz klar, wer der Vater ihres ersten Babys ist. Drei Basketballmannschaften sind deshalb schon hoffnungslos zerstritten.

Gleich bei der Geburt von Madonnas Baby sah man: Das Mädchen ist ganz die Mutter. Es ließ sich völlig nackt von einem Mann einen Klaps geben und hat ständig unerträglich rumgekreischt.

## MAFFAY, PETER

Peter Maffay ist nicht klein. Er ist nur ein paar Meter entfernt.

Maffay hat mal gesagt: »Wenn ich unter einem viele hundert Jahre alten Baum sitze, fühle ich mich klein.« Ach Maffi, du fühlst dich doch schon klein, wenn du unter einem Bonsai-Bäumchen sitzt.

Maffay: »Ich denke gern nach über mich und die Welt.« Allerdings nicht über das, was er so vor sich hinbrabbelt.

Sie kennen ja Maffays Lied »Über sieben Brücken mußt du gehn«. Das ist das Lieblingslied von meinem Zahnarzt, wenn er mir das Zahnfleisch aufbohrt.

## MODERN TALKING

Gut zwei Drittel der Deutschen blicken laut Forsa-Umfrage optimistisch ins neue Jahrhundert. Ich auch. Ich bin hundertprozentig sicher: In diesem Jahrhundert stirbt Dieter Bohlen.

Weil sie angeblich mit ihrem Chauffeur geflirtet hat, muß Naddel jetzt auf Didi Bohlens Wunsch mit dem Taxi zur Arbeit fahren. Und der Taxifahrer muss sich vorher kastrieren lassen.
Ich weiß gar nicht wieso Bohlen eifersüchtig ist. An Verona Feldbusch sieht man ja: Wenn man auch nur kurze Zeit mit Bohlen zusammen ist, hat man danach sowieso jahrelang von Männern die Schnauze voll.

Es war Montag, der 23. Februar 1998. Es war eigentlich ein schöner Tag, Sonnenschein, milde Temperaturen. Doch das half nichts. Unauslöschlich stand es in der Zeitung, und die Zeit stand still. Alte Mütterchen weinten. Kleine Kinder schrien verzweifelt um Hilfe. Aber all das nutzte nichts gegen diese Nachricht: Modern Talking startet ein Comeback.

Dieses ganze Comeback ist schon ziemlich viel Aufwand, nur damit Bohlen in der Presse nicht von Verona in den Schatten gestellt wird.

Thomas Anders hat seiner Freundin einen Heiratsantrag mit 100 roten Rosen gemacht. Der Mann ist genauso originell und einfallsreich wie Dieter Bohlen, wenn er zwanzig neue Lieder am Stück komponiert.

Bald soll eine neue CD von Modern Talking erscheinen. Mit dem Titel »Garmisch-Partenkirchen ist calling«.

Modern Talking haben bei »Wetten daß« ihr Comeback verübt. Das steht in der Bibel als achtes Zeichen der Apokalypse.

Anders sagt über ihn und Bohlen: »Uns verbindet wieder eine echte Männerfreundschaft.« Aha, Thomas, und wer ist der andere Mann?

Angeblich haben die beiden insgesamt 50 Millionen Platten verkauft. Na und? Das hat Dunlop auch.

Dieter Bohlen hat früher über »Peep!« gesagt, man könne auch einen Affen auf einen Stuhl setzen und im Hintergrund Pornofilme laufen lassen, das wäre genauso erfolgreich. Blödsinn. Der Affe müßte natürlich auch in hoher Stimmlage kichern können.

Dieter Bohlen ist ja der erfolgreichste Musikproduzent von Deutschland. Das ist ungefähr so wertvoll wie der beste Skispringer von ganz Haiti zu sein.

Ist schon komisch. Jahrelang fällt es einem nicht auf, dann fällt es einem wie Wimpern von den Augen: Ich glaube, Dieter Bohlen ist der illegitime Bruder von Lothar Matthäus!

Die modernen Talker wollen einfach nur Musik machen für alle, die gute Stimmung schätzen. Ich werd die beiden engagieren, für die Beerdigung meiner Schwiegermutter.
Die sorgen dann dafür, daß alle angemessen deprimiert sind.

Modern Talking sollen sich wieder kabbeln. Angeblich soll Thomas gefordert haben, bei Interviews auch mal zwei, drei Worte sagen zu dürfen.

Didi Bohlen sagte über Thomas Anders: »Es ist wie eine aufgeblühte Liebe im Frühling.« Süß. George Michael konnte das ja leider nicht so elegant umschreiben.

Auch in Rußland musizieren die modernen Talker. Schön für die Russen, da sehen sie, daß es noch schlimmeres gibt als Massenarbeitslosigkeit und Rekordkriminalität.

Modern Talking sind anfangs größtenteils in den neuen Bundesländern aufgetreten. Da galten deren Bewährungsauflagen nicht.

Verona Feldbusch hat sich hauptsächlich von ihm getrennt, weil Dieter im Bett nie einen neuen Rhythmus ausprobiert.

Bohlen soll Feldbusch die Treppe runtergeschubst haben. So ein Käse. Im übertragenen Sinne hat Bohlen sie die Treppe RAUF geschubst.

## MOZART, WOLFGANG AMADEUS

Vor gut 200 Jahren wurde Wolfgang Amadeus Erwin Mozart geboren. Sie wissen, der Erbauer des Mozart-Hauses in Wien.

Meine Freundin ist eine große Bewunderin der »Zauberflöte«. Ja, das ist immer das erste, was den Frauen an mir gefällt.
Gleich nach meinem jugendlichen Charme.

Meine Lieblingsoper ist »Don Giovanni«. Da versteht man genauso wenig vom Text wie bei Giovanni Trapattoni.

Wenn ich Damenbesuch habe, spiele ich immer Mozarts fünfte Sinfonie. Ein unendlich anmutiges, zartes, geradezu ätherisches Stück... ein erstklassiger Dosenöffner!

Mögen Sie auch so gerne Mozartkugeln? Ursprünglich hießen sie ganz genau »Mozarts Kugeln«. Aber das verkaufte sich nicht so gut.

## MUSIK

*→ Hausmusik; → Oper; → Pop; → Rock 'n' Roll; → Schlager; → Techno; → Volksmusik*

Ich höre ja gerne deutsche Musik. Wohlgemerkt, die Musik, nicht die Texte.

Volksmusikant Sting sagt, Musik sei für ihn eine »Religion«. Aha, und weshalb ist er ausgetreten?

Beste deutsche Gruppe beim Echo-Preis wurden die Fantastischen Vier. Geilo, und das mit einem Song, der nur aus Abkürzungen besteht! Wenn die auf ihrer nächsten Scheibe bloß das Alphabet aufsagen, regnet's bestimmt Grammys und Brit Awards!

Der deutsche Rap hat mir ja den Rap an sich total verdorben. Ich habe zum ersten Mal gemerkt, wie dämlich die Texte sind.

Ich habe neulich einen tollen Videoclip gesehen, den fand ich einfach geil. Der Song hieß »Unser Bestes von Persil«.

Es gibt ja inzwischen so viele Musik-Variationen, immer wird was neues erfunden. Naja, genau genommen nimmt man nur alte Sachen und verdreifacht die Lautstärke.

Kardinal Ratzinger sagt, Heavy Metal und Hardrock sind eine Ausgeburt des Teufels. Naja, zu »Lobet den Herrn« kann man halt nicht so gut tanzen.

Wenn in der Metallindustrie gestreikt wird, darf dann auch kein Heavy Metal gespielt werden?

Ich bin ja auch ein großer Musikliebhaber. Musik ist Musik in meinen Ohren.

## OPER

*→ Beethoven, Ludwig van; → Mozart, Wolfgang Amadeus; → Pavarotti, Luciano*

Im Zuschauerraum der Oper fühlt man sich wieder in die Ständegesellschaft zurückversetzt: Die Honoratioren im ersten Rang, der Abschaum im Parkett.

Sehr beliebt sind ja diese Operngläser. Damit kann man den Frauen unten im Parkett stundenlang in die Bluse schauen.

Tenöre sind sicher gute Liebhaber. Die können ewig einen Ton halten.

Die Tenöre setzen ihren Frauen nur Hörner auf, damit sie in den Wagner-Opern mitspielen können.

## PAVAROTTI, LUCIANO

Pavarotti wiegt 150 Kilo. Vielleicht sollten die Ärzte versuchen, ihn von sich selbst zu trennen.

Luciano Pavarotti arbeitet im Moment wie besessen daran, seinen Körper für seine erste große Filmrolle in Form zu bringen. Er spielt nämlich den Obelix.

»Freunde« nennen Pavarotti schon den »Buddha von Morena«. Das ist natürlich total übertrieben. Buddha war ja Vegetarier.

Liz Taylor hat Pavarotti schon an ihre leibeigenen Fettabsauger verwiesen. Aber die trauen sich nicht recht. Vor allem weil sie bei Pavarotti nicht wissen, was ist der Bauch und was ist der Arsch?

Pavarotti leidet unter ungehemmter Freßsucht. Noch mehr leiden darunter allerdings seine Haustiere.
Zumindest die, die nicht schnell genug weglaufen können.

In letzter Zeit mußte Pavarotti viele Auftritte absagen. Die Bühnenmeister weigerten sich, Garantien zu übernehmen.

Die Operndiva Joan Sutherland sagt: »Es ist Zeit für den Ruhestand. Seine Auftritte sind nur noch peinlich.« Na und, mit Peinlichkeit liegt er doch seit Modern Talking voll im Trend.

Ein Freund Pavarottis fürchtet: »Er frißt sich noch ins Grab.« Sehr gut, das ist der beste Weg zur Unsterblichkeit. Fragt mal Elvis Presley, der hatte 12 Sargträger.

Pavarotti hat ja erst kürzlich seiner Frau die Hälfte seines Vermögens überlassen müssen. Hauptsächlich war das als Schmerzensgeld für den Beischlaf gedacht.

Ich war ganz erschrocken, wieviel Pavarotti abgespeckt hat - angeblich 20 bis 30 Kilogramm. Er hat sich einen Hoden entfernen lassen.

Die »Drei Tenöre«, mit vollem Namen bekannt als »Ute«, »Schnute« und »Kasimir«, geben vor jedem WM-Finale in Paris ein Konzert. Weil, Fußballfans sind ja bekanntermaßen große Klassik-Liebhaber. Der beliebteste Klassiker bei den deutschen Fans z.B. heißt »Olé, olé, olé, olé, wir sind die Champions, olé...«

Wenn Pavarotti beim Sex oben liegt: Kann man ihn dafür belangen oder ist das der perfekte Mord?

Die drei Tenöre kriegen ihre Säle nur noch voll, wenn Pavarotti ausatmet.
Dann sind schlagartig die ersten drei Sitzreihen belegt.

## PETRY, WOLFGANG

Mein Lieblingstitel von Petry ist »Tu's doch!«, wo er seine Freundin auffordert, ihm den Laufpaß zu geben. Ein tolles Lied, wenn man seine Schnalle loswerden will.

Seit Media Control nur die wirklich verkauften Platten zählt, ist Wolfgang Petry ein Megastar. Das verzeihe ich Media Control so schnell nicht.

## POP

*→ Abba; → Backstreet Boys; → Beatles; → Jackson, Michael; → John, Elton; → Jürgens, Udo; → Kelly Family; → Lindenberg, Udo; → Madonna; → Modern Talking; → Presley, Elvis; → Prince, The Artist Formerly Known As; → Spice Girls; → Wecker, Konstantin*
Frank Sinatra hat früher in der Musikszene alles beherrscht. Abgesehen von der Kunst des Singens.

Kim Frank von »Echt« hat zugegeben, sich vor jeder Preisverleihung zu betrinken. Liebe Kinder! Nehmt euch das nicht zum Vorbild! Wenn Ihr einen »Echo« bekommt, bleibt nüchtern!

Nach seiner Musikerkarriere wolle er Kinoschauspieler werden. Na, ich weiß nicht. Ein alkoholkrankes, talentloses, von sich selbst berauschtes Arschloch beim deutschen Film? Ich fürchte, da wird Til Schweiger eifersüchtig.

Robbie Williams' Hit »Angels« war 1999 in England der meistgewünschte Popsong bei Beerdigungen. Ehrlich? Bei der Beerdigung meiner Schwiegermutter lief »Happy days are here again«.

Die Britney-Spears-Puppe, die seit kurzem verkauft wird, ist ein gewaltiger Kassenerfolg. Kein Wunder: Es ist die erste Puppe mit aufblasbaren Brüsten.
Naja, die erste in Spielzeug-Größe.

Laut der Umfrage einer britischen Jugendzeitschrift ist Popsänger Robbie Williams der unangefochtene Superstar der britischen Jugend. Anscheinend gibt es für britische Kids nichts Vorbildlicheres, als seine Freunde im Stich zu lassen.

Noel Gallagher, das sympathische Oasis-Arschloch, darf wegen seiner schwangeren Frau nicht mehr rauchen oder trinken. Also Jungs, wenn Ihr euch das Rauchen abgewöhnen wollt: Schwängert irgendjemanden!

Oasis-Sänger Liam Gallagher hat seinen Streit mit Robbie Williams offenbar beendet. Beide wollen sich nächste Woche zusammen eine Friedensnadel spritzen.

Oasis benimmt sich angeblich immer sehr rüpelhaft. Schlimm. Wenn sich schon drogensüchtige sturzbesoffene Rocker nicht benehmen können, was können wir dann von alten Damen und katholischen Priestern erwarten?

Teeniestar Oli P. möchte keine weiteren Musikstücke aufnehmen. Richtig, wozu die Mühe? Er sollte einfach Videos verkaufen, wie er anderthalb Stunden auf einem Stuhl rumsitzt. Das kaufen die Mädels gleich palettenweise.

Cliff Richard behauptet von einem gewissen Cliff Richard, er sei der größte britische Popstar aller Zeiten, noch vor den Beatles. Ich finde, er sollte sich erstmal von einem verrückten Fan erschießen lassen, bevor er das Maul aufreißt.

Tarkan wurde in Istanbul vorübergehend wegen Desertion festgenommen. Und danach wurde er vorübergehend erschossen.

## PRESLEY, ELVIS

Mehr als fünf Millionen Dollar hat eine dreitägige Auktion von Andenken und Hinterlassenschaften Elvis Presleys gebracht. Der größte Verkaufshit war Elvis' Essbesteck: Eine Heugabel und eine Motorsäge.

Elvis ist nicht tot! Er ist nur zu fett um sich zu bewegen.

Elvis ist nicht tot, sein Puls macht nur eine schöpferische Pause.

Elvis ist nicht tot, er hat nur seinen Namen geändert in »Die Wildecker Herzbuben«.

Elvis Presleys Eltern stammen angeblich aus der Pfalz. Die Leute wollen Kaiserslautern jetzt umbenennen in »King-Lautern«.

Elvis' Eltern stammen angeblich aus der Pfalz. Jetzt werden Millionen von Elvis-Jüngern in die Pfalz einfallen. Das ist DIE Gelegenheit, sie alle auf einen Schlag zu erwischen!

Elvis Presley stammt angeblich aus der Pfalz. Ich habe das immer schon gewußt. Der hat auch in seinen letzten Jahren Helmut Kohl rein körperlich immer ähnlicher gesehen.

## PRINCE, THE ARTIST FORMERLY KNOWN AS

Ich finde das toll, daß Prince seinen Adelstitel abgelegt hat.

Prince bringt bald ein Musical heraus mit dem Titel »The musical formerly known as Starlight Express«.

Viele finden Prince besser als Michael Jackson. Seine Mami zum Beispiel.

## ROCK 'N' ROLL

→ *Grönemeyer, Herbert;* → *Rolling Stones*

Punk-Methusalem Iggy Pop sagt, er habe selber Angst vor seinen Ausbrüchen. Vor allem vor seinen Schweiß-Ausbrüchen.
Pop: »Manchmal habe ich das Gefühl, ich sei eine tickende Zeitbombe.« Das Gefühl kenne ich, speziell wenn ich Chily con carne gegessen habe.

Jimi Hendrix ist laut einer Umfrage der britischen Zeitschrift »Guitar Magazine« der beste Gitarrist des Jahrhunderts. Eine wichtige Lehre für angehende Gitarristen: Ohne Drogen geht es nicht!

Marius Hagen-Müllwestern und die Scorpions haben eine bundesweite Lizenz erhalten für ihren Sender »Rockradio«. Sozusagen die Lizenz zum Töten der Musikkultur.

Deutsche Rockstars haben sich in einem offenen Brief für ein bundesweites Rockradio stark gemacht. Also einschließlich Polen und Tschechien.

Den echten Rock'n Roll gibt es ja inzwischen nicht mehr. Inzwischen zählt alles als Rock, was die Eltern hassen.

Nina Hagen beteiligt sich an einer Kampagne für den Tierschutz. Sie will sich dafür einsetzen, daß abgehalfterte Rock-Omis nicht aussterben.

Ein Rock-Museum soll die Geschichte der deutschen Rockmusik in einer ständig aktualisierten Schau dokumentieren. Es werden vielleicht Statuen aufgestellt von Peter Kraus oder Wolfgang Niedecken. Und wenn das Museum nicht ankommt, kann man es immer noch ganz leicht in eine Geisterbahn umbauen.

## ROLLING STONES

Rolling-Stones-Veteran Mick Jagger hat ein neues Opfer - Verzeihung - eine neue Liebe gefunden. Wer ist es? Seine Altenpflegerin?

Die 28-jährige Ortensia Visconti soll verrückt nach Mick sein. Vor dem ersten Sex will sie aber einen Bluttest machen lassen - nur um sicher zu gehen, daß Mick nicht zufällig ihr Großvater ist.

Mick Jagger hat seine Vaterschaft des im vergangenen Mai geborenen Sohnes Lucas anerkannt. Es war auch nicht mehr zu leugnen: Der Kleine sieht genau aus wie Mick, nur 70 jahre jünger.

Mick Jaggers Che-Guevara-Filmprojekt kommt nun wohl doch in Gang. Ich glaube, er will den Film nur machen, um seine Drogen von der Steuer absetzen zu können.
Demnächst verfilmt Keith Richards das Leben von Jimmy Hendrix.

Der britische Premierminister Tony Blair soll verhindert haben, dass Mick Jagger von der Queen als »Sir Mick« zum Ritter geschlagen wurde. Blair ist wohl mehr ein Beatles-Fan. Andererseits muß ich sagen, daß sich Jagger wirklich nicht so verhält, wie ich es von einem Sir erwarte. Zum Beispiel steht er auf Frauen.

Keith Richards ist etwa 275 Millionen Mark »ärmer« als Mick Jagger. Das kann wohl nur bedeuten, daß die Heroin-Preise wirklich immer stärker steigen.

Mick Jagger und seine Ex-Frau Jerry Hall studieren angeblich die Mystik-Lehre Kabbala. Die beiden hoffen, so ihre Beziehung zu kitten. Wie geht das? Werden Männer durch Kabbala impotent? Und Frauen blind und dämlich?

Jerry Hall hat anscheinend Gefallen an dem Schriftsteller Edward St. Aubyn gefunden. Ein Schriftsteller? Das ist ja schon ein gewisser Fortschritt nach Mick Jagger. Sollte man jedenfalls meinen, aber: St. Aubin war jahrelang drogenabhängig.
Sie habe »glückselig« neben dem Aristokraten ausgesehen, konstatierte »The Mirror«. Naja, die Frau ist ja bekanntlich leicht zufrieden zu stellen. Solang man nicht dreimal am Tag mit ihrer eigenen Schwester ins Bett springt und der auch noch ein Kind macht, ist sie happy.

Die Rolling Stones haben einen Wiener Gastwirt verklagt, weil sein Restaurant auch »Rolling Stones« heißt. Na toll. Ich gründe sofort eine Rockband namens »McDonald's«. Das gibt Asche.

Jerry Hall hat über ihre Ehe mit Mick Jagger gesagt: »Er hat sich einfach viel zu oft viel zu schlecht benommen. Es war nicht mehr auszuhalten.« Man könnte fast meinen, die war mit Mario Basler verheiratet.

Mick Jaggers Sohn James (14) ist sein Vater peinlich, er sagt zu ihm: »Du schminkst dich und wackelst vor Tausenden von Leuten mit dem Hintern.« Ja. Bei MEINEM Vater wäre mir das auch etwas peinlich.

Mick Jagger (104) und seine geschiedene Frau Jerry Hall (43) leben wieder unter einem Dach. Tja, es geht doch nichts über eine total romantische Scheidung, um eine Ehe wieder in Schwung zu bringen.

Luci Morad, das sogenannte »Jagger-Luder«, hat gesagt, sie habe Jagger eigentlich hässlich gefunden, und er habe sie nur anbaggern können, weil sie betrunken war. Mann, ich wünschte, ich hätte einen Groschen für jedesmal, wenn das eine Frau zu mir gesagt hat.

Die Stones haben Anwälte, die in den Veranstalter-Verträgen haufenweise Fallstricke auslegen. Der letzte Veranstalter muß heute noch jeden Tag bei Mick Jagger den Müll raustragen.

Keith Richards ist mein großes Idol. Viel Krach machen, scheiße aussehen, Kohle scheffeln und Weiber flachlegen. That's rock!

Die Rolling Stones haben vor zwei Jahren ihre Konzerttermine in Großbritannien abgesagt. Die britischen Drogendealer wollten die Stones sofort auf Millionen verklagen.

Die Stones wollten nicht nach Großbritannien, weil sie dort zuviele Steuern zahlen müssen. Wenn das so weitergeht, finden sämtliche Konzerte der Stones bald nur noch in Belgien, Monaco und Luxemburg statt.
So Gott will.

Die vorderen Zuschauer sind bei Stones-Konzerten nur zwei Meter von der Bühne entfernt. Weiter kann Mick Jagger nicht spucken.

Charlie Watts, der Schlagzeuger der »Rolling Stones«, hat für 130 000 Dollar die Araber-Stute »Albula« ersteigert. Und zwar, weil er gehört hat, Pferde produzieren jeden Tag zwanzig Kilo »Shit«.

Mick Jagger will ab 2001 wieder eine Welt-Tournee mit den Rolling Stones unternehmen. Die Band heißt dann aber »Rolling Stühle«.

Luci Morad, die Mutter von Mick Jaggers frischestem Kind, sagt, er sei ein aufopferungsvoller Vater geworden. Ich glaube das aber nicht. Ich hab gehört, das Baby kann jetzt schon singen: »Anybody seen my daddy?«

Die Ehe von Mick Jagger und Jerry Hall ist für ungültig erklärt worden. Jagger war bei der Hochzeit gedopt.

## SCHLAGER

*→ Black, Roy; → Drews, Jürgen; → Horn, Guildo; → Maffay, Peter; → Petry, Wolfgang*

Was braucht man als Schlagersänger? Einen langweiligen Namen, eine unglaublich dämliche Frisur und eine so schleimige Stimme, daß man begeistert applaudiert, wenn's endlich vorbei ist.

Der Lindner Patrick will weg von der Volksmusik und nur noch Schlager singen. Ich finde das furchtbar! Nicht für die deutsche Volksmusik, aber für den deutschen Schlager.
Kennen Sie den Paddi? Der sieht aus wie der perfekte Schwiegersohnmißbraucher.

Der neue Schlager-Trend findet sich auch im Tanzunterricht wieder. Im Wesentlichen lernt man dabei, elegant eine Showtreppe hinabzusteigen.

## SPICE GIRLS

Die Spice Girls wurden in England zur »schlechtesten Gruppe« gewählt. Dicht gefolgt vom Team von Borussia Dortmund.

Spice Girl Melanie Chisholm, besser bekannt als Sporty Spice oder Mel C, wehrt sich gegen Berichte der britischen Boulevardpresse über ihr angebliches Übergewicht. Genau, das sind alles Muskeln!

Victoria Adams (Poschpeiss) hat für ihren Laufsteg-Auftritt Beifall und Kritik geerntet. Und viele Beobachter von Modeschauen haben sich verwundert gefragt, was das für seltsame Beulen unter ihrer Bluse waren - sowas hat man bei Models ja noch nie gesehen.

Poschpeiss und ihr Gatte David Beckham haben für ihr Kind eine Geburtstagsparty geschmissen, die 32.000 Mark gekostet hat. Kein Wunder, Windeln aus Nerzfell kosten halt schon was.

David Beckham hat seine kleine Tochter Brooklyn mit auf ein Spice Girls-

Konzert genommen, und das Baby hat die ganze Zeit geweint. Genau wie die meisten anderen Zuschauer.

»Spice Girl« Victoria Beckham hat einen 155 000 Mark teuren Diamanten aus ihrem Verlobungsring verloren. Ist ja furchtbar. Für das Geld muß ihr Mann fast drei Minuten Fußball spielen!

»Spice Girl« Mel B hat sich von ihrem Mann Jimmy Gulzar getrennt. Mel B: »Es ist sehr traurig. Wir haben es versucht, aber es hat nicht funktioniert.« Leider könne sie auch nach über einem Jahr immer noch nicht »seinen Namen richtig aussprechen«. Nach einem »riesigen Krach« am Neujahrstag hat Mel B das Haus verlassen. Tja, da hat die Datumsumstellung wohl nicht funktioniert.

Mel B ist mit der zehn Monate alten Tochter Phoenix Chi nach der Trennung von ihrem Begatter zu ihrer Mutter gefahren. Ach wie hübsch: »Mel B« fährt mit »Phoenix Chi« zu ihrer Mutter. Und wie heißt die Mutter? »Langusta X. Pinocchio«? Man bedenke den Namen des Babys nach der Scheidung: »Phoenix Chi Gulzar-G«.

Mel Bs Ex-Gatte Gulzar verlangt von ihr die Bereitstellung einer repräsentativen Unterkunft. Was ist denn »repräsentativ« für einen geldgeilen Gigolo? Eine Bahnhofstoilette?

Die britische Polizei hat eine Entführung von »Spice Girl« Victoria Beckham und deren kleinem Sohn Brooklyn vereitelt. Na toll! Hat die Polizei eigentlich nichts wichtigeres zu tun?
In der Zwischenzeit stehen unzählige Autos im Parkverbot!

Die vier übrigen Gewürznelken meinen, ohne Geri seien sie besser. Ja, z.B. sind sie um ein Fünftel leiser.

Geri Halliwell bat ihre Fans, für den Erfolg ihrer neuen Scheibe zu beten. Was für ein interessantes Marketing-Konzept. Und vor allem so preiswert. Nur doof, daß kein Mensch mehr an Gott glaubt.
Ich zwar schon. Allerdings glaube ich auch, daß er Musikgeschmack hat.

Die Spice Girls gibt's jetzt übrigens auch als Puppen zu kaufen. Ey, geil. Kann man die aufblasen?

Die Gewürznelken Spice Girls machen als Quartett weiter. Die Mädels haben sich nämlich einen Taschenrechner gekauft und festgestellt: Wenn man eine Geldsumme durch vier teilt, kriegt jeder mehr, als wenn man durch fünf teilt.

Gerri Halliwell stieg ja aus der Hausfrauencombo aus. Tja, ich wünsche ihr viel Glück. Also mindestens soviel Glück wie John Lennon.

Man sollte nicht vergessen: Auch die Rolling Stones haben sich nach einigen Ego-Trips wieder zusammengefunden. Deshalb bin ich auch zuversichtlich, was Derrick angeht.

Vielleicht hat die Band ja in 20 Jahren ein Revival. Warum nicht? Auch der 1. Weltkrieg hatte ein Revival.

Victoria meint, das Singen sei nicht Geris stärkste Seite gewesen. Sie war sozusagen die Blinde unter den Einäugigen.

Mel C hat mal über Gerri Halliwell gesagt: »Sie hat tatsächlich nicht viel gesungen.« Also, so gesehen war sie mit Abstand die beste in der Gruppe.

Victoria sagte nach dem Weggang von Halliwell: »Die ganze Sache hat uns einen richtigen Kick gegeben.« Sehr gut, das hatte ja auch schon Roman Herzog gefordert: »Es muß ein Ruck durch die Spice Girls gehen!«

Geri Halliwell soll in einer Miniserie Mary Poppins spielen. Sie wissen schon, Mary Poppins, das war dieser Pan Tau mit Brüsten.

## TECHNO

Der Erfinder der Love Parade, DJ Dr. Motte, erhielt letztes Jahr den Bambi. Und zwar in der Kategorie »Kommerzialisierung und Ausbeutung eines Massenpublikums«.
Zum 1. Mal seit Jahren geht der Preis nicht an den Disney-Konzern.

Rund 1 000 Love-Parade-Gegner haben sich in Berlin zu einer Bürgerinitiative zusammengeschlossen. Völlig richtig! Keine Marschmusik, kein Stechschritt, keine Waffen - das soll 'ne Parade sein?

Die lustige Techno-Combo Prodigy hat es abgelehnt, einen Titel für eine Benefiz-Platte zugunsten von Kindern beizusteuern, mit der Begründung, das sei »uncool«. Gut gesagt! Ich finde z.B. auch, zu bremsen, wenn Kinder über die Straße laufen, ist uncool.

Ein Hirnforscher glaubt, Techno und Rap können ein »Desaster für die Hirnentwicklung« sein. Also: Wer intelligent werden möchte, hört am besten von morgens bis abends Heino und die Wildecker Herzbuben!

Bei Techno besteht laut Experten die Gefahr, daß »Entspannung und Verblödung nahe beieinander liegen.« RTL übernimmt den Satz jetzt als neuen Werbeslogan.

Amerikanische Forscher sind der Meinung, Musikunterricht steigert geistige Fähigkeiten. Deswegen haben die Amerikaner sofort den Musikunterricht abgeschafft.

Techno ist angeblich total out. Die jungen Leute haben gemerkt, daß man viel leichter Kopfschmerzen kriegt, wenn man einfach immer wieder gegen einen Betonpfeiler rennt.

Die Love Parade zieht ja mehr als eine Million Technofans an. Aber nur 10.000 sind danach noch Technofans.

Wieso ist die »Love« Parade eigentlich ausgerechnet in Berlin? Das ist ja wie Rosenmontag in Erfurt.

Es gibt Charterzüge zur Love Parade. Das ist so was ähnliches wie Kaffeefahrten für Jugendliche, auch bekannt als »Ecstasy-Fahrten«.
Statt Heizdecken gibt's dort Kotztüten zu kaufen.

Bei der Love Parade sind im Malteser Hilfsteam unter anderem 17 Rettungsschwimmer. Für den Fall, daß ein paar Leute im Park im Urin ertrinken.

Techno gab es doch schon zu Zeiten der Langspielplatte: Man hat dafür einfach die Heino-LP auf 45 Umdrehungen laufen lassen.

Ich höre ganz gerne Radio. Techno ist erträglich, wenn man dabei dieses Gehampel nicht mit ansehen muß.

Manche sagen, Techno ist autistisch. Ja, finde ich auch! Techno ist megaautistisch!

## VOLKSMUSIK

*→ Heino*

Sie kennen sicher alle Stefan Mross, den Trompeter von Jericho.

Früher habe ich gedacht, Volksmusik ist nur was für deutschtümelnde ewiggestrige denkschwache Lahmärsche. Aber inzwischen weiß ich, Volksmusik ist nur was für deutschtümelnde ewiggestrige denkschwache Lahmärsche.

Ich glaube nicht an die Hölle. Ich glaube an den Musikantenstadl, aber nicht an die Hölle.

## WALKMAN

Ich habe früher gedacht, »Walkman« ist ein Superheld, der nicht fliegen kann.

Die Bezeichnung »Walkman« hat Sony ja exklusiv. Die Rechte für Ohrensausen liegen bei den Südtiroler Almjodlern.

Es kommt bald ein Walkman heraus, der nur Michael-Jackson-Songs spielt. Das Gerät heißt »MoonWalkman«.

## WECKER, KONSTANTIN

Der erste Richter meinte, Wecker habe wegen seiner Abhängigkeit nicht an einer dauerhaften Psychose gelitten. Da bin ich aber platt. Weswegen hat er denn DANN an seiner dauerhaften Psychose gelitten?

Ich finde das schrecklich, wie Konstantin mit dem Elend anderer Leute Geschäfte macht. Ich meine mit dem Elend seiner Zuhörer.

Die Berufungsverhandlung hat so lange gebraucht, weil Konstantin sich weigerte, in Gerichtssälen mit so schlechter Akustik aufzutreten.

Konstantin gibt ja seit einem Jahr bei jedem Konzert mit seiner Kokainsucht an. Seine Botschaft: Nehmt Koks und werdet damit zu einer Szene-Ikone!
Dem kann ich mich nur anschließen.

Wenn er in den Knast gemußt hätte, hätte man schon was verbrechen müssen, um ihn hören zu können. Oder mußte man das nicht eigentlich schon immer?

Zwei Gutachter haben Wecker psychologische Störungen bescheinigt. Nichts für ungut, aber DAFÜR waren teure Gutachter nötig?

Wecker hatte angeblich knapp 1,8 Kilogramm Kokain für den Eigenverbrauch gekauft. So was egoistisches, nur für den Eigengebrauch. Hat der nicht mal der Aktion Sorgenkind was gespendet?

Das Landgericht befand Konni damals eines »schweren Verbrechens« für schuldig. Meine Fresse, wenn ein paar Gramm Koks schon ein Schwerverbrechen darstellen, wie nennt man dann erst z.B. schweren Raub? Ein »Armageddon an monströser bluttriefender Abartigkeit«? Und wie bestraft man das dann? Mit »täglich ein Körperteil amputieren«?
Ich bin lieber still, sonst kommt der liebe Herr Beckstein wieder auf Ideen.
Das war schon peinlich genug, als er diesen Witz mit »Schiebt doch gleich die ganze Familie ab« so ernst nahm.

Weckers Fall war ja aufgeflogen, weil Konni seinen Dealer mit Schecks bezahlt hatte. Na, ein Glück, daß MEINER gar keine Schecks annimmt.

## SPORT UND FREIZEIT

### BASLER, MARIO

Mario Basler hat in »Bravo Sport« gesagt: »Die Bayern feuern dich sogar auf der Toilette!« Na und? Mir hat man mal auf der Toilette einen Job ANGEBOTEN...

Eine amerikanische Studie besagt: Eine unglückliche Kindheit erhöht das Risiko, später einmal Raucher zu werden. Oh Mann, jetzt schäme ich mich echt für meine Witze über Mario Basler.

Mario Baslers Wechsel zu Atletico Madrid ist an seinen Gehaltsforderungen gescheitert: Er verlangte eine neue Lunge.

Basler ist also zu seinem Ziehvater Otto Rehhagel zurückgekehrt. Ich persönlich find's ja peinlich, wenn ein Mann um die 30 wieder bei seinen Eltern einzieht, aber das muß er selber wissen.

Der 1.FC Kaiserslautern hat Basler erst genommen, als Mario von seiner Forderung abrückte, extra für ihn eine Cocktailbar an jeder Eckfahne zu bauen.

Trapattoni sagte damals über Basler und Scholl: »Diese Spiele beklage mehre alse spiele!« Dazu sagte Basler: »Dä Dränä bäglacht sisch mä alsa dränieren dud.«

Trapp sagte über Basler, der habe gespielt wie eine »Flasche leer«. Was soll das denn bedeuten? Soll Basler mehr saufen?

Basler wurde ein Wechsel ins Ausland offiziell vom Auswärtigen Amt untersagt, im Interesse der Völkerverständigung.

Basler hat früher mal gesagt, daß er wechseln würde, wenn ein anderer Verein kommt und 30, 40 Millionen bietet. Aber so viele Lire war er den Italienern nicht wert.

Basler übt scharfe Kritik an den Medien. Er findet es einfach unverschämt, daß die sich von ihm ständig Interviews aufdrängen lassen!

Basler hat mal geklagt: »Mir wird zu wenig Respekt entgegengebracht.« Ich finde, solange er nicht jeden Samstag mit faulen Eiern beworfen wird, wird ihm noch viel zu viel Respekt entgegengebracht.

Basler wollte bei Bayern nicht dem Rotationsprinzip von Trainer Hitzfeld zum Opfer fallen. Er hatte Angst, daß er dann ab und zu auch spielen mußte.

Mario Basler wurde gerade erst wieder sportärztlich untersucht, mit ihm ist alles klar. Gesunde Zähne, funktionierende Stimmbänder, flinke Zunge. Seine Interview-Einsätze sind nicht gefährdet.

### BAYERN MÜNCHEN

*→ Beckenbauer, Franz*

Markus Babbel sagt: »Der FC Bayern ist ein Haifischbecken.« Also, wie kann er nur sowas sagen! Haie töten schließlich nur, um was zu essen!

Der FC Bayern schwimmt im Geld. Franz Beckenbauer kann aber nicht schwimmen, der macht nur toter Mann im Geld.

Der Verein hat über 80.000 Mitglieder. Das sind über 80.000 mehr als Eintracht Frankfurt hat.

250 Mio DM Umsatz macht der FC Bayern pro Jahr. Dafür können die ja Ronaldo für drei Spiele bezahlen!

Die Bayern wollen sich ein eigenes Super-Stadion bauen. Die Fans müssen beim Eintritt alle Wertsachen abgeben. Und die kriegen sie nicht wieder.
Irgendwie muß man sich finanzieren.

Mehmet Scholl war schon immer mein Lieblingsspieler beim FC Bayern. Ich bemühe mich im Stadion immer, die Bierflaschen um ihn herum zu werfen.

Giovane Elber möchte seine Karriere beim FC Bayern München beenden und dem Club sogar auch noch danach verbunden bleiben. Ha, von wegen! Sobald der drei Spiele hintereinander kein Tor mehr macht, wird er von Bayerns Innenminister Beckstein persönlich abgeschoben! So läuft das hier!

Jens Jeremies will angeblich auch weg vom FC Bayern, weil er seine Leistungen nicht gewürdigt sieht. Na schön, dann lobe ich ihn jetzt mal: Lieber Jens, du hast von allen Bundesligaspielern mit Abstand die lustigste Frisur.
Was ist das eigentlich? Fritiertes Lametta?

Der FC Bayern München läßt den Lebenswandel seiner Fußball-Profis überwachen. Immer mehr Spieler sehen beim Training nämlich aus wie eine »Flasche voll«.

Uli Hoeneß hat zugegeben, daß Kontrolleure beauftragt werden, die das Verhalten der Spieler überwachen. Die Kontrolleure werden eingesetzt, wenn man das Gefühl hat, daß sich Spieler nicht profihaft verhalten. Also, wenn sie z.B. tagelang keine stichelnden, intriganten Interviews geben.

Bei der Überwachung beim FC Bayern wurden Spieler erwischt, weil sie krankgefeiert hatten. Das erlaubt der Verein aber nur, wenn man im Spiel Zeit schinden will.
Für den Fall steht das sogar im Vertrag!

Ehrlich: Der ideale Trainer für den FC Bayern München heißt für mich - SADDAM HUSSEIN!

Es ist einfach faszinierend: Nach meiner Rechnung sind inzwischen mehr Spieler von München weggegangen als hingegangen.

Ein Drittel der Deutschen treibt regelmäßig Sport. Im Bayern-München-Trainingslager machen sie's nur, wenn eine Kamera in der Nähe ist.

Franz Beckenbauer glaubt, daß sich der FC Bayern bald über einen eigenen Pay-TV-Kanal vermarkten kann. Ich dachte, das tut er schon beim Bayerischen Rundfunk.

Als nächstes gibt es auch rot-blau gestreifte Bayern-Kloschüsseln. Da kotzt man von ganz alleine.

Ulrich Hoeneß wirft seinen abwanderungswilligen Spielern Geldgier vor. Naja, Uli... vielleicht wollen die gar nicht unbedingt vom FC Bayern weg, sondern bloß weg von DIR.
Hoeneß findet Wort über »neue Herausforderungen« heuchlerisch. Komisch, so reagiert auch meine Freundin immer, wenn ich einen flotten Dreier vorschlage.

## BECKENBAUER, FRANZ

Franz wurde mit 99,4% als Präsident des FC Bayern München wiedergewählt. Das sind ja Zustände wie in der DDR.

Franz Beckenbauer spricht sich für eine Reduzierung auf fünf Ausländer im Profi-Fußball aus, steht aber damit in der Liga fast allein auf weiter Flur. Ist ja auch Quatsch. Dann bräuchte jede Mannschaft pro Spiel ja sechs gute deutsche Spieler. Wo sollen die herkommen?

Beckenbauer sagt, er habe das Gefühl, Selbstkritik sei völlig ausgestorben. Und wenn er nicht selbst so großartig wäre, würde er kein gutes Haar an sich lassen.

Wobei, gute Haare hat er ja nun schon lange nicht mehr.

Ich frage mich, ob auch Franz Beckenbauer vom FC Bayern durch Detektive überwacht wird. Obwohl das an sich überflüssig ist, der Mann ist ja zwölf Stunden pro Tag live im Fernsehen.

Drei bayrische Musikproduzenten haben eine CD aufgenommen, auf der Worte von Franz Beckenbauer zu hören sind. Oh, wo haben die denn diese Worte her, ich meine, wo der Mann so selten Interviews gibt?
Die CD heißt »Back'n Power«. Coolio. Versucht so'n Wortspiel mal mit »Berti Vogts«.

Franz Beckenbauer fordert ja seit Jahren, sich den Einflußmöglichkeiten des DFB zu entziehen. Leuten wie Egidius Braun ununterbrochen in den Arsch zu kriechen, ist keine reine Freude.

Beckenbauer würde gerne eine selbständige Liga sehen. Und da dürfen nur Reporter berichten, die ihn während des Gesprächs demütig anhimmeln. Also im Grunde genauso wie jetzt auch schon.

Alles was Franz anpackt, wird zu Gold. Leider packt er auch sehr oft Platin an.

Beckenbauer macht Werbung für Opel. Opel hat's gut: Die können Beckenbauer absetzen! Wenn auch nur von der Steuer.
Beckenbauer bekam Millionen Mark dafür, daß er einen Opel fährt. Ich würde sagen, das ist angemessen.

Paul Breitner geht ja sehr kritisch um mit dem FC Bayern. Sogar Beckenbauers Füße küsst er nur bei jedem zweiten Treffen.

Otto Rehhagel sagt, der Beckenbauer Franz habe sich bei ihm entschuldigt, heute würde er ihn nicht mehr rausschmeißen. Nein, heute würde er ihn kaltmachen.

Ich frage mich, was Beckenbauer als FIFA-Chef machen würde. Wahrscheinlich würde er auf einen Schlag sämtliche Trainer der Welt feuern und selbst alle Mannschaften übernehmen.

Franz Beckenbauer hat von den Spielern verlangt, mehr Teamgeist zu zeigen. Jetzt ist das gesamte Team gegen Beckenbauer.

## BECKER, BORIS

Boris Becker ist nicht mehr DTB-Teamchef. Er hatte wohl mehr Sachverstand als die Funktionäre, und das war auf Dauer natürlich nicht zu tolerieren.

Tommy Haas sagt, er wünsche sich Boris Becker als DTB-Teamchef zurück. Kann ich verstehen. In der Gegenwart von Becker fühlt man sich irgendwie sofort intellektuell aufgewertet.

Boris Becker will Schauspieler werden. Ich weiß nicht. Für mich hat er nicht einmal als »Freund« von Michael Stich überzeugt.
Aber warum nicht? In einem Land, in dem Til Schweiger ein Star ist, kann nun wirklich jeder zum Film.

Boris Becker will ja vielleicht wegen seiner Familie bald in die USA ziehen, weil es da viele Schwarze gibt. Bei Sean Dundee war's wohl genau umgekehrt.

Boris Becker, der große alte Mann des deutschen Tennis, beklagt, daß Tennis »in die falsche Richtung geht«. Ja, das war bei seinem Aufschlag am Ende echt ein Problem.

Boris will sich für die Tennis-Kids stark machen. Gut so, ich finde, es gibt noch viel zu wenig Minderjährige, die 12 Stunden am Tag den Aufschlag trainieren!

Die Oberstaatsanwaltschaft München hat in ganz Deutschland Räume von Boris Becker und mit ihm in Verbindung stehenden Personen durchsucht. Aber niemand konnte Beckers alte Form wiederfinden.

Die Staatsanwaltschaft hat den kuriosen, absurden, aberwitzigen Verdacht, Boris wäre nur nach Monaco gezogen, um weniger Steuern zu zahlen. Also wirklich! Wo doch jeder weiß, alle ziehen nur nach Monaco, weil die Leute da so leckere Streuselkuchen backen!

Angeblich sind auch die Eltern von Boris Becker ins Visier der Steuerfahnder geraten. Die wurden misstrauisch, als sie sahen, wie »Vadda Becker« mit einer Plastiktüte voll Geld aus dem Fenster sprang.

Nach den Berechnungen der Steuerbehörden hat sich Becker von 1990 bis 1993 viel zu lang in Deutschland aufgehalten und ist somit steuerpflichtig. Also, dann dehne ich meinen Sommerurlaub nicht zu sehr aus, sonst bekomme ich noch ganz überraschend Post vom thailändischen Finanzamt.

Boris Becker will auswandern wegen den deutschen Rassisten und notorischen Finanzbeamten.

Boris stellt ein Tennis-Juniorteam auf die Beine. Zwei Kinder steuert er selbst bei, ansonsten hofft er auf Spenden.
Becker sagt: »Was in den letzten zehn Jahren nachgewachsen ist, ist einfach zu dürftig.« Mein Gott, Boris, viele Männer kriegen 'ne Glatze.

Wissen Sie, was Antrittsgeld ist? Das sind die Millionen, die Boris Becker dafür kriegt, wenn er bei einem Turnier in einem arabischen Emirat in der Vorrunde ausscheidet.

## BOBFAHREN

Mein Lieblings-Wintersport ist Bobfahren. Obwohl, naja. Vier Männer in hautengen Trikots dichtgedrängt zusammen in einem Bob. Ist das noch Sport oder schon Gotteslästerung?

Seit kurzem gibt es eine neue olympische Disziplin: Frauen-Bob. Die Damen wollen aber diesen Männernamen »Bob« nicht für ihren Sport, deshalb nennen sie es »Frauen-Babs«.

Ein Riesenskandal im deutschen Bob-Team: Einer der Bobfahrer wurde als Hetero enttarnt!

## BODYBUILDING

Neuestes Trainingsgerät ist der »Skywalker«, der alle Muskeln gleichzeitig trainieren soll. Also a-l-l-e Muskeln. Männer dürfen das Gerät nur allein benutzen, aus Gründen des Anstands und vor allem der Hygiene.

Arnold Schwarzenegger hat zugegeben, mal Anabolika geschluckt zu haben. Er wurde daraufhin für drei Kinofilme gesperrt.

In seiner Zeit als Bodybuilder hat Schwarzenegger angeblich Dopingmittel geschluckt. Er hielt die Dinger für »m&m«. Er konnte damals noch nicht so gut lesen.

Die schönste Fitnessmethode, fand ich immer, das Seilchenspringen. Mir war nur nie klar, in welchem Fitnesswahn sich heutzutage schon siebenjährige Mädchen befinden.

Gerade rechtzeitig hat ja auch Schlaudia Kiffer ihr Fitnessvideo rausgebracht. Ich hab's schon ausprobiert: Man trainiert besonders stark das Handgelenk.

Aerobic wird jetzt auch mehr mit Tanz verbunden. Stellen Sie sich vor, Sie tanzen mit jemandem Walzer und treten ihm alle fünf Sekunden mit voller Wucht ins Kreuz.

Sehr schön ist auch das neue »Aquarobics«. Das macht man unter Wasser, es schont die Gelenke und ist vor allem billiger. Das Wasser stellt man beim Turnen selber her.

Übrigens trainieren mehr Frauen als Männer. Tja, Männer haben halt noch ihre Arbeit.

## BORUSSIA DORTMUND

Wenn Sie mal ein paar völlig verzweifelte Menschen sehen wollen, die in heilloser Panik unkontrolliert Amok laufen, dann gehen Sie entweder zur Frankfurter Börse oder in die Vorstandsetage von Borussia Dortmund.

Trainer Bernd Krauss wurde nach nur 67 Tagen beurlaubt. Das ist nachvollziehbar: Man sollte immer auf dem Höhepunkt aufhören.

Matthias Sammer wird eventuell neuer Trainer. Brillante Strategie: Immerhin war der Amateur-Coach Skibbe ein besserer Trainer als Bernd Krauss, also muß logischerweise jemand, der NOCH NIE eine Mannschaft trainiert hat, noch viel besser sein!

Ich fand das total mutig vom BVB, den Amateur-Coach Skibbe zu verpflichten. Ich hätte gedacht, nach seiner Entlassung engagieren die als nächsten den Platzwart.

Präsident Niebaum und Manager Meier haben immer betont, Skibbe sei keine »Verlegenheitslösung«. Ja klar. Wahrscheinlich mußte der Verein hart verhandeln, sonst hätte ihnen Inter Mailand Skibbe weggeschnappt.

Niebaum sagte bei der Verpflichtung von Lattek: »Wir haben mit keinem anderen Trainer gesprochen.« Die haben nämlich alle sofort aufgelegt.

## BOWLING

Bowlingkugeln haben ja drei Löcher. Genau wie eine Frau.

Die Geliebte des Prince of Wales spielt anscheinend Bowling. Ich lese das doch ständig: Camilla Parker bowles!

Beim Bowling stehen zehn Kegel, beim Kegeln nur neun. Die Amis müssen einem immer um eins voraus sein!

Bowling und Kegeln werden wieder modern. Statt der Kegel nimmt man vorher ausgetrunkene Bierflaschen.

Beim Kegeln steht ja der Königskegel immer in der Mitte. Sogar in einem demokratischen Land.

Es gibt sogar eine Marlboro-Bowling-Tour. Natürlich nur für echte Männer: Kettenraucher mit Bierbäuchen wie Fesselballons.

## BOXEN

*→ Michalcjewski, Dariusz; → Rocchigiani, »Rocky«; → Schulz, Axel; → Tyson, Mike*

Die Boxlegende Muhammad Ali hat seine Ankündigung, dass er noch einmal in den Boxring steigen will, als Scherz bezeichnet. Schade, ich schau gerne zu, wie alte Leute verprügelt werden. Deswegen guck ich so gern Schimanski.

George Foreman soll den Boxverband bei seinem Kampf gegen Axel Schulz bestochen haben. Hoho, was für eine monströse Geldverschwendung. Als würde Jürgen Drews beim »Peinlichster Trottel des Universums«-Wettbewerb die Jury bestechen.

In den USA gab es letztes Jahr den ersten Profi-Boxkampf zwischen einem Mann und einer Frau. Die Frau hat gewonnen. Kein Wunder, die Frau hat ja von Natur aus eingebaute Brustkorbschutze.

Box-Weltmeister Vitali Klitschko hat an der Universität seiner Heimatstadt promoviert, mit dem Thema Talentförderung im Sport. Titel der Doktorarbeit: »Musse draufhaue oder Scheisse fresse!«

Ich habe früher auch viel geboxt. Naja, eigentlich habe ich nur kleine Kinder verprügelt.

Boxer sind ja bekanntermaßen schlecht im Bett. Sie klammern viel zu viel.

RTL hat Virgil Hill nach seinem Sieg über Henry Maske wegen Geschäftsschädigung verklagt.

Was ist das eigentlich, das »Cruisergewicht«? Müssen die Boxer genausoviel wiegen wie Tom Cruise?

Mal sehen, wenn Henry Maske sich genug Fett anfrisst, kann er vielleicht bald im Schwergewicht antreten. Er kann ja mal Liz Taylor fragen, wie man das macht.

Henry Maskes letzter Fight war ein lahmer Kampf, zum Einschlafen. Das war kein Boxen mehr, das war Freistil-Knuffen.

»Aufbaugegner« ist die offizielle Bezeichnung für »Sandsack mit Haaren«.

Seit 1964 wurde Muhammad Ali dreimal Profi-Schwergewichts-Weltmeister. Und jedesmal schwergewichtiger.

Ich persönlich bin ja kein Box-Fan. Viele Männer sehen das gerne: halbnackte Muskel-Männer, die miteinander in den Clinch gehen. Aber da kriegt man im Porno-Laden bessere Sachen.

## BUNDESLIGA

Im Streit um die TV-Vermarktungsrechte wollte Uli Hoeneß sogar Bilder aus dem Olympiastadion verbieten. Bilder vom Spiel sollte es nur noch geben, wenn der FC Bayern gewonnen hat. Bei einer Niederlage käme ein 20minütiges Blitzinterview mit Lothar Matthäus.

Hert(h)a ist kein Fußballverein, sondern Wurst.

SAT.1 nimmt angeblich zuviel Einfluß auf die Schiedsrichter. Also ich finde, Schiedsrichter nehmen viel zu viel Einfluß auf das Spiel!

Die Winterpause wird verschoben. Es wird gespielt, bis der Ball am Boden festfriert.
Ich bin für die Winterpause. Der Sommer war schon kalt genug.

Ich schau mir ja die Fußballspiele auf Premiere immer verschlüsselt an. Deswegen hab ich bald 12 Dioptrien, aber ich spare Geld.

Wie sieht Fußball im nächsten Jahrhundert aus? Lothar Matthäus wird Bundestrainer, Franz Beckenbauer DFB-Chef und Berti Vogts Platzwart in der Oberliga.

Die Gewerkschaft der Vertragsfußballer will das Streikrecht verankern. Wie sieht ein Fußballerstreik aus? Spielen dann alle wie der VfL Wolfsburg?
Zunächst gibt es nur Warnstreiks. Die Abwehrspieler fangen an, den Strafraum zu blockieren.

In den USA gab es ja einen Baseballerstreik, der die ganze Saison dauerte. Was, wenn das auch hier passiert? Begeht die Führungsetage von SAT.1 Gruppenselbstmord?

## DOPING

Dem italienischen Sport droht ein gigantischer Dopingskandal. Man sagt schon: Italien ist »Das Gedopte Land«.

Die Fifa will vor der EM 2000 unangemeldete Doping-Kontrollen veranstalten. Wie unhöflich, unangemeldet!
Was heißt das eigentlich, »Doping-Kontrollen«? Wollen die sicherstellen, daß gedopt wird oder daß nicht gedopt wird? Wüßt ich mal gern.

Die Enthüllungen um die gedopten Tour de Franz-Fahrer werden immer brisanter. Jetzt hat man herausgefunden, daß die Fahrer sogar Kaffee tranken und Nahrung zu sich nahmen!
Und das oft sogar in der Öffentlichkeit! Völlig ungeniert!

Unseren Jan betrifft das ganze Doping-Gequake natürlich alles nicht. Der ist nicht gedopt. Der braucht das nicht. Der ist schließlich DEUTSCHER! Der ist wahrscheinlich bloß besoffen oder sowas.

Im Festina-Team soll es eine echte »schwarze Kasse« für den Kauf von Doping-Mitteln gegeben haben. Ich bin entsetzt, empört, versteinert und verbittert! Warum kann man nicht sagen, es gab eine »afro-amerikanische Kasse«?

Gesundheitskontrollen sollen ab der nächsten Tour de France Pflicht sein. Und zwar bei den Reportern.

Der Festina-Arzt Blanc hat das gesamte Team schwer belastet. Nach seinen Angaben haben sich die Fahrer dauernd mit ihren Armvenen auf seine zufällig aufgezogenen Dopingspritzen gestürzt, ohne ihn um Erlaubnis zu fragen.

Richard Virenque wehrt sich gegen die Doping-Vorwürfe. Zunächst mal kämen die Einstiche in seinen Armen nicht von Dopingmitteln, sondern lediglich von dieser dummen Heroin-Angewohnheit.

Wissen Sie, was ich denke? Im Radsport wird viel zu wenig gedopt! Die Hälfte aller Fahrer fährt immer noch, das ist doch lächerlich! Was hat das denn noch mit Sport zu tun?

Telekom-Radprofi Christian Henn steht unter Doping-Verdacht, weil er angeblich ein Potenzmittel eingenommen hat. Wieso ist ein Potenzmittel Doping? Wenn ich im Fahrradsattel eine Erektion habe, finde ich das eher hinderlich.

## EISKUNSTLAUF

Es gibt ja ab und zu Eiskunstlauf-Übertragungen, wo die Zuschauer abstimmen können. Ich stimme immer für die Läuferin mit den größten Titten.

Tonya Harding hat wieder zugeschlagen! Sie hat ihren Lebensgefährten mit einer Radkappe am Kopf verletzt. Mann, die Frau hat offenbar echt ein Rad ab.
Ich glaube, ich bin verliebt.

Bei der nächsten Eiskunstlauf-WM ist als zusätzlicher Spannungseffekt das Eis nur halb so dick wie sonst.
Als zusätzliche Motivation schwimmen demnächst unter dem Eis ein paar Haie.

Meine Lieblingsfigur beim Paarlauf ist die »Todesspirale«. Noch waghalsiger ist allerdings das »Todeskondom«.

Schön ist auch der »Rehsprung«. Leider findet man immer seltener Rehe, die schlittschuhlaufen können.

Wir alle lieben natürlich den »Dreifachen Rittberger«. Sicher, niemand weiß, was das ist, aber es ist jedenfalls toll!

Die wichtigsten Entscheidungskriterien beim Eiskunstlauf sind Hintern, Beine und Umgang mit der Eisenstange.

US-Forscher haben auf dem Mond einen See aus Eis entdeckt. Na toll, die Wintersportindustrie hat eine neue Attraktion!
Ich kann es mir schon vorstellen: Katharina Witt im Raumanzug, wie sie auf dem Mond-Eissee Schlittschuh läuft. Obwohl, im Eiskunstlauf-Fummel sieht sie wohl doch geiler aus.

## EXTREMSPORT

Die Regeln beim Bungee-Jumping sind einfach: Wer mit seiner Schädeldecke dem Boden am nächsten kommt, hat gewonnen.

Kennen Sie Freemountainbiking? Sie fahren also mit dem Bike senkrecht die Wand von 'nem Wolkenkratzer hoch. Hat bisher wenig Anhänger, ist aber eine der wenigen Extremsportarten, mit denen man wirklich noch Eindruck schinden kann.

Rafting macht immer noch Spaß, sie wissen, Wildwasserfahrten in Stromschnellen. Das Wort »Rafting« kommt übrigens aus dem Russischen und bedeutet soviel wie »Selbstmord für Vollidioten«. Die Russen neigen halt etwas zum Romantisieren.

Beim Wett-Fallschirmspringen gewinnt derjenige, der am schnellsten unten ist. Einige Versuche mit Regenschirmen hat es schon gegeben, wenn auch mit »niederschmetternden« Resultaten.

Die Popularität vom Drachenfliegen hat spürbar nachgelassen, seit sich herumgesprochen hat, daß es gar keine Drachen mehr gibt.

Vor 200 Jahren wurde der Fallschirm erfunden. Und zwar, weil ein Selbstmörder an einem regnerischen Tag beim Runterspringen nicht nass werden wollte.

Fallschirme habe eine durchschnittliche Fallgeschwindigkeit von 4-6 m pro Sekunde. Ist man schneller, kriegt man einen Strafzettel.

Bevor es den Fallschirm gab, waren Sprünge aus dem Flugzeug nur halb so lustig.

Früher war ich auch Fallschirmspringer, aber seit Jürgen Möllemann das macht, ist das nix mehr zum angeben.

Der Luftwaffe geht es übel. Die benutzen jetzt Knirps-Regenschirme statt Fallschirme.

## FORMEL 1

*→ Schumacher, Michael*

Die Formel 1 steht vor einschneidenden Veränderungen des technischen Reglements. Die Breite der Autos soll korrigiert werden. Genau, mit so breiten Autos findet man doch nirgendwo einen Parkplatz!

Die Maximalbreite der Hinterreifen wird von 380 auf 455 Millimeter erhöht. So dicke Reifen sieht man sonst nur im Freibad, beim Ausflug der Weight Watchers.

Da FIA-Präsident Max Mosley profillose Slicks ablehnt, bleibt es bei Rillenreifen. Genauso halte ich es bei Kondomen.

Im Interesse von mehr Sicherheit sollen die Überrollbügel verstärkt und die Seitenkästen weiter vorgezogen werden. Außerdem soll Michael Schumacher gefälligst seine Brille aufsetzen.

Man will das absichtliche Blockieren eines Fahrers aus taktischen Gründen verbieten und bestrafen. Ach Gott, wie lahm. Ich wäre dafür, einfach alle Autos mit Bordkanonen auszustatten. Die sollen das unter sich klären.

Schumacher-Manager Willi Weber will eine neue Rennserie präsentieren. Vor allem, weil in der Formel 1 inzwischen viel zu wenig Rennfahrer sterben, das ist ihm zu langweilig.

Michael Schumachers Wasserträger Rubens Barricchello sagt, er wolle mit Schumi wetteifern. Na, ich weiß nicht, ob Barricchello es auch schaffen kann, viermal hintereinander die WM zu vergeigen.
Dazu muß man Deutscher sein, glaube ich.

Die Formel-1-Versager vom Dienst, die Ferraristi, erwiesen sich 1999 als faire Verlierer. Klar, ich meine, unfair sind die nur als Sieger.

Mika Häkkinen hat auf die Frage, warum sein Land scheinbar besonders gute Autofahrer habe, gesagt: »Bei uns zu Hause sind die Straßen so schlecht, dass man automatisch lernt, gut zu fahren.« Ja klar, und Japaner können so gut Basketball spielen, weil sie so klein sind.

Niki Lauda hat gesagt, Eddie Irvine sei ein »Kasper«. Als wäre Irvine der einzige, der überall mit 'ner blöden roten Mütze rumläuft.

Eddie Irvine sagte letzte Saison, nach Ferraris Gewinn der Konstrukteurswertung: »Wir haben zumindest den Trostpreis.« Ja, so ähnlich fühlt auch Rudolf Scharping, seit er Verteidigungsminister ist.

»La Stampa« meinte am Ende der Saison '99: »Hut ab auch vor Ferrari. Der Konstrukteurstitel ist wertvoll.« Ja, und vor allem so verdient. Demnächst geht der Literaturnobelpreis an den Autor von »Bussibär«.

Erinnern Sie sich an das Finale in Suzuka 1999? Häkkinen überrumpelte Schumacher gleich beim Start. Also wirklich. Weiß denn dieser Blasphemiker Häkkinen nicht, daß man einen Gott wie Schumi gar nicht überholen DARF? Wieso wird man für so was nicht disqualifiziert?

Bernie Ecclestone hat bereits angeregt: Wann immer Mika Häkkinen uneinholbar in Führung liegt, darf er eine Minute lang mit Schrotgewehren beschossen werden.
Hey, man muß halt für Spannung sorgen!

Niki Lauda hat Angst vor dem Eindruck, in der Formel 1 ginge es zu »wie beim Boxen, wo man auch den Eindruck hat, dass die Ergebnisse vorher abgesprochen werden.« Aber Niki, das ist doch gar nicht wahr! Bei der Formel 1 werden die Ergebnisse HINTERHER abgesprochen.

Spionage ist im Millionengeschäft Formel 1 angeblich üblich. Die Konkurrenten beobachten sich durch diverse Hilfsmittel ständig gegenseitig. Ja, z.B. durch sogenannte »Rückspiegel«. Und das ganz schamlos, während der Fahrt!

Bernie Ecclestone meint, man sollte neue Strecken bauen, weil die alten viel zu sicher sind. Wieso die Mühe? Schüttet doch einfach ein paar Hektoliter Öl auf die Fahrbahn!

Wenn das mit der Formel 1 so weitergeht, werden in Zukunft Millionen von Deutschen mit Boliden durch die Innenstädte kurven. Das dürfte die Unfallrate um glatte 5% erhöhen.

Hoffentlich kratzt dieses Jahr kein Fahrer ab. Oder besser gesagt, hoffentlich WIRD keiner von der Straße gekratzt.

Ich liebe es zu sehen, wie ein Dutzend bunte Autos hundertmal im Kreise fährt. Das war damals meine Lieblingstherapie in der geschlossenen Abteilung.

Der Silberpfeil ist wieder da. Gott sei Dank, denn ein Silberpfeil ist ja bekanntlich die einzige Methode, einen Werwolf zu töten.
Es gibt nur eins, was ich nicht verstehe: Wenn das ein Silberpfeil ist, wer hält den Silberbogen?

Bernie Ecclestone geht mit dem Formel-1-Unternehmen vielleicht an die Börse. Die Zusammenstöße bei den Rennen langweilen ihn, jetzt will er einen richtigen Börsen-«Crash«!

Bei Formel 1 gab es ja seit Jahren kein Todesopfer mehr. Ich muß sagen, langsam reißt mein Geduldsfaden.

## FUSSBALL

*→ Basler, Mario; → Bayern München; → Borussia Dortmund; → Bundesliga; → Hallenfußball; → Hooligans; → Maradona, Diego Armando; → Matthäus, Lothar; → Nationalmannschaft; →*

*Ribbeck, Erich; → Seeler, Uwe; → Trainer; → Vogts, Berti*
Fußball ist wie Krieg; nur weniger Verletzte, aber höhere Einschaltquoten.

Der türkische Fußballstar Hakan Sükür soll einen Journalisten angegriffen haben. Aaaaaach, das war bestimmt 'ne Schwalbe.

Also, wenn Giovane Elber Deutscher wäre, könnte man fast sagen, daß deutscher Fußball gar nicht mal die allerletzte Scheiße ist.

Giovane Elber findet es »erschreckend, wie wenig Talente es in Deutschland gibt«. Hmmm... redet der jetzt von Fußball? Oder von Schauspielern? Oder Sängern? Oder Schriftstellern? Ich meine, das war nun wirklich ein sehr ambivalenter Satz.

Der Brasilianer Rivaldo ist zu Europas Fußballer des Jahres 1999 gewählt worden. Ähem. Verzeihung, liebe Freunde: Täusche ich mich oder gehört Brasilien gar nicht zu Europa?

Fußballstar Ronaldo will sich noch mehr für die Armen einsetzen. Na toll, wie wär's wenn er einen Wochenlohn spendet und damit allen brasilianischen Kindern ein Studium an der Sorbonne finanziert?

Die Fußball-Kommission des Weltverbandes FIFA hat eine Begrenzung von ausländischen Spielern in Vereinen gefordert. Begrenzung bedeutet: Ausländische Spieler dürfen nicht größer sein als 1,75 Meter.

Die Fußball-EM 2004 findet in Portugal statt. Favorit Österreich ist tief enttäuscht. Schließlich war das deren einzige Chance, mal an einer EM teilzunehmen.

Bianca Illgner will FIFA-Fußballberaterin werden. Also ich glaube, die FIFA versteht schon genug von Fußball, wirklich.
Kann Bianca Illgner besser verhandeln? Ich würde sagen, wer einen Orgasmus vortäuschen kann, kann auch Vertragsverhandlungen führen.

In Monaco gibt es ja nur einen Fußballverein, den AS Monaco. Die spielen in der französischen Liga mit. Auf Dauer waren diese Spiele ohne Gegner etwas langweilig. Aber vor allem waren die Gegentore peinlich.

Meine Damen und Herren, mit stolzgeschwellter Unterhose darf ich es verkünden: Deutschland ist Fußballweltmeister!
Wirklich! Deutschland hat 1998 die Weltmeisterschaft der Fußball-Roboter gewonnen. Na, das stimmt doch optimistisch für die WM 2358, wenn Roboter die Erde beherrschen!
Dann ist Deutschland wieder vorne!

Viele träumen immer noch von einer Europaliga. Die würde völlig autonom betrieben, ohne Einfluß des DFB. Ich weiß, ich weiß, das ist unvorstellbar, aber man KANN auch Fußball spielen, ohne daß ein paar alte Säcke den Spielern verbieten, sich allzu stark über Tore zu freuen.

Der DFB setzt auf die Zugkraft der Lokalderbys, die angeblich die große Würze der Bundesliga ausmachen. Ja, außerdem sind sie ein billiger Ersatz für einen Bürgerkrieg.

Mexiko hat Brasilien im Finale des Confederation-Cup geschlagen. Also, wenigstens etwas haben deutscher und brasilianischer Fußball gemein: Jedes wichtige Finale wird konsequent vergeigt, wie beim FC Bayern.

Ja, Fußball hat schon so seine Erotik. Besonders, wenn einer ein Tor macht und die anderen vor Freude über ihn herfallen. Ein gutes Gegenbeispiel gegen das Vorurteil, Männer könnten nicht richtig küssen.

Statt der Abwehrspieler werden jetzt einfach ein paar Fangeisen in den Strafraum gestellt.

Ich liebe das, wenn der Kommentator sagt, der Torwart mußte schon dreimal »hinter sich greifen«.

Besonders seltsam bei Fußballberichterstattung ist immer der Satz, die Spieler würden sich »hinten massieren«.

Offenbar wurden die Richtlinien für gelbe Karten verschärft. Jeder Spieler erhält eine gelbe Karte wegen unbefugtem Betreten des Rasens.

Das Verletzungspech ist manchmal unglaublich. Im ungünstigsten Fall bleiben unserer Mannschaft 11 Feldspieler übrig und 3 Torhüter. Ist doch kein Problem. Das möchte ich mal sehen, wie die anderen ein Tor machen wollen, wenn wir drei Torhüter drin stehen haben!

Die Spieler hatten furchtbare Angst vor Kalli Feldkamp, sie nennen ihn ja alle »Kalligula«.

Nach dem Spiel ist vor dem Spiel? Aber wenn vor dem Spiel vor dem Spiel UND nach dem Spiel ist, was ist dann nach dem Spiel? Vor dem Spiel? Aber wozu spielt man dann überhaupt?

Ehrlich, wenn die Spieler sich prügeln wollen, warum mischen sich die Schieris da ein? Wofür halten die sich, für Kindergärtnerinnen?

Torwart war ja immer mein Traumberuf. Den ganzen Tag »Bälle« halten...

Der Fußball am Wochenende war ja fürchterlich brutal. Ich hab die schönsten Szenen aufgenommen, in Zeitlupe.

## GOLF

Alternde Golfspieler treffen irgendwann nicht mehr das Loch. So ähnlich geht es auch alternden Porno-Darstellern.

Es gibt ein großes Golf-Turnier in Monaco. Golfspielen in Monaco... stell ich mir schwierig vor. Wieviele Strafpunkte kriegt man wohl, wenn der Ball aus Versehen in Frankreich landet?

Ich wollte mal in Mexico Golf spielen. Der Golfplatz von Mexico war sehr groß, stand aber total unter Wasser.

Golf erfordert sehr viel Nerven und Geschicklichkeit. Und ein dickes Bankkonto für die Mitgliedsbeiträge.

## GRAF, STEFFI

→ *Graf, Vadda*

Steffi Graf hat eingestanden, daß sie erst mit 20 zum ersten Mal was mit einem Mann hatte. Hmmm... das bestätigt jetzt natürlich schon ein paar Vorurteile über die Damentennis-Szene.

Bei Steffi Grafs offiziellen Abschied im Madison Square Garden war André Agassi nicht dabei. Gut, niemand ist gern das Anhängsel seiner Freundin.

Darunter hat vor allem Fritz Wepper jahrelang gelitten.

Andre Agassi sagt, dass er sein bestes tut, um von Steffi Graf etwas zu lernen. Komisch, ich hätte gedacht, es ist umgekehrt. Zum Beispiel bei der Frage, was das eigentlich für ein komisches Ding zwischen Andres Beinen ist.

Warum konnte Steffi nicht beizeiten was mit Boris Becker anfangen? Ganz einfach - mit André Agassi gab's weniger Sprachprobleme.

Bei Steffi Grafs offiziellem Abschied im Madison Square Garden war André Agassi nicht dabei. Gut, niemand ist gern das Anhängsel seiner Freundin. Darunter hat vor allem Fritz Wepper jahrelang gelitten.

Steffi Graf ist vom Trubel um ihre Romanze mit André Agassi völlig überrascht. Ist doch klar, so viele Männer sind jetzt enttäuscht. Dass Agassi nicht schwul ist.
Graf: »Es existieren genug Fotos von uns, und trotzdem gab es keine Ruhe.«
Tja nun, auf den Fotos seid ihr voll bekleidet!
Seit Pamela Anderson und Tommy Lee gibt es andere Maßstäbe.

Auf eine Flucht vor den Fotografen hat Steffi keine Lust mehr. Da fühlt sie ähnlich wie Dieter Zurwehme.

Ein Top-Musikproduzent hat für Steffi Graf eine Hymne komponiert. Sehr gut, dann muß Elton John bei ihrem Tod nicht irgendeinen uralten Song ausbuddeln.

Steffi Graf hat sich von ihrem Freund Michael Bartels getrennt wegen unüberbrückbarer Langeweile. Das finde ich mutig von ihr. Nur wenige Rentnerinnen wagen noch mal einen Neuanfang.

Steffi Graf und André Agassi sind ein liebes Paar! Kolossal! Wahnsinn! Ein Traumpaar! Wer kommt als nächstes? Jürgen Klinsmann und Andy Möller?

Stellen Sie sich vor, die beiden heiraten. »Steffi Agassi« - klingt wie 'ne Spielzeugpuppe für schwule Österreicher.

Michael Bartels ist natürlich sehr geknickt. Aber seien wir mal ehrlich: Wenn eine Frau die Wahl hat zwischen André Agassi und Michael Bartels - der Denkprozeß dürfte nicht allzu lange dauern.

Die englischen Zeitungen nennen Steffi die »Queen von Wimbledon«. Heißt das, Elisabeth II ist die »Steffi Graf von Buckingham«?

Steffi Graf kümmert sich jetzt selbst um ihre Steuerangelegenheiten. Das kann ja heiter werden, Frau am Steuer.

Steffis Leben wird demnächst verfilmt. In der Besetzung sind klangvolle Namen vorgesehen, z.B. Michael Jackson als Vater Graf.

Steffi mäht ihre Gegnerinnen nur so nieder. Allerdings bin ich mit meinem Rasenmäher noch schneller.

Also ich muß sagen: Martina Hingis' Rock noch fünf Zentimeter kürzer, und Steffi kann meinetwegen zur Hölle fahren.
Oder nach Brühl.

## GRAF, VADDA

→ *Graf, Steffi*

Peter Graf ist vorzeitig entlassen worden. Ich finde das nicht so gut. Das ist ja noch ein unvermittelbarer Arbeitsloser mehr in der Statistik.

Graf hat nur die Hälfte seiner Strafe abgesessen. Die bereits verbrachte Haft wurde ihm angerechnet. Allerdings erst nach Abzug von 16% Mehrwertknast.

Vadda Graf wurde »auf Bewährung« frei gelassen. Schön für ihn, damit kommt er der Bewährungsreform zuvor.

Vadda Graf hat sich im Gefängnis »gut geführt«. Geilo, das heißt, er hat während seiner ganzen Zeit im Knast nicht EINE Million an Steuern hinterzogen. Mein Respekt.

Die Richter begründen Grafs Entlassung damit, daß er den Schaden wiedergutgemacht hat. Toll, demnächst werden Einbrecher vorzeitig entlassen, weil sie so großzügig waren, das Diebesgut nicht zu behalten!

Die Richter begründeten Grafs Entlassung damit, daß er voraussichtlich keine Straftat mehr begehen wird. Das stimmt allerdings: Schließlich wird seine Tochter nie wieder irgendwelche Preisgelder gewinnen, die er hinterziehen könnte.

Graf will vorwiegend bei der Talentförderung im Tennisbereich tätig sein. Und sobald er ein talentiertes Kind entdeckt hat, will er es adoptieren.

Ich hoffe, das Ganze ist Graf eine Lehre und er transportiert nie wieder Sieggeld in Plastiktüten. Sondern im Umweltbeutel!

## HALLENFUSSBALL

Ich liebe Hallenfußball. Es ist viel leichter, die Spieler mit der Bierflasche zu treffen.

Hallenfußball ist großartig. Als neueste Variante spielen nur noch die Torwarte, und keiner darf den Fünfmeter-Raum verlassen.

Die Preisgelder werden beim Hallenfußball immer höher. Wenn man alle Turniere gewinnt, kann man ein Drittel von Stefan Effenberg kaufen.

Der DFB hat die Vereine verdonnert, auch ihre Stars zu den Hallenturnieren hinzuschicken. Auch wenn die nicht spielen, können sie immer noch dämliche Interviews geben.

Ich hasse Hallenfußball. Kaum hat man sich entschieden, für welche Mannschaft man ist, da hat sie auch schon verloren.

## HOOLIGANS

Die brutalsten Hools kommen aus Jugoslawien. Dieser Krieg war eigentlich nur ein Fußballspiel, das etwas aus dem Ruder lief.

Sogar in der Schweiz gibt es Hooligans. Die kommen aber immer zu spät zum Spiel.

In Schottland gibt es eigentlich keine Hooligans. Das heißt es gibt sie schon, aber sie haben eine Spielerlaubnis.

## HUMOR

Ich erzähle gern Insiderwitze - speziell für Leute mit Humor.

Frauen ist sehr wichtig, daß der Mann Humor hat. Tja, das tut mir leid für Klaus Maria Profitlich.

Die meisten Frauen mögen besonders Männer mit Humor. Komisch, den Ausdruck dafür kannte ich noch gar nicht. Ich habe jedenfalls einen RIESENGROSSEN Humor.

Warum sollen Männer Sinn für Humor haben? Damit sie nicht beleidigt sind, wenn sich die Frauen beim Sex kaputtlachen?

Frauen lachen mehr über sich. Das zeugt nicht nur von Humor, sondern auch von Selbstkritik.

## KAFFEEFAHRTEN

Schön, daß ältere Menschen etwas Sinnvolles mit ihrer Zeit anfangen. Irgendwie müssen die ja ihre Rente durchbringen, die meine Generation mühsam eingezahlt hat.

Im Durchschnitt werden pro Kaffeefahrt 90 bis 100 DM ausgegeben. Mein Gott, es stimmt: Die Kaffeepreise steigen!

Für junge Leute gibt's inzwischen Ecstasy-Fahrten.

Diese Fahrten heißen ja deswegen Kaffeefahrten, weil der Fahrer nach 72 Stunden literweise Kaffee braucht, um wachzubleiben.

## KARNEVAL

Rosenmontag: Der Tag, an dem Deutschland seine Humorlosigkeit feiert. Der Tag, an dem sich das ganze Land vor der Weltöffentlichkeit noch mehr blamiert als während des gesamten zweiten Weltkriegs.

Rosenmontag. In einigen rückständigen Regionen, vor allem im Rheinischen, bedeutet das, sich bis zur Kotzgrenze zu besaufen, in Hauseingängen zu kopulieren oder zu urinieren, manchmal beides.

In Bergisch Gladbach war Top-Model Heidi Klum beim Karneval. Obwohl, in dem Kostüm hätte das theoretisch auch Regine Hildebrandt sein können, das hätte keiner gemerkt.

Deutschlands erstes schwules Prinzenpaar schwang in Wittenberg das Zepter. Und das Zepter war sehr geschmackvoll geformt, muß ich sagen. Ich versteh bloß nicht, wozu es vibrieren muß.

Weiberfastnacht: Seit dem 14. Jahrhundert haben die Frauen an diesem Tag das Sagen. Mein Gott, das ist ja finsterstes Mittelalter!

An Fastweibernacht nennen sich die Frauen »Möhnen«. Nein, MÖHNEN! Mösen nennen sie sich nur am Rosenmontag.

In den meisten Städten werden an Weiberfastnacht die Rathäuser von Frauen gestürmt. Es sei denn, die Stadt hat einen weiblichen Bürgermeister, dann übernehmen schwule Männer den Job.

Die Frauen nerven die Männer im Rathaus solange, bis sie den Schlüssel rausrücken. Den Schlüssel zur Damentoilette.

Jedem Mann, der an Weiberfastnacht eine Krawatte trägt, wird diese abgeschnitten. Also, ich frage mich, was das Verfassungsgericht zu solchen Praktiken sagt. Genausogut könnten die Frauen ja bei den Autos der Männer die Windschutzscheiben einschlagen.

Netterweise dürfen die Männer an Weiberfastnacht ja mitfeiern. Das muß auch so sein, weil Frauen gar nicht richtig feiern können. Die können weder im Stehen auf die Salatbar pinkeln noch weiter kotzen als zwei Meter fuffzig.

Im Karneval gab es ja mal einen regelrechten »Busenkrieg«. Mein Gott ja, der Burenkrieg ist vorbei, und irgendwie muß man ja die Zeit totschlagen.
In Düsseldorf gab es einen Streit um den sogenannten »Busenwagen«, einen Karnevalswagen, wo zwei riesengroße weibliche Milchdrüsen dran sind. Ich finde das schrecklich. Das könnte Frauen dazu animieren, Auto zu fahren!

Noch heute werden Tausende von Kindern verhungern. Viele werden umgebracht und sterben an qualvollen Seuchen. Der Wald stirbt, die Massenarbeitslosigkeit wächst. Sehen Sie, dafür gibt es Rosenmontag. Damit wir uns alle erinnern: Es gibt noch was Schlimmeres!

Liebe Kinder, falls Ihr vorhabt, an Rosenmontag bei mir zu klingeln und zu betteln, folgendes: Mein Terminator-Granatenwerfer ist kein Spielzeug.

Gilt eigentlich das Vermummungsverbot auch in Köln? Das könnte am Rosenmontag gewisse Probleme verursachen.

Die Chinesen wollen endlich auch Karneval feiern. Sie sind es satt, daß sie immer alle gleich aussehen.
Sie wollen wissen, ob Karneval wirklich lustiger ist als 'ne Massenexekution. Ich fürchte, sie werden enttäuscht sein.

Köln ist die Hauptstadt des Karnevals! Tut mir leid, liebe Kölner, aber das ist nun mal die furchtbare Wahrheit.

Nina Ruge hat die beste Karnevalsmaske: ihr ungeschminktes Gesicht.

Früher trugen ja auch Männer Strumpfhosen. Heute nur noch zu besonderen Anlässen wie Karneval oder Hochzeitstag.

Jedes Jahr sterben in Deutschland 3000 Menschen an Straßenlärm. Davon allein 2500 in Köln am Rosenmontag.

Die Kölner sind total sauer, weil Düsseldorf als Deutschlands lebenswerteste Stadt ausgezeichnet wurde. Schließlich machen sie in Köln den viel besseren Karneval. Ja, genau das gab ja auch den Ausschlag.

Karnevals-Schminke kann Allergien auslösen. Ich will ja nicht drauf rumreiten, aber ALLES im Karneval kann Allergien auslösen.

### KIRMES

Kirmes finde ich toll, besonders die Autoskooter. Ich finde es gut, wenn Kinder schon frühzeitig lernen, wie man richtig Auto fährt.

Bei einer dieser großen Los-Buden hatte ich einmal »Freie Auswahl«. Ich hab die Verkäuferin genommen.

Ich mag besonders das Kettenkarussell. Da kommt man sich vor wie in einem riesigen Teilchenbeschleuniger.

### MARADONA, DIEGO ARMANDO

Habt ihr übrigens die Bilder von diesem fetten Schwein gesehen? Nein, nicht Kohl, Maradona! Also, zumindest die appetitverderbende Wirkung von Kokain dürfte ein für allemal widerlegt sein.

Diego Armando Maradona soll in Kuba insgeheim am Herzen operiert worden sein. Zum Glück war er dabei so zugedröhnt, daß er es nicht gemerkt hat. Imgrunde war er bei der Operation bei klareren Bewußtsein als sonst.

Maradona will ein Buch schreiben. Super Idee! Das hat auch im Fall Lothar Matthäus eigentlich nur Gutes bewirkt.

Maradona plant, die Anekdoten über seine Zeit als Fußballer im In- und Ausland aufzuschreiben. Zumindest die Anekdoten, an die er sich noch erinnern kann. Das Manuskript umfaßt insgesamt zwölf Zeilen.

Maradona hat in Kuba Fotografen angegriffen. Nicht weil er sich belästigt fühlte, sondern weil man auf den Fotos den albernen Eindruck gewinnen konnte, daß er ca. 150 Kilo zugenommen hat. Dabei sind es in Wahrheit nur 90 Kilo.

Maradona hat tatsächlich Kokain zu sich genommen. Ursprünglich wurde behauptet, Maradona leide an »Fresssucht«. Ja richtig, er frisst halt nur durch die Nase.

In Uruguay, wo Maradona erwischt wurde, ist Drogenkonsum nicht strafbar. Eine geniale Methode, um Prominente ins Land zu locken!

Diego Armando Maradona hat bestritten, Kokain genommen zu haben. Darüberhinaus bestreitet er, jemals Fußball gespielt zu haben, und außerdem sei er in Wirklichkeit nicht Argentinier, sondern ein Schwede namens Gustav.

Maradona hat sich durch exzessiven Kokainkonsum an den Rand des gesundheitlichen Ruins gebracht. Hmmm. Vielleicht sollte die Bundesregierung mal über Warnhinweise auf Kokain-Packungen nachdenken.

Diego Maradona will vom Kokain loskommen. Als ersten symbolischen Akt hat er seine gesamten Vorräte armen Waisenkindern gespendet.

## MATTHÄUS, LOTHAR

Der DFB plant offenbar fest mit Matthäus als künftigen Bundestrainer. Wofür? Für die Behinderten-Olympiade?

Lodda hat fleißig englisch gebüffelt, und inzwischen kennt er die wichtigsten Begriffe und Phrasen im Schlaf:

- Ball - ball
- Fußball - football
- Spielfeld - play ground
- Rasen - racing
- Schiedsrichter - shit justice
- Ich - a lodda maddae-hoos
- Lolita - Maren
- Fans - the people around the play ground who watch and applaud when I have the ball
- Anstoß - On push
- Einwurf - One throw
- Foul - fowl
- Gelbe Karte - Green card
- Freistoß - free push
- Elfmeter - eleven yards
- Toooor! - Doooor!
- Abseits - Downsides
- Eckball - Eggball
- Querpass - Queer pass
- Zweikampf - Two fight
- Viererkette - Fourerchain
- Verlängerung - On-goinging
- Abpfiff - Off-peep
- Sieg - She-g

- Niederlage - Down laying
- Unentschieden - Undevorced
- Mannschaft - maleness
- Torwart - Doorwait
- Stürmer - the before man
- Mittelfeldspieler - the in the middle man
- Verteidiger - the behind man
- Libero - the anywhere man
- Mannschaftskapitän - ruler of mankind
- Auswechselspieler - Out changing player
- Jürgen Klinsmann - Tom Dooley
- Torschütze - Door shootist
- Trainer - Couch
- Der Ball ist rund - The bowl is round
- Der Pokal hat eigene Gesetze - The pocal has own laws in it
- Der Star ist die Mannschaft - The star ist the manhood
- In der zweiten Halbzeit haben wir uns merklich gesteigert - In the twoth halftime we increased us markly
- Es kann doch nicht angehen, daß ein Lothar Matthäus ganz alleine spielt - It can yes not go on that a lodda maddaehoos plays with himself
- So eine Sauerei! - Such one piggery!
- Ich hab ihn kaum berührt! - I never had sex with that man
- Ich war der beste Mann heute - I'm a dumb old motherfucker

Lodda über sein Leben: »Ich würde alles noch mal so machen, wie ich es gemacht habe.« Ach ja? Würdest du auch wieder den entscheidenden Elfmeter im DFB-Pokal vergeigen?

Oliver Bierhoff favorisiert Lothar Matthäus als nächsten Bundestrainer. Ja warum nicht: Lodda kann die Jungs bestimmt motivieren, z.B. so: »Wenn ihr nicht gewinnt, wird ein Loddamaddäus mit jedem einzelnen von euch drei Stunden lang reden!«
Das dürfte reichen.

Der Witz ist ja, daß die New Yorker uns' Lodda geholt haben, um einen besseren Eindruck in der Öffentlichkeit zu machen. Das ist etwa so, als würde man Jürgen Drews zum Frauenbeauftragten ernennen.

Loddamaddäus ist in Österreich wegen Geschwindigkeitsübertretung angezeigt worden. Die haben aber scharfe Gesetze gegen Turbo-Quasselstrippen. Kein Wunder, daß Arabella Kiesbauer nicht in Österreich arbeitet.
Niemand weiß, warum Lodda es so eilig hatte. Vielleicht hat er geglaubt, er sieht Jürgen Klinsmann über die Straße gehen.

Lothar Matthäus ist auch schon 38. Ich finde, er ist irgendwie jung geblieben. Er redet so geistreich wie ein Dreizehnjähriger.

Lothars Tagebuch fand ich klasse. Endlich mal ein Buch, das wirklich etwas Gutes bewirkt hat.

Lothar Matthäus hat Berti Vogts ja mal Unehrlichkeit und schlechten Stil vorgeworfen. Was ist los, Lothar? Eifersüchtig?

Selbstkritik nach Art von Lothar Matthäus: »Ich hab mich den andern angepaßt.«

Loddamaddäus hat mal zu den Meisterschaftsaussichten des FC Bayern gesagt: »Wir haben noch eine theoretische Möglichkeit.« Naja, eigentlich hat er gesagt: »Wir das heißt die Spieler des FC Bayern München respektive sämtliche Beteiligte des Vereins insbesondere Franz Beckenbauer und natürlich auch ich sind immer noch nicht von der durchaus wahrscheinlichen Möglichkeit abgerückt daß wir unter Einbeziehung der rein rechnerischen Zahlen und der rein körperlichen Fitness insbesondere natürlich bei mir und auch einigen anderen Spielern des FC Bayern München respektive sämtlichen Beteiligten des Vereins insbesondere Franz Beckenbauer und natürlich auch ich, sind.«

Loddamaddäus hat einen neuen WM-Spiele-Rekord aufgestellt. Vorläufig zumindest. Ich freu mich schon auf die WM 2002 und das Comeback von Uwe Seeler.

Übrigens hat sich Loddamaddäus im »Playboy« geäußert, daß er Schwule mag. Das ist der Beweis, daß Klinsi NICHT schwul ist.
Lodda: »Schwule haben nichts Negatives im Sinn, sind immer zuvorkommend, höflich, freundlich.« Und das ist der Beweis, daß LODDA nicht schwul ist.

Ich finde das eigentlich gar nicht so schlecht, daß Lodda in den USA spielt. In den USA, da gibt's die Todesstrafe...

Loddas Vertrag geht über ein Jahr. Ganz schön mutig von den Amis, sich so lange festzulegen.
Zumal man bei dem Mann nie weiß, wann er ins Koma fällt.

Lodda verdient bei den Metro Stars New York rund eine Million Mark. Ein echtes Schnäppchen, dafür könnten sie auch eine Augenbraue von Ronaldo kaufen.

Lodda will natürlich weiterhin Länderspiele bestreiten. Aber was er vor allem bestreitet ist, daß man ein Gehirn braucht, um Fußball zu spielen.

Lodda: »Ich werde meine ganz persönlichen Interessen nicht mehr hinter alles zurückstellen.« Genau. Wenn er während des Spiels aufs Klo gehen will, dann geht er während des Spiels auf's Klo!

Lodda verspricht sich von dem Wechsel in die USA eine spürbare Entlastung. Ja, für UNS ganz sicher.

Lodda sagt, er wolle sich durch den Wechsel »weiterentwickeln«. Ja, vielleicht erreicht er irgendwann das Niveau eines Vierzehnjährigen.

Lodda wurde übrigens wieder zum Fußballer des Jahres gewählt. Er hat als Kapitän schließlich dafür gesorgt, daß Fußballspiele der Nationalelf wenigstens Masochisten wieder Spaß machen.

Lodda bekam bei der Wahl zum Fußballer des Jahres von den deutschen Sportjournalisten 556 Stimmen. Wer hätte gedacht, daß Sportjournalisten soviel Humor haben.
Oder so schwere Alkoholprobleme.

Lodda wurde ja schon 1990 Fußballer des Jahres. Und zwar dafür, daß er Andy Brehme den Elfmeter schießen ließ.

Lothar Matthäus hat Berti Vogts mal als »hinterfotzig« bezeichnet. Das ist bayrisch für »analfixiert«.

Eifersucht ist das Hauptmotiv für Kapitalverbrechen. In Deutschland ist sie das Hauptmotiv von Lothar Matthäus.

Neulich hat mir eine Prostituierte gesagt: »Ich kann weiter dienstlich mit dir verkehren, ich muß dich nicht lieben«. Halt, nein, Moment... das hat Lothar Matthäus mal über Jürgen Klinsmann gesagt!

Viele fragen sich: Wann kommt endlich die »Lothardämmerung«?

## MICHALCZEWSKI, DARIUSZ

Ich fand das toll, wie er Hill verkloppt hat. Ich frage mich nur, was Hill ihm eigentlich getan hat.

Dariusz Michalcjewskis Eheweib hat ihn ja verlassen. Vielleicht hat Dariusz nicht oft genug den Tiger in den Tank gepackt.

Möglicherweise hat ihn seine Frau verlassen, weil er einfach zuviele Tiefschläge eingesteckt hat. Da kann ich die Frau dann aber auch verstehen.

Dariusz Michalczewski hat die Zusammenarbeit mit seinem Manager Klaus-Peter Kohl beendet, zumindest für den Marketing-Bereich. Als erste Konsequenz kommen bald Dariusz-Puppen auf den Markt: Wenn man draufhaut, fängt sie an zu bluten und schreit polnische Flüche.

## MONOPOLY

Bei Monopoly erfährt man soviel, was man im späteren Leben dringend braucht: Miete bezahlen, Schulden und Hypotheken, Gefängnis...

Ich habe immer wahnsinnig gerne Monopoly gespielt. Heute spiele ich mit echtem Geld! Es ist nur schwer, echte Häuser auf das Spielfeld draufzukriegen.

Ich bin irgendwie der Dr. Jürgen Schneider des Monopoly. Ich lande dauernd im Gefängnis.

Spielen Sie mit Ihrem Sohn Monopoly! Vielleicht wird aus ihm dann ein zweiter Nick Leeson!

Monopoly kann die Kinder so gut weiterbringen. Also Jungs. Ihrer Tochter kaufen Sie besser eine Puppenstube oder einen Spielzeugkaufladen, damit sie auf dem Teppich bleibt.

Wirtschaftsmanager spielten schon als kleine Kinder gerne »Monopoly«. Und ihre Lieblingscomics waren die »Peanuts«.

## NATIONALMANNSCHAFT

→ *Ribbeck, Erich*

Laut einer Untersuchung hat Deutschland die am schnellsten alternde Gesellschaft der Welt. Das wundert mich gar nicht. Jeder Deutsche altert um ein Jahr, wenn er sich ein Fußball-Länderspiel ansieht.
Und auch, wenn er mitspielt.

Bierhoff: »Stielike reagiert manchmal patzig.« Wie wärst du denn drauf, wenn jeder deiner Untergebenen 500mal mehr verdient als du?

In der Diskussion um die deutsche Fußball-Nationalelf hat Lothar Matthäus mehr Kommunikation im Team gefordert. Ja, in Zukunft soll jeder sofort ein Buch veröffentlichen, wenn er was zu sagen hat!

Lodda: »Wir müssen mehr sprechen miteinander.« Ja, aber dann korrekt bitte grammatikalisch. Sonst nicht funktioniert das.

Deutsche Politiker haben bei der WM 98 angeregt, Gruppengegner Jugoslawien von der WM auszuschließen von wegen der Kosovo-Krise. Geile Idee, und so selbstlos. Aber reicht denn das? Sollte man nicht auch den Iran ausschließen wegen deren Frauenfeindlichkeit?
Und die USA wegen der Todesstrafe? Und alle anderen, weil sie komisch riechen?

Ich hab mir bei der WM 98 das Spiel gegen Kroatien in einer Kneipe angesehen, und nach dem Schlußpfiff haben die ausländischen Zuschauer Freudentänze aufgeführt. Schon komisch, man ist Zeit seines Lebens aufrechter Demokrat, und urplötzlich fühlt man sich dem Gedankengut der DVU erschreckend nahe...

Bei der Pleite in der WM 98 wissen wir dank Berti Vogts, wer der natürliche Feind des Deutschen ist: DER SCHIEDSRICHTER! Denn...

- Wer hat die deutsche Taktik festgelegt? DER SCHIEDSRICHTER!
- Wer hat seit Jahren immer beschissener gespielt? DER SCHIEDSRICHTER!
- Wer hat einige der besten Spieler zuhause gelassen? DER SCHIEDSRICHTER!
- Wer ist in Polen einmarschiert? DER SCHIEDSRICHTER!
- Wer hat den armen Christian Wörns auf diesen fiesen Kroaten draufgeschubst? DER SCHIEDSRICHTER!
- Wer ist schuld, daß wir rausgeflogen sind? CHRISTIAN WÖRNS! Äh, nein, ich mein natürlich DER SCHIEDSRICHTER!

Loddamaddäus meinte zum Schiedsrichter im Kroatien-Spiel: »In solch einem Spiel jemand pfeifen zu lassen, der in seiner Heimat nur zweitklassigen Fußball pfeift, ist ein harter Hund.« Aber genau. Man sollte grundsätzlich nur deutsche Schiedsrichter einsetzen, weil die anderen Hottentotten bekanntlich keine Ahnung haben!

Nach den deutschen Fan-Ausschreitungen in Frankreich hieß es, man solle die Nationalelf aus dem Turnier zurückziehen. Hätten wir das mal gemacht, dann stünden wir jetzt besser da.
Zumal Vogts für den Fall gleich mit Rücktritt gedroht hatte.

Ich hab mir ein Nationalmannschaftstrikot mit dem Namen »Jörg Heinrich« gekauft. Was heißt gekauft, der Ladenbesitzer hat mir das Ding halt mit in die Tüte gestopft.
Ich wollte das Ding dann einem Penner schenken, aber der hat mich nur verächtlich ausgelacht.

Das Aussöhnungsabkommen zwischen Deutschland und Tschechien war eigentlich nur möglich, weil die Deutschen Tschechiens Final-Niederlage ’96 als Entschuldigung akzeptiert hatten.

Fanartikel der deutschen Fußballnationalmannschaft boomen wie nie zu vor. Besonders beliebt das Fußspray mit dem echten »Ziege-Duft«.

Es gibt sogar schon Strampelanzüge mit DFB-Logo. Die werden gebraucht für die »U 1 – Nationalmannschaft«.

Der DAG schlug mal vor, den Fußballbundestrainer demnächst vom Volk wählen zu lassen. Jetzt wissen unsere lieben Ostdeutschen endlich, wofür sie auf die Straße gegangen sind.

Ich stelle mich zur Wahl als Bundestrainer. Ich habe keine Ahnung von Fußball, bin unglaublich rechthaberisch und rede oft sehr viel Mist. Ich bin also genauso qualifiziert wie Kalli Feldkamp.

Stefan Kuntz ist ja freiwillig aus der Nationalelf zurückgetreten. Oh ja, klar. Und Wolfgang Lippert hatte einfach keine Lust mehr, »Wetten, daß...« zu moderieren.

## OLYMPIA

Das Olympische Komitee hat die Forderung der Amerikaner abgelehnt, Amoklauf als Disziplin zuzulassen, mit der Begründung, daß bei dieser Disziplin andere Nationen keine Chancen hätten.

In Teheran finden »Olympische Spiele für muslimische Frauen« statt. Die Fackelträgerin entzündet bei der Eröffnung feierlich eine Bibel.
Die Sportlerinnen müssen lange Röcke und Kopfbedeckungen tragen. Und statt Weitspringen gibt's nur Sackhüpfen.

Ein britischer Journalist bezeichnet den IOC als »Kopie der Franco-Diktatur«. Ein Mann an der Spitze mit uneingeschränkter Machtfülle, der alles kontrolliert. Ich bin ja schon dankbar, daß er es nicht »Kohl-Diktatur« nennt.

Die ARD verzichtet ja komplett auf Fußballberichterstattung. Die zeigen mehr Leichtathletik, also all das, was bei den Olympischen Spielen jeden, danach niemanden interessiert.

Jetzt weiß ich, warum die Olympiade vier Jahre dauert. Solange braucht man, um sich vom stundenlangen Zuschauen beim Bodenturnen zu erholen.

IOC-Präsident Samaranch hat den NRW-Landtag zur Kandidatur für Olympia 2008 ermuntert, wenn die Spiele in der Bevölkerung akzeptiert werden. Die Sportler werden nicht gefragt.

Das Ruhrgebiet wollte sich ja auch für Olympia 2000 bewerben, hat das aber zugunsten von Berlin zurückgezogen. Leider tut Berlin nicht dasselbe beim Hauptstadt-Status.

Warum will das Ruhrgebiet unbedingt Olympia austragen? Das Ruhrgebiet ist ja Deutschlands Fußballregion Nr.1. Warum sich das versauen mit Dressurreiten und Marathon-Gehen?

Juan Antonio Samaranch wird das IOC ins nächste Jahrtausend führen. Wozu neue Reifen kaufen, bloß weil sie platt sind und ohne Profil?

Die Speerwerfer wurden dieses Jahr angewiesen, nicht wieder ins Publikum zu zielen.

## PHOTOGRAPHIE

Die Photokina in Köln ist die weltweit größte Foto- und Videomesse. Dicht gefolgt vom O.J.-Simpson-Prozeß.

Es gibt digitale Kameras, die keinen Film mehr brauchen. Bald gibt es sogar digitale Kinos, die keine Filme mehr brauchen.

Auf die Dauer sind digitale Kameras billiger, weil Sie keine Filme kaufen müssen. Spätestens nach dreißig Jahren Mallorca-Urlaub hat sich das Ding amortisiert.

## RADSPORT

→ *Doping;* → *Ullrich, Jan*

Nach dem Triumph von Jan Ullrich bei der Tour de France habe ich mir vorgenommen, mehr Rad zu fahren. Das Problem ist nur: Für mein Fahrrad gibt es keine passenden Stützräder.

Das Team der Deutschen Telekom ist siegreich wie noch nie. Auf dem Rücken des Trikots des Spitzenreiters steht: »Kein Anschluß hinter dieser Nummer«.

Ich finde Radler doof. Es sei denn, man kann ihn trinken.

Es wäre schön, wenn die Telekom-Verbindungen auch nur annähernd so schnell wären wie Jan Ullrich.

Jan Ullrich wird ja als neuer Boris Becker gefeiert. Ist schon erstaunlich, wieviele Sportreporter Radfahren nicht von Tennisspielen unterscheiden können.

## RIBBECK, ERICH

Vor allem ist »Sir« Erich ja wunderschön! Eine Augenweide! Ein unvergesslicher optischer Gaumenschmaus!
Andererseits, so gesehen könnte auch Claudia Schiffer das Training leiten.

Ribbeck setzt sich gegen Kritik öffentlich zur Wehr. Er sagt: »Beim Fußball muß man nur zwei Dinge wissen: Der Ball ist dreieckig und das Spiel dauert acht Stunden.«

Ribbeck: »Ich werde derzeit als Flasche dargestellt, die nicht weiß, was sie will.« In Wirklichkeit ist er eine Flasche, die genau weiß was sie will: Solang wie möglich ihren Job behalten und im Fernsehen gut aussehen.

Bierhoff: »Erich Ribbeck ist jemand, der viel durchgehen lässt und der viel Verständnis hat.« Na ja, womit soll der denn auch drohen, mit seiner Kündigung? Ich lach mir ja 'n Tannenbaum.

Effe meint, beim FC Bayern hätten die Nationalspieler Spaß, »ich glaube, in der Nationalelf ist es nicht so.« Au contraire, ich glaube, Erich Ribbeck bei Taktikbesprechungen zuzuhören, ist ein unbezahlbarer Spaß.

Jupp Heynckes sagt, er will nicht Coach der deutschen Fußball-Nationalelf werden. Ja, wieso denn auch? Erich Ribbeck wird uns zum Europameister-Titel führen, das ist doch völlig klar...

Oskar Lafontaine beklagt sich, er sei der »Buhmann der Nation«. Keine Sorge, Oskar. Noch ein halbes Jahr, dann heißt der Buhmann der Nation Erich Ribbeck!
Hoffentlich schreibt der nicht auch noch ein Buch.

Ich bin ja ein Riesenfan von Erich Ribbeck! Der hat die deutsche Nationalmannschaft wieder dazu gemacht, was sie immer war: Ein Haufen mäßig talentierter Langweiler, die mit mehr Glück als Verstand von Sieg zu Sieg stolpern.

## ROCCHIGIANI, »ROCKY«

Ganz übel verhauen hat den dieser Michaldingenskirchen. Und keiner hat eingegriffen, im Gegenteil, die haben zugeschaut und auch noch applaudiert!
Aber wehe, wenn wir uns revanchieren und Polen überfallen, dann ist garantiert wieder ein Riesenaufstand!

Nach dem ersten Kampf gegen den Tiger ging Rocky vor ein Zivilgericht. Von solchen Dingen war in den Rocky-Filmen irgendwie nie die Rede.

Erinnern Sie sich noch an den ersten Kampf Rocchigiani gegen Michalcjewski? Das Unentschieden wurde noch in eine Niederlage umgewandelt. Zu dumm. Rocky hätte offiziell verlieren müssen, dann wäre ihm jetzt wahrscheinlich der Sieg zugesprochen worden.
Oder wie läuft das beim Boxen? Ich steig da nicht durch.

Rocky Rocchigiani war im Kampf gegen Dariusz Michalczewski angeblich gedopt. Ich war gleich mißtrauisch geworden, als er aus dem Stand über Michalczewski drübergesprungen ist.

Damals wurden Spuren eines Aufputschmittels in Rockys Pisse gefunden. Rocky sagt, daß er das Zeug dringend braucht, um bei diesen langweiligen Boxkämpfen wach zu bleiben.

## SAUNA

Vielleicht fragen Sie sich, was mit den Hektolitern an Schweiß passiert, der in Saunen ausgeschwitzt wird. Nun, wenn Sie Valensina mögen, fragen Sie nicht.

Ich gehe gerne in die Sauna, am Familientag. Sicher, die Brüste, die da rumhängen, sind nicht immer schön, aber dafür ist es billiger als das Pornokino.

Ich habe neulich in der Sauna einem geradezu psychedelisch fetten Mann das Handtuch weggezogen. Nur um festzustellen: Das war gar kein Mann.

Ich gehe nicht gerne in Saunen. Ich habe Angst, daß nach einer Stunde nichts mehr von mir übrig ist.

Nirgendwo ist ja die Homophobie größer als in Saunen. Und nirgendwo gibt es geringeren Anlaß dafür.

Wenn man mit jemandem in eine Sauna geht, wie nennt man diesen Partner dann? Den Ko-Schwitz?

## SCHULZ, AXEL

Schulz hat ja andauernd den Titel verpaßt. Naja, die anderen versuchen's halt immer mit Gewalt.

Bei der Bambi-Verleihung letztes Jahr feierte das Publikum besonders stark Max Schmeling. Hey, vielleicht macht er ja ein Comeback. Spätestens seit dem Achsel-Schulz wissen wir ja: Es kommt nicht auf die Fitness an, sondern auf die Beliebtheit!

Ich bin froh, daß Axel selten gegen farbige Boxer gekämpft hat. Das wäre ja furchtbar: Da verprügelt ein Skinhead einen Schwarzen, und über 7 Millionen Deutsche schauen einfach nur zu und applaudieren!

Viele Menschen wollten Axel Schulz kämpfen sehen. Dafür mußten sie aber immer sehr früh einschalten.

Axel Schulz bekam auch für seine Niederlagen immer viel Geld. Naja, das braucht er auch für die Arztkosten.

## SCHUMACHER, MICHAEL

Schumi sagt von sich, er sei beim Fahren sehr sicherheitsbewußt. Allerdings nur in bezug auf sich selbst.

Michael Schumacher hat es gestern mal wieder allen gezeigt: Kein Rennfahrer versteht es so elegant, die Motoren seiner Gegner ausfallen zu lassen, wie unser Schumi!

Michael Schumacher hat gesagt, er bereue keinen einzigen Tag, den er im Ferrari-Team verbracht habe. Echt? Also, ich kann ihm gerne nochmal die Beine brechen, wenn ihm das so viel Spaß macht.

Mercedes-Sportchef Norbert Haug hat dementiert, Michael Schumacher für seine Verpflichtung 1,5 Mrd Mark geboten zu haben. Ist ja auch Blödsinn, da müßte Schumi ja mindestens zehn Mützen gleichzeitig tragen.

Viele »Zeitungen« mutmaßen, daß Michael Schumacher beim WM-Finale in Suzuka Mika Häkkinen absichtlich vorbeigelassen hat. Weil, es ist ja absolut UNVORSTELLBAR, daß ein perfekter Übermensch wie Schumi einen Fehler macht. Das MUSS Absicht gewesen sein! Wahrscheinlich wird der mit voller Absicht seit Jahren nicht mehr Weltmeister. Nur um uns alle zu verarschen.

In Erinnerung an das letzte WM-Finale in Suzuka: Wirklich, Schumi... An der Ampel so schnell wie möglich wegkommen. Wenn es etwas gibt, woraus die Deutschen wirklich einen Nationalsport gemacht haben, dann doch wohl das.

Schumi hat eingeräumt, nach seinem Unfall sogar daran gedacht zu haben, seine Karriere zu beenden. Er hat es sich erst anders überlegt, nachdem RTL sein Haus mit Blendgranaten bombardiert hatte.

Michael Schumacher hat mal an einer Audienz beim Papst teilgenommen. Schumi hat sich sehr geärgert, daß der Papst nicht vor ihm niederknien wollte.

Schumi sagt, beim Autorennen sei Ankommen das allerwichtigste. Fast noch wichtiger ist nur das Starten.

Schumi glaubt, daß sein neues Auto von Anfang an konkurrenzfähig ist. Auf keinem Auto steht mehr Werbung drauf!

Schumi hat eingeräumt, in seinem Vertrag eine Ausstiegsklausel zu haben. Offiziell wird es bezeichnet als »Mutterschaftsurlaub«.

Michael Schumacher hat sich für die 0,0-Promille-Grenze ausgesprochen. Er sagt: »Man braucht doch keinen Alkohol, um Unfälle zu bauen.«

Schumi: »Ich sehe keinen Grund, warum jemand Alkohol trinken sollte, wenn er am Steuer sitzt.« Aber offenbar sieht er eine Menge Gründe, warum man sich nach dem Fahren gegenseitig Alkohol ins Gesicht schütten sollte.

Schumi spricht sich für »variable Geschwindigkeitslimits auf Autobahnen« aus. Speziell für Finnen, die Mercedes fahren.

Schumi hat sich letztes Jahr ein Bein gebrochen. Na und? Ich hab mir auch mal das Bein gebrochen, das ist kein Beinbruch...
Wobei, na gut, technisch gesehen schon, klar. Aber Sie wissen schon, wie ich das meine.

Der Ferrari-Boss sagte mal: »Irvine hat viele Eigenschaften nicht, die Schumacher hat.« Ja, sogar schätzungsweise 500 Millionen Eigenschaften, und zwar in D-Mark.

Michael Schumacher hat mit 30 das Durchschnittsalter von Rennfahrern erreicht. Von jetzt an zahlt die Versicherung drauf.

In Kerpen gibt es ein Schumi-Museum, in dem Artefakte ausgestellt werden aus der Zeit, wo Michael Schumacher noch gewonnen hat.

Michael Schumacher will sogar nach Ablauf seines Vertrages weiter mit Ferrari zusammenarbeiten. Die Mechaniker dürfen dann seinen Mercedes polieren.

Zuerst sah es mit Schumis Ferrari nicht gut aus, aber jetzt haben sie es geschafft: Sämtliche Reklamezüge haben draufgepaßt!

Das Abgefahrenste an Schumis Ferrari sind die Reifen.

Michael Schumacher nennen wir »Schumi«, aber wie nennen wir Ralf Schumacher? »Schumilein«?

### SCHWIMMBAD

Im Freibad hängen ja immer diese Tafeln mit der Außen- und der Wassertemperatur. Die kontrolliere ich oft. Wenn das Wasser wärmer ist als die Luft, sind zu viele Kleinkinder im Becken.

Ich muß mir eine Badehose kaufen, die mir diese aufdringlichen Frauen im Freibad nicht gleich runterreißen können.

Wenn Sie im Schwimmbad einen älteren Herrn mit zu kurzer Badehose und einem müden Gesichtsausdruck sehen, machen Sie sich keine Gedanken, das ist bloß David Hasselhoff.

Die Firma Shell hat angekündigt, nach den Erfahrungen mit Greenpeace verstärkt an die Öffentlichkeit zu gehen. Das heißt, von nun an werden Bohrinseln in öffentlichen Schwimmbädern entsorgt.

Am schönsten sind Freibäder. Ich liebe das ja: Hunderte von Menschen, die verschwitzt hereinkommen, sich mit Sonnenöl einreiben, mit Pommes-Mayo vollschmieren und dann alle zusammen ins selbe Wasser springen. Jetzt weiß ich, wie sich die Fritten bei McDonald's fühlen.

Ich habe als Kind im Freibad immer viel Pommes gefressen. Im Bedarfsfall konnte man damit das Wasser aufheizen.

### SCHWIMMSPORT

Franzi van Almsick ist froh, nicht mehr für Milka werben zu müssen. Jetzt muß sie nicht mehr jedesmal ins Aufnahmestudio rennen, wenn sie Schokolade essen will.

Sandra Völker hat bessere Verträge, sieht besser aus und hat vor allem nicht den Charme einer Nagelbürste mit Berliner Dialekt.

Sandra Völker wirbt für Jean Pascale. Sie tut sich noch etwas schwer, in dem Parfüm zu schwimmen.

### SEELER, UWE

Alle nennen ihn ja nur »Uns' Uwe«. Also diejenigen, die noch nie eine Schule von innen gesehen haben.

Uwe Seeler hat ja damals ein Millionenangebot von Inter Mailand abgelehnt. Und jetzt muß er Werbung machen für die Telekom.

Er ist ja Ehrenspielführer der Nationalmannschaft. Was ist denn ein Ehrenspiel? Warum spielt er denn nicht mehr Fußball?

Uwe Seeler war von klein auf mein Idol. Aber mit 13 Jahren war ich plötzlich

größer als er.
Allerdings immer noch halb so schwer.

Uwe Seeler macht ja Werbung für die Telekom, genau wie Manfred Krug. Nehmen die eigentlich nur dicke, sechzigjährige Glatzköpfe?

Ich wundere mich. Der Seeler verdient jetzt so viel Geld, und hat nicht mal die Knete, um sich eine halbwegs akzeptable Brille zuzulegen?

Uwe Seeler war gar nicht schuld an all dem finanziellen Wirrwarr beim HSV. Auch nicht an den Kosten. Seine Frau hat's verglichen!

## SILVESTER

Jedes Jahr werden für 150 Mio DM Feuerwerkskörper sinnvoll eingesetzt, um den Weltfrieden zu bewahren. Und danach demonstrieren alle wieder gegen den Sozialabbau.

Mein Silvester-Vorsatz lautet: Ich laß mir keinen Sylvester-Stallone-Film mehr vorsetzen.

Ich habe mir zum neuen Jahr vorgenommen, mehr für meine Kinder da zu sein. Für die Kinder, die ich noch machen will.

Mein Silvester-Vorsatz ist: Ich höre mit Zigaretten auf. Stattdessen ziehe ich nach Schleswig-Holstein, in die Nähe einer Apotheke.

Zu Silvester wird auch eine Ariane-Rakete gestartet. Eigentlich nur, um sie zu sprengen.

In Paris sind Knallkörper verboten. Die Terroristen sind sehr enttäuscht.

Die Deutsche Welthungerhilfe hat zum Jahreswechsel zur Aktion »Brot statt Böller« aufgerufen. Stimmt: Brot schmeckt viel besser.

## SKAT

Ich kann es nicht ausstehen, wenn Leute beim Skat kiebitzen. Schon allein der Ausdruck »kiebitzen«. Wie wär's mit »singvögeln«?

In der Skat-Akademie gibt es Kompaktkurse: sieben Tage, sieben Stunden täglich. Danach ist man geheilt und spielt nie wieder.

Natürlich gibt es Pausen beim Skat, damit die Leute sich »geistig erholen können«. In den Pausen sieht man sich dann »Gute Zeiten, schlechte Zeiten« an.

## SKIFAHREN

Mein Lieblings-Ski ist Teresa Orlowski.

Frauen verletzen sich beim Skifahren 2½ mal öfter als Männer. Dafür verletzen sich mehr Männer beim Après-Ski, wenn sie besoffen vom Barhocker runterfallen.
Frauen verletzen sich allerdings fast nie beim Skispringen. Die V-Beinstellung ist für die meisten Frauen ja wohlvertraut.

Falco hatte seinen Namen ja von dem DDR-Skispringer Falco Weißpflog. Vielleicht kommt bald sein Nachfolger mit dem Namen »Jens«, allerdings mit sächsischem Akzent.

Langlauf finde ich toll. Es gibt nichts, was die Bereitschaft der Menschen besser dokumentiert, zu jedem Schwachsinn Ja zu sagen.

Ich wollte früher auch mal Skiläufer werden. Aber ich war nicht gut im Wedeln, höchstens mal einen von der Palme.

Ich hab mir gerade neue Skier gekauft. Die alten waren auf meinem Dachträger schon zu verrostet.

Schauen Sie sich auch die Vierschanzentournee an? Ich nicht, mir reicht ein Michael Schanze.

Dieter Thoma flog allen davon, die Konkurrenten sahen nur noch seine Rückseite. Sozusagen Dieter Thomas Heck.

Ich habe eine gute und eine schlechte Nachricht. Erstens: Beim letzten Super-G ist niemand gestorben. Und jetzt kommt die gute Nachricht...

Die Frauen Italiens beten Alberto Tomba an. Allerdings beten die auch den Papst an, also was beweist das?

Seit 70 Jahren wird Skisport als Wettbewerb betrieben. Davor hat es manchen Leuten sogar Spaß gemacht!

Früher gab es beim Slalom noch nicht diese Torstangen. Da standen immer Paare von Gastarbeitern auf der Piste rum.

Die ideale Abfahrthaltung nennt sich das »Ei«. Damit dokumentiert man, wie verdammt eng diese Skianzüge sind.

Früher bin ich gern Ski gefahren. Aber ich kam mir irgendwann komisch vor, weil ich doppelt so groß war wie alle anderen auf dem Idiotenhügel.

Ich nehme meine Skier schon gar nicht mehr mit. Ich laß mir von einem Kerl namens Heinz das Bein brechen und setzt mich dann mit Gips in die Après-Ski-Lounge, um Weiber aufzureißen.

Ich liebe Skifahren, so wie jeder auch: Gemütlich im Fernsehsessel zusehen, wie andere sich die Beine brechen. Und dann ruf ich immer »Scheiße, der arme Kerl, wie furchtbar!«

Skifahren ist für Jugendliche eine gute Vorbereitung aufs Berufsleben. Mit so einem Skistock kann man später gut den Müll im Stadtpark aufheben.

In Deutschland werden immer mehr Skimützen gekauft. Die meisten allerdings nur für Tankstellenüberfälle.

Skibrillen sind sehr nützlich. Die beschlagen leicht, man sieht nichts mehr, und dann wird das Ganze gleich viel spannender!

## SNOWBOARD

Der Snowboarder Ross Rabagliati ist in Nagano überführt worden, Marihuana geraucht zu haben. Die Japaner waren total beleidigt. Niemand will ihr Opium haben.

Der disqualifizierte Olympiasieger Rabagliati sagt, daß bei Snowboardern viel gekifft wird. So wurde das Snowboarden ja überhaupt erfunden.

Snowboarder nehmen natürlich Marihuana und kein Kokain. Weil, »Schnee« gibt's da ja genug.

Ein Snowboarder hat auf die Teilnahme an den Olympischen Spielen verzichtet, nachdem er das IOC als »einen selbstgefälligen und geheimnistuerischen Verein, der auf organisiertes Verbrechen aus ist«, bezeichnet hat. Dasselbe sage ich immer über RTL.

Ich hab mir das Snowboarding gern angesehen. Nichts macht mehr Laune als den Leuten zuzusehen, wie sie permanent auf die Fresse fliegen.

Aber das Schönste an dem Sport ist natürlich das »Après-Snowboard«.

»Snowboarding« ist der neue Trendsport. Und »Kreuzbandriß« ist der neue Trend-Sportunfall.

Total abgefahren ist natürlich der allerneueste Trend: Inline-Snowboarding. Eine Art Riesen-Schlittschuh.

## SPIELZEUG

*→ Monopoly; → Skat*

Kein Volk spielt so viel wie die Deutschen. Am liebsten spielen wir Krieg.

Die guten alten Legosteine sind in Großbritannien zum Spielzeug des Jahrhunderts gewählt worden. Ja, ich fand Lego auch toll. Ich hab mir daraus meine erste Freundin gebaut.

Eine deutsche Firma hat das »Antigotchi« herausgebracht, den inoffiziellen Nachfolger des Tamagotchi. Das Antigotchi raucht, trinkt und uriniert regelmäßig auf den Schreibtisch.
Das Antigotchi ist grün, hässlich und hat eine Eierschale auf dem Kopf. Abgesehen von der Eierschale klingt das wie Joschka Fischer.

Viele der Figuren im neuen Star-Wars-Film scheinen nur zu existieren, um später als Spielzeugpuppe verkauft werden zu können. Also so wie Pamela Anderson.

Ich hab ja früher wahnsinnig gerne mit »Fabuland« gespielt, mit diesen kleinen Tierfiguren. Ich hab so getan, als wäre ich ein Folterknecht und hab sie in der Mikrowelle geschmolzen. Deshalb bin ich heute vielleicht emotional verkrüppelt, aber ich bin stark.

Schon seltsam: Baseballschläger gelten als eine Waffe für echt harte Burschen. Und wo kauft man sie? Bei Toys 'R Us!

Die Deutschen sind Weltmeister im Spielen. Nur nicht im Gewinnen.

Bauklötzchen sind wieder sehr beliebt. Allerdings nennt man das jetzt »dreidimensionale Puzzles«.

Hier die Hitliste der beliebtesten Spiele der Deutschen:

1. Radfahrerscheuchen
2. Lotto
3. Toto
4. Rennquintett
5. Strip-Skat

Was ein Kind spielt, hat wesentlichen Einfluß auf seine spätere Berufswahl. Ich z.B. habe als Kind gerne Schmetterlingen die Beine ausgerissen.

Elektronische Dart-Geräte sind offenbar der derzeitige Trend in sinnloser Geldverschwendung. Eine Woche benutzt man's, danach ist es ein hübscher Wandschmuck fürs Gästeklo.

Flipper sind ziemlich aus der Mode. Kein Wunder, daß die Delphine aussterben.

## SPORT

*→ Bobfahren; → Bodybuilding; → Bowling; → Boxen; → Eiskunstlauf; → Extremsport; → Formel 1; → Fußball; → Golf; → Olympia; → Radsport; → Skifahren; → Snowboard; → Sport-*

*ministerium; → Squash; → Surfen; → Tennis; → Triathlon*

47 Prozent der Männer halten sich regelmäßig körperlich fit. Das tun nur 42 Prozent der Frauen. Das sieht man besonders bei den Grünen, speziell bei Joschka Fischer und Andrea Fischer.

Laut einer australischen Studie sehen sportlich aktive Frauen stets 15 Jahre jünger aus. Toll, wenn Uschi Glas mal ein bißchen Sport treibt, sieht sie vielleicht bald nur noch aus wie 75.

Die Jagd nach einem neuen Rekord ist wie die Jagd nach einem Orgasmus. Man verfehlt ihn stets um eine Hundertstel Sekunde.

Sportler sind sehr gut im Bett, allerdings verletzen sie sich oft.

70% der Deutschen treiben Sport. 30% genießen derweil ihr Leben.

Der beliebteste Sport der Deutschen ist »Stemmen«. Hauptsächlich Bierkrüge und Prostituierte. Meistens gleichzeitig.

Auch viele Rentner treiben Sport. Beispiel-Disziplinen:

- »Aus dem Bett aufstehen«
- »Fensterglotzen-Marathon«
- »Noch älter werden«
- »Warten beim Arzt«
- »Sterben im Bett«

Ich erfinde gerade einen neuen Trendsport: Jedem Trend widerstehen! Es gibt keine größere Herausforderung.

Beim Sport ist oft der Erwartungsdruck zu groß. Das ist, als würden dir Millionen dabei zuschauen, wie du versuchst, deine Frau zu befriedigen.
Fragt mal Michael Jackson, wie das ist.

## SPORTMINISTERIUM

Es soll bald ein Sportministerium geben. Und das ist nur der Anfang: Bald gibt es auch ein Bier-Ministerium und ein Nutten-Ministerium.

Franz Beckenbauer hat ja mal Boris Becker als Sportminister vorgeschlagen, aber NEIIIIIIN! Wir wollen doch dich, Franz! Nur dich! Bittebitte... Na, wolltest du das hören?

Franz Beckenbauer ist heißester Kandidat für das Sportministerium. Nicht weil er am qualifiziertesten ist, sondern weil er vor der Kamera den größten Blödsinn erzählt, ohne rot zu werden.

Beckenbauer freut sich schon auf seinen Job als Sportminister, dann kann er sogar die Trainer von anderen Vereinen rausschmeißen.

Wieso werden als Kandidaten für den Ministerposten eigentlich nur Leute genannt, die tatsächlich was von der Sache verstehen? Das sind ja ganz neue Methoden!

## SQUASH

Sie kennen doch Squash? Bei diesem hübschen Sport muß man versuchen, dem Gegner einen Ball vor den Kopf zu hauen, ohne daß es nach Absicht aussieht.

Squash-Center sind in der Krise. Das kommt daher, weil sie nur in Krisengebieten stehen.

Diese Squash-Center sind doch reine Umschlagplätze für Bälle.

Ich kriege beim Squash ständig den Ball vor die Birne. Der Sport wird jetzt auch als Alternative zum Wehrdienst in Erwägung gezogen.

Jedes zweite Squash-Center kämpft ums Überleben. Das tun die Spieler dort auch, wenn sie die Umkleidekabinen betreten.

## SURFEN

Ich fand Surfen noch nie besonders gut. Ich hatte dabei ständig ein Brett vorm Kopf.

Die neuen Rettungsboote der »Estonia 2« sind Surfbretter.

Surfer sind sehr gut auf dem Brett. Dafür sind sie scheiße im Bett.

## TANZEN

Ich tanze eigentlich ganz gut, bis auf eine Sache: Ich trete mir ständig auf die Füße.

Die Kids fangen immer früher mit dem Tanzunterricht an. Tja, so ist das heutzutage. Zu meiner Zeit hat man gewartet, bis man verheiratet war.

Jungs wollen tanzen können wie Michael Jackson. Und Jackson will mit Jungs tanzen können.

Jungs wollen tanzen können wie DJ Bobo. Nicht einfach, der hat Jahre gebraucht, um das Tanzen zu verlernen.

Jungs wollen tanzen können wie die Backstreet Boys. Allerdings wollen sie nicht so SINGEN.

Auch der neue Schlager-Trend findet sich im Tanzunterricht wieder. Im Wesentlichen lernt man dabei, elegant eine Showtreppe hinabzusteigen.

Techno ist angeblich total out. Die jungen Leute haben gemerkt, daß man viel leichter Kopfschmerzen kriegt, wenn man einfach immer wieder gegen einen Betonpfeiler rennt.

Ich habe immer gedacht, ich hätte zwei linke Füße. Dann fand ich heraus: Ich trug nur zwei linke Schuhe.

Tanzen ist ein Reflex, etwa so wie der Würgereflex. Der einzige Unterschied: Man kotzt erst hinterher.

Tanzen ist der einzige Sport, den man auch als Vorspiel verwenden kann.

Saturday Night Fever ist wieder Vorbild für Discos. Scheiße, da macht dieser Travolta drei erfolgreiche Filme, und schon erheben die Siebziger wieder ihr häßliches Haupt!

Die Tanzschulen verzeichnen wieder Zuwächse. Mit irgendwas müssen die Schulschwänzer ja ihre Zeit rumkriegen.

Ein besonders beliebter Tanz wird neuerdings im Zoo getanzt: Der »Mit dem Wolf«-Tanz.

Der neue Tanztrend heißt vor allem: Weg mit den Einzeltänzen. Der neue Disco-Tanz heißt Sirtaki!

## TENNIS

→ *Becker, Boris;* → *Graf, Steffi;* → *Graf, Vadda*

Tennis ist ja ein Ausdauersport. Die Zuschauer brauchen sehr viel Geduld, bis mal ein guter Ballwechsel kommt.

Nicolas Kiefer hat erklärt, er habe null Bock, für den Daviscup zu spielen. Einfach so. Oskar Lafontaine hat wirklich Dämme gebrochen. Demnächst sagt der

Papst: Ach Gott, ich hab diesen Kirchenkram satt, ich heirate Claudia Schiffer und zieh nach Teneriffa.

Daviscup-Kapitän Carl-Uwe Steeb ist inzwischen auch Teamchef. Super, das langweilige Mittelmaß hat sich wieder mal durchgeboxt. It's the german way!

Sehen Sie sich auch so gern die French Open an? Ja, wirklich? Dann lassen Sie sich behandeln.

Vertreter europäischer Tennisverbände haben sich am Rande der French Open getroffen und erarbeiten einen Katalog von Maßnahmen gegen zunehmende Langeweile beim Tennis. Der Maßnahmen-Katalog enthält folgende Punkte:

1. Weibliche Spieler dürfen keine BHs mehr tragen.
2. Anstelle des Tie-Breaks folgt ein Elfmeterschießen.
3. Statt Filzbälle verwendet man Handgranaten.
4. Weibliche Spieler dürfen keine Slips mehr tragen.
5. Bernd Karbacher wird gehängt.
6. Verliert ein Spieler einen Satz, muß er eine Runde »Russisches Roulette« spielen.
7. Weibliche Spieler dürfen keine Kleidung mehr tragen.
8. Fans, die hinter den Spielern sitzen, werden mit Messern ausgerüstet.
10. Punkt 9 entfällt.

Allenthalben wird beim Tennis ein Mangel an »Typen« beklagt. Also ich finde, es gibt genug Typen, zumindest beim Damentennis.

Jetzt soll der »Benimm-Katalog gelockert werden, um der Persönlichkeit auch auf dem Platz Entfaltungsmöglichkeiten zu geben«. Super, endlich dürfen die Spieler wieder den Balljungen beim Aufschlag ins Gesicht furzen.

Die Spieler dürfen sich auf dem Platz wieder mehr daneben benehmen. Vielleicht wechselt Mario Basler ja zum Tennis.

Die Einschaltquoten bei Tennisübertragungen werden immer geringer. Tja, im Tennis gibt es halt keine Publikumsmagneten wie Berti Vogts oder Christian Wörns!

Auch das Image des deutschen Tennis ist nicht mehr das beste. Stimmt schon, aber auch die Weltmeisterschaft im Mensch-ärgere-dich-nicht erzielt nicht mehr soviel Resonanz wie zu ihren Glanzzeiten.

Das DTB-Team besteht ja inzwischen nur noch aus nichtskönnenden Lahmarschlöchern... sollte jetzt keine Beleidigung sein.

Richard Krajicek hat als erster Holländer Wimbledon gewonnen. Er hat bewiesen, daß die Begriffe »Holland« und »sportlicher Erfolg« durchaus nicht völlig unvereinbar sind.

Gabriela Sabatini feierte ihren größten Triumph beim Finale der US OPEN 1990 über Steffi Graf. Das heißt, mit 20 war sie auf dem Höhepunkt ihrer Leistung. Viele Männer kennen das.

Gabriela Sabatini sah immer total geil aus. Nur wegen ihr wurde die Bodenkamera erfunden.

Antrittsgelder sind für weibliche Spieler im Prinzip nicht erlaubt. Noch nicht mal Abtrittsgelder.
Beim Herrentennis sind Antrittsgelder

ja erlaubt. Schon komisch, eigentlich werden doch meistens nur Frauen prostituiert.

Aranxa Sanchez-Vicario hat ja immer so einen Bunny-Ball hinten dran. Das Ding ist eine Demütigung für sie und den Zuschauer.

## TRAINER

*→ Ribbeck, Erich; → Vogts, Berti*

Wie heißt der größte Volkssport in Deutschland nach Fußball? Richtig: »Jörg Berger feuern«.

Jupp Derwall, Ex-DFB-Nationalträne, fordert, daß Stefan Effenberg für die Bundesliga gesperrt wird, weil er nicht in der Nationalelf spielen will. Sehr gut! Findischrischtisch. Und wenn Götz George nicht bei »Gute Zeiten schlechte Zeiten« mitspielen will, dann kriegt er in Deutschland nie wieder einen Filmvertrag!

Es gibt einen DFB-Lehrgang für Ex-Profis, die Trainer werden wollen. Verdiente Spieler müssen nämlich keinen vollständigen Lehrgang absolvieren. Find ich geilo. Ich war übrigens 11 Jahre lang auf dem Gymnasium - kann ich jetzt mal eben schnell Lehrer werden?

Werner Lorant hat ja mal »gedroht«, den Trainerberuf doch an den Nagel zu hängen. Der eiert ja schlimmer rum als Berti Vogts. Der Unterschied bei Lorant ist nur, daß man das Ende nicht vorher kennt.

Ex-BVB-Trainer Skibbe gilt als fachlich kompetent, äußerst engagiert und rhetorisch geschickt. Warum zum Teufel ist er dann Fußballtrainer geworden?

Meine Lieblingsoper ist »Don Giovanni«. Da versteht man genauso wenig vom Text wie bei Giovanni Trapattoni.

Scholl und Basler haben Trappatoni damals böse attackiert. Der Mann konnte vor Ärger nur ganz gebrochen deutsch sprechen!

Otto Rehhagel hat gesagt, daß sogar seine Frau Trainer zu ihm sagt. Dafür nennen ihn seine Spieler »Schnuckelbärchen«.

Winnie Schäfer war der dienstälteste Trainer der Bundesliga. Abgesehen von Franz Beckenbauer, der macht halt nur zwischendurch mal ein Jahr Pause.

Jörg Berger ist der neue Frankfurter Trainer. Das ist ja eine bewährte Taktik: Erst Berger anheuern, um den Abstieg zu verhindern, dann Berger feuern, um den UEFA-Cup zu holen.

Jörg Berger hat ja schon mehrmals Mannschaften vor dem Abstieg gerettet. Und danach haben sich die Mannschaften immer vor ihm gerettet.

Neulich war Trainertagung. Muß ein furchtbarer Anblick gewesen sein, wie 19 Trainer ihre Tage haben.

## TRIATHLON

Der Triathlon-Wettbewerb wird neuerdings »Ultraman« genannt. »Ironman« war denen wohl zu ironisch.

Das Triathlon-Finale steigt ja immer auf Hawaii. Da lauf ich zehn Meter, gebe verletzt auf und leg mich an den Strand.

Man muß beim Triathlon einmal um Hawaii rumpaddeln. In einem Holzschuh mit einem Zahnstocher als Ruder.

Man muß beim Triathlon 420 km radfahren. Davon 120 km unter Wasser.

Man muß beim Triathlon 85 km laufen. Auf den Händen.

Auch Frauen machen bei dem Triathlon-Wettbewerb mit. Nur deshalb fahre ich auch hin, um rechtzeitig Mund-zu-Mund-Beatmung machen zu können.

Wer nach dem Triathlon-Wettbewerb auf Hawaii noch lebt, muß in einen Vulkan springen.

## TYSON, MIKE

Tyson ist so gut, weil ihm Tiefschläge nichts ausmachen. Seine Zwangskastration wirkt noch.

Vier Minuten und drei Sekunden prügelte Skandalnudel Mike Tyson auf Julius Francis ein, dann war er um 22 Millionen Mark reicher. Das macht ja einen Stundenlohn von 330 Millionen! Und da hört der schon nach vier Minuten auf! Mann, ist der doof.

Der Boxkampf zwischen Mike Tyson und Buster Douglas fand nicht statt, weil Douglas mit 135 kg anscheinend einen Tick zu schwer war. 135 Kilo – für das Gewicht würde jeder Wildecker Herzbube einen Mord begehen!

Die »Los Angeles Times« nannte den Ohrbiß von Mike Tyson gegen Holyfield »Blutrache in der Wüste«. Noch besser fände ich »Blutwurst in der Erbsensuppe«.

Vitali Klitschko wird vielleicht demnächst gegen Mike Tyson boxen. Vorher müssen die Box-Promoter nur noch den Sieger ermitteln. Sie spielen Schnickschnackschnuck. Klitschko liegt mit einer Schere vorn.

Der nächste Kampf von Mike Tyson ist auf 10 Runden reduziert worden. Tyson muß nämlich neuerdings nach Sekunden bezahlt werden, nicht wie bisher nach der Menge des verspritzten Bluts.

Mike Tyson hat letztes Jahr Orlin Norris nach dem Gong der ersten Runde mit einem linken Aufwärtshaken zu Boden geschlagen. Und das wurde dann als »unabsichtliches Foul« gewertet. Hey, das wäre doch auch eine prima Ausrede für die russische Armee!
Tysons Börse wurde damals eingefroren. So hält sie sich länger frisch.

Mike Tyson wurde nach dem regelwidrigen Schlag gegen Norris nicht disqualifiziert. Man hat im Regelwerk im Kleingedruckten einen Passus entdeckt: »Sämtliche Regeln werden außer Kraft gesetzt, falls wir dadurch Kohle verlieren.«
So was steht auch im Koalitionsvertrag, unter »Panzerlieferungen«.

Tyson kriegt jetzt Ärger: Einer seiner früheren Gegner hat ihn wegen Vergewaltigung verklagt.

Tyson bekommt allein 30 Mio Dollar, nur damit er sich einmal auf den Rücken legt. Soviel kriegt die beste Edelnutte nicht.

## ULLRICH, JAN

Ab einem bestimmten Alter sind dicke fette Sommersprossen einfach nicht mehr niedlich.

Die »Liberation« schrieb über Jan Ullrich, er sei »eine Maschine aus den Fabrikhallen des Ostens.« Das ist ein ziemlich dämlicher Vergleich. Jan Ullrich hat schließlich funktioniert.

Bei der Tour de France werden dauernd Hotels durchsucht. Im Zimmer von Jan Ullrich wurden verdächtige Substanzen sichergestellt, aber das war bloß seine Pickel-Creme.

## VOGTS, BERTI

Ich ziehe meinen Hut vor Berti Vogts: Seine Taktik, den Gegner so lange zu langweilen, bis er unvorsichtig wird, funktionierte einfach perfekt!

Oliver Bierhoff beklagte sich über Ribbeck, weil es der Nationalmannschaft zehn Wochen vor dem Start der Europameisterschaft an Kontur mangelte. Richtig, zu Vogts-Zeiten wußte man immer genau: Zum Einsatz kommen grundsätzlich die elf größten Arschkriecher.

Bei Waldi Hartmanns Interview nach dem Spiel gegen Kroatien mit Berti Vogts hab ich mich gleich gefragt: Na, Berti, wer ist denn diesmal der Sündenbock? Und die Antwort ließ nicht lange auf sich warten: DER SCHIEDSRICHTER!
Nicht sehr originell, finde ich, aber immer noch besser, als würde er wieder Effenberg und Illgner die Schuld geben.

Vogts sagte damals über den Platzverweis von Wörns: »Ich finde es unverschämt.« Richtig, was hatte dieser Kroate überhaupt in der deutschen Hälfte zu suchen! Da muß er sich doch nicht wundern!

Vogts behauptet, sein Team sei bei der WM 98 grundsätzlich benachteiligt worden. Hey, ich kenne ein Land, das die Ausrichtung der WM 2006 endgültig vergessen kann...

Vogts meinte damals: »Vielleicht ist der deutsche Fußball zu erfolgreich.« Na, das Problem hast du ja nun beseitigt.

Vogts über die Kroaten: »Zu dieser provokativen Art der Kroaten, wie sie hier den Platzverweis herausgeholt haben, möchte ich mich nicht weiter äußern.« Ja, wie der Suker den Fuß von Wörns an sich gerissen hat, das war echt schäbig.

Beckenbauer hat über Vogts gesagt: »Er ist der ideale Mann.« Ja, der ideale Mann, um neben ihm immer blass auszusehen.

Für den »Kicker« ist Berti der Hauptverantwortliche für das Ausscheiden unserer Nazis bei der WM 98. Ach wo, wie kommen die denn auf DAS schmale Brett? Genausogut könnte man behaupten, am Untergang der Titanic sei der Eisberg schuld gewesen!
In Wirklichkeit war's natürlich der Schiffskoch!

Vogts hat bei der Nominierung der WM-Spieler gegen sein Prinzip verstoßen, nur hundertprozentig gesunde Spieler zu berücksichtigen. Aber wenigstens ist er seinem Prinzip treugeblieben, nur hundertprozentig mittelmäßige und langweilige Spieler zu berücksichtigen.

Vogts sagte, niemand habe ihn aufgefordert zurückzutreten. Nur 30 Millionen Fans, aber die zählen ja nicht.

Vogts hat sich gegen Vorwürfe von Beckenbauer verteidigt, er habe Loddamaddäus nur »geduldet«. Na gut, ich meine, das könnte man ja JEDEM auf diesem Planeten vorwerfen.

Berti Vogts trägt das Bundesverdienstkreuz. Schelme nennen es schon das »Bertifix«.
Ich finde, er hat das Bundesverdienstkreuz verdient. Er hat schwer dafür arbeiten lassen.
Offizielle Begründung für Bertis Verdienstkreuz: »Hat Lothar Matthäus das Maul gestopft«.

Die Mannschaft schaute immer zu Berti auf. Naja, zumindest Hässler und Wosz.

Berti Vogts ist ein toller Werbeträger. Er lenkt nicht vom Produkt ab.

Berti Vogts ist ja ein Sympathieträger für Kinder. Er beweist, daß man auch was werden kann, ohne jemals Hausaufgaben gemacht zu haben.

## WETTEN

Ich nehme Wetten entgegen: Auf welchen Kontinent wird die MIR wohl abstürzen?

Ich wette nie, weil ich immer verliere. Die einzige Wette, die ich je gewonnen habe, war, daß ich die Wette verliere.

Die Deutschen wetten immer mehr. Die Telekom hat das augenutzt und ging an die Börse.

Die größte Wettleidenschaft herrscht nach wie vor in England. Das nimmt manchmal recht drastische Züge an. Diana hat Charles nur geheiratet, weil sie 'ne Wette verlor.
Seine Ohren waren nämlich echt.

Ich wette nicht gerne, ich bin kein Wetter. Ich bin ein Sonnenschein.

Die größten Wetter sind Mercedes-Fahrer. Sie sehen das ja jeden Tag, wie die sich sagen: »Wetten, ich schaff's noch bei Rot?«

# MANN UND FRAU

## ANALSEX

Beim Anal-Sex ist der Schwanz ziemlich im Arsch.

Wer hat eigentlich das Wort »analficksiert« erfunden?

Bayern bezeichnen ihre Partnerin beim Anal-Sex charmant als »Hinterfotze«.

## BESCHNEIDUNG

Viele lassen sich heutzutage ja beschneiden. Einige amerikanische Hausfrauen mit Heckenscheren sind da aber manchmal etwas übereifrig.

Die meisten Frauen finden beschnittene Schwänze attraktiver. Deshalb sind Pudel bei Frauen so beliebt.

In vielen Religionen ist die Beschneidung ein wichtiges Ritual. Im Christentum schneidet man häufig symbolisch gleich den ganzen Pimmel ab.

## BISEXUELL

Viele Frauen finden es geil, zwei Männern beim Sex zuzusehen. Deswegen wollen jetzt so viele Frauen zum Bund.

Sie wissen ja, was bisexuell bedeutet. Das heißt, man kann zweimal pro Tag.

Früher habe ich gedacht, Bisexuelle gibt es nur in Bielefeld.

Jodie Fosters Bruder hatte ja mal in einem Buch angedeutet, daß sie lesbisch oder bisexuell ist. Oder sogar beides!

## BRÜSTE

Frauen sind Männern in allen Bereichen überlegen. Vor allem haben sie größere Möpse. Nein, nein, das muß man schon anerkennen, auch als Macho.

Was wäre, wenn Frauen keine Brüste hätten? Männer könnten sich auf ihre Arbeit konzentrieren.

Ich gehe gerne in die Sauna, am Familientag. Sicher, die Brüste, die da rumhängen, sind nicht immer schön, aber dafür ist es billiger als das Pornokino.

Es gibt ja ab und zu Eiskunstlauf-Übertragungen, wo die Zuschauer abstimmen können. Ich stimme jedesmal für die Läuferin mit den größten Titten.

Frauen mit großen Brüsten werden sehr beneidet. Vor allem von Männern.

## EIFERSUCHT

Ich bin nicht eifersüchtig. Aber wenn ein Mann meine Freundin anspricht und ihr dabei womöglich noch in die Augen sieht, kann sie ihr Testament machen!
Tja, ich liebe sie halt.

94,4% aller Geliebten reagieren mit Wut auf Vernachlässigung durch den Partner. Viele pinkeln dann aufs Sofa und zerfetzen die Gardinen.

Bei einem vermuteten Seitensprung herrscht die Angst vor, den Partner zu verlieren. Oder die Hoffnung, je nachdem.

Ich bin nicht eifersüchtig. Ich bin ja noch nicht mal eifrig.

Ich finde, daß derjenige Eifer findet, der »Eifer sucht«.

## ENTSCHULDIGUNG

Ich weiß, für dieses Buch gibt es keine Entschuldigung. Also versuch ich's erst gar nicht, Sie Arsch!

Wann entschuldigen sich die Tschechen eigentlich endlich? Hmm? Nein nicht für diesen Vertreibungsquatsch. Aber es ist eine Unverschämtheit, daß die uns vom ersten Platz der am meisten Bier saufenden Völker verdrängt haben!

Entschuldigen Sie meine Verspätung, aber ich mußte in meinem Gag-Lexikon noch nach einem Entschuldigungsspruch dafür suchen, daß ich mich verspätet habe.

## FEMINISMUS

Die Feministinnen stecken ja in einer Krise. Und zwar, weil keiner in ihnen drinsteckt.

Seit gut zehn Jahren erkennt die Regierung durch das Frauenministerium die Existenz von Frauen offiziell an. Bald soll es im Bundestag sogar getrennte Toiletten nur für Frauen geben.

Frauen sollten stolz sein auf ihre Rechte. Und auf ihre linke. Zumindest ab Größe 90 C.

58% der Deutschen wünschen sich eine Frau als Bundeskanzler. Ja, ich stimme für Dolly Buster. Das wäre optisch eine gewisse Verbesserung.

Die Befürworter eines weiblichen Kanzlers erwarten von einer Frau eine andere Politik. Na und? Ich erwarte auch von einem Vier-Finger-Faultier eine andere Politik.

Eine Frau als Kanzler? Was kommt als nächstes? Eine Frau auf dem englischen Thron? Nein, das wird Elizabeth verhindern.

Frauen sind besser als Männer. Deshalb gehe ich ja auch mit Frauen ins Bett.

Dieses Feminismus-Theater reicht mir langsam. Die sagen immer das Gleiche: Männer sind brutal, vulgär und gefühllos. Die sagen aber nie, was daran schlecht ist!

Was ich an Feministinnen mag, ist ihr feiner Sinn für Humor.

(Hey, das war ein Haiku.)

Der Mann im Mond ist in Wirklichkeit 'ne Frau!

Frauen brauchen Männer nicht mehr? Dann beschwert euch nicht bei mir, wenn Ihr das nächste Mal sexuell belästigt werden wollt.

Da lassen wir Männer euch Frauen immer den Haushalt ganz alleine führen, damit Ihr selbständiger werdet, und wie dankt Ihr es uns?

Zu Thanksgiving fressen die Amis tonnenweise Truthähne. Die Truthühner wünschen sich sicher nicht die Gleichberechtigung.

## FETISCHE

Viele Leute sind ja Strumpf-Fetischisten. Zum Beispiel der Weihnachtsmann.

Das Auto ist ein sehr beliebter Fetisch. Ich finde es zwar sehr unbequem, wenn man sich die Handbremse aus Versehen in irgendwelche unbequemen Körperöffnungen sticht, aber dafür hat man viel mehr Spaß, z.B. mit Sprüchen wie »Willst du mal meinen Airbag aufblasen?« Ich mach's am liebsten in kleinen Autos, dann wirkt mein Schwanz viel größer.

Viele Männer sind ja Schuhfetischisten. Und viele Frauen sind Sportsockenfetischisten.

Ich finde Segelboote irgendwie erotisch. Der große »Mast«, das »Lenzloch«, das »Unterliek« und vor allem die »Fock«!

Seit dem Rinderwahn mache ich mit Stier-Frauen keinen Sex mehr.

Ich bin ja ein Katzenliebhaber. Ich mach es wie Katzen: Ich besteige die Frau von hinten und verbeiße mich in ihrem Nacken.

## FLIRTEN

Nach der neuesten Untersuchung flirten Frauen am liebsten in der Kneipe. Da hat man gleich was zur Hand, um es dem Mann ins Gesicht zu schütten.

57 Prozent aller jungen Frauen sehen ihre Flirtchancen am höchsten in Kneipen, Discos und Restaurants. Also wo sie am schnellsten abgefüllt werden können.
35 Prozent aller Frauen flirten am liebsten in öffentlichen Verkehrsmitteln. Die Bahn sollte reagieren und überall Flirt-Abteile bauen. Mit Matratzen und Kondomautomaten.

Früher hieß Flirten ja noch, einer Frau »den Hof machen«. Ich mach ihr lieber den Vorgarten.

Hier eine Auswahl meiner Lieblingsbaggersprüche:

- Soll ich dir meine Pornosammlung zeigen?
- Würden Ihre Dinger gefälligst aufhören, mich anzustarren?
- (in meiner Studienzeit)
  Willst du mit mir bafögeln?
- Ich schau dir auf die Möpse, Kleines...
- Ich bin Arzt, soll ich mal mit meiner Zunge Ihre Temperatur messen? Natürlich nur im Mund.

In Japan gibt es eine neue Erfindung namens »Lovegety«. Das ist ein kleines tragbares Sensorgerät, mit dessen Hilfe man seine Flirtbereitschaft signalisieren kann. Es funktioniert aber nur beim anderen Geschlecht. Hihi, wenn Dana International so'n Ding einschaltet, wird es nach einer Minute explodieren.

Es ist ein europäisches Flirt-Buch auf dem Markt, das aufzeigen soll, welche Fehler man vermeiden muß:
1. Heben Sie in einer albanischen Gefängnisdusche niemals die Seife auf.
2. Lassen Sie in einer albanischen Gefängnisdusche niemals die Seife fallen.
3. Für Schweden brauchen Sie das Buch nicht. Was Sie brauchen, ist ein Bodyguard.
4. In Frankreich brauchen Sie das Buch auch nicht. Besorgen Sie sich ein Faß Rotwein.
5. Wenn Sie ganz verzweifelt sind, fahren Sie nach Bulgarien. Da sind die Frauen noch dankbar. Alles was Sie brauchen, ist eine Augenbinde.
6. In Italien lassen Sie das Flirten lieber sein, sonst müssen sie das den Rest Ihres Lebens tun. Mit derselben Frau.
7. In Spanien brauchen Sie nur mit einem roten Tuch zu winken. Das reizt alle Frauen.
8. In Liechtenstein braucht man nicht zu flirten. Da sind die Frauen schon froh, überhaupt jemandem zu begegnen, mit dem sie nicht verwandt sind.

In den USA ist ein neuer Flirtratgeber erschienen. Der Titel: »Busengrabschen für Fortgeschrittene«.

Es heißt, Frauen sollen beim Flirt kühl und distanziert zu den Männern sein. Kein Sex, bevor das Geld nicht überwiesen ist.

Die Flirtratgeber sagen, die Frauen sollen die Männer zappeln lassen. Ja, GERNE!

### FRAUEN

*→ Brüste; → Feminismus; → Lesben*

Ich muß sagen, ich mag Frauen. Ist mit Abstand mein Lieblingsgeschlecht.

Frauen nehmen mehr und mehr die Unarten der Männer an. Als nächstes pinkeln sie noch gegen Litfaßsäulen.

Frauen studieren sehr oft Sprach- und Sozialwissenschaften. Das stimmt. Ich habe diese Fächer damals auch nur belegt, um Weiber aufzugabeln.

Die typischen Frauenberufe haben schlechte Aufstiegschancen. Das höchste der Gefühle ist ein Posten als Puffmutter.

Die neueste Umfrage sagt, daß Frauen sich nicht gerne von betrunkenen Männern fahren lassen. Du lieber Himmel, da hat Diana wenigstens als Tote endlich mal was erreicht.

Frauen nehmen deutlich mehr Beruhigungsmittel als Männer. Deshalb sehen auch so viele Frauen gerne »Nachtjournal«.

Anscheinend will keine Frau mehr ein Heimchen am Herd sein. Viele haben ja nicht mal mehr einen Herd im Heimchen.

Jede dritte Frau hat Angst vor dem Älterwerden. Diese Befürchtung teilen sie mit fast allen Männern. Die haben auch Angst davor, daß ihre Frauen älter werden.

Frauen haben angeblich Angst vor nachlassender Leistungsfähigkeit. Viele befürchten, beim Einkaufen schon nach drei Stunden zu müde zum Schuhanprobieren zu sein.

Ein Viertel aller Frauen hat kein Problem mit dem Altwerden. Die haben sich für ihren 50. Geburtstag alle reichlich mit Zyankalikapseln eingedeckt.

Es wird beklagt, daß in der heutigen Gesellschaft Vitalität und Jugend idealisiert werden. Richtig, wann kehren wir endlich wieder zu unseren alten deutschen Idealen zurück: Senilität und Lahmarschigkeit?

Heute ist Weltfrauentag. Jeder Schwule ist verpflichtet, wenigstens eine Frau zu bumsen.

Frauen und Männer gehen nach einer amerikanischen Studie völlig unterschiedlich mit Schmerz um. Tja, Frauen sind sogar zu blöd, um richtig zu jammern.

Es heißt, Frauen jammern weniger. Das bedeutet also, Frauen werden noch nicht genug gequält.

Frauen haben eine höhere Schmerzempfindlichkeit als Männer. Jetzt versteh ich auch, wieso diese eine Tussi neulich so komisch reagiert hat beim Auspeitschen.

Eine Fachhochschule in Aalen bietet den ersten Ingenieur-Studiengang nur für Frauen an. Geilo, dann können sich die Torten demnächst ihre Haartrockner und Brennscheren selber bauen.

Laut einer Umfrage erwarten junge Frauen von Männern kein dickes Bankkonto. Vernünftig, schließlich kommt es nicht auf die Größe an. Ja, genau...
Es kommt darauf an, wie geschickt man seine Kontoauszüge sortiert.

Die Mädchen gehen heutzutage davon aus, daß sie irgendwann für sich selbst sorgen. Ts, ts. So was altmodisches. Ich warte ja immer noch auf die Frau, die auch einen Mann ernähren kann.

Was Frauen vor allem erwarten, ist Treue. Hoppla, das ist ja ganz was Neues. Vielleicht sollte ich aufhören, bei Familienfeiern die Mütter von meinen Freundinnen anzumachen.

Sehr wichtig ist für Frauen, daß der Mann intelligent ist. Klar, man muß sich ja schließlich gegenseitig ergänzen...

Fast die Hälfte aller Frauen träumt übrigens nachts von ihrem Partner. Allerdings hat er dann eine verblüffende Ähnlichkeit mit Kevin Costner.

Die meisten deutschen Weibchen wünschen sich in ihrer Partnerschaft mehr Freiräume. Das geht mir genauso. Es ist gar nicht so leicht einzuschlafen, wenn man zwischen vier Frauen eingezwängt ist.

Es wurde eine Umfrage veröffentlicht, nach der sich 77 Prozent aller Maderln mehr Freiheit wünschen, um ihren Hobbys nachzugehen. Zum Beispiel dem Hobby, sich einen besseren Partner zu suchen.

Die meisten Frauen finden, es müsse in einer guten Beziehung auch mal drin sein, mit einem anderen zu flirten. Oder auch mal öffentlich bekanntzugeben, man werde einen anderen Mann heiraten oder so. Stimmt's, Jenny Elvers?

35 Prozent der Frauen mögen es angeblich, wenn ihr Partner ihnen ihre Kleidung vorschreibt. Kann ich leider nicht bestätigen. Als ich meiner letzten Freundin das Halsband mit der Hundeleine gezeigt habe, war das das letzte, was ich von ihr gesehen habe.

Junge Frauen wenden etwa dreimal soviel Zeit für Hausarbeit auf wie gleichaltrige Männer. Endlich werden die vernünftig.
Mit höherem Alter nimmt das Mißverhältnis zu. Während ältere Ehefrauen 24 Stunden am Tag in der Küche verbringen, fragen sich deren Männer bloß, was eigentlich hinter dieser komischen Tür ist und wo im übrigen diese Alte steckt, die früher auch hier gewohnt hat.

Bei einer Umfrage wurden weibliche Menschen nach deren Selbsteinschätzung befragt. 0,4 Prozent befanden, sie seien »ewig nörgelnde, besserwisserische Nervensägen«.
Der Rest hat einfach gelogen.

Die durchschnittliche Frau hält sich für »gefühlvoll, kocht gerne, verwendet dabei frische Naturwaren und gönnt sich hin und wieder ein bißchen Luxus«. Ich darf das kurz übersetzen: Die durchschnittliche Frau fängt beim Anblick von Brad Pitt an zu kreischen, kann nichts kochen außer Rühreier und kauft sich jede Woche zwölf neue Handtaschen.

72 Prozent der Frauen sagen, ihnen mache es »richtig Spaß, Geld auszugeben.« Also, zu denen gehört Rita Süßmuth nicht, die gibt nicht mal Geld für 'nen Flug in die Schweiz aus.

Frauen reden irgendwie gewandter als Männer. Die haben einfach viel mehr Übung.

Viele Frauen lügen wegen ihrem Alter. Sie behaupten, er ist tot.

Frauen lachen mehr über sich. Das zeugt nicht nur von Humor, sondern auch von Selbstkritik.

Man nennt hübsche Frauen ja gerne »flotte Käfer«. Warum nicht gleich »geile Wanzen«?

Ich finde, Frauenbeine sind nackt am schönsten. Dasselbe gilt für Brüste, und Hintern, und überhaupt: Warum tragen Frauen Kleider?

Beurteile eine Frau nie nach dem Äußeren. Zumindest nicht von hinten.

Es heißt, Frauen können besser denken. Noch unklar ist, warum sie es nicht TUN.

Frauen sind doch sogar zu blöd zum Gebären! Selbst da brauchen sie noch die Hilfe eines Arztes.

Männer brauchen Frauen nicht. Eine Milchflasche und zwei Luftballons tun's auch!

Fluchen ist im Zeitalter der Emanzipation keine Domäne der Männer mehr. Wenn das so weitergeht, stülpen Frauen auch bald Kondome über.
Frauen können vielleicht fluchen, aber wenigstens können sie niemanden VERfluchen. Der Papst würde niemals zulassen, daß Frauen Priester werden.

Sie kennen doch dieses Buch »Gute Mädchen kommen in den Himmel, schlechte Mädchen kommen nach Belgien« oder so ähnlich.
Jedenfalls gibt es jetzt eine Fortsetzung dieses Werkes: »Schlechte Mädchen kommen mehrmals, gute Mädchen täuschen es vor«.

Es gibt jetzt Crash-Kurse für Frauen, wie man böse wird. Meine Freundin wird immer böse, wenn ich ihr Décolleté als Aschenbecher benutze.
Ich mag keine bösen Frauen. Am Anfang macht es noch Spaß, aber irgendwann schmerzen die Handschellen und Peitschenhiebe doch.

Wenn man Frauen zu lange im Bett rumliegen läßt, werden sie halt schlecht. Aber in der Küche halten sie sich frisch.

## FREUNDSCHAFT

Echte Freunde sind selten. Es sei denn, man hat Geld.

Neulich stand in der Zeitung, Frauen haben lieber Freunde als Sex. Ich glaube aber, da wollte eine Frau den Redakteur bloß nicht ranlassen.

Freunde sind das Wichtigste im Leben. Mit wem soll man sonst über andere Freunde herziehen?

## IMPOTENZ

→ *Viagra*
Wenn ich keinen hochkriege, kauf ich mir einfach 'ne andere Frau.

Das Bundessozialgericht sagt, die Behandlung krankheitsbedingter Erektionsstörungen sei grundsätzlich von den Krankenkassen zu bezahlen. Es sei denn, man ist mit Hera Lind verheiratet, dann gilt das als höhere Gewalt.

In England war eine Versicherungsanstalt so blöd, gegen Impotenz zu versichern. In England! Ende der Woche sind die pleite.
Wer eine Impotenz-Versicherung abschließt und keinen mehr hochkriegt, hat Anspruch auf die Rund-um-die-Uhr-Behandlung einer Profi-Nutte.

Kein Wunder, daß so viele Engländer impotent sind. Die haben alle ein Foto der Queen im Schlafzimmer hängen.

Etwa 5% der 40jährigen Männer kriegen keinen mehr hoch. Bei den Frauen sind es sogar 100%.

Seit Anfang der 80er gibt es ja die sehr effektive Potenzspritze. Die tut so gut wie überhaupt nicht weh, ein kleiner Stich. Man darf die Spritze nur nicht zu schräg halten, sonst gibt es zuviel Blut, und es kann einem hinterher leicht schwindlig werden...

Ähem. Hab ich jedenfalls gehört.

Ein Karlsruher Frauenarzt warnt im Zusammenhang mit dem Mangel an Gesprächsfreude in der Partnerschaft vor der »Impotenz des Sprechens«. Dagegen muß ich auch was unternehmen. Ich kriege meine Zunge überhaupt nicht mehr steif.

Eine Penis-Prothese kostet 12.000 Mark. Und das nur für normal gebaute Männer. Ich mußte 30.000 Mark zahlen!

Eine amerikanische Untersuchung hat ergeben, daß depressive Menschen besonders häufig impotent sind. Wie überraschend. Und ich dachte immer, depressive wimmernde Schlappschwänze wären die reinsten Bettkanonen!

Ärzten wird empfohlen, bei der Diagnose von Depressionen auch nach Impotenz zu forschen. Und bei Leuten, die immer gut drauf sind, forscht man nach Dauererektionen.
Jetzt versteh ich, warum Johannes B. Kerner immer so rumhüpft.

## JUNGFRAUEN

Ich habe in einer Jugendherberge meine Unschuld verloren, an ein süßes nettes Mädchen. Und zwar war das letzte Woche.

In Schweden hat man kürzlich eine sensationelle Entdeckung gemacht: Eine Sechzehnjährige, die noch Jungfrau ist!

Ich habe großen Respekt vor Jungfrauen. Zumindest vorher.

## KONDOME

Das Neueste aus dem Hause »London«: Kondome, die man nach Gebrauch essen kann!

Für den Kampf gegen Aids sollen Männer in Afrika lernen, Kondome zu benutzen. Ich muß sagen, ich bin auch gegen Kondome. Bananenschalen fühlen sich irgendwie natürlicher an.

Experten warnen: Sogenannte Scherzkondome schützen nicht beim Sex. Dasselbe gilt für Scherz-Pillen, Scherz-Spiralen und Scherz-Coitus-Interruptus.

Das EU-Einheitskondom ist nach einer Untersuchung für junge Männer in

Deutschland zwischen 18 und 19 Jahren zu groß. Habt ihr das gehört, Jungs? Ihr seid imgrunde alle völlig normal!
Nach Angaben eines Pro-Familia-Experten rutschten die Gummis den jungen Männern einfach runter. Naja, vielleicht sollten die es mal mit Heftklammern probieren.

Kondom-Hersteller Condomi plädiert für die Einführung von verschiedenen Größen in den Handel. Das gibt eine breite Palette, von »DiCaprio« bis »Dominikanischer Strandhengst«.

In Brasilien hat ein Bürgermeister Kondome und Antibabypillen verboten. Die Bürger haben daraufhin von Kondomen auf Bananenschalen umgestellt.

Laut Gerichtsbeschluß hat ein Knacki, im Volksmund »Strafgefangener«, keinen Anspruch auf die kostenlose Aushändigung von Kondomen. Über die kostenlose Aushändigung von Maschinengewehren wird noch verhandelt.
Unverheiratete Gefangene müssen ihre Kondome kaufen. Na und? Die sollen halt sparsam umgehen und die Dinger beim zweiten Mal auf links drehen.

Bald gibt es von Billy Boy ein neues Kondom namens »Knacki«. Wenn man es überzieht, sieht es aus wie ein Revolver.

In Deutschland wird jedes dritte Kondom gestohlen. Oder sogar gleich im Laden verbraucht, wie Bonbons.
Diese hohe Diebstahlsrate soll vor allem an einem hohen Schamgefühl der männlichen Kunden liegen. Es gibt ja auch nichts erhebenderes, als beim Diebstahl von Fickgummis erwischt zu werden.

In Südfrankreich gibt es eine Kleinstadt namens Condom. Haha, das glaub ich nicht. Was kommt als nächstes? Eine Stadt namens »Präservativ«? Oder »Paris«?

In Condom (Frankreich) soll ein Forschungszentrum über Kondome entstehen. Hey, Leute, wenn Ihr noch Testpersonen braucht, ich helfe gern...

Wrigley's Spearmint war immer mein Lieblingsgummi. Ist nur schwierig, das Ding richtig überzustreifen.

Bringen Sie Ihrer Frau mal Blumen mit, und Schokolade und Wein. Und Kondome mit Geschmack.
Sie soll ja auch was davon haben.

## KONTAKTANZEIGEN

Es heißt, Kontaktanzeigen werden nur von Perversen aufgegeben. Das ist Quatsch. Ich zum Beispiel habe das noch nie gemacht.

Viele finden einfach keinen Partner. Wie wär's mal mit 'ner Kontaktanzeige: »Muttersöhnchen sucht Unterwäsche-Modell mit Riesendingern«.
Bei mir hat das geklappt.

Ich habe auch mal Kontaktanzeigen aufgegeben. Kurz darauf habe ich Kontaktanzeigen aufgegeben.

## KÜSSEN

Mädchen beklagen sich häufig darüber, daß Jungs zu kussfaul sind. Jetzt ist es also UNSERE Schuld, daß Frauen immer diesen ekligen Labelloschleim auf den Lippen haben?

Ich küsse nicht gerne. Ich habe danach immer so eine pelzige Zunge. Obwohl das auch am Tequila liegen könnte.

Fußball hat so seine eigene Erotik. Besonders, wenn einer ein Tor macht und die anderen vor Freude über ihn herfallen. Ein gutes Gegenbeispiel gegen das Vorurteil, Männer könnten nicht richtig küssen.

## LESBEN

Darf man eigentlich noch »Lesben« sagen, oder heißt das jetzt »sexuell benachteiligte Frauen«?

Anna Nicole Smith steht angeblich auch auf Frauen. Schön für sie, vielleicht trifft sie ja bald eine nette 90jährige Milliardärin.

Die Wissenschaft sagt: Wo immer die Natur die Auswahl hat, orientiert sie sich zum Weiblichen. Mit anderen Worten, die Natur ist lesbisch.

Es ist ein blödes Vorurteil, daß alle häßlichen Frauen lesbisch sind. Es ist vielmehr so, daß alle lesbischen Frauen häßlich sind.

## LIEBE

*→ Eifersucht; → Romantik; → Valentinstag*

Liebe ist nicht lustig, darüber mache ich keine Witze!

In Mexiko gaben 71 Prozent der Befragten an, schonmal auf den ersten Blick verliebt gewesen zu sein. Und die meisten sind mit dem Esel immer noch zusammen.

Romeo und Julia sind laut Umfrage für italienische Jugendliche das Inbild der romantischen Liebe. Für die deutschen Jugendlichen bleiben das natürlich Naddel und Didi Bohlen.
Oder Thomas Anders und Didi Bohlen, je nach Veranlagung.

Ein Drittel aller Deutschen verknallt sich zum ersten Mal in der Schule. Ja, das ging mir auch so. Leider konnte mein Mathelehrer die Gefühle nicht erwidern.

Im Kino verliebt man sich heutzutage nicht mehr. Also, wenn Sie Ihre Frau im Kino kennengelernt haben, lassen Sie sich scheiden! Sie wollen doch nicht unmodern erscheinen, oder?
15 Prozent der Teutschen haben ihre erste Liebe geheiratet. Komischerweise sind diese 15 Prozent alles Frauen.

Über die Hälfte aller Verliebten hatten erst nach über einem Monat Sex mit dem anderen. Zwischendurch hat man sich auf Parkbänken von jemand anderem durchziehen lassen, aber GEDACHT hat man nur an die andere Person!

Sie kennen doch das Sprichwort »Liebe geht durch den Dickdarm« oder so ähnlich.
Das ist Quatsch – Liebe geht durch die Vulva!

In Amsterdam, diesem Drecksnest in unserer westlichen Kolonie, gibt es ein neues Schulfach namens »Liebeskunde«. So was brauchen wir in Deutschland nicht, wir haben ja den »Schulmädchenreport«.
Bei der »Liebeskunde« sollen die Kinder lernen, wie man mit der Liebe umgeht. Weil, bisher schlagen die holländischen Jungs die Mädchen einfach nieder und zerren sie ins Gebüsch.

## MACHOS

Männlichkeit ist traditionell mit Leistung, Status, Erfolg und Selbstbewußtsein verbunden. Wie z.B. bei Steffi Graf.

Die Kehrseite des Machotums sind natürlich die typischen Männerängste, wie z.B. »Hoffentlich ist noch Bier im Kühlschrank« oder »Oh Gott, wir verlieren gegen Kroatien!«

Machos sind wie Feuerwehrmänner: Spritzen einfach drauf los und treffen nicht mal das Ziel.

Es heißt immer, Machos kriegen alle Frauen. Logo, die Softies sind ja alle schwul.

Ich habe früher auch auf Macho gemacht, hab es aber dann sein lassen. 50 Ohrfeigen pro Stunde tun halt doch etwas weh.

### MÄNNER

*→ Impotenz; → Machos; → Penis; → Schwul; → Softies*

Wissenschaftler haben übrigens herausgefunden: Untreue ist genetisch bedingt. Genauso wie Alkoholismus, Schnarchen und Frauenverprügeln.
Mann, ohne die Wissenschaft wären wir Männer echte Schweine, was?

Männerschweiß ist sexy - sagt eine britische Studie. Mann, dann muß Männerscheiße die Frauen ja geradezu willenlos machen.
Demnach finden Frauen Männer attraktiver, wenn sie deren Schweiß riechen können und die darin enthaltenen Pheromone - Sexuallockstoffe - wahrnehmen. Jetzt verstehe bich endlich, warum mich die Frauen in der Sauna immer gleich anfallen.
Leider auch am Seniorentag.

Frauen stehen auf Männerschweißgeruch. Mann, sicher gibt's bald das erste Parfüm: »Schwitzgestank for men«. Obwohl, das gibt's eigentlich schon, es heißt bloß »Old Spice«.

Immer mehr Männer legen laut Umfrage Wert auf ein gepflegtes Erscheinungsbild. Also, ICH nicht! Ich finde, Haarewaschen und Nägelschneiden ist was für Schwule!
Ganz unten auf der Liste der Schönheits- und Körperpflegemittel rangiert bei Männern die Gesichtscreme. Machen Sie an dieser Stelle einen Guido-Westerwelle-Witz Ihrer Wahl.

Nur 15 Prozent der Männer gehen regelmäßig zur Vorsorgeuntersuchung für die Prostata. Die anderen 85 Prozent gehen zu Callboys.
Viele finden das bei der Untersuchung mit dem Gummihandschuh im Hintern wohl etwas entwürdigend. Komisch. Ich kann davon gar nicht genug kriegen.

Jedes Jahr sterben 11000 Männer wegen Prostata-Vergrößerungen. Ich kann das auch schon nicht mehr hören, wie die alten Männer beim Arzt im Wartezimmer ständig mit ihrer Größe prahlen.

In Italien wird an 180 Männern ein Jahr lang eine empfängnisverhütende Spritze getestet. Sozusagen eine Spritze gegen's Spritzen.

Männer werden nach Ansicht des Trendforschers Matthias Horx im 21. Jahrhundert immer »überflüssiger«. Ja, allen voran die Trendforscher. Die waren eigentlich schon immer überflüssig.

Männer wollen sich laut einer Studie abends nicht die beruflichen Probleme ihrer Partnerinnen anhören. Ja, ich muß sagen, der Mann von Angela Merkel tut mir echt leid.
Aus einer ganzen Palette von Gründen.

Männer wenden bei Blickkontakt den Blick angeblich schnell wieder ab. Ach, jetzt ist das der Fehler der Männer, daß Frauen nichts für ihr Aussehen tun?

Männern ist die Intimität eines Blickkontakts unangenehm. Nur deshalb starren sie ständig auf die Titten.

Es wurde eine Studie über den deutschen Durchschnittsmann veröffentlicht. Die normale Penislänge beträgt demnach 32 Zentimeter.
Ich muß sagen, das war bei mir jetzt echt haarscharf.

Der deutsche Durchschnittsmann ist laut Statistik 38,7 Jahre alt. Das entspricht übrigens auch dem Durchschnittsalter des typischen deutschen Studenten.

Der deutsche Durchschnittsmann hat dunkelblonde Haare. Naja, also ICH bin nicht so'n Durchschnittstyp! Meine Haarfarbe ist Herbstkastanien-Olivenzweigamaretto.
Also, so'n ähnlicher Ton wie 'ne Bierflasche.

Der deutsche Durchschnittsmann wiegt 81 Kilo. Ohne die Wildecker Herzbuben sind's freilich nur 77 Kilo.

Der deutsche Durchschnittsmann ist 1,80 Meter groß. Das ist dieselbe Durchschnittsgröße wie bei den Frauen, allerdings kommen wir noch ohne Plateauschuhe aus.

Der deutsche Durchschnittsmann hat 13,4 Hemden und 4,9 Jeans. Hmm, es stimmt anscheinend: Männer sind unordentlich und laufen ständig in kaputten Klamotten durch die Gegend.

Der deutsche Durchschnittsmann würde am liebsten Porsche fahren, fährt aber Golf. Beim polnischen Durchschnittsmann ist es genau umgekehrt.

Der deutsche Durchschnittsmann denkt elfmal pro Tag an Sex. Ha! Da kann ich ja nur lachen! Ich schaff das locker fünfzigmal pro Tag!
Sogar im Schlaf!

Der deutsche Durchschnittsmann hat nur 1,6 mal Sex pro Woche. Und an diesem 0,6 mal zerbrechen die meisten Ehen.

Die Zeitschrift Amica hat eine Umfrage gemacht, wer als der erotischste Mann gilt. Oh, ist das sexistisch! Typisch Weiber! Ich schätze mal, eine Liste der intelligentesten Männer gibt es nicht, was? Und überhaupt: Wieso bin ICH nicht auf der Liste?

Als erotischster Mann für deutsche Frauen gilt Kevin Costner. Interesseng. Jetzt kann niemand mehr sagen »Nichts ist erotischer als Erfolg.«

Leonardo DiCaprisonne landete auf der Erotik-Rangliste nur auf Platz 21. Kann ich verstehen, genauso gut könnte man Windelreklame erotisch finden.

Es gibt neue Männer-Bilder, z.B. der
- »neue Mann«: Er ist blitzsauber, kommt in hübscher Verpackung daher und macht viel Freude. Aber nach sechs Monaten geht er kaputt.
- »Softie«: Er ist sich zu fein für normales Klopapier.
- »androgyner Mann«: halb Mann, halb Frau, halb Grandprix-Sieger; ersatzweise Sänger bei Modern Talking.

- »Schwuler Mann«: Das ist jeder, bloß nicht Jürgen Klinsmann.

Verantwortlich für den langsamen Wandel des Männerbilds sind auch die modernen Frauen, die den Mann mit neuen Ansprüchen konfrontieren. Ja, ich muß z.B. neuerdings nicht mehr im Sitzen, sondern im Liegen pinkeln.

Wie sähe eine Welt ohne Männer aus? Die Preise für Vibratoren stiegen ins Uferlose.

Reden Männer zu spät mit ihren Partnerinnen? Schon möglich. Manche Dinge sollten rechtzeitig geklärt werden, z.B.:

- »Nebenbei, ich bin verheiratet.«
- »Übrigens - wie alt bist du eigentlich, Kleine?«
- »Was soll das heißen, du nimmst nicht die Pille?«
- »Ach entschuldige, stört dich die Peitsche?«

Frauen finden Bierbäuche bei Männern total unerotisch. Aber wieso heißt es dann immer, Frauen sind in der Schwangerschaft am reizvollsten?

Schmutzige Fingernägel sind angeblich unerotisch. Wieso gilt dann Tarzan als so ein Supertyp? Ich möchte wetten, der kommt selten zur Maniküre.

Die meisten Frauen mögen keine Muskelprotze. Was bei Männern mehr gefragt ist, sind so richtig große, dicke, harte, schwere... Brieftaschen.

Die Frauen stehen bei Männern oft auf schwarze Rasta-Locken. Ich kenne viele Penner im Bahnhofsviertel, die haben genau so eine Frisur.

Selbstverständlich waschen sich Männer regelmäßig die Hände. Sie strecken in der Waschanlage die Hände kurz aus dem Schiebedach.

In Japan boomt Kosmetik für Männer. Zum Beispiel ist Delphin-Urin gut gegen Nasenhaare.
Besonders begehrte Männer-Kosmetik ist die neue Vorhaut-Creme.

Ab 50 werden Männer erst richtig attraktiv, heißt es. Blödsinn. Für Frauen in dem Alter gibt es bloß weniger Auswahl.

Ab 50 kriegen viele Männer so graue Schläfen. Besonders wenn sie sterben.

## ORALSEX

Ich finde oralen Sex unoralisch.

Beim Cunnilingus darf man nicht zu stürmisch sein. Beim letzten Mal hab ich meine Brille danach nicht mehr wiedergefunden.

Ich mach's nicht gerne mit dünnen Frauen. Die weigern sich immer, es runterzuschlucken.

Meine Frau will mir ständig einen blasen. Sie versucht, das Rauchen aufzugeben.

## PENIS

→ *Beschneidung*
Viele Frauen empfinden ja Penis-Neid. Viele Männer auch.

Der durchschnittliche europäische Penis im Alter von 18 bis 19 ist für den EU-genormten Einheitsüberzieher etwa 3,5 bis vier Millimeter zu schmal. Naja, dann müssen die Jungs halt mehr essen!

Viele Männer sind unsicher wegen ihrer Penisgröße. Deshalb fahren sie große Autos und tragen einen Pferdeschwanz.

Ich mache nicht gerne Witze über Penisgrößen. Man soll sich nicht lustig machen über Schwächerbestückte.

Neulich habe ich mir mit meiner Freundin einen Film über Pferdezucht angesehen. Danach hat sie mich so geringschätzig betrachtet.

## PORNOS

Ich bin eher altmodisch. Ich schau mir grundsätzlich nur Pornos an, in denen Frauen und Männer es auf die altbewährte Weise machen: Gefesselt an ein Drehrad, mit einer Bohrmaschine im Hintern.

Erotik-Messen werden veranstaltet von der Pornobranche. Das Besondere: Eine ausstellende Firma hat keinen Stand, sondern einen Ständer.
Bei der letzten Erotik-Messe gab es die Verleihung des »Erotic-Awards«. Der Preis ging an Jupp Möppich aus Gelsenkirchen für acht Stunden Dauerwichsen.

Es gibt jeden Monat 450 neue Erotikfilme. Und ich muß sagen, so langsam macht mein Handgelenk mehr Probleme als das von Boris Becker.

Burt Reynolds bekam einen Golden Globe für seine Darstellung eines Porno-Produzenten. Erst Larry Flint, jetzt Reynolds. Mir schwebt schon der Titel des nächsten Demi-Moore-Films vor: »Dicke Möpse, harte Kolben«.

Ich hab mal bei »Jugend forscht« gewonnen, weil ich rausfand, wo man als Minderjähriger Porno-Hefte kaufen kann.

Ich persönlich bin kein Box-Fan. Viele Männer sehen das gerne: halbnackte Muskel-Männer, die miteinander in den Clinch gehen. Aber da kriegt man im Porno-Laden bessere Sachen.

Alternde Golfspieler treffen irgendwann nicht mehr das Loch. So ähnlich geht es auch alternden Porno-Darstellern.

Seit kurzem gibt es ja im Herbst die Cebit Home, nur für die Unterhaltungsindustrie. Da gibt es eine ganze Halle nur für Porno-CD-ROMs.

Der Playboy hat Marilyn Monroe zur Sex-Göttin des Jahrhunderts erklärt. Nicht übel für eine 30 Jahre alte Leiche. Man fragt sich schon, was für kranke Perverse beim Playboy arbeiten.

## PROSTITUTION

Nach Erkenntnissen einer Prostituierten-Hilfsorganisation gibt es in Dänemark zu viele Callboys. Also, wenn Sie dahin in Urlaub fahren, können Sie über den Preis durchaus verhandeln!

In Frankreich ist Prostitution erlaubt, Zuhälterei verboten. Außerdem ist Einbrechen erlaubt, etwas Stehlen aber verboten.

Microsoft hat sich für die Beschreibung von Thailands Hauptstadt Bangkok als »kommerzielles Sex-Zentrum« in einem seiner elektronischen Lexika entschuldigt. Das will ich hoffen! Jeder weiß doch, das kommerzielle Sex-Zentrum ist RTL 2!

Angeblich war Robert de Niro Kunde eines Pariser Callgirl-Rings. Zumindest hoffe ich, er war bloß ein Kunde.

Die Bundesregierung will Prostitution als Beruf anerkennen. Ach, was war das denn bisher? Ein Ehrenamt?

71 Prozent der Deutschen hätte keine Probleme damit, Prostitution als Beruf anzuerkennen. Das wird aber teuer für Deutschlands Ehemänner, die müssen dann ihre Frauen auch noch bezahlen!

Die »Academie française« (die ist, glaub ich, in Schottland oder so) nimmt Anstoß an weiblichen Berufsbezeichnungen. Ja, mich stört das auch. Warum kann es nicht heißen »der weibliche Nutter«?

Immer mehr Hausfrauen gehen in ihrer Freizeit auf den Strich. Kann ich gut verstehen, jede Hausfrau sehnt sich nach einem vollwertigen Beruf.

Die deutschen Hotels sind immer schlechter ausgelastet. Hauptsächlich deshalb, weil immer mehr Prostituierte Arbeit mit nach Hause nehmen.

Es herrscht ein reges Schneetreiben auf deutschen Straßen. Die Nutten tragen schon Unterwäsche.

Neulich hat mir eine Prostituierte gesagt: »Ich kann weiter dienstlich mit dir verkehren, ich muß dich nicht lieben«. Halt, nein, Moment... das hat Lothar Matthäus mal über Jürgen Klinsmann gesagt!

Auf der Reeperbahn ist der Karrierismus schlimm, da sind alle total »karrieregeil«.

Der St.-Pauli-Kiez kriegt starke Konkurrenz aus dem Osten. Jetzt wissen wir endlich, wozu die Wiedervereinigung gut war: Billigere Nutten!

## ROMANTIK

Romantik ist sehr wichtig heutzutage. Bringen Sie Ihrer Angebeteten Rosen mit, Parfum und Pralinen... Danach können Sie sie stundenlang knallen, bis sie ausgeleiert ist!

Ist denn die Romantik tot? Nein, sie kostet nur 'n Fuffziger extra.

Ich bin ein hoffnungsloser Romantiker. Ich habe keine Hoffnung auf Romantik.

Ich bin ein sehr romantischer Mensch. Kerzenlicht, Wein, Engelbert-CD... sehr gerne, solange sie den Kram bezahlt.

## SADOMASO

Mehr als zwei Drittel der Männer träumen von einer »Domina«. Deshalb gehen auch so viele Spitzenpolitiker zu Sabine Christiansen.

Die Anschnallquote ist immer noch sehr schlecht. Zufriedenstellend ist sie nur bei Sadomaso-Anhängern.
Da schießt sie sogar oft übers Ziel hinaus.

Die bayerische Landesmedienzentrale hat eine härtere Kontrolle von Talkshows, Zeichentrickfilmen und Action-Serien beschlossen. Gut so, besonders diese homoerotische Sadomaso-Beziehung von Tom und Jerry hat mich immer schon gestört.

Sie kennen doch Singapur? In dem Land kriegt man für kleine Vergehen Stockhiebe. Seitdem ist das Land Hauptziel für SM-Sextouristen.

Ich bin froh, daß Clinton wiedergewählt wurde. In meinen Sadomaso-Phantasien wäre Doles Frau wirklich kein Ersatz für Hillary.

Nikolaus-Tag ist der Feiertag aller Stiefelfetischisten und Ruten-Sadomasos.

## SCHÜCHTERNHEIT

Schüchterne Männer sind eigentlich sehr sympathisch. Vor allem schnappen sie einem nicht die Weiber weg.

Ich war früher sehr schüchtern. Aber dann habe ich eine Frau kennengelernt, die noch schüchterner war. Die einzige Schwierigkeit bestand darin, sie möglichst schnell aufzublasen.

Schüchternheit ist eine Tugend, die jeder überwinden will.

## SCHWANGERSCHAFT

Nie ist eine Frau reizvoller als in der Schwangerschaft. Naja, zumindest DANACH nicht mehr.

Die Weisung des Papstes, daß die deutsche Kirche aus der Schwangerenberatung aussteigen soll, stößt auf heftigen Widerstand. Die Sex-Geständnisse von jungen Schwangeren seien schließlich der einzige Spaß in dem Job.

Ein warmes Klima begünstigt laut einer Untersuchung die Zeugung von Jungen. Dann werden's aber meistens »warme Brüder«.
Also Leute: Wenn Ihr lieber einen Jungen haben wollt, treibt es nur noch in der Sauna!
Und für Mädchen am besten auf dem Mond.

Die »Pille danach« ist seit Donnerstag an den französischen Schulen erhältlich. Die Lehrer hatten darum gebeten, aus Angst vor zu viel Vaterschaftsklagen.

Werdende Väter seien gewarnt: Machen Sie keinen Sex mehr mit Ihrer schwangeren Frau, sonst werden Sie vielleicht vom Fötus gebissen.

Babies hören im Mutterleib alles, was draußen so vor sich geht. Ich kann mich noch genau erinnern. Als ich im Mutterleib war, hörte ich meine Mutter sagen »Wenn's ein Junge wird, bring ich mich um«. Typisch Eltern, immer nur leere Versprechungen.

Ich sehne mich irgendwie nach dieser Zeit im Mutterleib zurück. Ich bin ein geborenes Baby.

## SCHWUL

Ich finde es schrecklich, wenn homosexuelle Mitbürger diskriminiert werden. Die sind ja nicht ALLE so schlimm wie Alfred Biolek.

In Großbritannien werden übrigens jetzt auch Homosexuelle zur Armee zugelassen. Viele Soldaten wundern sich: »Das war verboten? Der Lieutenant hat uns gesagt, das wäre PFLICHT!«

In der spanischen Stadt Vitoria gibt es eine Kampagne gegen Schwulenfeindlichkeit. Wenn man demnächst gebeten wird, die Seife aufzuheben, soll man sich nicht so anstellen.

Überall wurden dort Schilder angebracht, auf denen Schwule aufgefordert werden, sich völlig frei zu verhalten. Was die Schwulen daraufhin auf dem Karottenfeld getan haben, möchten wir lieber verschweigen.

Die Amsterdamer Polizei will mehr homosexuelle Beamte anwerben. Hunderte von arbeitslosen Friseuren schöpfen jetzt Hoffnung.
Die Amsterdamer Polizei ist der Meinung, das Polizeikorps soll ein echtes Spiegelbild der Gesellschaft sein. Naja, dann müßte man in Holland im Grunde auch verstärkt Kiffer und TV-Moderatoren einstellen.

Schwule Polizisten fallen auch unangenehm auf. Zum Beispiel schalten die auch im Großeinsatz nie die Autosirenen ein, weil ihnen die Melodie nicht gefällt.

Ich mag schwule Polizisten. Die malen immer bunte Herzchen auf meine Strafzettel. Manchmal auch andere Körperteile als Herzchen, aber das ist meine Privatsache, klar?

Harald Schmidt hat ja Jürgen Klinsmann als »Schwabenschwuchtel« bezeichnet. Was ich nebenbei gesagt für blanken Unsinn halte. Für einen Schwulen hat Klinsmann viel zu wenig Ballgefühl.

Wem geht es besser: Schwulen oder Nichtschwulen? Ich würde sagen, bis 40 geht es den Schwulen besser, aber dann geht's los mit Hämorrhoiden.

Ist schon komisch, wie Krawatten immer wie ein Pfeil auf die Genitalien zeigen. Homos tragen Krawatten sogar auf dem Rücken.

Schwulsein ist, als würde man im Krankenhaus leben: Man sollte mindestens drei Stunden vor dem Sex nichts essen.

Wenn Schwule zusammenleben, gibt es ja gleich die Frage, wer ist der Mann und wer die Frau. Das heißt, wer macht den Haushalt und wer kümmert sich darum, daß immer genug Haare im Waschbecken sind.

Nach all den Angriffen auf Schwule schlagen diese nun zurück. Erst gestern wurde in der Kölner Innenstadt ein Mann von einer Gruppe Homos überfallen, und drei Stunden lang haben sie ihm seine Haare frisiert.

Angeblich sollen Schwule bald für ein besonderes Mundwasser werben. Es heißt »Warme Sahne«.

Nirgendwo ist ja die Homophobie größer als in Saunen. Und nirgendwo gibt es geringeren Anlaß dafür.

Die Gesetzgebung für Schwule in Österreich wurde liberalisiert. Sterbehilfe ist jederzeit möglich.
Die Schwulen in Österreich dürfen wieder Vereine gründen, aber nur mit vorgeschriebenen Namen wie »Kranke Gottlose Perverse e.V.«

Schwule sind Menschen wie du und ich. Naja, nicht wie ich.

## SEX

→ *Analsex;* → *Fetische;* → *Impotenz;* → *Kondome;* → *Oralsex;* → *Prostitution;* → *Sadomaso*

Nach dem Sex ist vor dem Sex.

Nach der Untersuchung eines Eheforschungsinstituts bezeichnen 80 Prozent der Chinesen ihr Sex-Leben als »so lala«. Naja, viele Chinesen machen Sex ja nur mit Stäbchen.

Trotz der Aids-Aufklärungskampagne haben die Deutschen einer Umfrage zufolge im vergangenen Jahr keine verstärkten Anstrengungen unternommen, um sich vor Aids zu schützen. Ich schon, ich schlafe z.B. nicht mehr mit Pamela Anderson.

Sie kennen das ja: Sie spazieren mit einer Frau durch die Innenstadt und werden von Schaufenster zu Schaufenster geschleift. Aber wehe, Sie halten vor dem Schaufenster von Beate Uhse!

Die Beate Uhse AG hat in Schweden zwei neue Aktiengesellschaften gegründet. Na ich weiß nicht, Sex nach Schweden importieren? Genausogut könnte man Joints nach Holland schmuggeln. Oder deutsche TV-Moderatoren.

Als totale Lustkiller in der Ehe gelten die Geburt eines Kindes und Krankheiten. Das finde ich ziemlich geschmacklos, das in einem Zusammenhang zu nennen. Kinder kann man schließlich adoptieren lassen, aber Krankheiten, damit sollte man nicht spaßen.

Nach einer Umfrage denken 26% der Teutschen beim Sex an Urlaub. Ja, Urlaub und Sex, das sind vor allem für Reisende nach Taiwan oder die Dominikanische Republik untrennbar verbundene Begriffe.

Ähnlich wie die Begriffe »Reinfall« und »Susan Stahnke«.

Laut einer Umfrage sind Männer beim Sex oft nicht ehrlich. Na klar, sonst würden wir ja gar keinen Sex KRIEGEN!

Fast jeder 2. Mann hat schon einmal einen Orgasmus vorgespielt. Die Männer stellen sich dabei immer vor, wie Michael Schumacher als erster über die Ziellinie fährt. Das wirkt dann täuschend echt.

Grund für den vorgetäuschten Höhepunkt ist meist die Angst, als Versager dazustehen. So ein Quatsch: Wenn der Mann keinen Orgasmus hat, dann hat die FRAU versagt!

Forscher haben herausgefunden: Wenn eine Frau Stöckelschuhe trägt, reduziert das die Blutzufuhr zur Beckengegend, und das ruiniert das Sexleben. Bei Männern in Stöckelschuhen ist die Forschung noch nicht so weit.

Männer, die häufig Sex haben, leben länger. Geilo, und wie ist das mit Männern, die mit Männern Sex haben? Leben die ewig?
Eine britische Langzeitstudie hat das ergeben. Naja, was verstehen denn Briten unter »häufigem Sex«? Jedes Schaltjahr an Weihnachten?

Bei Männern, die mindestens zweimal die Woche einen Orgasmus haben, ist die Sterblichkeitsrate nur halb so hoch wie bei den anderen. Demnächst fordern die Krankenkassen wahrscheinlich von jedem Patienten, mindestens zweimal die Woche zu wichsen.

Meine Nachbarn sind immer sehr laut beim Sex. Ich mußte allerdings Wanzen bei denen installieren, um das festzustellen.

Ein Viertel der US-Bürger über 75 hat regelmäßig Sex. Kann ich verstehen, die müssen sich die Beitragszahler für ihre Renten halt selber machen.

Nach einer Untersuchung ereignen sich acht von zehn plötzlichen Todesfällen beim Sex beim außerehelichen Verkehr. Klar, die Ehefrauen sind klug genug, vorher das Licht auszumachen.

Mein Hausmädchen sollte neulich mein Schlafzimmer aufräumen. Jetzt verklagt sie mich wegen Arbeitsbelästigung am Sex-Platz.

Jede zweite Frau hatte schon mal Sex am Arbeitsplatz. Besonders erschreckend sind die Zahlen bei Prostituierten, da sind es fast 100 Prozent. Diese Zahl wird nur noch von den Stewardessen übertroffen.

Der weibliche Orgasmus verzögert sich immer etwas. Er erfolgt zehn Minuten, nachdem der Mann eingeschlafen ist und das Surren nicht mehr hören kann.

In den Siebzigern war alles so einfach. Sex war etwas, was man mit jedem machte, den man nicht abgrundtief haßte.

Die Amerikaner haben weltweit am meisten Sex. Kein Wunder, die können auch sechs Stunden länger schlafen als wir.

Die Amis haben den meisten Sex jeden Abend punkt 22 Uhr 34. Das gilt zumindest für die Männer. Die Frauen kommen am meisten vormittags zum Zug, wenn der Briefträger kommt.

Viele Frauen begeben sich in den Sex-Urlaub. Sehr beliebt ist Jamaica. Der Jamaica-Rum ist nämlich die einzige Sex-Droge, durch die der Mann vorübergehend erblindet.

Viele Frauen liegen nachts allein und unbefriedigt im Bett und entsenden ein »Stoß-Gebet«.

Micky und Minnie sind vorbildlich. Sind seit 50 Jahren zusammen und hatten keinen Sex. Naja, und inzwischen ist Micky dafür auch zu alt.

Männer stehen eigentlich gar nicht auf schlanke Frauen. Dünne Frauen gehen halt leicht kaputt, wenn man draufspringt.

Im internationalen Sex-Vergleich sind die Deutschen auf Platz 4. Ich finde, das reicht nicht. Wenn wir viel trainieren und einen guten Sponsor finden, können wir uns hochpowern auf Platz 2.

Ossis sind angeblich besser im Bett. Das beweist endgültig: Es kommt nicht auf die Größe an!

Sexforscher haben herausgefunden: Die Deutschen treiben es pro Woche 2,1 mal. Wie haben die denn das nun wieder rausgekriegt? Was für 'ne komische Art Wissenschaft ist das eigentlich? Auf welcher Uni lernt man so was? Da möchte ich mich einschreiben.

Der Sex bei Deutschen ist so gut, manchmal wachen die Frauen sogar auf.

Die Zeitschrift »Kumpel« hat jetzt eine Erotikkillerliste für Männer herausgebracht:

1. Lästige Fragen über den Ehering am Finger
2. Lockenwickler im Schamhaar
3. Leuchtkondome
4. Kondome überhaupt
5. Frage: »Willst du eigentlich Kinder?«
6. Frage: »Hast du schon ernsthaft über uns nachgedacht?«
7. »Mach ruhig schnell,
   mir kommt's sowieso nicht.«

Sportler sind sehr gut im Bett, allerdings verletzen sie sich oft.

Die Jagd nach einem neuen Rekord ist wie die Jagd nach einem Orgasmus. Man verfehlt ihn stets um eine Hundertstel Sekunde.

Sind Sportler besser im Bett? Die Frage kann wohl Madonna am besten beantworten.

Beim Sex werden junge Leute immer egoistischer. Nur aus Geiz halten junge Männer die Ejakulation zurück.

Die Mädchen werden immer dominanter beim Sex, heißt es. In Wirklichkeit werden die Jungs nur fauler. Mädchen sind angeblich aggressiver beim Sex. Was soll daran neu sein? Sieht außer mir denn niemand mehr Schulmädchen-Report?

Die Mädchen sind beim Sex sehr dominant, die springen auf die Jungs drauf und schreien: TAKE THAT!

## SOFTIES

Ich kenne Männer, die würden sich sogar kastrieren lassen, um 'ne Frau zu kriegen. Das ist natürlich nicht besonders weit gedacht.

Weich, einfühlsam, rücksichtsvoll, langweilig aussehend, traurig dreinblickend, mit einem Wort: Jürgen Fliege. Das ist das Sex-Symbol der Neunziger.

Frauen wünschen sich schwache Männer. Gleichzeitig gehen sie immer mehr in Fitness-Studios. Was zum Teufel führen die eigentlich im Schilde?

Irgendwie ist das bescheuert, daß Softies so gefragt sind. Wenn ein Mann weich ist, kann er ja gar nicht vögeln.

Ich bin kein Softie, habe jedenfalls noch nie öffentlich geweint. Allerdings bin ich auch noch nie mit Kaiserslautern abgestiegen.

## STREIT

Ein Gericht sagt, man muß sich mindestens dreimal pro Woche eine halbe Stunde laut streiten, um sich eine Klage der Nachbarn einzuhandeln. Also, ich finde, das ist es nicht wert.

Suchen Sie sich den passenden Zeitpunkt zum Streiten mit ihrer Freundin aus. Ich hab mal einen Streit angefangen, als das Boot gekentert war und sie mir den Rettungsring zuwerfen sollte.

Die Wildecker Herzbuben streiten sich ständig am Buffet, wer das letzte Spanferkel bekommt.

Joschka Fischer streitet sich gern, deshalb wurde seine letzte Ehe geschieden wegen unüberbrückbarer Gemeinsamkeiten.

Immer mehr Paare kriegen Streit im Urlaub. Folgendes sind die Hauptstreitpunkte:

- Die Sonnencreme-Tube wird in der Mitte gedrückt
- allzu heftiger Flirt mit dem nackten Bademeister
- Haare im Meer

Die schlimmsten Streitereien im Urlaub gibt es am FKK-Strand, wenn die Größenvergleiche losgehen.

## TRANSSEXUELL

Transsexualität kann das Sexualleben sehr vereinfachen. Besonders wenn der Schwanz sehr lang und biegsam ist.

Ein Ehepaar in Ungarn will nach Medienberichten das Geschlecht tauschen. Mein Gott, solche Umstände, nur damit der Mann auch mal das Geschirr abspült.

Zur Teilnahme von Dana International am Grandprix meinte ein ultrareligiöser Politiker in Israel, das Ganze sei eine »Botschaft der Finsternis«. Ich finde, dann paßt es perfekt zum Grandprix.
Ein Rabbiner sagte über Dana International, Geschlechtsumwandlung sei für ihn schlimmer als Sodomie. Ja stimmt, es macht nicht halb so viel Spaß.

Dana International ist ja seit 1993 transsexuell. Anscheinend steckt man als Transsexueller beruflich ziemlich in der Sackgasse, da kann man nur noch Sänger werden oder seine Genitalien auf dem Schwarzmarkt verkaufen.
Oder »Schwanzmarkt«.

Transsexuelle sind unter anderem Männer mit Brüsten. So was sehen Sie sehr oft bei Treffen der Weight Watchers.

Geschlechtsumwandlungen gehen immer schneller über die Bühne. Man nennt das »Trans rapid«.

## VALENTINSTAG

Valentinstag. Der Tag, an dem alle Frauen mit 'nem Strauß Blumen rumzukriegen sind.

Ich hasse den Valentinstag. Hunderte von Frauen, die mir Liebeserklärungen machen. Das stört so beim Vögeln!

Wieso müssen eigentlich die Männer immer den Frauen was schenken zum Valentinstag? Wir beschenken die Frauen doch jeden Tag mit unserer Anwesenheit.

## VIAGRA

→ *Impotenz*

US-Forscher haben ein neues Mittel gegen Impotenz entwickelt, als Viagra-Konkurrenz. Hey, ich bin so froh, daß sich die Forschung um so wichtige Dinge kümmert, und nicht um Firlefanz wie Krebs oder Aids.

Die Behörden in Südkorea haben einen Viagra-Schmugglerring zerschlagen. Oder wie man die Pillen dort nennt: »Korea Tabs«.

Viagra kommt demnächst auch als Nasenspray heraus. Klasse, noch toller wär allerdings ein Zäpfchen.
Zunächst wurde die Einatmung des Potenzmittels im britischen Pfizer-Labor an Hunden getestet, später bei Männern. Bei beiden war die stärkste Nebenwirkung: Exzessives Sabbern.

Bei einer Inhalation von Viagra ist das Mittel schneller wirksam. Sogar der Herzinfarkt kommt doppelt so schnell.

Bei der Nasenspray-Version reichen geringere Dosen als bei Pillen aus. Sehr schön, dann muß ich mit meinem Monatsvorrat nicht immer meinen ganzen Kleiderschrank blockieren.

Israel ist nach Informationen der »Jerusalem Post« die heimliche »Hauptstadt« der Viagra-Fälscher. Kein Wunder, die Leute da kriegen ja kaum noch ihre Bomben hoch.
Einige Pillen sind blau wie das Original. Das sind eigentlich nur »Wick Blau«, aber statt des W schreiben die es mit F.

Der an einem Herzinfarkt dahingeschiedene Leichtathletik-Obermotz Primo Nebiolo hat mal behauptet, er habe dreimal am Tag Sex. Tja, offensichtlich haben sich die Nebenwirkungen von Viagra immer noch nicht überall rumgesprochen.

Der Pharmakonzern Pfizer will Viagra künftig auch als Pille zur Luststeigerung bei Frauen auf den Markt bringen. Die neue Freundin von Rudolf Scharping hat schon eine Jumbopackung bestellt.

Wie kriegt man eigentlich eine Impotenz-Bescheinigung vom Arzt? Ich meine, was genau muß man eigentlich TUN, damit er das einem glaubt?

Eine Viagra-Packung ist sehr teuer. Und dazu kommt dann auch noch das Honorar für die Prostituierte, bei der man das Zeug verbrät.

Ein Tip an dieser Stelle an alle Freudenmädchen: Liebe prostituierte Mitbürger, wenn Ihr euch statt neben den Bahnhof direkt neben die Apotheken stellt, könnt Ihr 'ne Menge Laufkundschaft einfangen!

Die Pille hat gewisse Nebenwirkungen, z.B. Magen-Darm-Störungen. Macht nichts, dann treibt man es demnächst einfach auf dem Klo.
Mach ich sowieso immer.

Eine weitere Nebenwirkung von Viagra ist die Störung des Farbensehens. Also wenn Sie mit Ihrer Frau schlafen, stellen Sie sich vielleicht plötzlich Naomi Campbell vor statt Claudia Schiffer.

Viagra ist nur gegen ärztliches Rezept erhältlich. Wahnsinn, stellen Sie sich vor, Sie wären Arzt: Sie würden durch Viagra nicht nur steinreich, sondern potent wie ein sizilianischer Halbschwergewichtsboxer!

Bei den Apothekern herrscht jetzt Goldgräberstimmung. Denen fehlt jetzt nur noch ein Medikament, mit dessen Hilfe man plötzlich Fußball spielen kann.

Die Hinweise auf dem Beipackzettel von Viagra sind strikt einzuhalten. Na, ich weiß nicht, ob man in solchen Momenten besonders Lust hat, einen Beipackzettel zu lesen.
Ich könnte den Wisch in so einem Moment wahrscheinlich nicht mal auseinanderfalten.

Die blauen Pillen sind aber nur in 50 bis 70 Prozent der Fälle wirksam. Bei Frauen, zum Beispiel, bewegt sich grundsätzlich sehr wenig.

Angeblich sind acht Millionen Männer in Deutschland impotent. Die sind übrigens leicht daran zu erkennen, daß sie entweder Porsche fahren oder ein Mercedes-Cabrio.

In den USA läßt die große Nachfrage nach Viagra langsam nach... oder sollte ich sagen, sie »schlafft ab«?

Viele verheiratete Männer haben nach ersten Versuchen wohl wieder von der Pille abgelassen. Sie haben festgestellt: Es gibt nur eine Sache, die schlimmer ist, als keinen Sex mehr zu haben. Und zwar, Sex mit der Ehefrau zu haben.

Viele Männer mußten feststellen, daß Viagra keineswegs immer gegen Impotenz hilft. Das Gute ist nur: Jetzt können sie die Schuld auf die Pille schieben.

# LEBEN UND FAMILIE

## BABIES

Die gute Nachricht: Es gibt immer mehr Babies in Deutschland. Die schlechte Nachricht: Die meisten sind Mädchen.

Erstmals seit der Wiedervereinigung ist die Geburtenzahl wieder gestiegen. Das nutzt aber nichts, denn die Zahl der Drogentoten ist ebenfalls gestiegen.

Es gibt immer mehr Babies in Deutschland. Einfach fabelhaft, dann bezahlt vielleicht doch jemand meine Rente.

Die Deutschen machen wieder mehr Kinder, besonders in Ostdeutschland. Ja, was soll man tun, wenn man keine Arbeit hat.

In Ossi Park gibt es besonders viele Geburten. Die halten sich Kinder als preiswerten Ersatz für die Weihnachtsgans.

Der ursprüngliche Name für das Baby von Bill Gates war »Windeln 96«.

Babies hören im Mutterleib alles, was draußen so vor sich geht. Als ich im Mutterleib war, hörte ich meine Mutter sagen »Wenn's ein Junge wird, bring ich mich um«. Typisch Eltern, immer nur leere Versprechungen.

Ich sehne mich irgendwie nach dieser Zeit im Mutterleib zurück. Ich bin ein geborenes Baby.

Pampers gibt es schon seit 40 Jahren. Du grüne Neune, hoffentlich wechselt die mal jemand!

Ich erinnere mich noch an meine erste Pampers. Weich, elastisch, anschmiegsam. Die Mädels in der Krabbelkiste waren gar nicht zu bremsen.

Das war ein schlimmer Tag, als meine Mutter sagte, jetzt darf ich keine Windeln mehr tragen. Ich trage ihr das immer noch nach, auch wenn es schon zwei Jahre her ist.

Meine Kinder tragen keine Pampers. Die beißen sich einfach mit dem verkleckerten Alete.

Die Pampers-Werbespots sind ja sehr beliebt. Besonders bei Päderasten.
Pampers bringt jetzt auch Windeln für Erwachsene raus. Der entsprechende Werbespot ist allerdings am Einspruch der Jugendschutzkommission gescheitert.

Das Deutsche Institut für Normung will Kinderwagen normen. Finde ich gut, jetzt müssen nur noch die Kinder genormt werden.

Ich kann mich noch gut an meinen Kinderwagen erinnern. Es war ein umgebauter Rasenmäher.

Zur Grundausstattung jedes Kinderwagens gehört ab heute:
- ein Lederknebel
- eine Lärmschutzhaube
- ein Abtropfgitter am Boden

## BÜSTENHALTER

Büstenhalter – Das klingt nach einem Traumjob.

In diesen Tagen schnallen alle Männer den Gürtel enger. Und die Frauen den BH.

Anna Nicole Smith trägt keinen BH. Der BH trägt SIE.

## BIKINI

Ich steh nicht so auf Bikinis. Ich komm mir darin immer vor wie ein Perverser.

Den Bikini gibt es seit über 2000 Jahren. Höchste Zeit, ihn mal zu waschen.

Bikinis sind wie Stacheldrahtzäune. Sie beschützen den Inhalt, ohne die Sicht zu versperren.

Vor 50 Jahren fanden auch auf dem Bikini-Atoll die ersten Atombombentests statt. Daher auch die Bezeichnung »Atombusen«.

Ich finde es toll, wenn Frauen Bikinis tragen. Nachdem sie sie ausgezogen haben.

Der Bikini hat Vorteile und Nachteile, ist sozusagen ein zweiteiliges Schwert.

Das Schöne an Bikinis ist, das man fast alles sehen kann. Das Blöde daran ist, daß man manchmal gar nicht alles sehen will.

## EHE

*→ Ehebruch; → Ehefrauen; → Ehemänner; → Hochzeitsnacht; → Hochzeitstag; → Scheidung*

Julia Roberts Lover Benjamin Bratt sagt, daß er Julia überhaupt nicht heiraten will, da müsse man ihm schon »ein Gewehr an die Schläfe halten«. Was für ein Romantiker. Erinnert mich an meine vierte Hochzeit. Allerdings habe ich der FRAU ein Gewehr an die Schläfe gehalten.

Die Ehe wird nach der Silberhochzeit wieder schön. Spätestens nach 25 Jahren Ehe dürfte klar sein, daß er sie nicht wegen ihres Aussehens geheiratet hat.

Die Mehrheit der Chinesen ist einer Studie zufolge unzufrieden mit dem Eheleben. Tjaha, vielleicht müssen die da nur gute sozialistische Traditonen einführen, und die Frau wird mal ernannt zur »Heldin des Abwaschs« oder er zum »Held des Geschlechtsverkehrs«.

Lediglich 3% aller Chinesen sind der Meinung, ihre Ehe sei gut. Die Quote ist aber immer noch doppelt so groß wie in Hollywood.

Die Ehe wird mit der Zeit immer schöner. Es gibt immer weniger Sex.
Also noch weniger als vorher.

## EHEBRUCH

36% der erwachsenen Bundesbürger betrügen ihren Lebenspartner. Das ging aus einer Umfrage unter 1000 Briefträgern hervor.

38% der Deutschheit glaubt, daß der Mensch von Natur aus untreu ist. Es sei denn, es geht um den Lieblingsverein oder die Stammkneipe.

Jeder 5. Teutone kann sich vorstellen, zwei Menschen auf einmal zu lieben. Ich finde das entsetzlich. Also, in MEINEM Herzen ist für keinen anderen Menschen Platz als für mich!

50% aller Ehen enden nach einem Seitensprung. Also Obacht: Immer von vorne auf die Geliebte draufspringen.

Wissenschaftler haben herausgefunden: Untreue ist genetisch bedingt. Genauso wie Alkoholismus, Schnarchen und Frauenverprügeln.
Ohne die Wissenschaft wären wir Männer echte Schweine, was?

Mir tun Transsexuelle leid, die untreu sind. Die betrügen sich doch nur selbst.

Ehebruch gilt ja offiziell nicht als Scheidungsgrund, und die Unterhaltszahlungen richten sich nicht nach dem Schuldprinzip. An sich eine tolle Methode, um Hollywood-Stars ins Land zu locken.

## EHEFRAUEN

Heinrich der Achte hat alle seine acht Ehefrauen köpfen lassen. Da hat O.J. Simpson noch viel Arbeit vor sich.

Ich verprügle meine Frau nie. Ich engagiere Profis, die das übernehmen.

Ich habe gerade Personalmangel in meiner Ehe. Meine Frau hat mich verlassen.

## EHEMÄNNER

Die meisten Männer lieben ihre Frau lieber als den Hund. Aber nur in der Hunde-Stellung.

Nach der Hochzeit neigen Ehemänner angeblich dazu, ihren Körper zu vernachlässigen. Ja, weil die Frauen die Körper der Männer ebenfalls vernachlässigen!
Ist doch wahr, plötzlich hört man Sätze wie »Aber das kannst du doch nicht wirklich von mir verlangen, das ist doch widerlich« und ähnliches Zeug.

Ich schätze, drei Viertel der Hundebesitzer lieben ihren Hund mehr als ihren Partner. Das letzte Viertel liebt sich selbst mehr als den Partner.

In England gibt es eine »Gesellschaft für Männer mächtiger Frauen«. Der Club erfreut sich großer Beliebtheit. Margaret Thatcher hat sogar eine Geschlechtsumwandlung an sich vornehmen lassen, um aufgenommen zu werden. Die Operation dauerte zehn Minuten.

## ELTERN

*→ Großeltern; → Mütter; → Väter*
Viele Kinder sagen heute: »Ich verzeihe meinen Eltern nicht, daß sie mich gezeugt haben.« Und ich verzeihe meinen Eltern nicht, daß ich mir davon später das Video ansehen mußte.

Immer mehr Eltern werden von ihren Kindern geschlagen. Das sollte man nicht verharmlosen! Kinder, die ihre Eltern schlagen, könnten davon einen psychischen Knacks kriegen und werden am Ende zu Pazifisten!

Schläge gelten immer noch als probates Erziehungsmittel. In jedem SM-Shop gibt's eine Kinderecke.

81% der Teutschen sind der Meinung, ein Klaps kann nicht schaden. Richtig, mit 'nem Klaps kann man sogar Bundespräsident werden, wie wir seit ein paar Jahren wissen.

Die rebellische Studentengeneration prügelt heute übrigens am meisten auf die Blagen ein. Das ist eben echte Flower Power!

Der Bundestag hat vor kurzem die körperliche Bestrafung verboten. Jetzt darf man die Kinder nur noch mit der »Sendung mit der Maus« foltern.

Nach einer Umfrage finden 82% der Eltern Märchen wichtig. Und 82% der Kinder finden Eltern völlig unwichtig.

Die Eltern und Großeltern sind angeblich die besten Vorbilder für Kinder. Das Baby von Konstantin Wecker sieht das womöglich 'n Stück weit anders.

Meine Eltern sind immer noch meine Vorbilder. Auch wenn ich sie nie besuche.

Die meisten Eltern wollen, daß es ihren Kindern einmal besser geht als ihnen. Sonst können die ja nicht das Altersheim bezahlen.

### FAMILIE

*→ Eltern; → Geschwister; → Großeltern*

Die Hälfte meiner Familie redet nicht mit mir. Jetzt muß ich mir nur überlegen, wie ich das auch noch bei der anderen Hälfte schaffe.

Ich fühle mich sehr wohl im Schoß der Familie. Nicht ganz so wohl wie im Schoß von Cindy Crawford, aber immerhin.

Meine Familie geht mir, ehrlich gesagt, ziemlich auf die Nerven. Ich weiß gar nicht, wieso ich die dauernd im Knast besuche.

### GESCHWISTER

Die Reihenfolge in der Familienhierarchie wirkt sich auf den Charakter aus. Ältere Geschwister haben ständig die Ambition, König zu werden.

Es kommt nicht darauf an, wieviele Geschwister man hat, sondern an welcher Stelle man geboren wurde. Wurde man auf einer Bahnhofstoilette geboren, ist das schon mal gar nicht gut.

Jüngere Geschwister sind rebellischer. Meine jüngere Schwester hat sich immer mehr gewehrt als die ältere.

### GROSSELTERN

Meine Oma fährt im Hühnerstall Motorrad.

Ich hatte mal einen Hund, den mußte ich dann einschläfern lassen. Oder verwechsle ich das jetzt mit meiner Oma?

Ich habe tolle Großeltern. Sie sind alle tot.

Die Großeltern fungieren für die Enkelkinder hauptsächlich als Babysitter und Geschenkelieferant. Sie halten sich aber dadurch schadlos, indem sie ihre Kinder mit »Werthers Echte« foltern.

### HAUS

*→ Möbel; → Nachbarn; → Teppiche; → Wohnung*

Die deutschen Familienväter kaufen jetzt gerne billige Einfamilienhäuser, damit sie nach dem Kauf noch sagen können, jetzt geht's reich ins Heim.

Ich fahre nicht gern im Aufzug. Allein schon die Schwierigkeiten, mein Auto da reinzukriegen.
Meine Mutter hat immer zu mir gesagt: »In so 'nem Aufzug kannst du dich nicht sehen lassen!«

Hausboote sind schwer im Kommen. Es gibt viele Extras, für 50 DM bekommt man schon einen illegitimen Kelly dazu.

### HEIRATSVERMITTLUNG

Die Methoden der Heiratsvermittler werden immer dubioser. Das sehen Sie an Michael Jackson.

Besonders beliebt sind ja diese Thailänderinnen aus dem Katalog. Die passen so gut zu den Kiefernholz-Möbeln.

Die Polizei geht jetzt härter gegen falsche Heiratsvermittler vor. Tja, jetzt kommst du ins Schwitzen, Jürgen von der Lippe!

Heiratsvermittler werden in Fachkreisen »Ehe-Zuhälter« genannt.

Ich habe neulich auch die Vermittlung angerufen: »Hallo Vermittlung, verbinden Sie mich mal mit meiner zukünftigen Frau«. Hat überhaupt nichts gebracht.

## HOCHZEITSNACHT

Ich habe in meiner Hochzeitsnacht den besten Sex meines Lebens gehabt. Ich wüßte zu gerne, wie die Frau hieß.

In meiner Hochzeitsnacht war meine Frau noch Jungfrau. Naja, eigentlich war sie es auch noch hinterher. Ich hatte wohl zuviel Bier getrunken.

In der Hochzeitsnacht ging meine Frau so richtig aus sich raus. So konnte ich bequemer rein.

## HOCHZEITSTAG

Viele Ehemänner vergessen den Hochzeitstag. Das nennt der Psychologe »verdrängen«.

Zum Hochzeitstag hat mir meine Frau etwas ganz Besonderes geschenkt: Sie hat mich verlassen.

Viele Paare erneuern am Hochzeitstag ihren Heiratsschwur. Diese Leute nennt man auch »Wiederholungstäter«.

## HOSEN

Ich habe nur eine Hose. Deswegen habe ich schon Lokalverbot in fünf Waschsalons.

Ich mache nicht gerne Witze über Dicke. Warum sich über jemanden lustig machen, nur weil er seine Hose mit einem Baukran zumachen muß?

Ich war schon immer ein Jeans-Typ. So nennt man Leute, die ihre Hose wochenlang nicht ausziehen.

## JACKEN

Lederjacken sind so teuer heutzutage. Da ist es schon billiger, wenn man die Krokodile selbst züchtet.

Lederjacken werden jetzt billiger. Das Fell stammt von britischen Kühen.

Ich kaufe nie im Winterschlußverkauf. Ich kenn das doch: Ich kaufe mir eine warme Jacke, und der nächste Winter wird dann überhaupt nicht kalt. Nur um mich zu ärgern!

## JUGENDHERBERGEN

Früher nannte man Jugendherbergen ja schlicht »Kinder-KZ«.

Jugendherbergen werden immer beliebter. Besonders seit es da auch Kondomautomaten gibt.

Es sollte mal eine Fernsehserie geben über eine Jugendherberge. So wie »Wir Kinder vom Bahnhof Zoo«.

Wir mußten in Jugendherbergen immer beim Abwaschen helfen. Aber niemand wollte mich abwaschen.

In Jugendherbergen machen ja viele Teenager ihre ersten sexuellen Erfahrungen. Manche sogar mit dem ANDEREN Geschlecht.

## KINDER

*→ Babies; → Kindergärten; → Jugendherbergen; → Taschengeld; → Teenager*

Viele Kinder in Deutschland gelten als sehr aggressiv. Manche sind schon bei der Geburt Skinheads.

Nach Angaben von Experten geben Eltern heutzutage ihren Kindern immer seltsamere Vornamen. Ja, also wirklich: »Johannes B.«. Wie heißt denn sein älterer Bruder? »Johannes A.«?

Ein eigener Fernsehapparat im Zimmer ist laut Umfrage der große Wunschtraum aller sechs- bis neunjährigen Kinder in Deutschland. Komisch, das ist auch der größte Traum der Werbe-Industrie.

Bei den Kindern in Deutschland steht eine Hoffnung ganz oben auf der Weihnachts-Wunschliste: 94 Prozent der Acht- bis Zwölfjährigen möchten ihre Eltern öfter sehen. Das gilt besonders für die Kinder von Michael Jackson, die haben ihre Eltern ja noch NIE gesehen...

Eine Zeitschrift hat Kinder in Deutschland nach ihren Prognosen für das nächste Jahrhundert befragt. Die meisten Kinder glauben, es werde 100 Jahre dauern. Von wegen Bildungsmisere!

Eine Zeitschrift hat 2000 Jugendliche befragt, welche Fehler sie niemals verzeihen. Platz 1 auf der Liste: »Dämliche Umfragen«.
Gar nicht verzeihen können Kinder NS-Verbrechen. Ja, genau! Wenn einer meiner Freunde NS-Verbrechen begehen würde, würde ich nie wieder mit ihm reden!

Ich will, daß es meinen Kindern besser geht. Es fängt damit an, daß sie die Grundschule schaffen!

Die Welt gehört den Kinderhänden. Und sie wissen ja, Kinder machen alles kaputt.

Ein Pädagoge sagt: »Sie können jedes Kind vom Fernseher weglocken, wenn Sie im Garten ein kleines Feuer machen«. Und sie können es sogar für ewig vom Fernseher weglocken, wenn Sie das Feuer im Haus machen!

Angeblich sind die Kinder in Deutschland deutlich intelligenter und selbständiger als frühere Generationen. Ja, diese Kinder würden niemals Hitler wählen. Vor allem, weil sie kein Wahlrecht haben.

Vielleicht sollten Kinder das Wahlrecht haben. Die wählen dann wahrscheinlich Garfield zum Kanzler. Das wär mal 'ne ganz neue Art Kanzler: Ein egozentrischer, rechthaberischer Fettsack, der alles und jeden tyrannisiert. Ähem...

Die Eltern sind schuld am erhöhten Fernsehkonsum der Kinder. Die kaufen schließlich die Fernseher für die Kinder, um mal in Ruhe vögeln zu können!

Das siebte Lebensjahr entscheidet über die spätere Karriere eines Jungen. Also, wenn er bis dahin keinen Doktortitel in Astrophysik hat, wird er niemals Astronaut.

Als ich sieben war, wollte ich unbedingt Zugführer werden. Erst später erfuhr ich: Das richtige Wort dafür heißt »Zuhälter«.

Aufgepaßt: Am Weltkindertag darf man nur mit gepolstertem Rohrstock prügeln!

Am Weltkindertag müssen Sie mal etwas großzügiger sein zu Ihrem Nachwuchs. Also wenn der Kleine unbedingt 'ne Zigarre rauchen und Pornos sehen will, sein Sie mal nicht so!

Ich brauche keinen Weltkindertag, um lieb zu Kindern zu sein. Was ich dazu brauche, ist 'ne Flasche Schnaps.

Sie wissen ja, die Welt gehört den Kinderhänden. Aber nur, wenn sie sie vor dem Essen waschen!

Ich liiiieeeebe Kinder. Außer, wenn sie wach sind.

Die amerikanischen Kinder gehen an Halloween verkleidet von Tür zu Tür und fordern Süßigkeiten. Und dann wundern sich die Amis über Jugendkriminalität.
Wissen Sie, als was sich Kinder verkleiden müssen, um mich zu erschrecken? Als Kinder.

6% der Jungs zwischen 4 und 18 Jahren verhalten sich bösartig. Also daher kommen die FDP-Wähler.

Das soziale Umfeld ist angeblich gar nicht so wichtig für Kinder. Viel wichtiger ist das asoziale Umfeld.

Jugendliche aus reichen Verhältnissen sind genauso aggressiv wie die armen. Die haben allerdings genug Geld, um sich nicht selbst die Hände schmutzig zu machen.

Kinder verlernen das Rechnen bei diesen dummen Computerspielen. Zu meiner Zeit mußte man seinen Highscore noch selber zusammenaddieren!

Monopoly kann die Kinder so gut weiterbringen. Zumindest Jungs. Ihrer Tochter kaufen Sie besser eine Puppenstube oder einen Spielzeugkaufladen, damit sie auf dem Teppich bleibt.

Kinder greifen immer früher zu Drogen und Alkohol. Dieser klebrige Sesamstraßen-Hustensaft ist eine gefährliche Einstiegsdroge.

Kinder setzen sich durch beim Klamottenkauf. Die lassen sich nicht irgendwelche Billigwindeln vom Aldi andrehen!

Kinder sind eigentlich nicht sehr wählerisch. Nehmen Sie irgendeinen billigen Pullover, knallen Sie ein Batman-Logo drauf, und das Balg will nur noch haben, haben, haben...

Kindern soll die Angst vorm Krankenhaus genommen werden. Die Chirurgen tragen alle Batman-Masken.

## KINDERGÄRTEN

In den Tarifverhandlungen sagen die Arbeitgeber dauernd, ihnen fehle der Spielraum. Na, dann richtet doch endlich Kindertagesstätten ein!

In Köln gibt es jetzt ein Kinderhotel. Da gehe ich mal hin, ich laß mir gerne von Kindern die Koffer tragen.
Ich war auch mal in einem Kinderhotel. In Thailand.

Im Kölner Kinderhotel können berufstätige Eltern ihre Kinder unterbringen. Toll, ist jedenfalls immer noch besser als die Schule!

## KRAWATTEN

Klamotten sind unwichtig für mich. Nur meine Krawatten müssen möglichst lang und dick sein. Ich weiß auch nicht wieso.

Ich hasse das, wie einem die Frauen an Weiberfastnacht immer die Krawatten abschneiden. Ich frage mich, was die damit eigentlich ausdrücken wollen.

Ist schon komisch, wie Krawatten immer wie ein Pfeil auf die Genitalien zeigen. Homos tragen Krawatten sogar auf dem Rücken.

## LAGERFELD, KARL

*→ Mode; → Schiffer, Claudia*

Für mich ist Lagerfeld der größte Modedesigner aller Zeiten. Das ist etwa genauso viel wert wie »das schmerzhafteste Furunkel aller Zeiten«.

Karl Lagerfeld verklagte die Süddeutsche Zeitung, weil die behauptet hat, er sei pleite. Jetzt kann sie ihn ja mit der Entschädigung über Wasser halten.

Haben Sie die dürre Kleiderstange gesehen, für die Lagerfeld Claudia stehengelassen hat? Ich wußte gar nicht, daß Giraffen auf zwei Beinen laufen können.

Diese Fächer sind ja kein alberner Tick. Das ist Lagerfelds Art, Parfüm-Gratisproben zu verteilen.

Ich glaube, all diese Modedesigner sind gar nicht wirklich schwul. Die tun nur so, damit sie jederzeit in die Umkleidekabine dürfen.
Oder sie werden erst schwul, nachdem sie dort waren.

Ich finde, seinen Pferdeschwanz könnte er jetzt wirklich mal abschneiden. Wenn er nur etwas Würde hätte, würde er sich einen Sack über den Kopf ziehen.

Karl Lagerfeld sagt, Nerze sind böse Tiere. Ja, die sterben vorsätzlich aus, nur um die Pelzpreise raufzutreiben!

Lagerfeld meint, es geschieht Nerzen ganz recht, wenn sie für Pelze gemeuchelt werden. Was schmecken die auch so scheiße!

## MÖBEL

*→ Teppiche*

Ich finde, es kann nicht gemütlich genug sein. Ich polstere alle meine Möbel mit Robbenfell.

Im Grunde ist Sparsamkeit beim Möbelkauf zu begrüßen. Aber als ich neulich mit einer Frau in der Hängematte Liebe machen mußte, war das keine durchweg positive Erfahrung.

Das Wichtige bei einem Bett ist nicht der Preis. Hauptsache, es ist stabil und hat Pfosten für die Handschellen.

Die Ossis sparen ihr Geld halt für besonders schöne Möbel. Für »Erdmöbel«.

Die Leute stehen wieder auf gemütliche Möbel. Ja, ich liege z.B. gerne auf molligen Frauen. Die bringen sogar zwei Kopfkissen gleich mit.

Nach dem Wasserbett kommt jetzt vielleicht das Whisky-Bett.

Möbel aus Rattan sind wieder im Trend. Gottseidank, solange sie nicht in meiner Wohnung sind...

Der Landhausstil ist wieder gefragt! Die Möbel sind preiswert, aber die Landhäuser reißen doch ein ziemliches Loch in den Sparstrumpf.

»Landhausstil« heißt in Ostdeutschland »Datscha-Stil«.

Wichtig beim Landhausstil ist möglichst unbehandeltes Holz. Die Rinde muß man dann selber noch vom Tisch abnagen.

Die Eiche als Möbelholz ist out. Das ist sehr praktisch, denn es gibt sowieso keine gesunden Eichen mehr.

## MODE

*→Hosen; →Jacken; →Lagerfeld, Karl; →Modenschau; →Pelze; →Röcke; → Schiffer, Claudia; →Schuhe*

Sie kennen das: Sie spazieren mit einer Frau durch die Innenstadt und werden von Schaufenster zu Schaufenster geschleift. Aber wehe, Sie halten vor dem Schaufenster von Beate Uhse!

Der Designer Tommy Hilfiger erwarb drei Paar Jeans von Marilyn Monroe. Er meint, die Jeans könnten an einem Model »toll aussehen«. Allerdings hätten Models heute niemals Hüften wie die Monroe damals. Nein, die Hüften der Models dürften eher denen gleichen, die Marilyn HEUTE hat.

Meine Freundin kauft ihre Klamotten immer im Versandhaus. Unser Paketbote hat sich schon einen Bruch gehoben.

Ich habe mal einen Anzug bei Quelle gekauft, hab ihn aber nicht lang getragen. Ich war es leid, ständig gefragt zu werden, woran der Clown gestorben ist.

Jede deutsche Frau gibt im Schnitt 1700 DM pro Jahr für Klamotten aus. Ich habe schon immer gesagt: Frauen sollten keine Kleidung tragen.
Die Ausgaben für die Kleidung sind ja noch gar nichts. Stellen Sie sich vor, wieviel für Kleiderschränke ausgegeben wird.

Was ist Winterschlußverkauf? Altkleidersammlung, für die man Geld bezahlt.

Viele tragen ja im Sommer überhaupt kein Hemd. Die sagen dann »Das Krokodil hat es aufgefressen«.

## MODENSCHAU

Claudia Schiffer hat ihrem Freund zuliebe zur gewerkschaftlich fixierten Mindestgage gemodelt. Hey ist ja irre, es gibt eine Model-Gewerkschaft? Wie setzen die ihre Forderungen durch? Mit der Drohung, in Zukunft ihr Essen zu verdauen?

Haben Sie diese neuen dürren Models gesehen? Soviel Silikon existiert gar nicht, um aus denen richtige Frauen zu machen.

Die dünnen Models verbeugen sich am Schluß nie vor dem Publikum. Sie haben Angst, sie würden durchbrechen.

Dünne Frauen sind bei Modedesignern begehrt. Da spart man am Stoff.

## MÜTTER

*→ Muttertag*

Meine Mutter hat mich dauernd genervt mit »Saug dein Zimmer, saug dein Zimmer«. Die Frau konnte sich nicht damit abfinden, daß ich entwöhnt war.

Deutsche Männer lieben ihre Mutter. Sie besuchen sie jeden Sonntag, ob bei ihr zuhause oder auf dem Friedhof.
Und immer bringen sie Blumen mit.

Ich weiß noch, wie ich das erste Mal Mutter wurde. Naja, letztendlich waren es nur starke Blähungen.

Ich schenke meiner Mutter zum Geburtstag einen 10-Liter-Eimer Nivea. Der sollte für eine Woche reichen.

Sagen Sie, kriegen Sie von Ihrer Mutter zu Weihnachten immer noch Pullis geschenkt, oder ist meine die einzige mit dieser Macke?

In der Schweiz ist eine heftige Diskussion über die Frage entbrannt, ob Mütter ihre Kinder im Restaurant stillen dürfen. Ja, wen sollen die denn sonst stillen? Den Oberkellner?
Dann mach ich sofort 'ne Umschulung.

## MUTTERTAG

Der Muttertag ist ja eine Erfindung der Nazis. Naja, aber dafür hat Hitler wenigstens die Autobahn gebaut.

Ich liebe meine Mutter sehr. Am Muttertag schicke ich ihr meine Wäsche immer in einem herzförmigen Karton.

Ich schenke meiner Mutter prinzipiell nichts zum Muttertag. Ist mir egal, wieviele Tabletten sie ihr aus dem Magen pumpen, es geht ums Prinzip.

## NACHBARN

Meine Nachbarn sind immer sehr laut beim Sex. Ich mußte allerdings Wanzen bei denen installieren, um das festzustellen.

Viele Franzosen empfinden ihre Nachbarn als lästig. Tja, die sollten erstmal neben Frankreich wohnen!

20 Prozent aller Franzosen würden ihre Nachbarn am liebsten nie zu Gesicht kriegen. Sie kennen ja auch diese Treppenhaus-Olympiade: Man geht erst zum Briefkasten, wenn es im Treppenhaus ruhig ist. Man sollte eigentlich Ampeln installieren.

Worüber Nachbarn so reden:

- »Wann machen Sie endlich die Treppe?«
- »Muß die Musik so laut sein?«
- »Du verficktes Drecksarschloch, wenn Du Deine Scheißfresse nochmal aufreißt, hack ich dir die verwichste Birne ab und piss auf Dein Gehirn!«
- »Guten Morgen, wie geht's denn so, Sie blöde Tunte?«

Doof ist auch, wenn der Nachbar ständig rumbohrt. Und die Popel dann unter die Wohnungstürklinken klebt.

Meine langjährigen Nachbarn sind letzte Woche weggezogen. Ich werde sie vermissen. Noch mehr vermisse ich allerdings meinen Rasenmäher.

Meine Nachbarn haben einen Hund, der ständig bellt. Oder vielleicht ist das auch mein Nachbar selbst. Das wäre eine Erklärung für die vielen ausgeleierten Peitschen und Ketten in seiner Mülltonne.

Meine neuen Nachbarn sind perfekt: Sie haben keine Kinder. Sie haben keine Tiere. Und sie haben keine Schlafzimmervorhänge.

Offenbar sind meine neuen Nachbarn frisch verheiratet. Gestern habe ich mit eigenen Augen gesehen, wie der Mann den Müll rausgebracht hat!

Laut Gericht muß man sich mindestens dreimal pro Woche eine halbe Stunde laut streiten, um sich eine Klage der Nachbarn einzuhandeln. Also, ich finde, das ist es nicht wert.

Gönnen Sie sich etwas Spaß: Wenn Sie genügend Telekom-Aktien haben, können Sie bei ihrem Nachbarn das Telefon sperren.

## PELZE

Zumindest in der Mode feiern die 80er Wiederauferstehung. Sogar echte Pelzkragen sind wieder in Mode. Endlich wird das Erschlagen von Robbenbabies nicht mehr kriminalisiert.

Ich hab 'ne tolle Idee: Ich raube ein Pelzlager aus, und wenn ich erwischt werde, sage ich einfach, das war militanter Tierschutz.

Ich habe meiner Freundin mal einen Nerz geschenkt. Leider war das Tier nicht stubenrein.

Männer, die Pelze tragen, waren mir schon immer suspekt. Die sind doch alle schwul! Dabei fällt mir ein, ich muß mal wieder meine Brust rasieren.

Ich trage niemals Pelze. Ich habe eine Körperbehaarung wie ein Yorkshire-Terrier.

Ich finde, Frauen sollten lieber gar nichts tragen als Pelzmäntel. Vor allem Claudia Schiffer oder Pamela Anderson.

## RÖCKE

Ich kenne Frauen, die sind so sparsam, daß sie sich keine Miniröcke kaufen, sondern ihr T-Shirt in die Länge ziehen und einen Gürtel drumrumbinden.

Wenn Sean Connery eine Rockband gründet, das wäre echter »Schottenrock«.

Eine Allenfalls-Umfrage hat ergeben: Geht es den Leuten wirtschaftlich gut, werden kurze Röcke getragen. Nur dann können sich die Frauen die Cellulite-Entfernung leisten.

## SCHEIDUNG

Die Aufteilung bei der Scheidung soll fair sein. Es wird alles in der Mitte geteilt, und die Frau bekommt die beiden Hälften.

Nur drei Minuten brauchen zwei US-Psychologen, um einem Ehepaar vorauszusagen, ob sie sich irgendwann wieder scheiden lassen. Also, wenn die Ehefrau Liz Taylor heißt, kann ich das auch.

Eine US-Studie hat herausgefunden: Der Ehekiller Nr. 1 heißt Langeweile. Stimmt, auch die meisten Deutschen kommen immer dann auf Scheidungsgedanken, wenn sie Derrick sehen.

Zwei Drittel aller Ehen scheitern, weil man sich gegenseitig anödet. Diese Amerikanerin hat ihrem Mann auch nur den Schwanz abgeschnitten, um ein bißchen Abwechslung in die Ehe zu bringen.

Kinder profitieren davon, wenn eine zerstrittene Ehe scheitert. Doppelt Taschengeld, halbe Erziehung.

Ich glaube aber in einer Ehe an unendliche Liebe und absolute Treue. Ich würde mich nie von meinem Haus scheiden lassen!

Höchste Zeit, das Scheidungsrecht in Deutschland zu modernisieren. Folgende Vorschläge:

1) Wenn die Ehefrau den Beischlaf verweigert, ist die Scheidung rechtskräftig und die Frau muß ihr ganzes Geld dem Mann geben

2) Zugewinngemeinschaften gibt es nur noch beim Lotto

3) Es herrscht strikte Gütertrennung: Die Frau wird von all ihren Gütern getrennt.

Jede dritte deutsche Ehe wird geschieden. Entweder durch einen Standesbeamten oder durch den Tod.

Wenn meine Eltern sich scheiden lassen wollen, habe ich nichts dagegen. Solange ich das Haus kriege.

Jeder achte verheiratete Deutsche möchte geschieden werden. Aber deren Buchhalter sind dagegen.

Das Kind kann neuerdings selbst entscheiden, bei wem es nach der Scheidung bleiben will. 90% der über 16jährigen Jungen stimmen für Pamela Anderson.

80% aller Scheidungen werden von den Frauen beantragt. Na und? Vorher werden aber 100% der Ehen von den Frauen beantragt.

Vor knapp 130 Jahren wurde die Ehescheidung In Deutschland erlaubt. Ein schwarzer Tag für die katholische Kirche. Dem Papst liefen sämtliche Frauen weg.

Vor knapp 130 Jahren wurde in Deutschland die Scheidung erlaubt. Vorher mußten die Männer ihre Frauen immer kaltmachen.

## SCHIFFER, CLAUDIA

*→ Lagerfeld, Karl; → Modenschau*
Claudia Schiffer will trotz der hohen Kriminalität auf Mallorca wohnen. Also... ich meine, trotz der Kriminalität der Mallorcaner, nicht trotz der von Claudia. Denke ich.

Super-Ische Claudia Schiffer behält ihren Wohnsitz in Monaco. Ihre Aufenthaltsgenehmigung wurde verlängert. Also, von dieser liberalen Einwanderungspolitik können sich die Deutschen mal eine Scheibe abschneiden.
In Deutschland werden tagtäglich schwerreiche Supermodells abgeschoben, aber in Monaco hat man noch ein Herz.

Claudia Schiffer hat ihren Verlobten gebeten, einen Ehevertrag zu unterschreiben. Ja, ich würde diesem Jeffries nicht über den Weg trauen. Der heiratet sie womöglich nur, um sie ins Bett zu kriegen!

Claudia Schiffer hat einen neuen Werbevertrag bei Citroën. Diesmal testet sie nicht den Airbag, indem sie gegen eine Wand fährt. Nein, sie fährt über eine Klippe, um die Stoßdämpfer zu testen. Da bin ich ja mal gespannt.

Claudia Schiffer bummelt neuerdings in aller Öffentlichkeit durch Paris. Seltsamerweise bummelt sie immer nur zwanzig Meter weit aus dem Haus und geht dann zurück, um sich umzuziehen.

Claudia versucht eine Karriere als Schauspielerin zu starten. Dafür läßt sie sich als erstes operativ die Mundwinkel runterziehen.

Claudia Schiffer hat sich gerade zehn Kilo runtergehungert. Sie hat vergessen, wie man Messer und Gabel benutzt.

Ich bin übrigens begeistert von den Fitnessvideos von Claudia Schiffer. Man trainiert besonders stark das Handgelenk.

Claudia hat ein neugebautes Haus auf Mallorca. Sie nennt es »Ballermann 3«. Weil, weiter kann sie halt nicht zählen.

Claudia behauptet, ihre Liebe zu David Copperfield sei echt gewesen. David dagegen behauptet, er habe noch nie etwas von ihr gehört.

Angeblich soll Claudia Geld dafür bekommen haben, daß sie ständig ihre Liebe zu David Copperfield bekundet hat. Na, ich hoffe, David hat nicht zuviel bezahlt. Ich geb dafür nie mehr als 'n Hunderter aus.

Fest steht jedenfalls, daß die von den Medien als »Geburtsstunde eines Traumpaars« gefeierte allererste Begegnung von Claudia und Copperfield tatsächlich arrangiert war. Na und? Das ist doch gar nichts: Bei Michael Jackson waren schon zwei Ehen und zwei Geburten arrangiert!

Claudia Schiffer beklagt sich über die Zustände in Hollywood. All die talentierten Schauspielerinnen ließen alternden Blondchen wie ihr einfach keine Chance.

Claudia wurde mehrfach abgelehnt mit der Begründung, sie sei zu schön für die Rolle. Und sehen Sie sich an, wer jetzt die Mutter Beimer spielt.

Das belgische Model Ambre Frisque hat nach eigenen Angaben Starmagier David Copperfield »verzaubert«. Frei übersetzt heißt das: Er hat sie hinter der Bühne geferkelt.

## SCHUHE

Frauen kaufen im Jahr 7 Paar Schuhe. Das macht ja 15 einzelne!
In Wirklichkeit kaufen Frauen gar nicht so viele Schuhe. Denn bezahlen tun ja immer noch die Männer dafür.

Männer kaufen nur 3 Paar Schuhe pro Jahr. Zwei davon sind Badelatschen und Gummistiefel.

Plötzlich sehe ich winters überall wieder Moonboots. Die gammeln seit fünfzehn Jahren im Keller rum, und jetzt werden sie wieder benutzt. Genau wie John Travolta.

## SINGLES

→ *Heiratsvermittlung*
Der seit Jahrzehnten anhaltende Trend zum Alleinleben hat sich auch im vergangenen Jahr fortgesetzt. Das wundert mich jetzt, vor allem, wenn ich mir meinen Bekanntenkreis ansehe: Alle Frauen, mit denen ich schlafe, sind verheiratet.

Vereinsamte Menschen neigen zu Selbstgesprächen. Finde ich persönlich gar nicht so schlimm. Da haben sie wenigstens einen, der wirklich zuhört.

Ich führe auch manchmal Selbstgespräche. Das ist für mich die einzige Chance auf einen intellektuell ebenbürtigen Gesprächspartner.

Es gibt immer mehr Singles. Das heißt, heute muß man wohl sagen »Maxi-CDs«.

Viele Junggesellen sind ziemlich fertig. Sie selbst sind noch Single, während sogar Michael Jackson schon zwei Frauen hatte.

## SOCKEN

Männer kaufen im Schnitt viermal jährlich neue Socken. Damit sie sich beim Sex nicht so nackt fühlen.

Socken sind die überflüssigsten Kleidungsstücke, die es gibt. Abgesehen von Damen-Slips.

Ich bin sparsam bei Kleidung. Ich trage wochenlang dieselben Socken.
Und dann drehe ich sie auf links.

## STRUMPF

Nach einer Untersuchung einer Modezeitschrift kaufen Frauen immer weniger Feinstrümpfe. Stattdessen werden die Frauen kreativ und basteln sich selber welche aus alten Schweinedärmen.

Seit Jahren sinkt die Nachfrage nach Damen-Feinstrümpfen. Tja, es gibt halt auch immer weniger Damen. Und immer mehr Schlampen.
Wohlgemerkt: Das ist keine Kritik!

Frauen sind schon komisch. Finden es chic, sich Bankräuber-Masken über die Beine zu stülpen.

Sie wissen natürlich, Nylon ist eine vollsynthetische Polyamidfaser aus Hexamethylendiamin und Adipinsäure. Und sieht an Weibern echt geil aus.
Meine Freundin trägt nicht gerne Nylonstrümpfe, dabei sieht das so geil aus! Ich könnte mich stundenlang im Spiegel betrachten.

Besonders toll sind ja diese Netzstrümpfe. Ich hoffe nur, daß dabei keine Delphine qualvoll sterben.

Viele Leute sind ja richtige Strumpf-Fetischisten. Zum Beispiel der Weihnachtsmann.

Früher trugen ja auch Männer Strumpfhosen. Heute nur noch zu besonderen Anlässen wie Karneval oder Hochzeitstag.

## TASCHENGELD

Deutsche Kinder können nicht rechnen. Es sei denn, es geht um die jährliche prozentuale Ost-West-Angleichung des Taschengelds.

Die Kinder in Deutschland kriegen im Jahr 30 Millarden Mark Taschengeld und haben Sparguthaben von rund 6 Milliarden Mark. Nur dafür, daß sie rumplärren, Unordnung machen und Fensterscheiben als Torwände benutzen!

»Man-ager« ist ja eigentlich die Weiterentwicklung von »Teen-ager«. Und wenn man bedenkt, was die schon an Taschengeld verlangen...

## TEENAGER

Teenager haben immer früher Sex. Das geht aus einer Umfrage unter allen männlichen Pop-Sängern hervor.

Ich bin gegen Teenager-Sex. Von denen gibt's schon viel zu viele, die sollen sich nicht noch vermehren.

Boygroups und Girliebands, Filmstars und -sternchen sind inzwischen viel wichtiger für die Jugend als irgendwelche Vorbilder. Kann ich verstehen. Ich meine, Albert Schweitzer war auf seine Art irgendwie okay, aber ich möchte wetten, der wußte nicht einmal, wer Michael Jackson ist!

Forscher meinen: »Jugendkulturen sind erst einmal Fan-Kulturen.« Und Fruchtzwerge sind erst einmal Joghurtkulturen.

In der Jugend, der Zeit der » grenzenlosen Gefühle«, ist es nach Ansicht von Forschern notwendig, sich von den Eltern abzugrenzen und einen eigenen Lebensweg zu finden. Das hätten die beizeiten mal Jesus Christus raten sollen.

Stars wie Leonardo DiCaprio sind häufig eine »Vor-Liebe«, die vor der ersten wichtigen Partnerschaft kommt. Also, wenn ein Mädchen sich zehnmal »Titanic« ansieht, ist das quasi eine Entjungferung.

Die Familie wird für Jugendliche laut einer Studie immer wichtiger. Kein Wunder: Die müssen ja irgendwo wohnen, bis sie 40 sind.

Geld rutschte auf der Wunschliste der Teenager von Platz 15 auf Platz 22. Verdammt, was ist bloß aus der Jugend geworden? Die Ostdeutschen sind für die D-Mark noch auf die Straße gegangen!

Als größten Wunsch nannten die meisten Jugendlichen einen sicheren Job. Ach ja? Ich weiß einen: Bahnhofspenner.

Das Bundesgesundheitsministerium hat vor der Infektionsgefahr beim Piercing gewarnt. Hey! Also! Mit MEINEN Ohrläppchen, mit MEINEN Brustwarzen und mit MEINEN Genitalien mache ich, was ich will! Alles klar?

Am Anstieg der Jugendkriminalität in Deutschland haben die Mädchen einen immer größeren Anteil. Stimmt. Viele erwachsene Männer gehen nicht mehr allein in die Tiefgarage, aus Angst, von irgendwelchen zehnjährigen Girlies überfallen zu werden.

Die Zahl der verurteilten Jungen ist in zehn Jahren um 50 % gestiegen, die der Mädchen aber um 64 %. Oh Mann, Frauen sind echt auf dem Vormarsch. Als nächstes dürfen die auch noch wählen!

Bei Mädchen herrscht eine wachsende Gewaltbereitschaft. Das kann ich bestätigen. Sie müßten mal sehen, wie sich meine drei Freundinnen ständig darum prügeln, welche zuerst dran ist.

Schuldnerberater warnen die Jugendlichen vor Konsumrausch. Richtig! Die sollen lieber Hasch rauchen, wie zu meiner Zeit!

Fast jeder zehnte Jugendliche in Deutschland ist dauerhaft verschuldet. Na klar, meine Eltern schreiben sich auch alles auf, was ich sie koste.

Das Lebensgefühl der jungen Generation lautet: »Ich konsumiere, also bin ich.« Das ist auch das Motto von Luciano Pavarotti.

Italien verbietet Piercing für Jugendliche. Nur Rentner und Priester dürfen sich noch piercen lassen.
Italien verbietet Jugendlichen auch Tätowierungen. Viele italienische Teenager haben schon zwanzig Herzen mit verschiedenen Namen auf dem Hintern.

Jugendliche in Italien müssen sich die Erlaubnis der Eltern einholen, wenn sie sich piercen oder tätowieren lassen wollen. Ich weiß nicht, das könnte dem Image des Piercing etwas schaden. Ich kann es schon hören: »Ach, was für'n süßer Bauchnabelring. Hast Du den von Deiner Mami geschenkt gekriegt?«

Ich hab mir einen Leberfleck auf die Brust tätowieren lassen. Ist vielleicht etwas abartig, aber ich darf wirklich behaupten, außer mir hat keiner sowas!

Zwei Drittel aller Jugendlichen weltweit sehen pessimistisch in die Zukunft.

Okay, die Kinder in Äthiopien versauen da natürlich ein bißchen den Schnitt.

Wieso schauen die Jugendlichen pessimistisch in die Zukunft? Die haben doch gar keine.

Bald gibt's Zeugnisse. Am besten fahren Sie die nächsten Wochen nicht mit der Bahn. Diese Kinder, die sich vor den Zug schmeißen, halten ständig den Betrieb auf.

Die Teilnehmer bei »Jugend forscht« sind doch noch nicht trocken zwischen den Ohren. Sozusagen Naßforscher.

## TEPPICHE

*→ Möbel*

Der Teppichhandel macht seit Jahren nur noch Verluste. Hunde und Katzen werden leider zunehmend stubenrein.

Ich habe gestern mal wieder meine Wohnung gesaugt und dabei zum ersten Mal festgestellt, daß ich gar keinen Teppich habe.

Es gibt tolle Sonderangebote. Viele Händler wickeln jetzt bereits in jeden verkauften Teppich eine ägyptische Frau ein.

Bei mir im Wohnzimmer liegen ein Perser und zwei Berber. Ich werde sie aber bald abschieben lassen.

Es gibt eine Menge Sonderangebote. Demnächst bekommt man zu einem Teppich das passende Wohnzimmer dazu.

In Hannover gibt es jedes Jahr die »Domotex«, eine Messe für Bodenbeläge. Und gleich darauf startet die »Blendax«, eine Messe für Zahnbeläge.

Teppichklopfer gibt es nur noch im Fachhandel. In Sadomaso-Läden und Sex-Shops.

Ich brauche mal einen neuen Fußbodenbelag. Ich verliere ständig Diamanten in meinem Angorateppich.

## UNTERHOSEN

Ich trage lieber Boxershorts. Die verbergen mehr, als sie zeigen.

70% der deutschen Frauen kaufen ihren Männern die Unterhosen. Sehr beliebt sind jetzt Modelle mit eingebauter Mausefalle.

Ich trage ja immer noch gerne Doppelripp. Dann sagen sich die Frauen: Ach, das sieht nur wegen der Unterhose so furchtbar aus.

»Calvin Klein« ist bei Männerslips kein Markenname, sondern eine Inhaltsbeschreibung.

## VÄTER

*→ Vatertag*

Ich weiß noch, wie ich das erste Mal Vater wurde. Also ich erinnere mich an die Geburt, an die Zeugung weniger. Meiner Freundin ging's ähnlich.

Die Väter im Osten sind großzügiger bei Unterhaltszahlungen für ihre unehelichen Kinder. Dafür sind die Väter im Westen besonders großzügig bei den Unterhaltszahlungen für die ostdeutschen Väter.

Schenken die unehelichen Kinder ihren Vätern was zum Vatertag? Wahrscheinlich nicht, ich schenke ja meinem Anlageberater auch nichts zum Erntedankfest.

Die deutschen Männer wollen bei einer Scheidung lieber das Auto behalten als das Baby. Das ist emotionaler Selbstschutz. Autos kann man reparieren, aber wenn ein Baby putt ist, ist es putt.

Nicht zahlungswillige Väter können schon vor der Geburt ihres Kindes zu Unterhaltszahlungen verurteilt werden. Toll! Der nächste Schritt sind Vaterschaftsklagen, wenn man sich auf der Straße anrempelt.

## VATERTAG

Vatertag und Christi Himmelfahrt. Ich finde, wenn man die beiden Tage schon zusammenschmeißt, dann sollte man das auch namentlich tun. Wie wär's mit »Vaters Himmelfahrt«?

Ich bringe meinem Vater zum Vatertag 'nen Kasten Bier und 'ne Stange Zigaretten ans Bett, außerdem den neuesten »Playboy« und den »Kicker«. Danach schließe ich ihn mit Mutter den ganzen Tag ein, damit sie auch mal was von ihm hat.

## WOHNUNG

*→Haus; →Möbel; →Teppiche*

Vor langer Zeit lebten die Menschen in Höhlen. Heute nennt man das »Souterrain-Apartment«.

Privatwohnungen können auf richterliche Anweisung nun abgehört werden. Die meisten Richter stellen nur die Bedingung, daß sie sich dann die Schlafzimmerbänder anhören dürfen.

In einem neuen New Yorker Wolkenkratzer kostet die billigste Wohnung 11 Mio DM. Die teuerste kostet 28 Mio DM, eine körpereigene Niere des Mieters und eine Liebesnacht mit seiner Frau.

Das ist ja fast so schlimm wie in München.

Laut einer Umfrage ist die größte Angst eines Wohnungsbesitzers, daß sich Besucher an muffigem Geruch in der Wohnung stören. Wobei mir einfällt: Ich sollte meine Katze jetzt wirklich langsam beerdigen.

Der Mieterbund schätzt, daß jede zweite Nebenkostenabrechnung falsch ist. Soll das heißen, ich müßte diese Lufteinatmungsgebühr gar nicht bezahlen?

Ich muß sagen, ich bin wirklich mißtrauisch geworden bei den Nebenkosten. Wieso muß ich im Monat 20 DM für den Lift abdrücken, wo ich doch im Erdgeschoß wohne?
Und besonders, wo es in dem Haus gar keinen Lift gibt!

Eins ist aber komisch: Für den Schornsteinfeger bezahle ich im Monat genau 1 DM. Du lieber Himmel, ich glaube die ÖTV hat echt Grund zu meckern.

Man nennt die Nebenkosten ja auch »zweite Miete«. Für den Fall, daß man die erste nicht bezahlt hat.

Wieso muß ich so viel für die Müllabfuhr ausgeben? Bei den gewaltigen Mengen von Kaviarresten, die ich jeden Tag wegwerfe, müßten die MIR noch etwas zahlen!

# POLITIK UND JUSTIZ

## ANWÄLTE

Anwälte leben nur von Unfällen, Scheidungen und menschlichem Elend. Genau wie Barbara Eligmann.

In Deutschland sind 85000 Rechtsanwälte zugelassen. Und bald hat jeder seine eigene ARD-Serie.

85000 Anwälte gibt es in Deutschland! Und ich habe schon von jedem eine Vorladung gekriegt.

Ich kann Anwälte nicht leiden. Jedesmal wenn ich einen gesehen habe, sah ich ihn durch Gitter.

## BÜNDNIS 90 / DIE GRÜNEN

→ *Fischer, Joschka*

1990 sind die Grünen ja rausgeflogen aus dem Bundestag, kamen dann aber wieder rein durch die Vereinigung mit Bündnis 90. Ich frage mich, mit wem sich die FDP vereinen wird.

Die Grünen haben zu wenig Mitglieder. Dann wird's eben Zeit für eine Männerquote. Dann gibt's wieder mehr mit Gliedern.
Durch die geringe Mitgliederzahl hat die Partei auch zu wenig Geld. Also das ist gar nicht freiwillig, daß die nur Fahrrad fahren?

Fast jeder Grüne ist irgendwie Parteifunktionär. Das ist ja schlimmer als beim DFB!

Die Grünen haben Schwierigkeiten, das Thema Umwelt wieder auf die Tagesordnung zu setzen. So ist das halt, wenn Shell so rücksichtslos aufgibt.

Die schleswig-holsteinische Landesregierung will Haschisch anbauen lassen. Seit die Grünen da am Ruder sind, ist der Eigenbedarf stark gestiegen.

## CDU/CSU

→ *Merkel, Angela;* → *Kohl, Helmut;* → *Spendenaffäre*

Ich bin ja kein politischer Mensch. Ich würde nie sagen, alle CDU-Wähler sind Idioten. CSU? Okay...

Die CDU steht vor dem finanziellen Kollaps. Tja, wir haben's ja schon immer gesagt: Christen können nicht mit Geld umgehen.
Warum nehmen die nicht einfach ein paar Milliarden Mark Schulden auf? So haben die das doch zu Regierungszeiten immer gemacht.

Die CDU will eine »inhaltliche Erneuerung«. Angeblich plant man sogar eventuell, mal einen Wahlkampf zu führen, in dem NICHT gegen Ausländer gehetzt wird!

Wolfi Schäuble meint: »Die CDU muss lernen, Diskussionen zu führen, deren Ergebnis am Anfang noch nicht feststeht.« Stimmt, vorher war ja jeder Christdemokrat Helmut Kohls persönliche Bauchrednerpuppe.

Als ich gehört habe, wie Schäuble bei seinem Rücktritt sagte, dass er »einen sichtbaren, also auch personellen Neuanfang« möglich machen wolle - da hab ich erst gedacht, er will sich scheiden lassen.

In der Wählergunst ist die CDU zwischenzeitlich stark abgerutscht. In Bayern kriegt die CDU angeblich sogar überhaupt keine Stimmen mehr!

Oskar Lafontaine hat betont, die CDU sei wichtig »für die Demokratie und die Stabilität in Deutschland«. Ich weiß nicht. Für Stabilität in Deutschland hat Lafo doch vor allem mit seinem Rücktritt gesorgt.

Ein Bad in der Wanne ist laut Umfrage für 66 Prozent der Deutschen die schönste Entspannung. Besonders für norddeutsche CDU-Politiker.

Die CDU/CSU ist nicht zu einer Großen Koalition mit den Sozialdemokraten bereit. Sehr vernünftig, sonst müßten die ja am Ende noch richtig Politik machen, und das liegt der CDU halt nicht so.

Die CDU ist offiziell gegen eine große Koalition. Sie befürchtet, daß dadurch versehentlich Probleme gelöst werden könnten.

Die CDU sagt, sie werde sich die ausländerfeindlichen Argumente der DVU nicht zu eigen machen. Klaro, die CDU hat schon lange ihre eigenen ausländerfeindlichen Argumente.

Die Wahlbeteiligungen zuletzt lagen 1999 so ungefähr bei viereinhalb Prozent. Wenn Sie in der CDU sind, geb ich Ihnen einen guten Rat: Gehen Sie niemals zur Wahl, dann gewinnen Sie garantiert.

Richter befanden, daß der Abgeordnete Hans Wallner (CSU) für 26.832 Mark auf Staatskosten sextelefoniert hat. Und zwar, obwohl der Telefonsex-Fonds des bayrischen Landtags bereits verbraucht war.
Wallner wurde für die anschließende Landtagswahl nicht mehr aufgestellt. Anscheinend wird ein Vorstrafenregister bei der CSU neuerdings als negativ angesehen.

Björn Engholm hat seinen Führerschein wegen Alkohols am Steuer abgeben müssen. Hmmm... mit diesem Talent hätte er in der CSU noch richtig Karriere machen können.

Der ehemalige bayrische Justizminister Sauter hat Edmund Stoiber mal als »hart und gnadenlos« bezeichnet. Das ist in der CSU das höchstmögliche Kompliment.

Ex-Finanzminister Waigel übernimmt eine Rolle im neuen Mehrteiler von Dieter Wedel. Er soll einen Finanzminister spielen. Na, ich weiß nicht. Die Rolle hat er zehn Jahre lang nicht überzeugend hingekriegt.

Es sind ja mal ein paar Bürgerrechtler zur CDU übergetreten. Übergetreten bedeutet: Der Versuch ist ungültig.
Mich wundert, daß sich die CDU damals so über den Übertritt dieser Bürgerrechtler zur Union gefreut hat. Normalerweise halten die doch gar nichts von Deserteuren.

## DEMOS

In Berlin herrscht Vermummungsverbot. Ausgerechnet in Berlin? Und was hat bitteschön Christo mit dem Reichstag gemacht?

Ich demonstriere am liebsten totale Gelassenheit.

Was für eine Idioten-Demo kommt als nächstes? Eine Demo fürs Grundrecht aufs Anglotzen irgendwelcher Heiligenfiguren? Ach was, so bescheuert ist sicher keiner.

Gilt das Vermummungsverbot auch in Köln? Das könnte am Rosenmontag gewisse Probleme verursachen.

In München werden bald auch Vollbärte als Vermummung angesehen.

Es gibt Ausnahmen beim Vermummungsverbot. Manche lassen sich zur Frau umwandeln und treten dem Islam bei. Dann gilt das Verbot nicht.

Besonders das Tragen von Skimasken gilt als Vermummung. In Bayern wurden auch gestern wieder Dutzende gleich auf der Skipiste verhaftet.

## DIÄTEN

Die Diäten werden jedes Jahr erhöht. Und dafür brauchen die Abgeordneten nicht mal zu streiken!
Wobei das allerdings wohl auch niemandem auffallen würde.

Eine gute Nachricht: Die bayerischen Abgeordneten-Bezüge steigen wieder! Supissimo! Ich hab mir schon langsam Sorgen gemacht, ob die Abgeordneten überhaupt noch ihre BMWs und ihre Landhäuser am Starnberger See ernähren können.

Die Grünen sind ja die einzigen, die immer gegen Diätenerhöhungen stimmen. Sicher, sie streichen die Diäten hinterher ein, aber es geht schließlich ums Prinzip!

Es heißt ja allerorten, die fetten Jahre seien vorbei. Dann haben die Diäten der Abgeordneten endlich gewirkt.

## FDP

*→ Möllemann, Jürgen; → Westerwelle, Guido*

Ich wähle immer FDP. Das ist halt meine Art von Humor.

Viele sagen ja, die FDP sei am Rande der Bedeutungslosigkeit. Ich finde, die müssen sich zur Bedeutungslosigkeit erstmal hocharbeiten.

FDP-Frühstücksdirektor Wolfgang Gerhardt will sich nächstes Jahr wieder zur Wahl stellen. Okay, wenn es keinen Gegenkandidaten gibt, hat er vielleicht sogar eine Außenseiterchance.

Die FDP hat 12,4 Mio DM zuviel aus der Parteienfinanzierung kassiert. Du lieber Himmel. Wenn das so weitergeht, hält bald jeder die FDP nur noch für einen Haufen raffgieriger Pseudo-Politiker mit dem sozialen Gewissen einer Pitbull-Meute.
Was sollte die FDP machen? Die brauchten das Geld dringend für Guido Westerwelles Friseur.

Die FDP hat ja gerade einen Streit um ihr politisches Profil. Jeder Liberale streitet darum, wer am wenigsten davon hat.

Die FDP hat auch einen neuen Slogan für dieses Jahr. Aber er ist zu langweilig, um hier wiedergegeben zu werden.

Ein Bestattungsunternehmer ist der Vorsitzende der Berliner FDP. Ursprünglich hatte sich auch ein Arzt um den Vorsitz beworben, aber der hat sich die Partei angesehen und gesagt, hier könne er nichts mehr tun.
Ich finde das irgendwie äußerst passend. Wenigstens steht die FDP jetzt dazu, daß sie vom Leid anderer Leute lebt.

Die FDP: Deutschlands einziger Golfclub mit eigener Bundestagsfraktion.

In Deutschland gibt es über fünfzig Milliardäre. Genausoviele Stammwähler hat die FDP.

Sie erinnern sich noch an die FDJ, die Jugendorganisation der FDP...

Die FDP hat sich fast aus allen Kommunen verabschiedet. Was machen eigentlich die vielen arbeitslosen Liberalen? Gehen die in die Wirtschaft? Naja, das würde einiges erklären.

Immer noch werden viele unnötige Ausgaben genehmigt. Wußten Sie z.B., das Günther Rexrodt GELD bekommt für das, was er nicht tut?

Hamburgs FDP-Vorsitzender hat mal gefordert, die Einnahmen der Bettler zu besteuern. Fangen wir bei der FDP an, die betteln ja immer um Leihstimmen.

Die FDP feierte neulich ihr Dreikönigstreffen. Passend dazu schwammen alle im Gold und beweihräucherten sich. Nur die Myrrhe hatte man vergessen.

Die FDP fordert Studiengebühren. Damit ihre Bälger auf der Uni nicht von irgendwelchem Proletenvolk belästigt werden.

## FISCHER, JOSCHKA

Joschka Fischer ist zum vierten Mal verheiratet. Tief im Inneren ist er wohl doch eher ein Sozi.

Fischer streitet halt gern, deshalb wurde seine dritte Ehe geschieden wegen unüberbrückbarer Gemeinsamkeiten.

Fischer bleibt nie lange allein. Was meinen Sie, warum es so viele weibliche Abgeordnete bei den Grünen gibt?

Über Joschka Fischer meint Tom Jones: «Der wirkt auf den ersten Blick sehr weibisch.« Was? So ein Quatsch! Nach solchen Maßstäben wirkt auch Regine Hildebrandt weibisch!

## GEFÄNGNIS

Ich bin irgendwie der Dr. Jürgen Schneider beim Monopoly. Ich lande dauernd im Gefängnis.

Der Direktor einer mexikanischen Haftanstalt ist mit seinem Fernglas vom Dach seines Gefängnisses in den Tod gestürzt, als er einen Insassen und dessen Frau beim Sex beobachtete. Naja, selber schuld. Fernglas! Was für ein Amateur. Ich hab in der Wohnung meiner Nachbarn schon fünf Videokameras versteckt.
Und ich bei meinen Eltern.

Wissen Sie, was die häufigste Verletzung in Gefängnissen ist? Ein lädiertes Handgelenk.

Demnächst kann Konstantin Wecker eine tolle Gefängnistournee starten, wie Johnny Cash. Ich weiß nur nicht, ob die inhaftierten Mörder und Vergewaltiger unbedingt zu seiner Zielgruppe gehören.

## HONECKER, ERICH UND MARGOT

Honecker wurden früher geschönte Berichte vorgelegt. Ich hätte mir lieber eine geschönte Frau vorlegen lassen.

RTL wollte einen Film über Margot Honecker produzieren, aber das ist gescheitert an den hohen Honorarforderungen der Dame. Sie verlangte fünfzehn Kinder zur Sklavenarbeit in ihren Kupferminen. RTL wollte aber nicht mehr bieten als zehn.

Margot Honecker hat 10.000 DM Rente nachgeblecht gekriegt. Das Geld braucht sie dringend für die hohe Miete für ihr Knusperhäuschen.

Übrigens wußte Honni manchmal auch nicht, wie scheiße es in der DDR war. Schade, daß er kein Katholik war, er wäre ein toller Papst geworden.

## JUSTIZ

*→Anwälte; →Gefängnis; →Lauschangriff; → Todesstrafe*

Alle verurteilen die Gewalt von rechts, nur nicht die Richter.

Bei Beleidigungsklagen urteilen die Gerichte anscheinend immer sehr unterschiedlich. Manche Richter empfinden Anreden wie z.B. »Du stinkende Arschfotze« als Beleidigung, andere Richter bezahlen Geld dafür, um sich so nennen zu lassen.

Die Anrede »Altes Arschloch« zum Arbeitgeber gilt in Köln nicht als Kündigungsgrund, in Frankfurt aber schon. Weil, in Frankfurt sind die meisten Arschlöcher noch recht jung.

Eine Busfahrerin, die Fahrgäste als »Abschaum« bezeichnet hatte, wurde in Düsseldorf freigesprochen. Das kann ich nachvollziehen, ich bin auch mal in Düsseldorf mit dem Bus gefahren.

Die deutsche Rechtsprechung ist total überfordert. Zeit für eine Rechtsprechreform.

Die heutigen Gerichtsurteile sprechen dem gesunden Rechtsempfinden Hohn. Konstantin Wecker z.B. darf immer noch singen.

Es wurde vorgeschlagen, daß manche Gesetze eine Lebenszeit von fünf Jahren kriegen sollen. Also wenn Sie den Zeitpunkt günstig abpassen, dürfen Sie straffrei ihre Schwiegermutter erschießen.

Ich bin ein gläubiger Katholik, deshalb habe ich nie Ärger mit dem Gesetz. Mein Motto ist: »Flüchtet, auf daß ihr nicht gerichtet werdet!«

Besser vor Gericht als hingericht'.

Die deutsche Justiz ist halt etwas langsam. Erst seit letzter Woche ist es offiziell erlaubt, daß Frauen Hosen tragen.

Jetzt will man einfach die Zahl der Gesetze reduzieren. Mann, diese Rechtschreibreform nimmt aber wirklich überhand.

## KOHL, HELMUT

Um seinen in der Parteispendenaffäre angerichteten Schaden wieder gut zu machen, will Altkanzler Helmut Kohl eine Hypothek auf sein Haus aufnehmen. Na, ich weiß nicht, was ist das schon wert? Wer will denn schon in einem Haus wohnen, in dem Helmut Kohl mit Hannelore Kohl Sex gehabt hat? Also, jetzt mal rein hypothetisch.

Kohl will seine Hypothek aus dem Erlös seiner Memoiren zurückzahlen. Hier einige Titelvorschläge:

- Ich hab noch einen Koffer in der Schweiz
- Fett schwimmt oben
- Helmut - Prinz der Herzen

Helmis Erinnerungen sollen in ein bis zwei Jahren erscheinen und »hochspannend« werden, sagte Kohl. Besonders das Kapitel, in dem er ganz alleine in

Leipzig demonstriert und dadurch die Mauer fällt.

Helmut Kohl (ZDF) sieht darin, die Spender nicht zu nennen, keinen Verfassungsbruch. Er verwies auf Artikel 92b, in dem stehe: »Das Grundgesetz gilt für alle, nur nicht für Helmut Kohl.«

Auf den sanften Hinweis, dieser Artikel existiere gar nicht, entgegnete Kohl: »Ja, Entschuldigung, aber das ist doch nicht meine Schuld. ICH habe das seit Jahren immer wieder gefordert.«

Kohl: »Ich bin auf dem Weg zum Altenteil und will einfach nur fair behandelt werden.« Der klingt schon wie Erich Ribbeck.

Kohl findet, er müsse für seinen Fehler »extrem büßen« – in einer Art und Weise, die in keinem Verhältnis zur Sache stehe. Stimmt. Andere müssen nämlich wegen viel geringerer Summen ins Gefängnis...

Kohl sagte, es sei »im eigentlichen Regierungsbereich nicht bestochen worden«. Das nominiere ich mal spontan als Satz des Jahres. Der hat ungefähr die Dimension von »in meiner Amtszeit habe ich eigentlich kaum jemanden umgebracht«.

»Und wenn doch, dann war es halt ein Fehler, und der tut mir jetzt echt total leid, irgendwie.«

Kohl will sein Bundestagsmandat auslaufen lassen, jedoch bis zum Ende der Legislaturperiode sein Mandat weiter wahrnehmen. Zum einen aus staatsbürgerlicher Verantwortung, zum anderen weil eine parlamentarische Immunität manchmal ganz nützlich sein kann.

Wolfgang Schäuble wendet sich gegen alle Versuche, »die Lebensleistung Helmut Kohls in den Hintergrund zu drängen«. Genau, der Mann ist der einzige Kanzler, der jemals abgewählt worden ist. Das soll ihm erstmal einer nachmachen!

Wolfgang Thierse warnt Kohl davor, »die begangenen Gesetzesbrüche als Fehler abzutun und zu verharmlosen«. Dasselbe sage ich immer zu Modern Talking.

Heiner Geißler sagt, er glaube nicht, daß es große Finanzvorgänge gab, von denen Helmut Kohl nichts wußte. Mal abgesehen davon, daß er nicht wußte, daß Staatsschulden auch mal beglichen werden müssen.

Die SPD in Kohls Heimatstadt Ludwigshafen hat sich von ihrem Vorschlag distanziert, Kohl zum Ehrenbürger zu ernennen. Ja, ich finde auch, der Mann ist schon gestraft genug.

Kohl ist Ehrenbürger von London. Na und? Ich bin Ehrenbürger von »Billy Boy«.

Helmut Kohl wurde mal gerügt für sein Unwort des Jahres namens »kollektiver Freizeitpark«. Inzwischen weiß er selbst, wie es sich in so einem lebt.

Vielleicht kriegt Kohl bald seine eigene Krimiserie im ZDF: »Der fette Alte« oder so.

Kohl war ein toller Kanzler. Er verband das Unangenehme mit dem Nutzlosen.

Es heißt ja, das sich Mensch und Hund mit der Zeit ähnlicher werden. Hmmm. Hat Helmut Kohl einen Elefanten?

Helmut Kohls Puddingrezept: Er läßt sich das Fett absaugen.

Kohls erster Job war Wäscheausträger. Entschuldigung, aber ist nicht eigentlich jeder Mensch Wäscheträger? Und dafür wurde man früher bezahlt?

Kohl sagt, er war an der Uni ziemlich »vergammelt«. Überrascht mich gar nicht. Sie kennen ja seine braunen Anzüge.

Helmut Kohl hat immer zum Dreikönigstag 180 Sternsinger ins Kanzleramt eingeladen. Gekommen sind drei.

Helmut Kohl hat einen Enkel. Dann wissen wir ja schon mal, wer uns im Jahre 2060 regiert.
Sein Enkel heißt Johannes Benedikt Kohl. Ganz schön gemein, warum ziehen sie ihm nicht gleich ein »Tritt mich!«-T-Shirt an?

Kohl hat geheult bei Mitterands Tod. Ich fürchte, ich kann ihm nicht dasselbe versprechen.

Kohl bedauert sehr, daß er anfangs Gorbatschow mit Goebbels verglichen hatte. Aber zu seiner Verteidigung: So schnell kann nicht mal er sein Fähnlein nach dem Wind hängen.

Früher hat sich Kohl mit SPD-Anhängern geprügelt. Ja, die goldenen Zeiten kommen auch nicht wieder. Heute schickt er dafür nächtliche Schlägertrupps.

## KOMMUNISMUS

Ich gestehe: ich war auch mal Kommunist. Aber meine Kommune hat mich schon nach zwei Tagen rausgeschmissen.

Der sowjetische Staatsgründer Lenin soll 76 Jahre nach seinem Tod demnächst beerdigt werden. Offenbar ist erst jetzt ein Grab frei geworden.

## KORRUPTION

Der Innenminister will alles tun, um die Korruption einzudämmen. Sein erster Vorschlag: Die Kriminellen dafür bezahlen, daß sie mit der Bestechung aufhören.

Im internationalen Vergleich gibt es die meiste Korruption in Nigeria, die wenigste in Neuseeland. Schafe sind eben nicht käuflich.

In manchen Ländern ist Korruption gar kein Verbrechen. In Italien ist das eine besonders höfliche Form von »Guten Morgen!«

## LADENDIEBSTAHL

Ich gestehe: Ich habe auch mal im Laden geklaut. Aber die Versuchung war so groß und die Kasse stand so schön da, wie zum Mitnehmen... das machen die Supermärkte mit Absicht!

Infolge von Ladendiebstählen ist nach Einschätzung des Hauptverbandes des deutschen Einzelhandels im vergangenen Jahr ein Schaden von fünf Milliarden Mark entstanden. Der größte Ladendiebstahl in diesem Jahr war übrigens die Mannesmann-Übernahme.

Die Ladendiebe werden immer dreister; laden alles in die Einkaufswagen und kutschieren es raus. Die Läden sind machtlos, weil die Diebe clever genug sind, die Sachen zu bezahlen.

Die Ladendiebe werden immer wählerischer. Bei Aldi lassen die sich schon gar nicht mehr sehen.

Die meisten geklauten Sachen sind über 50 Mark teuer. Kein Wunder, daß geklaut wird, wenn sogar das Diebesgut immer teurer wird!

Die meisten gestohlenen Produkte erleichtern das Leben, sind aber im Grunde verzichtbar. So wie Johannes B. Kerner.

Leibesvisitationen bei weiblichen Kunden sind nicht mehr erlaubt. Auch wenn sie noch so sehr darum betteln.
Leibesvisitationen bei männlichen Kunden sind nicht mehr erlaubt. Auch wenn sie noch so sehr darum betteln.

Inzwischen verboten: Flüchtige Diebe hinterrücks niederschießen. Das gibt Probleme mit dem Gesundheitsamt.

Kunden, die »5-Minuten-Terrinen« stehlen, werden an Ort und Stelle bestraft: Sie müssen sie essen.

Kleine Kinder, die Bonbons klauen, dürfen nicht mehr mit Elektroschocks gefoltert werden, es sei denn, dem Detektiv macht's Spaß.

Fußangeln und Fangeisen in der Tierfutter-Abteilung haben ein wenig an Charme verloren. Außerdem gelang es den meisten Dieben, sich den Fuß abzunagen und zu entwischen.

Die Zahl der Ladendiebstähle ist schon wieder gestiegen. Hey! Wenn wir »Ladendieb« als Beruf anerkennen, verschwindet die Arbeitslosigkeit!

Mit dem Geld, daß durch die Ladendiebstähle verloren ging, hätten 70.000 Arbeitsplätze geschaffen werden können. Aber wozu? Die Kassiererinnen, die ja am meisten klauen, haben doch schon Jobs!

Ich gehe oft in den Supermarkt, schnappe mir irgendeinen gefüllten unbewachten Einkaufswagen und geh damit zur Kasse. Das spart massig Zeit.

## LAFONTAINE, OSKAR

Gerhard Schröder nannte die Verdienste Oskar Lafontaines »unbestreitbar«. Ja, da stimmt ihm sicher vor allem die CDU zu.

Oskar Lafontaines Buch »Das Herz schlägt links« soll verfilmt werden. Für den Film muß allerdings der Titel geändert werden. Vorschläge:

- Lafo - Ein Mann sieht rot
- Für eine Handvoll Übergangsgelder
- 1999 - Odyssee im Saarland
- Was vom Oskar übrigblieb

Oskar Lafontaine wirbt demnächst im Fernsehen für Joghurt. Ich hab's ja schon immer gesagt, und endlich hat man es gemerkt: Der Mann ist der geborene Fruchtzwerg!
Lafontaine hat den Werbespot auf Mallorca aufgenommen. In Deutschland bekommt er nämlich keine Arbeitserlaubnis.
Mann, Gerhard Schröder kann ganz schön nachtragend sein.

Lafontaine propagiert in seinem Buch soziale Gerechtigkeit. Was heißt das? Soll jeder Rentner monatlich über 15.000 Mark kriegen, so wie er?

Oskar Lafontaine hat Kritik an den Medien geübt. Wenn man nach den Medien geht, ist er bloß ein aufgeblasener wichtigtuerischer Egomane, der nur seine Meinung gelten läßt und sich für den intelligentesten Menschen Europas hält.

Und das stimme gar nicht: Er halte sich vielmehr für den intelligentesten Menschen der WELT!

Die meisten Deutschen sehen laut einer Umfrage in dem umstrittenen Buch von Oskar Lafontaine nur eine persönliche Abrechnung mit Gerhard Schröder. Ja, stimmt. Das Kapitel darüber, daß sein Penis viel größer wäre als der von Schröder, das ist doch etwas plump geraten.

Ex-SPD-Chef Oskar Lafontaine (»Die Brieftasche schlägt links«) hat öffentlich die Gründe für seinen Rücktritt genannt, nämlich: Verletzte Eitelkeit, schlechtes Verlierertum und armseliges Selbstmitleid.
Naja, er hat es etwas verklausulierter ausgedrückt.

Lafontaine sagte, der Rücktritt vom Parteivorsitz sei die schwierigste Entscheidung in seinem Leben gewesen. Logo, die SPD ist ja auch eine Partei, und nicht bloß irgend 'ne Ehefrau.

Lafo sagt, er habe sich mit dem Entschluss zum Rücktritt monatelang »gequält«. Schön, wenn auch mal Schuldige leiden müssen.

Lafo beklagt sich, er sei der »Buhmann der Nation«. Keine Sorge, Oskar. Nicht mehr lange, dann heißt der Buhmann der Nation Erich Ribbeck!
Hoffentlich schreibt der nicht auch noch ein Buch.

Ich erwarte jetzt schon die Fortsetzung von Lafontaines Buch: »Das Herz schlägt NOCH linker!«
Und dann »Die Rückkehr des linksschlagenden Herzens«.
Und dann »Das linksschlagende Herz gegen die Monster vom Mars«.

Günni Grass hat seinem ehemaligen Freund Oskar Lafontaine gesagt: »Halt's Maul und such dir eine sinnvolle Beschäftigung!« Der redet genau wie meine Mutter. Aber die kann mich genauso kreuzweise.

Lafontaine hat sich für ein Bündnis mit der PDS auf Bundesebene ausgesprochen. Da hat er recht, die Grünen sind in letzter Zeit viel zu vernünftig, das ist doch kein Zustand!

70% der Deutschheit ist der Meinung, Lafontaine sollte die Klappe halten. Lafontaine fragt zurück: WESSEN Klappe?

Oskar Lafontaine hat Gerhard Schröder ein mangelndes Gespür für die Außenpolitik vorgeworfen. Da hat er recht. Ein so feinsinniger, umgänglicher und rücksichtsvoller Mensch wie Lafontaine hätte inzwischen als Kanzler schon längst den Friedensnobelpreis!

Oskar Lafontaine wurde gestern in eine Psychiatrische Klinik eingeliefert, weil er sich für den Bundeskanzler hält. Okay, okay... ist gar nicht wahr. Aber kann mir einer sagen, wieso nicht?

Der SPD-Linke Erhard Eppler bezeichnete Lafontaine als »Egomanen und Egozentriker«. Gleich beides? So gesehen wäre Lafontaine eigentlich der legitime Nachfolger von Helmut Kohl.

Gerhard Schröder äußerte sich nicht zu den Veröffentlichungen aus dem Buch. Er sagte nur, das Papier des Buches sei »extrem saugfähig«, was immer das bedeutet...

Manfred Stolpe bezeichnete es als eine »Grundregel menschlichen Anstands«, dass Parteifreunde miteinander reden anstatt übereinander zu schreiben. Richtig, sonst wäre Lothar Matthäus ja in der SPD.

Oskar Lafontaine rechnet in seinem neuen Buch mit Bundeskanzler Gerhard Schröder und anderen führenden SPD-Politikern ab. Im Abrechnen ist er ja inzwischen geübt: Übergangsgelder, Rente, Vortragshonorare und Tantiemen für sein Buch... abrechnen, das kann er.

Lafo wendet sich gegen den politischen Richtungswechsel, besonders von Hans Eichel. Daß ein Finanzminister seine Konzepte sogar mal durchrechnet, ist ihm sehr suspekt.

Lafo schreibt, als Schröder zum Kanzler gewählt wurde, sei er ihm um den Hals gefallen. Dann hat er es sich aber anders überlegt und ihn DOCH nicht erwürgt.

Lafo sagte: »Das Maß dessen, was ich mit meiner Selbstachtung vereinbaren konnte, war längst überschritten.« Der redet schon wie Berti Vogts.

Oskar Lafontaine fordert, daß die SPD ihren jetzigen Kurs korrigiert. Außerdem sollen sie ihn auf einer Sänfte ins Kanzleramt tragen, ihm die Füße küssen und einen Dom zu seinen Ehren bauen.
Seit seinem Rücktritt ist er so zurückhaltend geworden.

Lafontaine hat seit seinem Rücktritt nicht mehr mit Gerhard Schröder gesprochen. Schröder legt jedesmal auf, weil er denkt, es ist wieder so ein Stimmenimitator.

Lafontaine propagiert in seinem Buch die gute, alte Sozialdemokratie. Das heißt vor allem: Alle müssen Pfeife rauchen und hässliche Brillen tragen.
Und ungefähr zwanzigmal heiraten.

Lafontaine greift in seinem Buch auch Hans Eichel an. Für ihn ist man kein richtiger Finanzminister, wenn nicht in ganz Europa ein Kopfgeld auf einen ausgesetzt ist.

Es gibt Gerüchte, Lafontaine erwäge eine Rückkehr in die Politik. Dann werden die Weltuntergangspropheten vielleicht doch noch recht behalten.

## LAUSCHANGRIFF

Es geht beim Lauschangriff nur um die organisierte Kriminalität. Die chaotische Kriminalität bleibt unberührt. Das war wahrscheinlich eine Bedingung der FDP.

Endlich dürfen auch Ärzte abgehört werden. Nicht immer nur die uns.

Abgeordnete dürfen weiterhin nicht abgehört werden. Wovor haben die denn Angst? Daß man rauskriegen könnte, daß einige von ihnen KEINE korrupten, halbseidenen Kriminellen sind?

Privatwohnungen können auf richterliche Anweisung nun abgehört werden. Die meisten Richter stellen die Bedingung, daß sie sich dann die Schlafzimmerbänder anhören dürfen.

Am leichtesten wird das Verwanzen des Kelly-Schlosses sein. Eine Wanze mehr fällt da gar nicht auf.

## MERKEL, ANGELA

Mein Lieblingssatz von Norbert Blüm: »Angelika Merkel ist ein guter Mann.«

Lieber Herr Blüm: Der Mann heißt gar nicht Angelika.

Männer wollen sich laut einer Studie abends nicht die beruflichen Probleme ihrer Partnerinnen anhören. Ja, ich muß sagen, der Mann von Angela Merkel tut mir echt leid.
Aus einer ganzen Palette von Gründen.

Die CSU warnte vor einem »Links-Ruck« durch den neuen Parteichef. Richtig! Angela Merkel, die sieht von der Seite ja aus wie Breschnew!

Angie Merkel ist neue CDU-Vorsitzende. Na, ich hoffe, die Macht steigt ihr nicht zu Kopfe. Oder wie man das Ding auf ihrem Hals nennen soll.

Angela Merkel schwärmt in höchsten Tönen für US-Schauspieler Robert Redford: »Bei dem schmelze ich immer dahin.« Ach, deshalb sind ihre Tränensäcke so zerlaufen.

Hin und wieder gehe sie ins Fußballstadion: »Wenn ich nicht für Hansa Rostock bin, bin ich für Bayern München.« Und wenn beide gegeneinander spielen, ist sie für den Schiedsrichter.

Merkel akzeptiert ihr Äußeres so, wie es ist: »Irgendwie habe ich Frieden mit mir geschlossen. Aber wenn ich etwas ändern könnte, hätte ich gern dickes, robustes, störrisches Haar.« Diesen Wunsch hat sie mit Friedrich Merz sicher gemein.

Auch ihr Lebensmotto verriet Merkel im Interview: »Steter Tropfen höhlt den Stein.« Ja, das beobachte ich vor allem in öffentlichen Toiletten.

Angela Merkel findet die Diskussion um ihre Pisspott-Frisur »erheiternd«. Na, wenn du das schon lustig findest, Angie: Laß dir doch ‘nen Schnurrbart wachsen!

Edmund Stoiber, nannte es »absoluten Unsinn«, dass seine Partei gegen Merkel sei. Er sei sich sicher, daß Frau Merkel »sehr guten Kaffee kochen kann und außerdem ein gebärfreudiges Becken hat«.

## MÖLLEMANN, JÜRGEN

Früher war ich auch Fallschirmspringer, aber seit Jürgen Möllemann das macht, ist das nix mehr zum Angeben.

Meinungsforschung ist ungeheuer wichtig. Ohne sie wüßte Jürgen Möllemann gar nicht, was er sagen sollte.

Haben Sie auch einen »Möllemann«? So nennt man ja diese Einkaufswagen-Chips. Naja, jeder Politiker bleibt uns auf seine Weise im Gedächtnis.

## PDS

Die Leute in Sachsen-Anhalt sind sehr tolerant. Die PDS toleriert sogar eine rot-grüne Landesregierung.

Gregor Gysi und Lothar Bisky haben ihren Abschied aus der Parteiführung angekündigt. Als Begründung gab Gysi an, das »Mannschaftsspiel mit Gerhard Schröder« habe nicht funktioniert.

Gysi ermahnte die PDS, sich auch für die westdeutsche Gesellschaft zu öffnen, daß die Partei sonst nichts verändern könne. Genau, auch die Wessis lassen sich gerne alles mögliche versprechen. Allerdings nicht von der PDS, sondern von Telefonsex-Girls.

Bis 2002 will Gysi sich aus der aktiven Politik zurückziehen. Schade, ich habe gehofft, er wird irgendwann mal Bundeskanzler, wenn die Revolution kommt.

Gysi warnte die PDS vor einem Richtungswechsel und verlangte eine bessere politische Kultur in der Partei. Ja, da gibt's schon Streber, die haben sich einen Taschenrechner gekauft!

Gysi war elf Jahre in der Parteispitze. Und Respekt, er sieht genauso aus wie damals. Eigentlich sieht er schon seit 30 Jahren so aus.

Gysi: »Nicht immer abstoßen, beleidigen, wegdrängen. Gewinnen, das ist unsere Aufgabe.« Hey, das wäre auch ein tolles Motto für die Fußballnationalmannschaft!
Im ZDF sagte Gysi auf die Frage, ob die PDS reformunfähig sei, es gebe einen Teil von Mitgliedern, »die bauen sich eher eine ideologische Schein-Realität auf, als die wirklichen Realitäten zur Kenntnis zu nehmen«. Hab ich schon die Parallelen zur Fußballnationalmannschaft erwähnt?

Der Erfinder der »Rote-Socken-Kampagne«, der Ex-CDU-Generalsekretär Peter Hintze, warnt vor einer »Anerkennung der PDS«. Die PDS hingegen warnt vor einer »Anerkennung von Peter Hintze«. Als ob da irgend jemand drauf kommen würde.

Gregor Gysi darf offiziell als Stasi-Mitarbeiter bezeichnet werden. Also, wenn ich mir die typische PDS-Wählerschaft vorstelle, sollte er sich das am besten aufs T-Shirt drucken.
PDS-Chef Bisky meint, das Urteil gegen Gysi sei ein Zeichen dafür, daß für den Osten weniger Recht gelte als für den Westen. Ja und? Dafür müssen die weniger Miete zahlen!
Immer nur meckern, nörgeln, quängeln, jammern...

Die PDS redet viel, ohne Ahnung von irgendwas zu haben, ist hoffnungslos zerstritten und hat Stasi-Affären ohne Ende. In Ostdeutschland gilt sie als Symbol für Ehrlichkeit und Gerechtigkeit.

Die PDS ist Berlins Rotes Kreuz.

Die CSU bezeichnet die PDS oft als linksextrem. Aber das muß doch gesagt werden: Wenn die PDS linksextrem ist, dann ist die CSU rechtsextrem.

Die Union beklagt sich ständig über die Magdeburger Verhältnisse. Mein Gott, laßt die Magdeburger doch Verhältnisse haben, mit wem sie wollen!

Die CDU in Sachsen-Anhalt ist total sauer. Seit Jahren predigt sie, eine rotgrüne Landesregierung mit PDS-Unterstützung kann nicht funktionieren. Warum glaubt das der CDU niemand?

## POLITIK

*→ Bündnis 90/Die Grünen; → CDU/CSU; → Diäten; → FDP; → PDS; → Regierung; → SPD; → Wahlkampf; → Wahlrecht*
Ich liebe die Politik. Ich wäre auch gerne Politiker, aber leider waren meine Eltern nicht miteinander verwandt.

Die Immunität von Abgeordneten kann aufgehoben werden. Das ist so eine Art Parlamentarier-Aids.

Für alle Jungwähler ein Kleiner Politik-Crashkurs:
1. Die SPD ist eine gigantische Selbsterfahrungsgruppe voller verkrachter

Existenzen, Idioten und Speichellecker.
2. Die CDU/CSU besteht aus halbseidenen Kriminellen mit Gehirnen in Walnußgröße und dem Moralverständnis eines Tyrannosaurus Rex.
3. Die GRÜNEN sind lieb, aber doof.
4. Die FDP existiert nur noch in ihrer Einbildung. Die Wähler haben gelernt, das witzig genug zu finden, um sie zu wählen.
5. Die PDS hat weder Ahnung, wovon sie spricht, noch was sie tut. Die Wähler haben gelernt, das witzig genug zu finden, um sie zu wählen.
6. Bei der derzeitigen Fluktuation auf dem Arbeitsmarkt ist eine kontraproduktive Allianz aus Politik, Wirtschaft und Gewerkschaften nur in Kongruenz zum Sachverhalt der ständig steigenden Inflationsrate tolerabel.
7. Rudolf Scharping trägt keinen Bart mehr.
8. Gerhard Schröder raucht teure Zigarren, und das ist böse.
9. Oskar Lafontaine ist der einzige Sozialdemokrat, der sich getraut hat, die Wahrheit zu sagen: Daß er immer recht hat!
10. Eigentlich ist egal, wer an der Macht ist. Hauptsache, das Bier schmeckt.

Berlin bietet Einbürgerungswilligen Sprachschnelltests zum Nachweis ihrer Deutschkenntnisse an. Ausländer müssen lediglich die drei wichtigsten Sätze deutscher Sprache fehlerfrei aufsagen:

- »Muß der Strafzettel wirklich sein? Ich war nur kurz beim Bäcker!«
- »Helmut Kohls historische Verdienste sind unbestritten.«
- »Ausländer raus!«

## POLIZEI

Polizisten dürfen keine zu hohen Risiken mehr eingehen. Von jetzt an heißt es bei Demonstrationen: Immer mindestens zu zehnt auf einen Mann! Eigentlich genau wie bisher.

Die Polizei in NRW hat kaum noch Geld für Alkohol-Blutproben. Und? Es gibt einen viel einfacheren Alkoholtest: Zeigt den Männern ein Foto von Angela Merkel und fragt sie, ob sie sie attraktiv finden.
Bei Frauen nehmt ein Foto von Dieter Bohlen.

Es gibt jetzt in Kneipen Automaten, die den Promille-Spiegel messen. Sehr praktisch für die Verkehrspolizei, die brauchen die Kneipe jetzt überhaupt nicht mehr zu verlassen.

Die Münchner Polizei hat einen Polizei-Shop. Da kann man so altes, ausgemustertes Zeug von der Bullerei erwerben. Also Schlagstöcke, Blaulichtanlagen, Kadaver von toten Schäferhunden, lauter nützliches Zeug für eine sicherere Gesellschaft.

Es gibt eine neue Spezialeinheit, das »Kommando Spezialkräfte«. Wichtigste Aufgabe für die Truppe: Sich einen interessanteren Namen einfallen lassen.
Ich habe ein paar Alternativ-Vorschläge:

- »Sauerkraut-Guerilla«
- »Blindschleiche übernehmen Sie«
- »GSG 9malklug«
- »Rote Beete Fraktion«
- »Spezialeinheit Grober Unfug«

Die neue Spezialeinheit arbeitet eng mit der GSG 9 zusammen. Gleich nach deren Einsatz vernichtet sie alle Beweismittel.

Die Polizei hat eine neue Spezialeinheit. Ich dachte, wir hätten schon eine Spezialeinheit. Bezahlen wir dafür nicht den Solidaritätszuschlag?

Der Polizei in Deutschland geht es scheiße. Die Bullen stecken sich beim Zusammenschlagen mit den furchtbarsten Krankheiten an.

Die Ausrüstung der Polizei ist unzureichend. Deshalb sind auch so viele Polizisten nicht verheiratet.

Die Türen in den Polizeiwachen quietschen furchtbar und müssen geölt werden. Deshalb braucht die Polizei mehr Schmiergeld.

Die Wände in vielen Polizei-Wachen sind verschimmelt. Es wird zu oft dagegen gepinkelt. Zum größten Teil von den Häftlingen.

In Bayern müssen Polizisten jetzt ihre Klamotten bei Quelle kaufen. Der Otto-Versand hat das Bestechungsgeld für den Innenminister nicht rechtzeitig überwiesen.
Es gibt von Quelle extra einen eigenen Polizei-Katalog. Die Trendfarben des Frühjahrs sind anscheinend grün und beige.

Die Bullen in Bayern dürfen sogar Jeans tragen. Zu blöd, da kriegt man Blutflecken überhaupt nicht mehr raus.

In Bayern gehen Bürger auf Streife, werden zu Hilfssheriffs ernannt. Na, da werden sich die Asylanten aber sicherer fühlen.
Die bayrischen Hilfssheriffs kriegen eine tolle Ausbildung: Nämlich gar keine.

## REGIERUNG

Jedes Land braucht eine Regierung. Außer vielleicht Italien.

Man könnte so viele Posten im Bundesbudget ersatzlos streichen. Zum Beispiel die Wahlkampfzuschüsse für die FDP.

Jeder 11. Rentner in Deutschland arbeitet. Hauptsächlich in der Regierung oder im Rundfunkrat.

## SCHARPING, RUDOLF

Rudolf Scharping ist irgendwie viel lockerer geworden, seit er keinen Bart mehr trägt. Vielleicht funktioniert das auch bei Saddam Hussein.

Bob Dole hat dreimal vergeblich versucht, Präsident zu werden. Endlich hat auch Rudolf Scharping jemanden, den er bemitleiden kann.

Die SPD will sich in Zukunft professionell vermarkten lassen. Rudolf Scharping probiert schon die neuen Reebok-Trikots an.

## SCHRÖDER, GERHARD

Tony Blair und Gerhard Schröder planen dafür eine Verfilmung ihres »Schröder-Blair-Papiers«. Titel: »The Blair Schroeder Project«.

Tom Jones findet, daß Gerhard Schröder «ein gut aussehender Mann, allerdings etwas füllig» sei. Ja, allerdings kennt der ja auch Schrödis Vorgänger nicht. Im Vergleich zu dem ist er ja die reinste Kate Moss.

Gerhard Schröder gilt als ausgesprochen sexy. Die SPD-Wahlkampfstrategen haben bereits reagiert: Schröder tritt bei seinen Pressekonferenzen demnächst nur noch im Mini-Tanga auf.

Gerhard Schröder ist ja in einer Episode von »Gute Zeiten, schlechte Zeiten« aufgetreten. Interesseng. Anscheinend sucht er bereits nach neuen Berufschancen.

Gerhard Schröder hat mal ein Interview bei RTL abgesagt, und zwar wegen der Kanzler-Sitcom »Wie war ich Doris?« Er will nicht, daß seine Familie lächerlich gemacht wird. Na gut, falls RTL Ersatz sucht: Die können MEINE Familie haben.

Peep!-Moderatesse Naddel hat wegen des berüchtigten Kanzler-Sketches einen Werbevertrag über 1,5 Millionen Mark verloren. Jetzt hat der Kanzler ein schlechtes Gewissen und will sie zur Ministerin ernennen...
Dafür wird extra ein Bundesmasturbations-Ministerium eingerichtet.
Höchste Zeit, finde ich.

Hillu Schröder hat ja ein Buch schreiben lassen: »Auf eigenen Stöckelschuhen« oder so ähnlich.

Schröder mußte ja früher nach einem Ehestreit in der Rumpelkammer schlafen, wo vorher die Meerschweinchen drin waren. Ich weiß ja nicht, wie hungrig der arme Kerl bei diesem Vegetarierwahn seiner Frau war, aber... was hat er mit den Meerschweinchen angestellt?

Ich war mal auf der Cebit, mußte 30 DM für ein Schnitzel bezahlen. Für ein Schnitzel! Und das im Land von Gerhard Schröder!

## SPD

*→ Lafontaine, Oskar; → Scharping, Rudolf; → Schröder, Gerhard*
Die Briten sind ja inzwischen abgezogen, jetzt gibt es im Ruhrgebiet nur noch eine Besatzungsmacht. Die SPD.

Der SPD-Politiker Rudolf Dreßler hat kürzlich zum dritten Mal geheiratet. Sie wissen ja, erst ab der 3. Ehe ist man ein vollwertiger Sozialdemokrat.

Wenn eine FDP-Frau es mit einem SPD-Mann treibt, kriegt sie bestimmt Orangenhaut.

Die SPD hat eine eigene Werbeagentur. Na, was wollen Sie, von irgendwas muß so eine Partei ja leben.

Die SPD will, daß Firmen, die nicht ausbilden, eine Abgabe zu zahlen haben. Sozusagen umgekehrter Menschenhandel.

Die Jusos kritisieren häufig die Parteispitze. Sie wollen endlich 'ne Taschengelderhöhung.

Die SPD will jetzt die Kompetenzen des ADAC einschränken. Find ich gut. Aber wer schränkt die Kompetenzen der SPD ein?

## SPENDENAFFÄRE

Eines sieht man an der ganzen Geschichte: Die CDU kann viel besser mit Geld umgehen! Die verschieben Millionen, die die SPD nicht einmal hatte!

Die Grünen sind überzeugt, dass wichtige Entscheidungen der Kohl-Regierung im Zusammenhang mit Geldzahlungen standen. Ja, und zwar mit hunderten von Milliarden jedes Jahr, die die als sogenannte »Steuereinnahmen« deklariert haben.

Leisler Kiep widersprach der Aussage von Dingsbums Lüthje, er habe einmal in Kieps Zimmer im Zürcher Hotel Dolder Geld unter der Bettdecke gesehen. Er könne dazu nur sagen, »dass ich Spenden unter der Bettdecke nicht gehabt habe«. Das Geld sei keine Spende gewesen, sondern sein »ganz normaler Bettbezug«.

Es wird berichtet, daß lastwagenweise Akten vom Kanzleramt in die CDU-Parteizentrale geschafft worden seien. Naja, vielleicht war das nur die Pornosammlung von Volker Rühe.

Bei den Strafzahlungen hat die CDU argumentiert, es sei doch ein Rechenschaftsbericht abgegeben worden, auch wenn er falsch war. Ja supi, demnächst reicht die CDU einfach einen Zettel ein »Wir haben etwa 50 Mark eingenommen, gezeichnet Merkel«, und das war dann der Rechenschaftsbericht.

Die gesamte CDU hat in den 80er und 90er Jahren zweistellige Millionenbeträge auf Konten in der Schweiz versteckt. In der Schweiz! Jetzt sind die Liechtensteiner bestimmt noch beleidigter.

Der Parteispenden-Oberböse Horsti Weyrauch sagt, die schwarzen Konten in der CDU bestehen schon seit 1971. Du liebes Lottchen, dann müssen ja sieben Bundestagswahlen wiederholt werden!

Die CDU-Zentrale macht Front gegen »überzogene« Strafgelder und Rückzahlungs-Forderungen. Mann, diese »Es tut uns leid«-Phase ging aber wirklich schnell wieder vorbei.

Es mehren sich die Hinweise auf Schmiergeld-Zahlungen im Zusammenhang mit der Leuna-Affäre, u.a. an Günther Krause. Also, das glaube ich nicht, daß der Geld gekriegt hat. Der konnte ja nichtmal seine Putzfrau bezahlen!

Und der auch genannte Werner Münch hatte ganz andere Quellen.

Walther Leisler Kiep sagte, der CDU-Vorstand unter Helmut Kohl und die CDU-Bundesgeschäftsstelle unter Volker Rühe waren stets über die Parteifinanzen informiert. Naja, das ist mehr, als man z.B. über Schatzmeister der FDP sagen kann.

Mit ihren Geheimkonten hat die CDU unter Helmut Kohl gegen das Parteienfinanzierungsgesetz verstoßen. Tja, ich würde an deren Stelle plädieren, daß die CDU im strengen Sinne gar keine Partei war, sondern mehr sowas wie ein Kohl-Fanclub.
Oder noch besser, eine Kohl-Religion. Ich glaube das sofort.

SPD-Generalsekretär Müntefering: »Die CDU hat die Wahl zwischen Pest und Kohl-Ära.« Nicht schlecht, Münte. Aber wie wär's noch mit »die CDU kann man abschreibern«?
Oder »Rühe sanft, Volker«?
Oder »Das ganze wird immer merkelwürdiger«?
Oder »Ich schäuble vor Wut«?
Oder »Wir fordern rüttgerslose Aufklärung«?

Gerhard Schröder forderte die CDU zur »Selbstreinigung« auf. Ja, besonders Leisler Kiep sollte sich wirklich mal die Haare waschen.

Wolfgang Schäuble hat sich in der »Blöd«-Zeitung für die späte Offenbarung seiner Spendenannahme entschuldigt. Na gut, ich will mal nicht so sein und verzeihe ihm. Wenn mir der Staat dafür auch mal meine 95 Strafzettel einfach so verzeihen würde? Herzlichen Dank.

## STEUERN

Die Deutschen hinterziehen in diesem Jahr schätzungsweise 120 Milliarden Mark an Steuern. Ach, echt? Und da mach ich mir einen Kopp, ob ich meine thailändische Haushaltshilfe doch nicht absetzen kann, bloß weil sie nie mein Schlafzimmer verläßt.

Nach Ansicht der Steuergewerkschaft könnte der Staat durch verstärkten Einsatz von Steuerfahndern 30 bis 40 Milliarden Mark jährlich mehr einnehmen. Ich hab 'ne noch bessere Idee: Stellt noch hunderttausend Politessen ein, und die Staatsverschuldung liegt Mitte Februar bei Null!

Es wurde eine Bürgerinitiative gegen die Hundesteuer gebildet. Ihr Credo: »Freies Scheißen für freie Hunde!«

Seit ein paar Jahren werden in Deutschland in einigen Städten spezielle »Hundefahnder« eingesetzt, um »schwarz« gehaltene Hunde aufzuspüren. Wieviel wetten wir: In einem Jahr gibt's darüber 'ne SAT.1-Krimiserie!

Viele Leute melden ihre Hunde ja nicht an, um die Hundesteuer zu sparen. Deshalb melde ich auch meine Quelle nicht an.

Hundesteuer? Ich verstehe gar nicht, wo die Hunde das Geld hernehmen sollen.

Die Hundesteuer für Hundebesitzer gibt's halt, weil die Viecher immer auf die Straße scheißen. Und die Hunde auch.

Die Bundesregierung will die Dieselsteuer nicht drastisch erhöhen. Sehr gut, schließlich ist Dieselfahren die beste Möglichkeit, Benzin zu sparen.

Die Erbschaftssteuer wird vielleicht gekürzt. Vatermord soll sich wieder lohnen.

Ich esse gerne mal in der Kantine von meinem Finanzamt. So wie ich Steuern zahle, GEHÖRT mir die Kantine.

Die Mineralölsteuer wird wieder erhöht. Naja, dann trink ich eben weniger davon.

Gottseidank ist der Finanzminister wenigstens keine Frau. Sie wissen ja, Frau am Steuern.

In Italien gibt es eine Hotline, wo man Steuerbetrüger anzeigen kann. 57 Millionen Italiener befinden sich bereits in Untersuchungshaft.

Die Renten sollen jetzt besteuert werden. Das ist kein Problem, solange man Gebiss und Hämorrhoidensalbe absetzen kann.

Es gibt eine Steuerreform? Aber steuerbord ist doch immer noch rechts, oder?

Bauern müssen nach der Steuerreform nicht mehr den Zehnten zahlen, sondern den Fünften.

Durch die neueste Steuertabelle weiß jeder Bescheid: Aha, ich muß noch zwei Kinder kriegen und 100 DM mehr verdienen, dann mach ich 'nen guten Schnitt.

## TODESSTRAFE

25% der Deutschen wollen die Todesstrafe. Ich finde, diese Masochisten-Bewegung ufert jetzt doch etwas aus.

Wenn 25% der Deutschen die Todesstrafe wollen, würde ich sagen, geben wir sie ihnen. Mittelfristig wäre das eine interessante Lösung fürs Arbeitslosenproblem.

Die Todesstrafe wird hierzulande schon seit einiger Zeit praktiziert, z.B. wenn man straffällige Kurden wieder in die Türkei abschiebt.

Ich bin eigentlich auch für die Todesstrafe. Dann kann ich meine Guillotine endlich mal zu legalen Zwecken einsetzen.

## VERBRECHEN

*→ Korruption; → Ladendiebstahl*

Am Anstieg der Jugendkriminalität in Deutschland haben die Mädchen einen immer größeren Anteil. Stimmt. Viele erwachsene Männer gehen nicht mehr allein in die Tiefgarage, aus Angst, von irgendwelchen zehnjährigen Girlies überfallen zu werden.
Außerdem herrscht bei Mädchen eine wachsende Gewaltbereitschaft. Das kann ich bestätigen. Sie müßten mal sehen, wie sich meine drei Freundinnen ständig darum prügeln, welche zuerst dran ist.

Die Kriminalität in Bayern steigt seit Jahren drastisch an. Die Bayern werden ja auch furchtbar kriminalisiert, seitdem »Blöd aussehen und Scheiße labern« verboten ist.

Am schlimmsten ist die Kriminalität von Frankfurt. Dort laufen die Räuber schreiend davon, wenn sie einem Banker begegnen.

In Frankfurt fragt dich niemand, wie spät es ist. Die nehmen einfach deine Uhr!

Es ist wirklich schlimm in Frankfurt. Straßenräuber trauen sich nur noch zu zweit auf die Straße.

Eigentlich ist ja ganz Ostdeutschland ein einziger Tatort. Leider ist es nicht mehr ein einziges Gefängnis... ähem, ich meine, zum Glück, zum Glück! Ja, genau...

Ostdeutsche Berufskiller sind sehr höflich. Die schicken immer eine Woche vorher eine Beileidskarte an die »Hinterbleibenden«.

Es gibt jetzt ein Fangnetz für Einbrecher. Na, ich hoffe, da fangen sich nicht auch Delphine drin.

Die Verbrechensschutz-Branche macht jedes Jahr 20 Mrd DM Umsatz. Diese Umsatzsteigerung wird nur noch von den Einbrechern übertroffen.

Straf- und Zivilrecht in Europa sollen sich angleichen. Die Belgier sind dagegen, seit sie gehört haben, daß Kinderschänder in manchen Ländern strafrechtlich verfolgt werden.

Ein gemeinsamer Rechtsraum in Europa soll gegen die organisierte Kriminalität schützen. Wir übernehmen einfach die Standards von Süd-Sizilien.

Kreditbetrug an sich ist gar nicht strafbar. Es ist erst ein Verbrechen, wenn man erwischt wird. Ansonsten wird man entweder Bundesbankchef, Tennis-Star oder Talkshow-Moderatorin.

Die CSU hat schon Gegenmaßnahmen gegen die steigende Kriminalität in Bayern beschlossen: Ab sofort sind Raub und Mord erlaubt! Das dürfte die Statistik senken.

## WAHLKAMPF

Wozu eigentlich immer diese teuren Wahlkämpfe, wenn die Leute sowieso immer nur CDU wählen?

Klaus Kinkel war damals ganz böse, daß die FDP von der Opposition als »Partei der sozialen Kälte« bezeichnet wurde. Eigentlich sollte das der Slogan für den Wahlkampf '98 sein.

Der letzte Wahlkampf in Amerika war der teuerste Wahlkampf aller Zeiten. Den Golfkrieg jetzt mal nicht mitgerechnet.

Hillary Clinton zeigte sich im amerikanischen Wahlkampf immer mehr als Mutter. Die Mutter von Norman Bates.

## WAHLRECHT

Ich bin für die Monarchie in Deutschland. Ich meine, wir gehen ja sowieso nicht wählen, da können wir gleich Nägel mit Köpfen machen.

Vielleicht sollten Kinder das Wahlrecht haben. Die wählen dann wahrscheinlich Garfield zum Kanzler. Das wär mal 'ne ganz neue Art Kanzler: Ein egozentrischer, rechthaberischer Fettsack, der alles und jeden tyrannisiert. Ähem...

Ich halte das Wahlrecht ab 16 für ziemlich gefährlich. Als nächstes wählen die Mola Adebisi zum Bürgermeister. Naja, dann würde er uns wenigstens nicht mehr im Fernsehen belästigen.

16jährige dürfen vielerorts schon wählen. Es kommt aber nur die Hälfte, weil die anderen denken, ihr Wahllokal wäre das nächste McDonald's.

## WESTERWELLE, GUIDO

Vielleicht werden auch Parteien bald Briefmarken finanzieren. Stellen Sie sich vor: Eine Briefmarke mit dem Bild von Guido Westerwelle. Fragt sich nur, auf welche Seite man spucken soll.

Heutzutage sind ja überall Microchips drin. In Toastern, Haartrocknern, FDP-Generalsekretären...

Endlich mal ein richtig guter Politiker: Seriös, intelligent, bescheiden. Ein Vorbild für die Zukunft. Ein großer Mann, der auch an den kleinen Mann denkt. Das sieht Guido Westerwelle, wenn er in den Spiegel sieht. Und Sie wissen ja, im Spiegel sieht man alles verkehrtherum.

# DEUTSCHLAND

## ATOMBOMBE

62,8% aller Kinder haben laut Umfrage Angst vor einem neuen Atomkrieg. Der Rest der Kinder FREUT SICH DRAUF.

Es heißt, Atombomben kann im Grunde jeder Idiot nachbauen. Wenn man kein Idiot ist, muß man einen engagieren.
Jeder Idiot kann Atombomben bauen, heißt es. Hahaha, nicht jeder Idiot! Unsere Regierung hat zum Beispiel noch keine.

Ich wollte als Kind mal eine Atombombe auf die Schule werfen. Aber da war ein Schild, das verstoße gegen die Schulordnung.

## AUTOTELEFON

Autofahrer dürfen im fahrenden Wagen nicht telefonieren. Das ist lästig, wie die ständig die Spur wechseln, bloß um 'ne bessere Leitung zu kriegen.

Ich hab gehört, in Deutschland soll man das Telefonieren schon in der Fahrschule üben. Weitere neue Punkte auf dem Lehrplan sind »Rasen auf der Überholspur« und »Fahrerflucht für Fortgeschrittene«.

Ich brauche jedenfalls kein Autotelefon. Ich habe mir ein Megaphon aufs Dach montiert. Das macht Laune.

Das Telefonieren im Auto soll erleichtert werden, durch sprachgesteuertes Wählen. Das kann aber teuer werden. Wenn im Radio die Toto-Zahlen durchgegeben werden, führt man vielleicht, ohne daß man's merkt, ein Zweistundengespräch mit Zimbabwe.

Jeder zehnte Deutsche besitzt ein Handy oder ein Autotelefon. Viele kaufen sich schon ein Autotelefon und spielen dann beim »Ran Super-Q« mit, um das dazugehörige Auto zu gewinnen.

In Japan sterben immer mehr Menschen bei durch Handys verursachten Verkehrsunfällen. Na also, dann sind die Dinger wenigstens zu ETWAS zu gebrauchen.

Männer stellen die eindeutige Mehrheit bei den Handy-Unglücksfahrern. Kein Wunder. Männer legen halt den Hörer zwischendurch auch mal AUF.

Autotelefonierer verursachen immer mehr Unfälle. Ich weiß gar nicht, wie die es schaffen, diese Handys noch in die engen Formel-1-Kisten reinzuquetschen.

## BADEN-WÜRTTEMBERG

→ *Stuttgart*

Warum macht die Kirche in Baden-Württemberg nicht mal eine Teufel-Austreibung?

Wenn ein Karlsruher zum Bundesverfassungsgericht gehen will, nennt er das dann auch den »Gang nach Karlsruhe«?

Heilbronn - Stuttgart - Geisslingen stellt die sogenannte »Industriegasse« dar. Manch einer nennt sie inzwischen nur noch die »Sackgasse«.

## BAYERN

→ *München*

Das Goethe-Institut München hat eine Dokumentation über die Verbreitung von Deutsch als Fremdsprache herausgebracht. Ermutigende Zahlen gibt es vor allem aus Bayern: Fast jeder zehnte Bayer spricht fließend deutsch.

Auch an Gymnasien und Realschulen in Bayern sollen künftig auf Wunsch die Kruzifixe abgenommen werden. Wieso, was haben die denn gegen ein Bild von einem nackten Mann, durch dessen Hände und Füße Nägel gehämmert wurden? ICH finde so was sehr hübsch.

Die Bayerische Staatsregierung findet die Pläne eines Werbeverbots für Alkohol inakzeptabel. Klar, wenn es etwas gibt, wovor die CSU Angst hat, dann sind das Wähler, die nüchtern sind.

Ein Gericht hat entschieden, das bayerische »Fensterln« kann ein Kündigungsgrund sein. Ein einbrechender Triebtäter hatte behauptet, das wäre ein Bestandteil bayrischer Kultur. Ja, stimmt, hab ich gesehen in »Liebesgrüße aus der Lederhose, Teil 5«.
Ein sehr authentischer Film, wenn auch etwas zu avantgardistisch.

Allein in Bayern sind 55 Prozent aller deutschen Brauereien beheimatet. Und 90 Prozent aller Geschäftsstellen der Anonymen Alkoholiker.

Nur in Bayern haben sich die traditionellen Grußformeln »Servus« und »Grüß Gott« gehalten. Ebenso wie »O'zapft is« und »Der Euro, der is unser Untergang«.

In Bayern gibt es weniger Sportunterricht in den Schulen. Ich hätte nie geglaubt, daß es überhaupt jemals welchen gab. Abgesehen von Kampftrinken.
Wenn es in Bayern Sport nicht mehr als Schulfach gibt, schafft doch keiner mehr die Abiturprüfung!

Aufgrund einer Grenzverschiebung bekam Bayern 30.000 m² von Baden-Württemberg. Die Kühe dort müssen jetzt lernen, bayrisch zu muhen.

Das Gaffen bei Autounfällen ist jetzt verboten in Bayern. Mein Gott, wozu dann überhaupt noch Unfälle bauen, wenn einen keiner beachtet?
Die Bayern sind so humorlos, da darf man nicht mal schaulustig sein.

## BERLIN

Berlin ist ja inzwischen die größte Baustelle der Welt. Abgesehen von Ex-Jugoslawien.

Das erste Millenniums-Baby Deutschlands sagte gleich nach der Geburt: »Ich bin ein Berliner«. Ja, so sah das Viech auch aus.

Berlin ist laut einer Schweizer Studie die teuerste Stadt Deutschlands! Kann ich nur bestätigen. Sie glauben gar nicht, was die da für eine einzige Übernachtung verlangen. Und dann muß man auch noch Kondome benutzen!

Berlin hat Frankfurt den Rang als teuerste deutsche Stadt abgelaufen. In Frankfurt bezahlt man inzwischen nur noch 50.000 DM für einen Politiker.

In der weltweiten Rangliste der teuersten Städte liegt Berlin nur auf Platz 58. Ist ja peinlich, so eine billige Hauptstadt. Sogar die Straßenräuber lassen einem noch Geld übrig für die Heimfahrt, das ist doch kein Weltstadt-Niveau!

Gut, daß wir uns den Umzug nach Berlin leisten können. Wenn Deutschland irgendwie in wirtschaftlichen Schwierigkeiten stecken würde, wäre das ganze natürlich total bescheuert.

Die Berliner Autonomen freuen sich über den Umzug. Es ist viel ökologischer, wenn man die Molotow-Cocktails gleich nach dem Kauf verbrauchen kann.

Die Parlamentarier werden sich in Berlin etwa so fühlen wie Bewohner von Asylantenheimen in Kleinstädten.

Berlin hat ja über 3 Mio Einwohner. Und das Tausendfache an Schulden.

Berlin hat die meisten Ausländer. Im Ost-Teil leben sogar ausschließlich Ausländer.

Mit vielen Einwohnern Berlins kann man sich als Deutscher gar nicht verständigen. Die Ausländer sind ja lernwillig, aber die gebürtigen Berliner versteht doch kein Mensch!

In Berlin herrscht Vermummungsverbot. Ausgerechnet in Berlin? Und was hat bitteschön Christo mit dem Reichstag gemacht?

Berlin ist ja wirklich die Stadt der Reichen und Schönen. Manche sind natürlich auch reich und häßlich.

Die »Berlinale« ist ja die Speerspitze unserer verzweifelten Versuche so zu tun, als hätten wir eine international wettbewerbsfähige Filmindustrie.

## BRANDENBURG

Die Geldgeilheit der Ossis ist schon erschreckend. Ein ganzes Bundesland haben die »Mark Brandenburg« genannt.

Es gibt eine neue Autobahnbrücke von Brandenburg nach Polen. Die polnischen Autodiebe hatten sich mehrfach über die Staus beschwert.

Nach dem Hochwasser in Brandenburg wurde die Mark weicher.

In Brandenburg gibt es das Schulfach »Lebensgestaltung, Ethik, Religion«. Die Klassen werden hierbei getrenntgeschlechtlich unterrichtet: Bei Lebensgestaltung lernen die Mädchen Kochen, Staubsaugen, Windelnwickeln, und die Jungs lernen Arschkriechen, Blaumachen und Schlangestehen vorm Arbeitsamt.

## BREMEN

Bremen ist ein Teil von Bremen. Und Bremerhaven ist praktisch der Bremer Hafen. Noch Fragen?

In Bremerhaven werden sämtliche Haushalte abgeklappert, um zu sehen, ob dort Hunde leben. Ich sage dazu: »Hunde, wollt Ihr ewig in Bremerhaven leben?«

Bremen und Bremerhaven werden durch die Weser verbunden. Sie werden sozusagen miteinander verwest.

Ist Werder Bremen noch in der 1. Liga? Und wenn ja, warum?

## BRIEFMARKEN

Briefmarkensammeln ist ja mehr ein Hobby für ältere Leute. So manche Briefmarke hat zehnmal soviele Zähne wie ihr Besitzer.

Briefmarkensammeln war ja früher noch gut, um Frauen abzuschleppen. Heute sagen aber immer mehr Männer: »Soll ich dir meine Pornosammlung zeigen?«

## BUNDESWEHR

→ *Wehrdienst;* → *Zivildienst*

Die CDU ist gegen eine Verkleinerung der Bundeswehr im größerem Umfang.

Da haben die recht. Ich meine, sicher, im Moment tun die Belgier und Holländer ganz harmlos, aber wenn die uns eines Tages überfallen, was machen wir dann? Die Polizei rufen?

Die Bundeswehr muß vielleicht bald Frauen für den Einsatz in Kampfverbänden zulassen. Na toll. Schlimm genug, daß wir WEGEN Frauen Kriege führen, jetzt sollen wir es auch noch MIT ihnen tun?

Der Europäische Brustwarzenhof hat entschieden: Frauen dürfen auch den Dienst an der Waffe leisten. Freut mich, da will man direkt nochmal zum Bund. Oder kriegen die ihre eigenen Gemeinschaftstoiletten?

Sechs Unteroffiziere haben 1993 ein rechtsradikales Gelage mit Reichskriegsflagge und Hitler-Bildern gefeiert. Dabei ist Alkohol in der Kaserne verboten!

Ich finde besonders das mit den Hitler-Bildern scheußlich. Der Mann hat nun wirklich scheiße gemalt.

Gegen einige Bundeswehrsoldaten wird ein Ermittlungsverfahren eingeleitet wegen »Verwendung von Kennzeichen verfassungswidriger Organisationen«. So'n Quatsch. Dann müßte ja jeder verhaftet werden, der ein Micky-Maus-T-Shirt anhat.

Ich frage mich, welcher Bundeswehrskandal nächste Woche rauskommt. Wahrscheinlich werden deutsche Neonazis in Kasernen im Anpöbeln und Bierkotzen trainiert.

In Kroatien sollen vor gut einem Jahr Bundeswehrsoldaten während einer Feier »Heil Hitler« und »Sieg Heil« gebrüllt haben. Das find ich immer noch besser als »O'zapft is!«

Vor mehreren Jahren soll eine Gruppe von rechtsextremen Studenten an einer Veranstaltung an der Hamburger Führungsakademie teilgenommen haben. Na und? Wenn es linksradikale Studenten gewesen wären, hätte mich das viel mehr beunruhigt.

Volker Rühe sagte mal, die Bundeswehr sei nicht die Schule der Nation. Dafür wird die Schule mehr und mehr zur Bundeswehr der Kinder.

Im Fallschirmjägerbataillon 313 hat es immer wieder Ausschreitungen mit antisemitischen und rechtsradikalen Parolen gegeben. Oh mein Gott! Ich kann es nicht glauben! So viele Fallschirmjägerbataillone gibt es: 313?

Die Bundeswehr ist nicht nur schlecht. Sie hat immerhin die Autobahn gebaut. Oh Moment, hat sie gar nicht. Dann ist sie doch nur schlecht.

Die Bundeswehrsoldaten müssen mit dem billigsten Material klarkommen. Sehen Sie sich zum Beispiel den Verteidigungsminister an, den die haben!

Ich kannte mal einen, der ging kerngesund zum Bund, und ein halbes Jahr später wurde er als untauglich entlassen.

Ein Heeresinspekteur meint, das deutsche Heer sei »körperlich nicht an der Spitze«. Das ist wohl der Euphemismus des Jahres. Gottseidank hat keiner über den GEISTIGEN Zustand gesprochen.

Rita Süssmuth hat ja Bundeswehrflugzeuge benutzt, um ihre Tochter in der Schweiz zu besuchen. Ich dachte, sol-

che Auslandseinsätze muß erst der Bundestag genehmigen.
Die Bundeswehr-Maschinen sind ausschließlich für Dienstreisen vorgesehen. Und für Überfälle auf arme Nachbarländer.

Die Bundeswehr hat kaum noch Geld. Die Rekruten müssen die Uniformen ihrer Vorgesetzten auftragen.

Die Bundeswehrsoldaten müssen jetzt mit Knallfröschen arbeiten. Hach, nochmal Kind sein! Kriegt man da auch Wasserpistolen?

Besonders der Luftwaffe geht es übel. Die benutzen jetzt Knirps-Regenschirme statt Fallschirme.

Wissen Sie, was eine Haubitze ist? Das ist ein Panzer mit einem viel zu langen Rohr. Auf der Schule war »Haubitze« mein Spitzname.

Ich wollte früher unbedingt U-Boot-Kapitän werden. Aber diese lahmarschige Sozi-Regierung wollte partout keinen Krieg mit England anfangen.

## DDR

*→ Deutsche Einheit; → Ossis*

1953 war der Volksaufstand in der DDR, der blutig niedergeschlagen wurde. Ähh... hey, Ossis, wie wär's mal wieder?

Egon Krenz fand sein Verfahren »unfair«. Ja, wieso hat die Richterin nicht das Urteil vorgelesen, das er ihr vorgeschrieben hatte, so wie früher?

Egon Krenz wurde in ein anderes Gefängnis verlegt, um ihn vor den Medien zu schützen. Außerdem hatte sich Krenz über seinen bisherigen Knast beschwert, weil lauter Leute durch die Tore gingen durften, ohne erschossen zu werden. Sowas gefällt dem Mann gar nicht.

Tja, 50 Jahre DDR sind jetzt rum. Ich hoffe, die nächsten 50 Jahre werden genauso schön!

In der DDR wurde Bertolt Brecht zu einem Staatskünstler hochgefeiert. So wie bei uns heute Johannes B. Kerner.

Nina Hagen wurde ja 1975 aus der DDR ausgewiesen. Vielleicht sollte mal jemand der Bundesregierung einen Tip geben.

Die berühmten »Ostalgie-Nächte«, auf denen die Fans von DDR-Symbolen in Erinnerungen schwelgen können, wird es vielleicht bald nur noch im Ausland geben. In Deutschland wird den Veranstaltern nämlich immer wieder der Aufbau von Selbstschußanlagen verboten.

Das Vereinsleben in der DDR war sehr rege. Besonders der Mauerschützenverein.

Fernsehen in der DDR, da denken viele nur an einen: Wolfgang Lippert. Keiner konnte so gut singen, war so lustig und geistreich! Tja, das sagt wohl alles. Man sollte Wolfgang Lippert das Bundesverdienstkreuz geben, denn er ist der einzige Grund, warum sich die meisten Ostdeutschen die DDR eben NICHT zurückwünschen.

Haben Sie früher auch Westpakete geschnürt? Ich auch. Ich habe immer Eintrittskarten für Herbert Grönemeyer reingelegt. Die Leute haben sich nie bedankt!

Die DDR war ja total scharf auf Devisen. Ich habe auch mal eine Devise gespendet: Wer zuletzt lacht, macht das Licht aus.

Ich fand es toll, wie Helmut Schmidt es der RAF gezeigt hat. Er hat sie alle in die DDR geekelt, die armen Schweine.

Mein Lieblingslied ist ja »Auferstanden aus Ruinen«. Ich liebe Zukunftsmusik.

Es gab vor einiger Zeit eine Ausstellung von Ost-Produkten in Berlin. Wußten Sie, daß es weiße Spaghetti gibt?

Ein paar Ost-Produkte sind ja immer noch auf dem Markt. Angelika Merkel, z.B.

## DEUTSCHE EINHEIT

Bundeskanzler Schröder hat in seiner Rede zum Jahrestag des Mauerfalls die Zivilcourage der Ostdeutschen gewürdigt. Ich muß ihm zustimmen. Obwohl, wenn die Leute damals gewußt hätten, daß sie nicht nur Freiheit kriegen, sondern auch Modern Talking und McDonald's, dann hätten sie es sich vielleicht nochmal überlegt.

Der Fall der Berliner Mauer ist für die meisten Franzosen nach einer Umfrage »das politische Ereignis des Jahrhunderts«. Ich freu mich schon auf das politische Ereignis des nächsten Jahrhunderts: Den Wiederaufbau der Berliner Mauer.

Egon Krenz muß ja mitsamt seinen Zähnen endgültig ins Gefängnis. Endlich die gerechte Strafe dafür, daß er die Mauer geöffnet hat.

14 Prozent der Ostdeutschen wünschen sich die Mauer zurück. Allerdings würden sie vorher gerne mit den Wessis die Plätze tauschen.

Jeder fünfte Westdeutsche will die Mauer wiederhaben. Ich sage: Bloß nicht! Dann kommt Wolf Biermann und startet ein Comeback!

Ein Drittel der Deutschheit glaubt, daß sich die Menschen in Ost und West immer noch fremd sind. Genau! Warum nennen sie die Hähnchen auf dem Oktoberfest nicht um, von »Hendl« in »Broiler«?
Dann ist doch scheißegal, ob der Bundespräsident aus dem Osten ist.

Warum wurde die Mauer bloß eingerissen? War sie so voller Asbest?

Vor 10 Jahren wurde die Mauer eingerissen. Selbst schuld: Jetzt sind alle ostdeutschen Maurer arbeitslos.

1812 hat Napoleon Moskau besetzt, aber der Zar hatte die Stadt vorher anzünden lassen. Auf die Idee hätte auch Honecker kommen sollen.

Der St.-Pauli-Kiez kriegt starke Konkurrenz aus dem Osten. Jetzt wissen wir endlich, wozu die Wiedervereinigung gut war: Billigere Nutten!

## DÜSSELDORF

International ist Düsseldorf auf Platz 8 auf der Liste der lebenswertesten Städte. Direkt nach Sarajevo.

Düsseldorf hat im internationalen Städtevergleich München und Berlin geschlagen. Anscheinend stand die Jury nicht auf brüllende Taxifahrer und lederbehoste Bierbauchbalancierer.

Offenbar hat der Flughafenbrand dem Ansehen Düsseldorfs nicht geschadet. Ich hatte schon so ein schlechtes Gewissen, weil ich damals bei meinem Rückflug über Düsseldorf eine Zigarette aus dem Fenster geworfen hatte.

Die ganze Königsallee ist ja ein einziger Laufsteg. Sogar die Bettler würden eher sterben, als einen Synthetik-Hut hinzustellen.

## FAX

Das Fax-Gerät ist ja hauptverantwortlich für die hohe Brieftaubenarbeitslosigkeit.

Die RAF hat sich per Fax selbst aufgelöst. Wahnsinn, so einfach ist das? Das muß ich mir merken, wenn ich mich mal scheiden lassen will.

Ich habe Schwierigkeiten mit meinem Faxgerät. Das Papier kommt beim Faxen aus dem anderen Schlitz immer wieder raus.

Die Telekom will vielleicht bald die Fax-Gebühren erhöhen. Na und, dann schreibe ich eben auf beiden Seiten.

Ich habe Probleme mit meinem Fax: Es sieht meinem Aktenvernichter so verdammt ähnlich.

## FRANKFURT

In Frankfurt ist die Kriminalität am schlimmsten. Dort laufen die Räuber schreiend davon, wenn sie einem Banker begegnen.
Es ist wirklich schlimm in Frankfurt. Straßenräuber trauen sich nur noch zu zweit auf die Straße.

Die Kriminalität in Frankfurt ist sehr stark. Da hat die Deutsche Bank ihren Hauptsitz.

In Frankfurt fragt dich niemand, wie spät es ist. Die nehmen einfach deine Uhr!

## FRIEDEN

Viele bezeichnen den Tod als den »ewigen Frieden«. Dann sind Mörder auch nichts weiter als extreme Pazifisten.

Laut einer Umfrage haben die Bürger in Deutschlands Nachbarländern keine Angst vor einem wiedererstarkten Deutschland. Sehr schön, daß die sich in Sicherheit wiegen. Dann ist das Überraschungsmoment auf unserer Seite.
Mann, das ist richtig peinlich, keiner hat mehr Angst vor uns. Jetzt weiß ich, wie Oskar Lafontaine sich fühlen muß.
Oder die gesamte Fußballnationalmannschaft.

McDonald's ist ja ein Synonym für Frieden und Völkerverständigung. Man soll andere Rassen nicht diskriminieren, sondern sie zu Minimallöhnen schuften lassen!

Ich finde, es ist höchste Zeit, endgültigen Frieden zu schaffen. Dazu müssen wir nur alle, die anders sind als wir, in die Steinzeit zurückbomben!

## HAMBURG

In Hamburg verdienen die Leute am meisten Geld. Kein Wunder, da arbeiten ja fast nur steinreiche Journalisten, die den Zerfall des Sozialstaats anprangern.

Hamburg ist die deutsche Karrierestadt. Wieso reagiert dann da die SPD?

In Hamburg kann praktisch jeder Karriere machen. Helmut Schmidt ist vom Bundeskanzler zum »Zeit«-Herausgeber aufgestiegen.

Besonders auf der Reeperbahn ist der Karrierismus schlimm, da sind alle total »karrieregeil«.

## HANDY

Marktforschung hat ergeben: Jeder vierte Deutsche hat ein Handy. Bzw, vier Handys haben einen Deutschen.

Wie die Zeitschrift »connect« meldet, reagieren Mobiltelefone überaus sensibel auf Minustemperaturen. Wahnsinn, ich ruf meine Oma und ihre Häkelgruppe an, und dann machen wir Milliarden mit Handy-Schonern.

Nach einem Bericht des »Stern« lassen viele Passagiere im Flugzeug ihre Handys eingeschaltet. Na und? Sollen die halt die Triebwerke abstellen, wenn ich telefoniere! Was ist denn das für ein Service!

Auch Radfahrer sollen verstärkt Handys benutzen, es dauert nur so lange, das Ding beim Fahren vom Gepäckträger abzuklemmen.

Drei Viertel aller Teutonen sind für die Einrichtung von Nicht-Handy-Zonen. Gibt's doch schon: Die neuen Länder!

In Kirchen und auf Friedhöfen werden Handys nicht gern gehört. Und was ist, wenn Gott anruft?

Auf der Cebit laufen alle mit Handys rum. Das ist ziemlich witzlos, denn wo ist der Angeber-Effekt, wenn ALLE ein Handy haben?

Wissen Sie, wie ich mir den perfekten Autofahrer vorstelle? Einen stockbesoffenen 18jährigen mit Handy und voll aufgedrehten AC/DC im Feierabendverkehr.

## HANNOVER, ERNST AUGUST VON

Ich hab heute Nacht schlecht geschlafen. Ich hatte Angst, daß Ernsti Gustl von Hannover plötzlich aus meinem Schrank springt.
Kinder: Esst brav euren Spinat, sonst kommt der Prinz von Hannover!

Ernst August von Hannover ist einer der ranghöchsten Adligen in Großbritannien. Was für ein armseliges Land, sogar ihre Adligen müssen die importieren.

Gustl hat den gewaltsamen Übergriff auf einen deutschen Discothekenbesitzer zugegeben. Er war über die Aufregung sehr verwundert. Er wollte wissen, wieso denn das Verprügeln von stinkenden Proletariern verboten sei, und seit wann denn eigentlich.
Hannover: »Dieser Mann ist ein Zuhälter, ein Mensch, der anderen Leuten Freuden bereitet und dafür Geld nimmt.« Ist ja grässlich! Viel schlimmer als Leute, die anderen Leuten nur auf den Sack gehen und dafür Geld nehmen. So wie Stefan Raab oder Rudi Carrell.

Dieser Brunlehner behauptet, der Prinz habe gedroht, ihn von der russischen Mafia ermorden zu lassen. Wirklich? Verdammt, kann dieser August keine deutschen Killer anheuern? Was soll bloß aus dem Standort Deutschland werden?

## HESSEN

→ *Frankfurt*
Roland Koch, die Geißel Hessens, hat in der Schwarzgeldaffäre zwei Mal Journalisten falsch informiert. Jetzt sagt auch die FDP: Es reicht! Wenn er jetzt noch einen Massenmord zugibt, dann werden wir uns überlegen, ob man sich

nicht doch vorstellen könnte, nur ein klein bißchen Rücktritt, es sei denn, der Massenmord war Notwehr...

Roland Koch hat wegen des Finanzskandals an Gewicht verloren. Das wäre ja eine tolle neue Diät: Vorwürfe abstreiten, dann ganz schnell zugeben, wenn es gar nicht mehr anders geht, und dann so tun, als wolle man aufklären. Wieso steht sowas nie in der »Brigitte-Diät«?

Im hessischen Landtag scheiterte ein Oppositions-Antrag auf Selbst-Auflösung des Regionalparlaments wegen der Affäre. Kein Wunder: »Der CDU zur Mehrheit verhelfen«, das ist ja die Präambel in der FDP-Satzung. Und die ist nunmal verbindlich.

## KÖLN

Köln ist die Hauptstadt des Karnevals! Tut mir leid, liebe Kölner, aber das ist nun mal die furchtbare Wahrheit.

Die Kölner sind total sauer, weil Düsseldorf als Deutschlands lebenswerteste Stadt ausgezeichnet wurde. Schließlich machen sie in Köln den viel besseren Karneval. Ja, genau das gab ja auch den Ausschlag.

Gilt das Vermummungsverbot auch in Köln? Das könnte am Rosenmontag gewisse Probleme verursachen.

Istanbul ist Partnerstadt von Köln geworden. Jetzt geht die Abschiebung viel schneller.

Kölns neue Partnerstadt heißt Istanbul. Köln wollte unbedingt eine Stadt, die genauso viele Türken beherbergt wie Köln selbst.

Es gibt ein Kulturaustauschprogramm zwischen Köln und Istanbul. Die Istanbuler sollen von den Kölnern lernen, wie man richtige Döner macht.

Ich wundere mich gar nicht über Toni Schumachers Rauswurf bei Fortuna Köln. Wer einmal beim Kölner Karneval dabei war, der weiß: Menschenverachtende Demütigungen gehören in Köln zur Folklore.

## KRIEG

Krieg ist wie Fußball; nur mehr Verletzte und niedrigere Einschaltquoten.

Viele ältere Herrschaften sagen ja oft »Ihr hab ja keinen Krieg miterlebt«. Da kann ich nur sagen, wenn ICH den Krieg miterlebt hätte, hätten wir vielleicht gewonnen!

## MECKLENBURG-VORPOMMERN

Ich habe gehört, Schwerin ist schwer in.

Lothar Matthäus hat einen Baumarkt in Mecklenburg-Vorpommern. Ein schöner Zug für ihn, er leistet Entwicklungshilfe.

In Ostdeutschland gibt es eine Ostdeutschland-Welle. Vor allem in der Mecklenburger Bucht.

Tiere des Waldes fallen in Mecklenburg-Vorpommern zunehmend dem Verkehr zum Opfer. Besonders die Zahl der überfahreren Ameisen ist dramatisch angestiegen. Auf über 20!

## MÜNCHEN

In München steht ein Hofbräuhaus.

Die Matthäus-Kirche in – wie hieß das Kaff – »München« hat Werbeplakate am Kirchturm aufgehängt. Rein optisch eine enorme Verbesserung. Die Kirche will damit die Sanierung des Kirchturms finanzieren. Jetzt versteh ich das erst: Deshalb kleben immer so viele Plakate auf diesen Litfaßsäulen. Damit die nicht abgerissen werden!

Beim diesjährigen Oktoberfest gibt es auch den klassischen Weit-Strull-Wettbewerb.
Neuerdings dürfen auch Frauen teilnehmen.

Demnächst geht in München die Starkbierzeit los. Sie wissen ja, wir Münchner brauchen etwas Abwechslung zwischen der Superbierzeit und der Nichtsaußerbierzeit.
Die Starkbierzeit geht von Mitte bis Ende März. In Niederbayern ist ja in dieser Zeit schulfrei.

Jeder Bayer, der was auf sich hält, geht jetzt auf den Nockerberg zum Saufen. Und nicht wie früher unter die Parkbrücken.

Heuer startet wieder das Oktoberfest. Falls Sie hingehen wollen, sprechen Sie vorher mit Ihrer Bank über einen Kleinkredit, denn eine Maß Bier kostet ungefähr 90 Mark.

Ich frage mich, warum das Oktoberfest auf der Theresienwiese stattfindet. Warum nicht im Landtag, da gibt's viel mehr Alkoholiker.

Flensburg tut mir leid. Eine so schöne Stadt ist für so was Häßliches berühmt. So wie München für den FC Bayern.

### NAZIS

Die Zahl rechts- und linksextremistischer Straftaten in Sachsen-Anhalt ist im vergangenen Jahr deutlich zurückgegangen. Kein Wunder, viele frühere Neonazis arbeiten jetzt in den Fabriken von ausländischen Investoren. Sowas ist ganz schlecht für die Gesinnung.

Rechtsextreme Abgeordnete in Sachsen-Anhalt haben eine Partei namens »Freiheitliche Deutsche Volkspartei« gegründet. Jedes neue Mitglied erhält ein Gratis-Hakenkreuz und einen Bildband »Die 10 schönsten NS-Straflager«, mit einem Vorwort von Jörg Haider.

41,3% der Kinder befürchten laut Umfrage einen neuen Hitler. Ich nicht. So ein dämlicher Schnauzbart kommt nie wieder in Mode.

1924 hat Adolf Hitler in Landsberg gesessen. Das kann man noch an den Zellengraffitti sehen. Da steht überall »Adolf macht's mit jedem für 'ne halbe Zigarette!«

Laut einer Umfrage ist Adolf Hitler das absolute Idol der Absolventen der brasilianischen Militärakademie von Porto Alegre. Ei der Daus, da soll noch mal einer sagen, Deutschland und Brasilien hätten nichts gemein.

Brasilianische Militärschüler bewundern an Hitler dessen Intelligenz und Redegewandtheit. Offensichtlich haben die ihn immer nur in deutsch gehört.

Bis vor kurzem gab es in Brasilien einen Polizeichef namens Hitler Mussolini Domingues Pacheco. Ist das nicht furchtbar, wie manche Eltern ihre Kinder quälen? »Domingues«! Damit jeder ihn wegen Placido Domingo blöd ansieht!

Harald Juhnke soll ja mal zu einem schwarzen Wachmann gesagt haben,

daß der von Hitler vergast worden wäre. Wie kann man so was nur sagen? Vergasen! So was böses hätte Hitler nie getan!
Vielleicht wollte Harald Juhnke damals mit diesen bösen Worten vom »Vergasen« in Wirklichkeit Kritik üben an Adolf Hitler, weil der so böse zu anderen Rassen war. Ich meine, ist doch denkbar...

## NIEDERSACHSEN

Schon genial von Glogowski: Der wurde nur deshalb Ministerpräsident, um dann wegen irgendwelcher bescheuerten Kinkerlitzchen zurückzutreten und eine fette Rente abzusahnen. Clever!
Ja, aber die »Blöd am Sonntag« hat den Trick durchschaut!

In Niedersachsen treibt ein »Pferderipper« sein Unwesen, der Pferde mit dem Messer tötet. Meine Güte, ich mag Pferde ja auch nicht, aber wenn ich welche abmurkse, esse ich sie wenigstens hinterher auf.

Vielleicht werden die Niederlande und Niedersachsen mal zusammengeschlossen. Das Land heißt dann »Niederlachen«.

Die Müll-Mafia arbeitet im großen Stil, und die Polizei läßt sich kaufen: Zigtausend Beamte werden jedesmal eingesetzt, nur um einen großen gelben Behälter, der ein kleines bißchen tödlich strahlt, irgendwo in Niedersachsen zu verscharren.

## NORDRHEIN-WESTFALEN

*→ Düsseldorf; → Köln; → Ruhrgebiet*
NRW ist das bevölkerungsreichste Bundesland. Abgesehen von Polen und Tschechien.

Die Briten sind ja inzwischen abgezogen, jetzt gibt es in NRW nur noch eine Besatzungsmacht. Die SPD.

Ich bin in Nordrhein-Westfalen zuhause. Jedenfalls bis ich reich bin, dann heißt es »Hallo Belgien!«

## OSSIS

*→ DDR; → Einheit; → Wessis*
Die Niederlande sind aufgeteilt in 12 Provinzen. Wir haben nur eine Provinz, sie heißt »Neue Länder«.

Kabel 1 will die Sendung «Was bin ich?» wieder ins Programm nehmen. Ostdeutsche können dabei nicht teilnehmen, weil da geht's ja um »Berufe-Raten«.

Ossis wiegen laut einer Untersuchung mehr als Wessis. Vielleicht liegt's daran, daß Ossis größere Genitalien haben.

Die Ostdeutschen sind ziemliche Internet-Muffel. Klar, die Ossis sind halt irritiert, weil an einem Modem keine Wählscheibe dran ist.

Mehr als die Hälfte der Ostdeutschen meinen, die PDS verspreche vieles, was sie niemals halten könne. Ganz anders als die CDU: Die verspricht nichts und braucht auch nichts zu halten, sie gewinnt sowieso.

Ossis sind angeblich besser im Bett. Das beweist endgültig: Es kommt nicht auf die Größe an!
Der Sex bei Ossis ist so gut, manchmal wachen die Frauen sogar auf.

Für unsere lieben Freunde in den neuen Bundesländern ist die Mark erst zehn Jahre alt. Ihr dortiger Wert ist dementsprechend.

In Ostdeutschland gibt's so wenig Wertsachen, die Diebe beklauen sich gegenseitig.

Ostdeutsche Berufskiller sind sehr höflich. Die schicken immer eine Woche vorher eine Beileidskarte an die »Hinterbleibenden«.

Ich finde ja wirklich, nach zehn Jahren Einheit sollte es endlich eine Zigarettenmarke OST geben. Ohne Filter. Das wäre eine elegante Lösung für so manche Probleme.

Urlaub in Ostdeutschland wird immer beliebter. Na gut, wie könnte das auch noch UNbeliebter werden?
Klar ist Ostdeutschland als Urlaubsziel beliebt. Da sind Schilling und Lire noch was wert.

Die Deutschen machen wieder mehr Kinder, besonders in Ostdeutschland. Ja, was soll man tun, wenn man keine Arbeit hat.

## POST

→ *Briefmarken*
Es heißt doch, diese Welt wird immer kleiner. Wieso werden Briefe dann teurer?

Ein Postbote aus Minden hat jahrelang 60.000 Briefe und Warensendungen nicht ausgetragen. Deshalb bekam er jetzt einen Preis für den fleißigsten Postboten Deutschlands.

Kevin Costners Film »The Postman« war ein Riesenflop. Ja, ich finde auch, der Film spiegelt den Alltag eines Briefträgers nicht unbedingt sehr realistisch wieder.

Jeder dritte Deutsche möchte im Ruhestand nur noch faulenzen. Die meisten Postbeamten feiern schon richtig rein.

Prinzessin Caroline und das Fachmagazin für Frauenverblödung »Bunte« haben sich mehrfach in der FAZ gegenseitig offene Briefe geschrieben. Das Briefmonopol der Post gerät schon bedenklich ins Wanken.

Die Post behält das Briefmonopol bis zum Jahr 2002. Danach darf jeder Briefe schreiben.

Neulich hat sich mein Briefträger geweigert, mir einen Brief zuzustellen. Er meinte, er wolle das Briefgeheimnis bewahren.

Mir wurde gestern mein neuer Führerschein per Post geschickt. Er ist letzten Monat abgelaufen.

Jeder Mensch kriegt, was er verdient. Es sei denn, es wird ihm per Post geschickt.

Die Kirche beschwert sich bei der Post. Der letzte Hirtenbrief hatte zwei Wochen Verspätung.

In Dingenskirchen kann man jetzt bei der Post sein Auto auftanken. Der Sprit fließt allerdings etwas langsamer.
Bei den Post-Tankstellen gibt es im Moment nur ein Problem: Das Benzin fließt ständig zurück an den Absender.

Bei den Post-Tankstellen ist der Benzinpreis etwas unberechenbar. Er hängt davon ab, wieviel Ihr Auto wiegt.

Die Postler wollen vor »unfairem Wettbewerb« geschützt werden. Also daß um Gottes Willen die Konkurrenz nicht noch arbeitet, wenn die Postler schon schlafen wollen.

Die Luftpost gibt es schon knapp 90 Jahre. Ja, und ihre Geschwindigkeit entspricht diesem Alter voll!

Die Luftpost ist in der Krise. Immer weniger Postboten können noch fliegen.

Es gibt ja jetzt Gott sei Dank diese elektronischen Briefmarkenautomaten. Die sind viel freundlicher und schneller, und sie machen nicht während der Arbeit Mittagspause.

Viele Klischees über Postbeamte stimmen gar nicht. Nur fallen mir jetzt gerade keine ein.

Die Postkarte ist 130 Jahre alt. Na gut, wenn ich so alt wäre, wäre ich wahrscheinlich auch so langsam.

Bald gibt es ein neues Päckchen-Format: »Bumm!«, das Kuvert für Briefbomben.

Ich verschicke gerne kleine Care-Päckchen, voll mit Essensresten.

Wissen Sie, wie ich meinen Müll entsorge? Ich schicke das Zeug an Blinde, weil eine Blindenlieferung bis 7 Kilo portofrei ist.

## RENTNER

Die armen Rentner tun mir so leid. Wenn demnächst wieder einer im Bus umkippt, werde ich aufstehen und ihn nicht auslachen.

Deutschlands Bevölkerung wird in den nächsten Jahren immer älter und wird zugleich abnehmen. Abnehmen? Lustig, dann laufen nur noch alte, schlanke Menschen rum. Wie bei unserer Nationalmannschaft.

Nur rund 43 Prozent der Deutschen würden gern hundert Jahre alt werden. Wieso? In dem Alter kann man doch noch so viel machen, z.B. Serienstar im ZDF werden!
Oder zumindest Zuschauer beim ZDF!

Bundeskanzler Schröder hält eine Rente ab 60 »gegenwärtig für nicht verantwortbar«. Stimmt, wenn 60jährige plötzlich nichts mehr zu tun haben, können ganz üble Dinge bei rauskommen. Jürgen Drews und seine Strip-Show, zum Beispiel.

Die Rentenbeiträger müssen immer mehr tragen. In den nächsten Jahrzehnten werden die Rentenbeiträge explosionsartig auf 34% ansteigen. Also, beim nächsten Mal bleib ich sitzen, wenn mich so 'ne alte Sozialnetzspinne zum Aufstehen auffordert!

Rentner sind faul. Warum sollte jemand, der in der Kirche stundenlang stehen kann, zu gebrechlich sein, um im Schlachthaus Schweinedärme auszuleeren?

Gegen die Rentnerschwemme habe ich ein Mittel:
1. Die Bundeswehr nimmt an NATO-Kampfeinsätzen teil!
2. Wehrpflicht besteht nur noch für Leute ab 70!

Immer mehr ältere Deutsche träumen vom »Un-Ruhestand«. Supi, wie wär's, wenn die alle in den mittleren Osten fahren? Dann haben die ihre Unruhe, und wir ein paar Rentner weniger zu füttern!

90 Prozent der Teutonen wollen im Ruhestand ihren Hobbys frönen. Hobbys wie z.B. »Aus dem Fenster starren« und »Kinder erschrecken«.

82 Prozent der Teutschen wollen sich im Ruhestand mehr mit dem Partner beschäftigen. Dann ist es rein physisch leider oft schon nicht mehr möglich. Besonders wenn der Partner tot ist.

Ein Viertel der US-Bürger über 75 hat regelmäßig Sex. Kann ich verstehen, die müssen sich die Beitragszahler für ihre Renten halt selber machen.

Die häufigste Todesursache für Rentner heißt »Musikantenstadl«.
Bei der letzten Sendung haben sich wieder zwanzig totgeschunkelt.

Viele Rentner treiben Sport. Beispiel-Disziplinen:
- »Aus dem Bett aufstehen«
- »Fensterglotzen-Marathon«
- »Noch älter werden«
- »Warten beim Arzt«
- »Sterben im Bett«

An der Haltestelle setzen die sich ja nie hin, sondern stellen nur ihre Taschen auf die Stühle. Damit demonstrieren sie »Ich habe ein Anrecht auf diesen Sitz, auch wenn ich ihn nicht benutze«. Ehrlich, man müßte in China leben.

Lassen Sie sich nicht verarschen: Wenn diese Alzheimertestpiloten einer Bahn nachrennen können, können sie auch stehen.

Im Ruhrgebiet sind die Senioren am sportlichsten, die beliebteste Disziplin heißt »Überwachungskamera«. Die können den ganzen Tag am Fenster stehen und aufpassen, daß keiner die Straße klaut.

Auch sehr beliebter Rentnersport ist der »Spazierstock-Helikopter«. Sie schwingen diesen Rentnerphallus wild herum mit dem Ziel, unschuldige Passanten zu zerfleischen.

Besonders als Mann muß man im hohen Alter auch unbedingt topfit sein. Dann ist das Verhältnis Frauen-Männer 6 zu 1!
Ich freu mich jetzt schon drauf.
Obwohl, irgendwie auch wieder nicht.

Alte Menschen halten sich von ganz alleine fit. Sie müssen ja zehnmal pro Nacht aufstehen.

Sehr wichtig ist die Heraufsetzung des Renteneintrittsalters. Und zwar beginnt die Rente immer zehn Minuten nach Eintritt des Todes.

Ältere Leute kennen das Tischgebet kaum noch. Stattdessen sitzen sie auf dem Klo und entsenden ein »Stuhlgebet«.

Vor allem Senioren bekommen Blasen an den Füßen. Also, wenn zwischen den Hühneraugen noch etwas Platz frei ist.

Rentner bekommen oft Blutstau. Also da, wo noch Blut ist. Zum Beispiel in der Prostata.

Die Renten sollen jetzt besteuert werden. Das ist kein Problem, solange man Gebiss und Hämorrhoidensalbe absetzen kann.

Jeder 11. Rentner in Deutschland arbeitet. Hauptsächlich in der Regierung oder im Rundfunkrat.

Ein alter Mann bei mir im Haus arbeitet als Fluraufsicht. Wehe, wenn einer die Treppe nicht rechtzeitig putzt, schon ruft er die Gestapo.
Ich muß sagen, ich mag ihn.

## RHEINLAND-PFALZ

Der Atommeiler in Mülheim-Kärlich bleibt abgeschaltet. Hauptsächlich weil inzwischen keiner mehr so recht weiß, wie das Ding funktioniert.
Das Kraftwerk wurde auf Erdbebengebiet gebaut. Das war echt clever von den Betreibern: Wenn was schiefging, konnten sie immer behaupten: Tja, das war leider ein Erdbeben...

Elvis Presleys Eltern stammen angeblich aus der Pfalz. Die Leute wollen Kaiserslautern jetzt umbenennen in »King-Lautern«.

Elvis Presley stammt angeblich aus der Pfalz. Ich habe das immer schon gewußt. Der hat auch in seinen letzten Jahren Helmut Kohl rein körperlich immer ähnlicher gesehen.

## RUHRGEBIET

Im Ruhrgebiet gehören Tauben ja zum öffentlichen Leben, Taubenzüchten hat da Tradition. Und mit entsprechenden Nachrichten an den Tieren sind sie eine billige Alternative zum Telefonsex.

Das Ruhrgebiet wollte sich ja für Olympia 2000 bewerben, hat das aber zugunsten von Berlin zurückgezogen. Leider tut Berlin nicht dasselbe beim Hauptstadt-Status.

Der Ruhrpott will 2008 Olympia austragen. Das Ruhrgebiet ist ja Deutschlands Fußballregion Nr.1. Warum sich das versauen mit Dressurreiten und Marathon-Gehen?

## SAARLAND

Ende der Fünfziger mußten wir plötzlich über eine Million verarmte, dreckige Flüchtlinge aufnehmen: Das Saarland wurde wieder angegliedert.

Im Saarland sprechen viele Leute französisch. Vor allem die Nutten.

Das Saarland ist so klein, das paßt in jede Jackentasche.

Die neue »Miss Germany« kommt aus dem Saarland. Tja, nach Honecker und Lafontaine können die auch mal wieder einen Sieger brauchen.

## SACHSEN

Sachsen ist ein Freistaat. Das ist so eine Art freiberufliches Bundesland.

Leipzig ist auf Rang 99 der teuersten Städte der Welt. Die Arbeitslosen dort können sich nicht mal alle fünf Jahre einen neuen Trainingsanzug kaufen.

Die Stadt Leipzig hat einem 16jährigen Skinhead verboten, Springerstiefel zu tragen. Find ich gut, aber könnte man auch ein Verbot aussprechen bei gespiegelten Sonnenbrillen und Tanga-Badehosen unterm Bierbauch? Danke.

Kurt Biedenkopf ist so was wie der König von Sachsen. Als ich neulich mit ihm gesprochen habe, hat er das vehement bestritten, während er seine Krone polierte.

Chemnitz hieß zu DDR-Zeiten »Karl-Marx-Stadt«. Klingt doch viel besser. Warum benennt man nicht Ludwigshafen um in »Helmut-Kohl-Stadt«?
Naja, die Frage beantwortet sich von selbst.

## SACHSEN-ANHALT

Das Land Sachsen-Anhalt hat zu viele Gemeinden. Der zweithäufigste Beruf in Sachsen-Anhalt ist »Bürgermeister«.

Sachsen-Anhalt plant für die nächsten Jahre neue Kreisgrenzen. Man hat sich das Ganze mal auf der Karte angesehen und festgestellt: Hey! Das sind gar keine Kreise!

Immer mehr Häuser in Magdeburg sind von Ratten befallen. Ja, besonders im Landtagsgebäude, da haben sie 12,9 Prozent.

Einen starken Rückgang bei der Zahl der Verkehrstoten gab es 1999 vor allem in Sachsen-Anhalt. Die Installation von Verkehrsampeln hat wirklich was gebracht.

Bei den Regionalwahlen in Sachsen-Anhalt gab es eine Wahlbeteiligung von etwa 12 Prozent, so um den Daumen. Überraschenderweise hat die DVU dabei NICHT die absolute Mehrheit geholt. Das kommt davon, wenn man sich zu sicher fühlt.

Nach internen Querelen und zahlreichen Austritten hat sich in Sachsen-Anhalt eine neue DVU-Fraktion konstituiert. Es ist die nagelneue, verbesserte DVU - jetzt 50% mehr Rassismus!

Die Millionenhilfe des Landes Sachsen-Anhalt für die Leuna-Raffinerie ist rechtmäßig. Die Millionenhilfe für den Zeitungskiosk am Magdeburger Hauptbahnhof bleibt aber umstritten.

In Sachsen-Anhalt sind letztes Jahr wieder mehr Verkehrsunfälle passiert. Endlich mal eine Kurve im Osten, die nach oben geht!

Und langfristig löst sich so auch das Arbeitslosenproblem.

Sachsen-Anhalt will künftig verstärkt gegen Skinhead-Konzerte vorgehen. Eine schlechte Nachricht für Robbie Williams.

Eine Firma aus Taiwan plant in Bitterfeld eine Chipfabrik für fünf Milliarden Mark zu bauen. Verdammt! Wie viele Stimmen muß die DVU eigentlich noch kriegen, damit diese Ausländer aufhören, in Ostdeutschland wie wild Arbeitsplätze zu schaffen?

In Halle in Sachsen-Anhalt sind am Sonntag immer wieder die Läden geöffnet, und es herrscht jedesmal reger Andrang. Die Leute in der Stadt wissen schon, wofür sie 1989 auf die Straße gegangen sind.

Das Oberverwaltungsgericht Magdeburg hat leider die allgemeine Sonntagsöffnung der Geschäfte in Halle für rechtswidrig erklärt. Als neuen Trick erwägen die Geschäftsinhaber jetzt, ihre Kaufhäuser als Kirchen auszugeben.

Die Leute in Sachsen-Anhalt sind sehr tolerant. Die PDS toleriert sogar eine rot-grüne Landesregierung.

Die Union beklagt sich ständig über die Magdeburger Verhältnisse. Mein Gott, laßt die Magdeburger doch Verhältnisse haben, mit wem sie wollen!

Die CDU in Sachsen-Anhalt ist total sauer. Seit Jahren predigt sie, eine rotgrüne Landesregierung mit PDS-Unterstützung kann nicht funktionieren. Warum glaubt das der CDU niemand?

## SCHLESWIG-HOLSTEIN

Schleswig-Holstein hatte als erstes Bundesland einen weiblichen Mini-Präsidenten. Zumindest so weiblich wie möglich.

In Schleswig-Holstein soll bald Haschisch angebaut werden. Das wollen Grüne und SPD gemeinsam durchsetzen, sozusagen ein echtes Joint Venture.

Die schleswig-holsteinische Landesregierung will vielleicht Haschisch anbauen lassen. Seit die Grünen da am Ruder sind, ist der Eigenbedarf stark gestiegen.

## STUTTGART

Sie kennen doch Stuttgart? Den malerischen kleinen Vorort von Esslingen?

Die Stadt Stattgart hat eine große Frühjahrsputz-Aktion unter dem Motto »Let's putz Stuttgart« veranstaltet. Das ist auch immer das Motto des FC Bayern.

Wer als Bettler in Stuttgart seinen Hut umdreht, muß damit rechnen, daß seine Einnahmen beschlagnahmt werden. Cool. Ich gehe am Wochenende mal durch die Stuttgarter Innenstadt und sorge für Ordnung.

Stuttgart kriegt einen neuen Bahnhof. Hauptsächlich zum Abreisen.

## SYLT

Die Insel Sylt versinkt allmählich. Das liegt an den vielen dicken Urlaubern, die pressen die Insel nach unten!

Sylt versinkt im Meer! Ich hab's ja immer gesagt: Die Insel ist total überlaufen.

Der Insel Sylt ist in den letzten Jahren 1 Mio Kubikmeter Sand verloren gegangen. Tja, was bauen die auch ihre Insel mitten im Wasser!

Die Hauptursache für die Abtragung von Sylt sind dreißig Tonnen Sand jährlich, die in den Badehosen der Urlauber hängen bleiben.

Schwimmen Sie an der Nordküste von Sylt nicht mehr zu weit raus, sonst müssen Sie den Dänen Badehosenzoll bezahlen.

## TELEFON

→ *Autotelefon;* → *Fax;* → *Handy;* → *Telekom*

Vor 130 Jahren wurde das erste Ferngespräch geführt. Komisch, vor 130 Jahren wurde auch der Telefonsex erfunden.

Ich fand immer: Das Schönste an Ferngesprächen ist, daß man den Gesprächspartner total beleidigen und dann behaupten kann, das war 'ne Störung in der Leitung.

Ich habe eine Bekannte, die seit drei Jahren nicht mehr telefoniert hat. Sie hat eine sechzehnjährige Tochter.

Wie weit entfernt muß man vom Telefon stehen, um ein Ferngespräch zu machen?

Am Tag der deutschen Einheit ist das Telefonieren billiger. Die Umbenennung in »Tag der deutschen Telefoneinheit« wird noch diskutiert.

Man kann am 3. Oktober billiger in die neuen Länder telefonieren. Zumindest könnte man. Aber wozu?

## TELEKOM

Eine schlechte Nachricht für bayerische Abgeordnete: Telefonsex muß nun doch vom Kunden bezahlt werden. Ei der Daus, dann kauf ich jetzt doch noch Telekom-Aktien!

Zwei Drittel der Deutschen fürchten sich ja bibbernd vor dem Euro. Also ich finde, ein Volk, das sein ganzes Geld in die Telekom investiert, hat kein Recht zu quengeln.

Der neue Paßwortschutz bei T-Online wurde bereits wieder entschlüsselt. Also, so langsam beschleicht mich das Gefühl, bei der Telekom arbeiten nur inkompetente Vollidioten. Ja, ich weiß, jetzt halten Sie mich für verrückt.

Die Telekom ist total sauer auf die Regulierungsbehörde der Telekommunikation. Die Behörde tut nämlich ständig so, als herrsche in Deutschland freie Marktwirtschaft!

Telekom und Regulierungsbehörde streiten sich in aller Öffentlichkeit. Weil, wenn man sich am Telefon streiten würde, würde die Telekom davon zu stark profitieren.

Die Telekom-Aktie dümpelt im Vergleich zum DAX ziemlich unentschlossen vor sich hin. Ich frage mich, ob ich nicht auch ein paar DAX-Aktien kaufen soll, die gehen ja tierisch ab.

Gönnen Sie sich etwas Spaß: Wenn Sie genügend Telekom-Aktien haben, können Sie bei ihrem Nachbarn das Telefon sperren.

In England wurde eine Hotline eingerichtet, wo man Freunde und Verwandte ans Messer liefern kann. Wenn das nach Deutschland kommt, muß ich unbedingt noch Telekom-Aktien kaufen.

Die Telekom informiert in ihrer Auskunft jetzt auch über Rechtschreibung. Wie schreibt man eigentlich »überflüssiger Schwachsinn«?

Sie können mithilfe der Telekom-Auskunft auch ihre nächste Reise planen. Nach dem Telefonat können Sie sich allerdings keinen Urlaub mehr leisten.

Man erfährt mithilfe der Telekom-Auskunft auch Dinge wie den Wert des Autos. Wenn Sie mal jemanden zum Lachen bringen wollen, fragen Sie den Auskunftler, wieviel Sie für Ihren Opel Kadett noch bekommen würden.

Man kann bei der Telekom-Auskunft jetzt auch Adressen erfragen. Alles Betrug. Habe ich ausprobiert, aber die Dame an der Strippe wollte mir ihre Adresse partout nicht verraten.

Auch in Planung bei der Telekom: die Telefonbeichte. Zehn Minuten lang dürfen Sie reden, der andere tut so, als würde er zuhören.

Über eines gibt die Telekom wohlweislich keine Auskunft: über Börsenkurse.

Der Telekomchef sagt, die Telekom soll der kundenfreundlichste Betrieb Deutschlands werden. Von welchem Planeten der Kerl auch stammt, er sollte mal wieder hochbeamen.

Uwe Seeler macht ja Werbung für die Telekom, genau wie Manfred Krug. Nehmen die eigentlich nur dicke, sechzigjährige Glatzköpfe?

### THÜRINGEN

Die SPD hat's geschafft! Es war haarscharf, aber immerhin... Sie ist problemlos in den Thüringer Landtag eingezogen.

Die ärmste Region Deutschlands ist Thüringen. Deshalb lacht Bernhard Vogel immer so, weil man als totaler Versager trotzdem die absolute Mehrheit bekommen kann.

Thüringen ist für zwei Dinge berühmt: Thüringer Bratwurst und für... ähem... Moment... gleich fällt mir was ein...

Früher hieß Thüringen schlicht »Erfurt, Gera und Suhl«. Das war kein Name, das war eine Inhaltsbeschreibung.

### WEHRDIENST

→ *Zivildienst*

In der Bundesregierung ist ein Streit über die Wehrpflicht entbrannt. Also, ich finde, dafür sind die Minister jetzt schon ein bißchen zu alt, oder?

Rudolf Scharping hat sich erneut für den Erhalt der Wehrpflicht ausgesprochen. Richtig, junge Männer müssen unbedingt lernen, mit einer Waffe umzugehen. ICH mußte das mühsam im Geräteschuppen meines Onkels lernen, mit so einer abgesägten Schrotflinte.

Ich bin für den Wehrdienst. Mir gefällt allein schon die Musterung, da wird man auf alles vorbereitet. Besonders die Rektaluntersuchung ist schon ein hübscher Vorgeschmack für die heißen Nächte in den Gemeinschaftsschlafsälen.

Spanien hat auf den Wehrdienst verzichtet. Es war einfach zu peinlich, daß 90 Prozent aller spanischen Wehrpflichtigen untauglich sind.

Ich bin für einen Waffendienst für Frauen. Stell ich mir stark vor. Eine ganze Armee mit den Waffen einer Frau...

Ich muß sagen, als ich Zivi war, gab es Tage im Altenheim, an dem ich mir verzweifelt gewünscht habe, ich könnte jetzt eine Geländeübung machen.

### WESSIS

→ *Deutsche Einheit;* → *Ossis*

Alle Wessis sind arrogante Angeber. Ich bin stolz, dazuzugehören.

Nach einer Allenfalls-Umfrage ist Goethe für jeden zweiten Ostdeutschen der typische Deutsche, aber nur für jeden dritten Westdeutschen. Und zwar, weil er zu selten auf Mallorca Sangria aus Eimern gesoffen hat.

Ich will nicht behaupten, daß Wessis den Ossis in allen Belangen überlegen sind. Aber bestreiten würde ich es auch nicht.

Die Mauer in den Köpfen muß endlich weg. Damit wir mit dem Baumaterial die alte Mauer wieder aufbauen können.

### ZIVILDIENST

→ *Wehrdienst*

Ich habe auch Zivildienst geleistet, und ich kann Ihnen versichern: Die Drückeberger sind die, die zum Bund gehen. Ich rede ja gar nicht von Bettpfannen. Ich rede hauptsächlich von deren Inhalt.

Was heißt schon Drückeberger? Ich hege große Bewunderung für jeden, der in der »Stadt-Klinik« Dienst tut, ohne durchzudrehen. Das setzt sich ja auch als neue Zivildienst-Variante durch: Darsteller in RTL-Arztserien. Sigmar Solbach soll inzwischen ernsthaft überlegen, zum Bund zu gehen.

# AUSLAND

## ÄGYPTEN

Eigentlich sind Pyramiden gar keine Bauwerke, sondern nur riesige Haufen versteinerter Sphinx-Scheiße.

Die alten Ägypter glaubten, daß der Verzehr von Krokodil-Genitalien die Lust stärkt. Witzigerweise waren die Krokodile umgekehrt derselben Ansicht, was die Jagd recht unerfreulich gestaltete.

Welche Sprache spricht man in Ägypten? Richtig, Arabisch.

Ägyptisch spricht man nur in Asterix-Comics.
Sie kennen das ja, wie die Ägypter bei Asterix so in Hieroglyphen reden. Ich habe damals als Kind lange Zeit nur Dinge gesagt wie »Vogel Säule Auge Auge Treppe«.

Im Hafenbecken von Alexandria faulen Teile von Cleopatras Palast rum. Die Frau war anscheinend sehr öffentlichkeitsscheu. Man hat in Alexandria auch den Palast von Marc Anton gefunden. Naja, es war mehr eine Hundehütte.

Cleopatra beging Selbstmord durch Schlangenbiss. Ja, die Viecher schmecken ja auch scheußlich.

Früher dachte ich, Pharao müßte man sein, das ist das Größte. Aber dann hörte ich, daß die ihre Schwestern heiraten müssen, und meine Schwester ist so hässlich...

## ALBANIEN

Der Bürgerkrieg in Albanien ist ja nun vorbei. Jetzt ist das Land wieder so langweilig wie früher.

Darf man eigentlich noch Witze über Albanien machen? So was wie »Wer fährt denn heute das landeseigene Auto?«

Albanien und Rumänien wollen enger zusammenarbeiten. Das gibt echte »Albaner-und-Rumänen-Power«!

## AUSTRALIEN

In Australien darf man sich höchstens noch eine halbe Stunde an den Strand legen. Dann legt man sich auf den Bauch, um auch richtig gar zu werden.

Australisches Krokodilgulasch wird auch hierzulande beliebter. Die Herstellung ist ziemlich einfach, nur die Jagd ist recht kostenintensiv. Die eingeborenen Späher verlangen massenhaft Schmerzensgeld für jedes verlorene Bein.
Krokodilfleisch schmeckt nach einer Mischung aus Fisch und Huhn. Na und? Das schmeck ich auch, wenn ich bei McDonald's Chicken McNuggets bestelle.

Australien war ursprünglich eine britische Sträflingskolonie. Wenn man heute dort einen Verbrecher bestrafen will, läßt man ihn einfach frei rumlaufen.

## BELGIEN

König Albert II. sorgt sich um das Bild von Belgien in der Welt. Wieso? Zumindest bei steuerhinterziehenden Pädophilen, die mit Dioxin handeln, hat das Land einen beispiellosen Ruf!

Straf- und Zivilrecht in Europa sollen sich angleichen. Die Belgier sind dagegen, seit sie gehört haben, daß Kinderschänder in manchen Ländern strafrechtlich verfolgt werden.

Der belgische Prinz Laurent beklagt sich darüber, dass sein Bruder Philippe

wegen seiner bevorstehenden Hochzeit vom Staat eine Gehaltserhöhung genehmigt bekam. Also, ich finde, irgendwas muß man schon als Entschädigung bekommen für eine Hochzeit.
Da sollte man nicht bis zur Scheidung warten.

Die Frau des belgischen Thronfolgers Prinz Philippe heißt Mathilde d'Udekem d'Acoz. Was für ein blöder Name. Den kriegt die BILD ja kaum aufs Titelblatt, wenn sie ihren ersten Selbstmordversuch unternimmt.

Das belgische Thronfolgerpaar hat letztes Jahr eine große Party mit 1500 einfachen Bürgern veranstaltet. Wow, das ist ja die halbe Bevölkerung!

Bei den Frauen weinen die Belgierinnen international am häufigsten. Wahrscheinlich kommt daher immer das Hochwasser bei denen.

Zum Nikolaustag droht Knecht Ruprecht wieder mit seiner Rute. In Belgien kommt man sogar schon ganz ohne Nikolaus aus.

## CHINA

China entwickelt sich zur Wirtschaftsmacht. Die wissen, wie's geht: Faule Arbeitslose werden einfach erschossen.

Die Mehrheit der Chinesen ist einer Studie zufolge unzufrieden mit dem Eheleben. Tjaha, vielleicht müssen die da nur gute sozialistische Traditonen einführen, und die Frau wird mal ernannt zur »Heldin des Abwaschs« oder er zum »Held des Geschlechtsverkehrs«.

Nach der Untersuchung eines Eheforschungsinstituts bezeichneten 80 Prozent der Chinesen ihr Sex-Leben als »so lala«. Naja, viele Chinesen machen Sex ja nur mit Stäbchen.

Die durchschnittliche Körpergröße der Chinesen nimmt stetig zu, ist in zehn Jahren um drei Zentimeter gestiegen. Du lieber Himmel, da bin ich als Kind aber schneller gewachsen!

Die »Mao-Bibel« kam deshalb auf den Index, weil darin niemand geköpft, gekreuzigt oder in eine Löwengrube geworfen wird.

Hongkong gehört ja wieder zu China. Aber ich glaube, in Wirklichkeit fiel China an Hongkong zurück.

Vielleicht gibt es durch Hongkong auch ein Umdenken bei den Chinesen. Die werden sehen, wie doof Foltern ist. Es macht viel mehr Spaß, Menschen nur aus einer Laune heraus zum Bettler zu machen.

Chinesen sind übrigens nicht gelb, sondern sauerstoffgebleicht.

Es gibt in China zu wenig Namen, dabei hat das Chinesische eine Viertelmillion Wörter. Bei etwa drei Buchstaben. Die chinesische Verwaltung kommt dauernd mit den Namen durcheinander. Die wissen nicht mehr, wer kriegt die Steuerrückzahlung und wer den Erschießungsbefehl.

Wichtig beim chinesischen Karneval ist, daß alle dieselben Kostüme tragen. Kommunismus ist Kommunismus.

In China gibt es jetzt eine Ausgabe der Sesamstraße. Es gab nur Probleme mit der Figur »Bert«. Der sieht dem Ministerpräsidenten viel zu ähnlich.
Wenigstens sind die Chinesen nicht so

prüde wie wir. In der chinesischen Sesamstraße werden die Fickszenen zwischen Ernie und Bert gezeigt.

### CLINTON, BILL

*→ Clinton, Hillary; → Lewinsky, Monica*

Laut einer Umfrage der »New York Post« ist Bill Clinton der zweitschlimmste Mensch dieses Jahrtausends, direkt nach Adolf Hitler. Ha! Endlich mal etwas, wo die Amerikaner nicht vorne liegen!

Joan Collins sagt über Bill Clinton, sie sei »gebannt von seinem Sex-Appeal«. Also Joan! Du bist alt genug, um seine Großmutter zu sein!

Die Clintons haben in New York ein Haus gekauft. Clinton finanziert den Kauf über einen Hypothekenkredit. Ziemlich leichtsinnig von dem Verkäufer. Vielleicht sagt Clinton später einfach: »Wann ich die Zinsen bezahle? Das kommt darauf an, was Sie unter dem Begriff 'Zinsen' verstehen...«

Clintons neues Haus hat vier Bäder. Das braucht Clinton wohl auch, der muß sich ziemlich dreckig fühlen.

Bill Clinton meint, er könne es nach seiner Präsidentschaft mal als Schauspieler versuchen. Verschiedene Porno-Produzenten sollen schon angeklopft haben.

Es gibt schon eine Selbsthilfegruppe von Frauen, die KEIN Verhältnis mit Clinton hatten und sich deshalb zurückgesetzt fühlen.
Die Gruppe ist natürlich sehr klein.

Wieso geben so viele Frauen damit an, mit Clinton gepennt zu haben? Wenn ich 'ne Frau wäre, wär mir das total peinlich! Und wenn ich 'n Mann wäre, erst recht!

Paula Jones hat ja Clinton verklagt, weil sie sich Clintons Genitalium ansehen mußte. Und das nur ein einziges Mal! Wieviel kann Hillary da erst verlangen? Bestimmt mindestens das doppelte!

Der Hund Buddy nimmt schon richtig viel Einfluß auf das Leben der Clintons. Bill und Hillary treiben es nur noch in der Hundestellung.

Clinton kann nach seinem Rücktritt mehr seinen Hobbies frönen. Das heißt, seinem EINZIGEN Hobby.

Bill Clinton ist ja 1998 für den Friedensnobelpreis nominiert worden. In der Begründung heißt es: »Niemand außer Clinton hat in seinem Leben so viele Frauen befriedet.«

Bill Clinton hat unter Eid ausgesagt, er habe Paula Jones nicht dazu aufgefordert, ihm einen zu blasen. Im Gegenteil, er mußte sie regelrecht von sich wegreißen!

Bill Clinton hat seinem Hund Buddy die Eier abschneiden lassen. Weil, das Vieh hat Clintons Revier bedroht!
Der »First Dog« hat das einschneidende Erlebnis gut überstanden. Zumindest hat er endlich aufgehört, sich bei offiziellen Anlässen an den Beinen von Regierungschefs zu verlustieren.

Clinton bringt ja immer 1400 eigene Sicherheitsleute mit. Jetzt begreife ich, wie der dieses »Job-Wunder« bewirkt hat.

Bill Clinton leidet angeblich zur Zeit unter Rückenschmerzen. Tja, vielleicht hat er einfach zu wenig Rückenmark?

Die Clintons halten sogar wieder Händchen. Daß Hillary dabei einen Nagel in der Hand hält, ist aber nur ein Gerücht.

Clinton hilft seiner Frau, Geld für ihren Senats-Wahlkampf aufzutreiben. Er verlangt 1000 Dollar von jeder Frau dafür, daß er sie nicht antatscht.

Clinton ist ja schon 53. Sehr gut, damit ist er jetzt physisch endgültig nicht mehr fähig zum Sex.

Bei Clintons Wiederwahl waren viel Konfetti und Ballons zu sehen. In Amerika werden die Präsidentschaftskandidaten ja traditionell von Walt Disney gesponsert.

Clintons zweiter Wahlkampf war der teuerste Wahlkampf aller Zeiten. Den Golfkrieg jetzt mal nicht mitgerechnet.

Clinton ist der erste Demokrat seit sechzig Jahren, der wiedergewählt wurde. Das ist anscheinend auch Vorbild für die SPD.

Die größte Überraschung war, daß Florida sich damals für Clinton entschieden hat. Die meisten Wähler sind auf dem Weg zur Wahlurne an Altersschwäche verreckt.

Clinton soll versucht haben, Paula Jones zu küssen. Versucht. Naja, in dem Alter ist jeder Mann noch etwas unbeholfen.

Clinton hat die Amerikaner zur Einheit aufgerufen. Typisch, die müssen uns immer alles nachmachen.

US-Sonderermittler Starr wird nicht wegen seiner Indiskretionen bei der Lewinsky-Affäre belangt. Clinton hatte sich beschwert, weil Starr öffentlich dessen Penisgröße bekanntgegeben hat.

## CLINTON, HILLARY

Sie kennen Hillary Clinton: Die Präsidentinnengattengattin.

Bei all den Sex-Affären von Clinton muß eine Frage gestattet sein: Ist Hillary wirklich Chelseas Mutter? Ich verlange einen Mutterschaftstest.

Hillary Clinton: Die einzige Frau im Weißen Haus, die dem Präsidenten nie einen geblasen hat.

Hillary Clinton führt die Untreue ihres Mannes auf dessen schwere Kindheit zurück. Verflucht, warum mußten mich meine Eltern so gut behandeln? Sonst könnte ich heute laufend meine Freundin betrügen und käme damit durch!

Hillary Clinton will sich einer Schönheitsoperation unterziehen. Das verstehe ich nicht. Spätestens seit Monica Lewinsky wissen wir doch, daß das Aussehen für Bill Clinton gar keine Rolle spielt.
Hillary glaubt, mit einer Schönheitsoperation ihre Wahlchancen zu erhöhen. Da hat sie recht, das hat bei Gerhard Schröder ja auch geklappt.

Hillary zeigte sich im Wahlkampf mehr als Mutter. Die Mutter von Norman Bates.

Ich bin froh, daß Dole verloren hat. In meinen Sadomaso-Phantasien wäre Doles Frau wirklich kein Ersatz für Hillary.

Hillary wurde nach der Wahl zurückgestuft zur »Second Lady«.

## DÄNEMARK

Kronprinz Frederik ist zum dritten Mal hintereinander zum »Dänen des Jahres« gewählt worden. Hmmm... ist das eine Auszeichnung oder eine Beleidigung?

Seit der WM '98 wissen wir, daß man wirklich mit Würde verlieren kann. Das haben uns die Dänen gezeigt.

Der dänische Thronfolger Prinz Frederik will eine Polarexpedition unternehmen. Endlich mal ein Prinz, der keine Leute verprügelt oder seine Freundin vor seiner Mama verstecken muß.
Richtig! Der setzt sein Leben für was Sinnvolles ein: Als Eisbärfutter.

Der erste Enkel der dänischen Königin heißt seit der Taufe Prinz Nikolai William Alexander Frederik zu Schackenborg. Oh je, mit dem Namen wird das arme Kind bestimmt in der Schule furchtbar gehänselt.
Ich hab mich deswegen auch umbenannt. Früher hieß ich »Peter Hintze«. Das war echt hart.

Der Vorname Frederik ist in Dänemark neben Christian der klassische Name männlicher Regenten. Ja, so wie früher bei Bundeskanzlern »Helmut«.

Nach Erkenntnissen einer Prostituierten-Hilfsorganisation gibt es in Dänemark zu viele Callboys. Also, wenn Sie dahin in Urlaub fahren, können Sie über den Preis durchaus verhandeln!

Die Dänen haben entgegen dem internationalen Trend eine sinkende Lebenserwartung. Die Gründe: Saufen und Rauchen. Das gilt vor allem für die Kinder.

## ENGLAND

→ *Ferguson, Sarah;* → *London;* → *Prinz Charles;* → *Prinz William;* → *Prinzessin Diana;* → *Queen Elizabeth*

Ich bin gegen die Fuchsjagd in England. Bestimmt sind die Tiere dort alle vom Füchsewahn befallen.

Die Wachen vor dem Buckingham Palace dürfen ihre Waffen jetzt mit beiden Händen halten. Oh Mann, dann werde ich die Typen beim nächsten Mal nicht wieder stundenlang auslachen.
Oder ihnen mit Nagelschuhen auf die Füße treten.

Eine Küchenhilfe im Buckingham Palast wurde entlassen, weil sie damit geprahlt hatte, Gift ins Essen der Königin mischen zu können. Na und? Als ob man dadurch das englische Essen noch verschlechtern könnte.

Prinz William will angeblich nicht König von England werden. Na gut, wer will das schon? Wer will ein Land regieren, in dem nur latent schwule, impotente Teeschlürfer rumhocken, die sich die Birne mit BSE-Fleisch weichfressen?

Die meisten Supermärkte sind in England mittlerweile sonntags offen. Das sollte auch hier so sein, dann bekäme ich sonntags endlich ein gutes Frühstück statt diese alte Esspappe in der Kirche.

Das englische Königshaus ist traditionell stark mit deutschem Adel verbunden. Und zwar jedesmal, wenn in Europa kein Ehepartner aufzutreiben war.

Manche Leute geben ja Milch in ihren Tee. In England gilt das als Doping!

Die Engländer sagen für Pilz ja »Mushroom«, das heißt soviel wie »Breizimmer«. Mein Gott, und das soll 'ne Weltsprache sein?

In England wurde eine Hotline eingerichtet, wo man Freunde und Verwandte ans Messer liefern kann. Wenn das nach Deutschland kommt, muß ich unbedingt noch Telekom-Aktien kaufen.

Englische Kinder wissen gar nichts über Deutschland. Sie finden es nur furchtbar, wie uns die Polen damals überfallen haben.

Die englischen Kids glauben, der deutsche Kanzler heißt »Erich Gorbatschow«. Haha, diese kleinen Idioten. So heißt der sowjetische Kanzler!

Kein Wunder, daß so viele Engländer impotent sind. Die haben alle ein Foto der Queen im Schlafzimmer hängen.

Engländer sind alle steril. Außer wenn sie operieren.

## EUROPA

Vor gut 40 Jahren wurde die EU gegründet, damals noch unter dem raffinierten Decknamen »EWG«.
Deutschland, Frankreich, Italien und die Benelux-Staaten waren die Gründer der EWG. Also auch Holland, und schon war die erste Panne passiert.

Europa hat jetzt die Größe von Eiern genormt. Jeder Hühnerarsch wird ein Präzisionsinstrument.

Wonach herrscht in europäischen Ländern der größte Bedarf?
Italien: Ein unbestechlicher Beamter
Spanien: Vegetarier
England: Ein Rind, das geradeaus laufen kann
Schottland: Kleidung ohne Karos
Irland: Genießbares Bier
Frankreich: Eine volle Weinflasche
Polen: Irgendein Auto
Österreich: Ein Mann, der nicht redet, als ob er schwul wäre
Niederlande: Ein Mann, der nicht redet, als ob er schwul wäre
Belgien: Politiker, die auf erwachsene Frauen stehen
Luxemburg: Ein Firmensitz mit Angestellten
Schweiz: Ein Alm-Opa, der sagt: »Milka schmeckt scheiße!«

Die neue Europol ist der perfekte Übergang vom Polizeistaat zum Polizeikontinent.

Ein gemeinsamer Rechtsraum soll gegen die organisierte Kriminalität schützen. Wir übernehmen einfach die Standards von Süd-Sizilien.

## FERGUSON, SARAH

Fergie geht angeblich nicht mehr mit Andrew ins Bett. Nicht seitdem er eine Waffe unter dem Kopfkissen hat.

Sarah »Fergie« Ferguson will sich angeblich absichtlich von Prinz Andrew schwängern lassen, um eine zweite Hochzeit zu erzwingen. Die Queen hat sich vorgenommen, das zu verhindern, und will Andrew endlich über die Blumen und Bienen aufklären.

Prinz Philip, Ehemann von Königin Elizabeth II., schließt eine Wiederheirat zwischen seinem Sohn Andrew und Sarah Ferguson offenbar aus. Was maßt der sich denn eheliche Ratschläge an? Der soll sich mal die alte Flitsche ansehen, mit der er selber verheiratet ist.

Fergie hat sich schriftlich bei den Royals entschuldigt für ihr »schlechtes Benehmen«. Und bei den männlichen Bediensteten hat sie sich entschuldigt für die sexuellen Belästigungen.

Die Familie lehnt eine Versöhnung zwischen Andrew und Fergie ab. Ein Paar, das sich verträgt, das wäre ja pervers.

Sarah Ferguson, die Schlampe von York, darf beim Einkaufen nicht mehr das Konto ihres geschiedenen Mannes Andrew belasten. Versteh ich nicht. Nur weil man geschieden ist, muß man doch nicht gleich aufhören, das Geld des Mannes auf den Kopf zu hauen.

Als Fergie mal Weihnachten auf einem königlichen Gut verbrachte, wurde ihr ein Weihnachtsbaum und das Waschen der Bettlaken in Rechnung gestellt. Zumindest letzteres kann ich nachvollziehen.

Zur Zeit wohnt Fergie ja noch im Haus ihres Ex-Manns Andrew. Aber seit Andrew seine neue Freundin hat, wird es in dem Bett halt doch eng.

Fergie hat zugegeben, daß es sie immer noch nach kalorienreichem Sahneeis und fettigen Hotdogs gelüstet. Igitt. Also, was die Engländer so alles in einen Kochtopf werfen.

Fergie sagt, sie zeige bereits Erfolge beim Abnehmen. Jetzt muß sie nur noch das Wählen üben.

Fergie sagt, sie traue sich inzwischen wieder, kürzere Röcke zu tragen. Ach ja? Und wer hat sie darum gebeten?

Fergies Wunschtraum ist es, in einem hübschen schwarzen Badeanzug an einem Strand entlanglaufen zu können. Das tut sie zwar jetzt schon, aber dann rufen die anderen Badegäste immer gleich die Polizei. Oder den Zirkus.

Fergie macht jetzt Werbung für Saft. Sie ist der neue Onkel Dittmeyer.
Sie ist ja prädestiniert für Orangensaft-Werbung. Bei soviel Orangenhaut.

Fergie ist Aushängeschild bei Weight Watchers. Sie kommt auf die »Vorher«-Plakate.

Die Queen macht Fergie das Sorgerecht für die Kinder streitig. Oh Gott, ausgerechnet die Queen glaubt sich kompetent in Erziehungsfragen!
Als nächstes macht Dieter Bohlen 'ne Eheberatung auf.

Gut, Fergie sieht nicht gerade herzöglich aus. Aber Roman Herzog sah auch nicht präsidentlerisch aus.

Fergie arbeitet bei Andrew jetzt als Köchin und Putzfrau. Also wie 'ne normale Partnerin.

Ich find's toll, daß Fergie und Andrew wieder zusammen sind. Sie geben so ein hübsches Paar. Wie Kermit der Frosch und Miss Piggy.

Fergie hat ja zuletzt ein paar Millionen Schulden getilgt mit ihren Bucheinnahmen. Die Hälfte der Einnahmen hat sie allerdings in Schweinebäuche gesteckt. In ihren eigenen.

Prinz Andrew will Sarah Ferguson wieder heiraten. Das ist billiger als eine Haushälterin, einen Babysitter und 'ne Edelnutte zu bezahlen.

## FRANKREICH

*→ Napoleon; → Paris*

In Frankreich ist Prostitution erlaubt, Zuhälterei verboten. Außerdem ist Einbrechen erlaubt, Stehlen aber verboten.

Mireille Mathieu und Sylvie Vartan wurden in die französische Ehrenlegion aufgenommen. Also, irgendwie paßt mir das nicht. Jetzt nehmen die schon Weiber in ihre Armee. Grad so, als ob sie gar keine Angst mehr vor uns hätten.

Die französische Regierung führt immer mehr weibliche Berufsbezeichnungen ein. Was kommt als nächstes? Kriegen die Weiber sogar ihre eigenen Toiletten?

In Frankreich darf nur die Hälfte der im Radio gespielten Musik ausländisch sein. Seitdem herrscht die andere Hälfte der Sendezeit Funkstille.

Durch die Evolution haben wir uns alle jahrtausendelang weiterentwickelt. Die französische Evolution gab's allerdings erst im 18. Jahrhundert.

Bestellen Sie in Frankreich niemals Pommes. Die sprechen das total falsch aus.

## GRIECHENLAND

Eines muß man den Griechen lassen: Es sind keine Arschgriecher.

Schon 550 v.Chr. haben die Griechen Eis gegessen. Hat sich aber nicht durchgesetzt. Oder haben Sie schon mal gefrorenes Tzatziki probiert?

Es gibt bald wieder ein neues Revival-Album von Udo Jürgens: »Griechischer Wein, aber bitte mit Sahne«.

## GROSSBRITANNIEN

*→ England; → Irland; → Schottland*

Die Briten glotzen europaweit am meisten fern. Was soll man auch machen, wenn man arbeitslos und impotent ist?

Jedes Jahr laufen mehr als 100.000 Kinder in Großbritannien von zu Hause fort. Oh je, da sollte die Queen aber aufpassen, daß ihr kleiner Charles nicht doch irgendwann ausbüxt.

Die Briten boykottieren französischen Beaujolais, um sich für den französischen Boykott von britischem Rindfleisch zu rächen. Aus dem selben Grund machen die Briten ja auch seit Jahren keinen Sex mehr.

Etwa 800 000 Briten fahren nach einer Studie des englischen Automobilclubs ohne Führerschein. Ja, und wissen Sie was noch? Als ich letztes Jahr da war, fuhren die ALLE auf der falschen Straßenseite!

Die Hälfte der Briten ist für den Austritt ihres Landes aus der EU. Nur die Hälfte? Was müssen wir eigentlich NOCH tun? Den Export von Elton John verbieten?
Naja. Wäre zumindest nicht schwer, dafür Argumente zu finden.

Die Briten sind das dickste Volk Europas. Wie ist das nur möglich in einem Land, in dem man Pfefferminzsoße über das Fleisch gießt?

Ernst August von Hannover ist einer der ranghöchsten Adligen in Großbritannien. Was für ein armseliges Land, sogar ihre Adligen müssen die importieren.

66% der Briten sind für die Fortsetzung der Monarchie. 10% sind sogar für die

Wiedereinführung der Leibeigenschaft. Das sind schon komische Leute, diese Briten. Sie sind gegen Europa und gegen die eigene Regierung, aber wünschen sich nichts sehnlicher als einen Tyrannen.

Am besten für den Posten des britischen Präsidenten geeignet finden die Briten Prinzessin Anne. Die farblose Nebenfigur ohne Phantasie - sozusagen die englische Antwort auf Rudolf Scharping.

Die Briten sind immer noch total begeistert von ihrem Regierungschef. Die Deutschen sind von ihrem eher entgeistert.

Tony Blair ist so was wie ein sozialdemokratischer Politiker, der Erfolg hat. Eigentlich unglaublich. Offenbar sind die Briten bei der Genmanipulation schon viel weiter als wir.

## GRÖNLAND

Grönland ist dänische Kolonie. Das ist so, als würde ein Floh einen Hund an der Leine führen.

Eskimos treiben viel Sport. Hier sind ihre Lieblingsdisziplinen:

- Mund-zu-Mund-Fütterung
- Eiswürfel pinkeln
- Eiswürfel essen
- Iglus aus Eiswürfeln bauen
- Sex mit nahen Verwandten

Deutschland, die Weltmacht mit Herz, gibt im Jahr 85 Mio für Polarforschung aus. Dabei werden aber durchaus wichtige Erkenntnisse gewonnen, z.B.:

- Eiswürfel sind gesünder, wenn man sie vor dem Genuß abkocht.
- Grönland ist gar nicht so grün.
- Eisbären sind aus der Nähe viel weniger niedlich
- unbequem, aber nützlich: gefütterte Kondome
- Es gibt schlimmeres als globale Erwärmung

## HALLOWEEN

Ein fröhliches, ausgelassenes Allerheiligen wünsche ich allen Hörern! Besonders allen Heiligen.

Halloween heißt übersetzt soviel wie »Hallo, Wien.«

Haben Sie auch Halloween gefeiert? Viele laufen ja in Gruselmasken herum. Nur Niki Lauda nicht, der braucht keine.

Die Kelten gedachten an diesem Tag immer der Verstorbenen. Ich gedenke besonders Wolfgang Lippert.
Oder lebt der noch? Tschulligung.

Halloween: Horror, Mord und Totschlag, das ist einfach beste amerikanische Folklore.

Halloween ist die Nacht vor Allerheiligen. Aber fragen Sie mich nicht, was Allerheiligen ist.

Die amerikanischen Kinder gehen an Halloween verkleidet von Tür zu Tür und fordern Süßigkeiten. Und dann wundern sich die Amis über Jugendkriminalität.

## HAWAII

Hawaii wurde an die USA angeschlossen. Als nächstes besetzt Deutschland wohl Mallorca.

Das Triathlon-Finale steigt ja immer auf Hawaii. Da lauf ich zehn Meter, gebe verletzt auf und leg mich an den Strand.

Ich liebe auf Hawaii bei den Frauen ja diese kurzen Röcke aus Gras. Dafür habe ich mir extra einen Rasenmäher gekauft.

## INDIANER

Die Indianer wurden früher auch mißverstanden. Die wollten die Weißen beim Skalpieren nur vor Kopfläusen retten.

In den USA wurde ein Indianer Erzbischof. Jetzt muß in jeder Bibel das Wort »Gott« ausgetauscht werden durch »Manitou«.

Ein Indianerhäuptling wurde Erzbischof von Denver. Cool. Jetzt kann er alle Christen zu Wilden erklären, sie umbringen und sie auf ihren eigenen Golfplätzen beisetzen.

Seit »Der mit dem Wolf tanzt« gilt Kevin Costner ja als großer Fürsprecher der Indianer. Sie nennen ihn »Der mit uns die große Kohle macht«.

## IRAK

Saddam tyrannisiert sein Land, führt Kriege und erschießt wahllos Familienangehörige. Er ist mein Held.

Sobald ein amerikanisches Aufklärungsflugzeug von den lieben Irakern angegriffen wird, gibt es Krieg. Die Videospiele-Industrie scharrt schon mit den Füßen.

Die USA bombardieren ja ab und zu mal wieder den Irak. Typisch Amerikaner: Wenn was ankommt, wird 'ne langweilige Fortsetzung gedreht.

Einige haben Angst vor einem neuen Golfkrieg. Aber da besteht keine Gefahr, solange die Übertragungsrechte mitsamt Drittverwertung nicht geregelt sind. Allerdings soll Leo Kirch bereits ein Angebot gemacht haben.

Saddam wird immer mißverstanden. Der will doch nur Zuwendung. Vielleicht sollte mal jemand mit ihm auf den Rummelplatz gehen. Aber nicht zum Schießstand.

## IRLAND

Nordirland liegt im Norden von Irland. Und damit das niemand vergißt, heißt das Land »Nordirland«. Weil, die Iren verlieren schon mal leicht die Orientierung.

Irischer Käse ist in Wirklichkeit nur irische Butter, die zu lange neben dem Katzenklo lag.

Die IRA will Nordirland wieder an Irland anschließen. Zu diesem Zweck sprengt sie Nordirland in die Luft.

## ISRAEL

Israel ist nach Informationen der »Jerusalem Post« die heimliche »Hauptstadt« der Viagra-Fälscher. Kein Wunder, die Leute da kriegen ja kaum noch ihre Bomben hoch.

Ich finde das toll, wie Netanjahu die Palästinenser verarscht hat. Sonst gäbe es ja längst Frieden, und so viele Terroristen säßen arbeitslos auf der Straße.

Hitler hat ja den Krieg begonnen, weil das deutsche Volk angeblich zu wenig Raum hatte. Er war anscheinend ein echtes Vorbild für Benjamin Netanjahu.

## ITALIEN

Kommt, wir ziehen GEN ITALIEN!

US-Anthropologe Roman Hristov ist sicher: Die Römer haben Amerika entdeckt! Oh, heißt das, Amerika gehört eigentlich zu Italien?
Ciao Wirtschaftswachstum!

Sex im Auto, in Italien noch immer gang und gäbe, ist nach einem höchstrichterlichen Urteil in Rom jetzt keine Straftat mehr. Bei Sex MIT dem Auto gibt es noch Bedenken.
Ha! So rückschrittlich sind wir Deutschen nicht!

Mehr als 18 Millionen Deutsche reisen über Ostern nach Italien. Da wundert es doch, daß die Italiener diesen Tag überhaupt noch feiern.

Die Urlauber geben 2600 Milliarden Lire in Italien aus. Umgerechnet sind das, glaub ich, 500 Mark.

Die Strände in Italien werden wieder sauberer. Naja, wartet bis die Deutschen wieder über den Brenner strömen. Also, DAS kriegen wir schon hin!

Das Wasser in Neapel gilt als sehr verschmutzt. Klar, die vielen Mafialeichen hinterlassen verdammt viel Nitrate.

Italien ist das demokratischste Land der Welt. Da kann jeder mal für 'ne Woche Regierungschef werden.

Der reiche Norden will sich ja von Italien abspalten, um den armen Süden nicht durchfüttern zu müssen. Aus demselben Grund haben sich auch Simon und Garfunkel getrennt.

Die Lega Nord will den Norden einfach abtrennen. Hey, warum nimmt sie nicht gleich den Süden Deutschlands mit dazu? Den kriegt sie meinetwegen geschenkt, wir werden keine lästigen Fragen stellen.

In Italien ist Kinderschlagen verboten. Also, liebe Kinder, haltet euch zurück!

Der »Stiefel der Welt« ist 50 Jahre alt. Wenn ich an den Geruch im Süden denke, sollte man vielleicht mal die Einlegesohle auswechseln.

Die Italiener weinen weltweit am häufigsten, zweieinhalbmal im Monat. Natürlich nur im Schnitt, es kommt halt darauf an, von welchem Fußballverein man Fan ist.

Jeder italienische Autofahrer steht einen Monat im Jahr im Stau. Obwohl, das ist so nicht ganz richtig. Italiener parken einfach auf diese Weise.
Die ewigen Verkehrsstaus haben auch ein Gutes: Mafiosi kommen zu spät zu ihren Attentaten.

Italiener am Steuer. Das ist fast so bescheuert wie Italiener an der Wahlurne.

Ich bewundere ja die italienische Küche. Abgesehen von den vielen Fliegen und der alten Matrone, die im Schaukelstuhl in der Ecke vor sich hin krepiert.

Für Italiener ist Spucke ein Gewürz. Das hat mir der Pizzabäcker nebenan jedenfalls so gesagt, und warum sollte er lügen?

In Italien gibt es eine Hotline, wo man Steuerbetrüger anzeigen kann. 57 Millionen Italiener befinden sich bereits in Untersuchungshaft.

## JAPAN

In Tokio wohnen bei 85,2 Prozent der befragten Eltern die erwachsenen Kinder mit im Elternhaus. Kein Wunder: Japaner sehen ja mit Mitte 30 noch aus, als kämen sie gerade von der Grundschule.

Ich liebe es, japanische Autos zu fahren. Ich denke dabei immer an die japanischen Akkordarbeiter, die sich kaputt schuften, nur damit ich bequem zum Einkaufen fahren kann.

Die Japaner begrüßen einen ja ständig mit »Muschi, Muschi.« Das kennt man hierzulande sonst nur vom Bahnhofsstrich.

Die Japaner essen ja Suppe mit Stäbchen. Und Pizza mit dem Löffel.

Das Bier ist in Japan extrem teuer. Na klar, die kennen die üblichen Bierpreise ja nur vom Oktoberfest.

In Japan arbeitet man im Jahr 1909 Stunden, und zwar durchschnittlich. Das bedeutet, für jeden Arbeitslosen arbeitet ein anderer im Jahr fast 4000 Stunden. Und wenn der krank wird, arbeitet ein anderer 8000 Stunden. Die einzigen, die offenbar überhaupt nicht arbeiten, sind die Gewerkschaftsbosse.

Vor ihrer Heirat war die japanische Prinzessin Masako eine Expertin für Handelsfragen im Außenministerium. Womit Frauen halt so die Zeit totschlagen, bis sie endlich den richtigen Mann finden.

Prinzessin Masako fühlt sich sehr eingeengt durch das Protokoll am japanischen Hof. Wann immer ein Diener einen Fehler macht, begeht er Harakiri. Und das Blut spritzt ständig auf ihre neuen Schuhe!

Ich habe mal einen Japaner gefahren. Aber der Typ hat sich dann irgendwann die Wirbelsäule gebrochen.

Japanische Autos sind so wunderbar unauffällig. Wenn man einen Unfall baut, kann man abhauen, ohne daß sich einer an dich erinnert.

Die Japaner benutzen viel Kosmetik, um jünger auszusehen. Mein Gott, die sehen doch jetzt schon alle aus als wären sie minderjährig.

## JELZIN, BORIS

Wenn Jelzin stirbt, bricht in Rußland das Chaos aus. Vor allem die Wodkaindustrie wird zusammenbrechen.

Jelzin leidet an Durchblutungsstörungen im Gehirn. Ich finde, darüber sollte man keine Witze machen. Das ist nun mal eine schwere Poltiker-Berufskrankheit.

Jelzin hat sich einen dreifachen Bypass legen lassen. Das ist noch komplizierter als ein dreifacher Doppelpass.
Es war ja eine sehr schwere Operation damals. Es war schon schwer genug, Jelzin auf den Operationstisch zu hieven.

## JUGOSLAWIEN

Jugoslawien ist ja jetzt ein einziges Trümmerfeld. Fast so schlimm wie in Berlin.

Montenegro hat die D-Mark offiziell als zweite Währung anerkannt. Toll, ich fahr am Wochenende mal da hin und kauf mir zwanzig Autos.

Die brutalsten Hooligans kommen aus Jugoslawien. Dieser Krieg war eigentlich nur ein Fußballspiel, das etwas aus dem Ruder lief.

Jugoslawien wird ja jetzt überall bezeichnet als »Rest-Jugoslawien«. Warum nennen wir die neuen Bundesländer nicht einfach »Rest-DDR«?

## LEWINSKY, MONICA

Monika Lewinsky bekommt ihr Leben nach eigener Einschätzung langsam wieder in den Griff. Na, ich hoffe, sie nimmt den Mund nicht voll.

Monica Lewinsky hat die Hoffnung geäußert, sie könne zu einer »kleiner werdenden Fußnote« der Geschichte schrumpfen. Sowas wie ein weiblicher Lafontaine, bloß mit weniger Kohle.

Der Präsident hat ja lange bestritten, etwas mit Lewinsky gehabt zu haben. Offizielle Begründung damals: »Die hat für Clinton einen viel zu fetten Arsch.«

Monica Lewinsky wirbt jetzt für eine neue Diät. Angeblich geht es um tägliche hohe Eiweiß-Einnahmen oder so.

Der zurückgetretene Clinton-Widersacher Kenneth Starr sagt, es tue ihm leid, dass seine Arbeit wie ein Rachefeldzug aufgenommen worden sei. Ach Quatsch. Wenn der Mann wissen will, wie ein richtiger Rachefeldzug aussieht, soll er mal Oskar Lafontaine fragen.

Der Vater von Monica Lewinsky ist sauer, weil in einer NBC-Fernsehshow Oralsex umschrieben wurde als »einen Lewinsky bekommen«. Die Homosexuellenvereinigung ist ebenso empört: Sie findet, es muß heißen »einen George Michael bekommen«.

Clinton soll Monica dazu genötigt haben, ihr Verhältnis zu ihm in einer eidesstattlichen Erklärung zu leugnen. Bei den meisten seiner anderen Geliebten war das gar nicht nötig.

Miss Lewinsky soll ihre Beziehung zu Präsident Clinton folgendermaßen beschrieben haben: »Dumm fickt gut.«

Lewinsky hat im Magazin »Vanity Fair« ihre weiblichen Reize zur Schau gestellt. Mein Gott, hoffentlich fotografieren die nicht auch noch Hillary!

Das Nachrichtenmagazin Penthouse soll Monica Lewinsky 3 Millionen Dollar angeboten haben für Nacktfotos. Ich würde ihr 5 Millionen bieten. Damit sie das läßt.
Wie kann man nur mit dem Leid anderer Leute Geschäfte machen!

Bill Clinton sagt, seine Frau sei »die begabteste Frau, die er kennt«. Monica Lewinsky fragt sich jetzt, was sie falsch gemacht hat. Vielleicht etwas zu fest zugebissen?

## LONDON

London ist europaweit auf der Rangliste der reichstens Städte auf Platz 1. Sobald allerdings die Königin in Urlaub fährt, fällt London auf das Niveau von Ost-Tadschikistan.

Das größte Riesenrad der Welt wurde endlich in London aufgerichtet. Applaus! Kommt selten vor, daß Engländer einen hochkriegen!

Wenn man London besucht, kriegt man viele Sehenswürdigkeiten und Shows zu sehen. Aber das einzige, was im Gedächtnis haften bleibt, ist die U-Bahn.

In der Londoner U-Bahn fühlt man sich wie in U-Haft.

Londons U-Bahn ist die älteste U-Bahn der Welt. Ich hab da mal 'n Graffiti gelesen: »Fuck you, Napoleon!«

## MALLORCA

Immer mehr Deutsche lassen sich auf Mallorca nieder, um zu arbeiten. Klar, das ist wie hierzulande, da machen die Ausländer halt die Schmutzarbeit, die die Einheimischen nicht machen wollen. Zum Beispiel Rechtsanwälte, Proktologen und so weiter.

Auf Mallorca und in Südspanien wird das Trinkwasser knapp. Aber keine Sorge: Der Trinktequila-Vorrat ist ungefährdet.

Die Regionalregierung in Palma will der Wasserknappheit mit einem Aufruf zum Sparen begegnen. Mist, dann darf ich das Wasser in meinem Finca-Swimmingpool wohl nur noch dreimal die Woche wechseln lassen.

Wegen des Mangels an Kellnern, Köchen und Küchenhilfen blicken die Hoteliers auf der spanischen Ferieninsel Mallorca der kommenden Hochsaison mit Sorge entgegen. Wozu braucht man auf Mallorca denn Kellner? Um die Strohhalme im Sangria-Eimer zu wechseln?

Auf Mallorca wird für die Hochsaison ein gigantischer Urlauberansturm erwartet. Naja, dann könnten als Ausgleich die Mallorqiner ja nach Wuppertal oder Castrop-Rauxel fahren. Wo ist das Problem?

Die Mallorqiner machen sich Sorgen, ob Müllverbrennung, Elektrizitäts- und Wasserwerke der Belastung standhalten. Diese Sorgen machen sich auch immer Hotel-Manager, wenn Luciano Pavarotti kommt.

Die Überlastung der Straßen auf Mallorca ist problematisch. Wieso? Wenn Deutsche 3 Stunden im Stau stehen, fühlen sie sich doch richtig zuhause.

Boris Becker muss einen Teil seiner Residenz auf Mallorca für die erforderliche Baugenehmigung angeblich wieder abreißen lassen. Meine Güte, kann der nicht die zuständigen Leute bestechen? Das sind ja schon Zustände wie in Deutschland! Außerhalb von Hessen.

Die Veränderung des weltweiten Klimas gefährdet die beliebtesten Badestrände auf der spanischen Ferieninsel Mallorca. Naja, ist eh wurscht. Noch 20 weitere Jahre deutscher Massentourismus, und die Insel ist sowieso unbewohnbar. So ähnlich wie Berlin.

Tausende Deutsche fliehen in den Tagen vor Weihnachten nach Mallorca. Ha, was für Feiglinge! Sofort den Schwanz einziehen und abhauen, wenn's mal ungemütlich wird!

80% der Urlauber im Winter auf Mallorca sind Rentner. Mann, bin ich froh, daß die vernünftig mit ihrer Rente umgehen, die meine Generation mühsam einzahlt.

Die neue Regierung von Mallorca plant eine Sondersteuer für Touristen. Jeder Urlauber soll 12 Mark bezahlen. Das klingt jetzt vielleicht nicht nach viel, aber das sind ganze 1000 Peseten! Mit dieser Steuer sollen Umweltprojekte auf der Insel finanziert werden, u.a. eine Costa-Cordalis-Verbrennungsanlage.

Die Tourismus-Steuer soll einmalig pro Urlauber erhoben werden. Allerdings wird jedesmal neu kassiert, wenn ein Schwimmer aus dem Wasser kommt. Das läppert sich.

Der Regionalpräsident der Balearen hat den Ausverkauf von Mallorca an reiche Ausländer beklagt. Ja, stimmt, es ist furchtbar. Ich war erst letzten Monat da, und da laufen massenhaft Spanier rum! Die tun so, als würde ihnen die Insel gehören!

Die Mallorcaner fordern ein Fernbleiben der britischen Touristen, also ein Exportverbot von britischem Menschenfleisch.

Waren Sie schon mal auf Mallorca? Entschuldigung, das war eine dämliche Frage, vergessen Sie's.

Die Deutschen kaufen Mallorca ja Meter für Meter auf. Sobald wir den Flughafen gekauft haben, machen wir die Insel dicht und alle Spanier werden ausgewiesen.

Überall auf Mallorca hängen Plakate, auf denen gefordert wird, daß Deutsche keine Grundstücke mehr erwerben dürfen. Eine tolle Methode, die Schmiergelder raufzutreiben.

Die Deutschen sollen keine Grundstücke mehr kaufen? Aber was sollen wir denn sonst kaufen? Die Menschen gehören uns doch schon!

Mallorca ist ja nicht mehr die Putzfrauen-Insel. Nein, sie ist die »Flurreinigungsbeauftragten-Insel«.

Auf Mallorca gibt es viel zu viele Deutsche. Die vielen Weißen verderben die Grundstückspreise.

## MEXICO

Das erste, was einem gesagt wird, wenn man nach Mexico reisen will: Trink nicht das Wasser! Das erste, was man hört, wenn man wiederkommt: Siehst du, ich hab dir doch gesagt, trink nicht das Wasser!

Mexico hat Brasilien im Finale des Confederations-Cup geschlagen. Also, wenigstens etwas haben deutscher und brasilianischer Fußball gemein: Jedes wichtige Finale wird konsequent vergeigt, wie beim FC Bayern.

Ich wollte mal in Mexico Golf spielen. Der Golfplatz von Mexico war sehr groß, stand aber total unter Wasser.

## MONACO

→ *Hannover, Ernst August von*

In Monaco sind alle reich, bis auf die Eingeborenen. Wenigstens dort ist die Zivilisation noch nicht tot.

Fürst Rainier III. von Monaco ist ein Stück aus der Lunge entnommen worden, um einen Tumor zu bekämpfen. Also Kinder: Hört auf mit dem Rauchen, sonst endet ihr irgendwann als schwerreicher König.

Prinzessin Stephanie von Monaco fühlt sich durch eine »bestimmten Presse« verfolgt, die ihr das Leben schwer macht. Die Prinzessin sagte: »Diese Presse ist sich nicht bewusst, dass sie in der Lage ist, ein Leben zu zerstören«. Das ist der Presse absolut bewußt, sie ist nur zu bescheiden, um damit anzugeben.
Bestimmte Medienvertreter seien wie »Geier, eine Meute blutrünstiger Hun-

de«. Ja schon, aber jetzt ist Dagmar Berghoff ja im Ruhestand.

Daniel Ducruet, der Ex-Gatte von Prinzessin Stephanie, hat eine belgische Nackttänzerin verklagt. Er meint, die Frau habe ihn verführt, damit davon verfängliche Fotos gemacht werden konnten. Außerdem hatte sie Pattex auf seine Zunge geträufelt, und dann kam er nicht mehr von ihrem Slip los!

Fürst Rainier hat sich ja damals so 'ne amerikanische Schauspielerin zur Frau genommen. Allmählich brauchte man frisches Blut, dieser Inzest nahm in dem Mini-Staat doch langsam überhand.

In Monaco gibt es ja nur einen Fußballverein, den AS Monaco. Die spielen in der französischen Liga mit. Auf Dauer waren diese Spiele ohne Gegner etwas langweilig. Aber vor allem waren die Gegentore peinlich.

Es gibt ein Golf-Turnier in Monaco. Golfspielen in Monaco... stell ich mir schwierig vor. Wieviele Strafpunkte kriegt man wohl, wenn der Ball aus Versehen in Frankreich landet?

Man spricht in Monaco Französisch und Italienisch, je nachdem, wer gerade am meisten Steuern zahlt.

Ich war noch nie in Monaco. Ich will im Urlaub nicht ständig Deutsche sehen. Deshalb fahre ich nach Mallorca.

Monaco feierte vor kurzem den 700. Jahrestag seiner Besetzung durch Steuerflüchtlinge.

In Monaco bezahlt man im Grunde viel mehr Steuern als hier. Allerdings nennen sie es dort »Spielschulden«.

## MOSKAU

1812 hat Napoleon Moskau besetzt, aber der Zar hatte es vorher anzünden lassen. Auf die Idee hätte auch Honecker kommen sollen.

Vor 20 Jahren wurde Moskau zum ersten Mal in Deutschland bekannt in einem Lied der Gruppe »Dschinghis Khan«.

Waren Sie in Moskau mal im Lenin-Mausoleum? Totaler Betrug, da gibt's gar keine Mäuse, nur so 'nen alten Zausel, der nur daliegt und sich begaffen läßt.

## NAPOLEON

Napoleon ist tot. Daß das dem Mann nicht langweilig wird.

Er ist 1821 gestorben, aber beigesetzt wurde er ja erst, wie Sie natürlich wissen, 1840 im Invalidendom in Rom oder Braunschweig oder so. Das heißt, der hat 19 Jahre lang als Toter weiterregiert und keiner hat's gemerkt. Typisch Franzosen.

Sie kennen ja diese Geste von ihm, also die Hand in der Jacke. Da hat er immer nachgefühlt, ob sein Herz noch schlägt. Und als er merkte, daß es aufgehört hatte zu schlagen, ließ er sich nichts anmerken.

## NEW YORK

Sie nennen New York ja auch »Big Apple«. Und Los Angeles heißt »Big IBM«.

New York hat jetzt viel weniger Verbrecher. Sie wurden alle von der Polizei eingestellt.

Ich war noch nie in New York. Und ich lebe trotzdem noch.

## NIEDERLANDE

Die Holländer sind ja viel toleranter als wir. Sie tolerieren z.B. sich selbst!

In den Niederlanden dürfen jetzt keine Normalbürger mehr in den Adelsstand erhoben werden. Es gibt einfach zu viele Leute, die Burggräben um ihre Wohnwagen ziehen.

In den Niederlanden fahren viele Leute Fahrrad, weil das Land so schön flach ist. Naja, außerdem weil die wenigsten den Führerschein schaffen.

Die korrekte Bezeichnung für Holland ist natürlich Niederlande. Diese Bezeichnung kam von einem Piloten, der gerade gestartet war und sich sagte »NIE wieDER LANDE ich hier«.

Die Niederlande sind ja immer noch ein Königreich. Also, was heißt »reich«, genau genommen ein »Königunterermittelstand«.

Die Holländer waren ja immer etwas sauer auf uns, weil wir ihnen Rudi Carrell weggeschnappt haben. Aber seit der bei RTL ist, nehmen sie das schon gar nicht mehr so schwer.

Das schönste an Holland ist der Käse. Das beste sind natürlich die Löcher. Nach meiner Meinung eine perfekte Metapher für das ganze Land.

Das Schönste an Holland sind die Hasch-Cafés. Ist ein bißchen eklig, das Zeug in den Kaffee zu rühren, aber man gewöhnt sich dran.

Höchste Erhebung in Holland: der Valserberg mit 322 Metern. Früher gab es noch einen größeren Berg, aber Harry Wijnvoord arbeitet ja jetzt in Deutschland.

Das Land ist aufgeteilt in 12 Provinzen. Wir haben nur eine Provinz, sie heißt »Neue Länder«.

Königin Beatrix ist ja auch hierzulande sehr beliebt, besonders für ihre Hape-Kerkeling-Imitation.

Prinz Claus ist ja immer so depressiv. Kein Wunder, er muß soviel durchmachen. Zum Beispiel Königin Beatrix.

Besonders schön in Holland sind ja diese ausgedehnten Hanf-Felder. Und die Erntehelfer, die über den Pflanzen schweben.

Hallo Männer! Wenn Ihr nach Holland fahrt, paßt auf, daß Ihr keinen Holländer anlächelt, sonst müßt Ihr ihn heiraten!

Matjes ist ja eigentlich eine holländische Spezialität, wir haben sie nur kultiviert. Die Holländer benutzen Matjes eigentlich nur als Einlegesohlen.

Die Holländer mögen Hasch eigentlich gar nicht. Die wollen nur irgendwie den Käsegestank kompensieren.

»Hasch-TV« ist ein holländisches TV-Magazin, bei dem sich alles rund um die vielseitige Nutzbarkeit der Cannabis-Pflanze dreht. Man kann z.B. Mikrofone draus machen, wie Konstantin Wecker.

In einem kleinen Ort in Holland werden Schafe zur Verkehrsberuhigung eingesetzt. Wunderbar, wenn man die Schafe beim Fahren zählt, kann man viel besser einschlafen.

Die Deutschen essen immer mehr Käse. Ohne uns wäre Holland nur noch eine Steinwüste.

Warum Prinz Claus wohl immer so down ist? Nun, schließen Sie bitte mal die Augen, und stellen Sie sich Königin Beatrix nackt vor.
Noch Fragen?

## NORWEGEN

In Norwegen hat die Jagdsaison auf Zwergwale begonnen, obwohl das eigentlich verboten ist. Norwegen hat dem aber vorgebaut und den Walen offiziell den Krieg erklärt. Jetzt ist alles legal.

Auch in Norwegen gibt es »Walverdrossenheit«.

In Norwegen gibt es zu wenig Ärzte. Die Golf-Clubs stehen vor dem Ruin.
Norwegen sucht jetzt in ganz Europa nach Ärzten für ihr Land. Ihr wißt also Bescheid, liebe Ärzte: Versteckt euch!

## ÖSTERREICH

Österreich ist ziemlich albern. Die Leute da glauben, sie leben in einem richtigen Land!

Die Partei des österreichischen Rechtspopulisten Jörg Haider hat in einer Umfrage erstmals den ersten Platz unter den politischen Parteien Österreichs belegt. Verdammt, wenn das so weitergeht, würde ich dafür plädieren, Österreich von Deutschland abzuspalten.

Die heftige internationale Kritik an einer Regierungsbeteiligung von Ösi-Arsch Jörg Haider in Österreich scheint dessen Beliebtheit noch zu steigern. Toll! Jetzt muß der Mann nur noch einen Krieg mit der Schweiz beginnen, dann sprechen ihn die Österreicher heilig.

Kaiserin Sissi von Österreich ist 1898 einem Attentat zum Opfer gefallen. Ganz Österreich hat das vor zwei Jahren gefeiert. Wenn ihr Mörder noch leben würde, würde er sicher platzen vor Stolz.

Sissi war ja bekanntlich magersüchtig. Zu ihrer Zeit war das noch originell.

Österreich ist 1000 Jahre alt. Komisch, ich dachte immer, China ist das Tausendjährige Reich.

Harte Zeiten haben sie durchgemacht, die Österreicher. Man denke nur an den österreichischen Erbschaftssteuerkrieg.

Sie kennen das ja: Jedesmal, wenn z.B. im Davis-Cup das österreichische auf das deutsche Team trifft, heißt es, das wäre der Kampf »David gegen Goliath«. Blödsinn. Schließlich hat David damals gewonnen.

Die Gesetzgebung für Schwule in Österreich wurde liberalisiert. Sterbehilfe ist jederzeit möglich.
Die Schwulen in Österreich dürfen wieder Vereine gründen, aber nur mit vorgeschriebenen Namen wie »Kranke Gottlose Perverse e.V.«

In Österreich gibt es jetzt eine Anti-Fun-Bewegung. Die Österreicher finden, ihr Fernsehen sei viel zu lustig. Die haben Fernsehen in Österreich?

Österreicher sind doch die komischsten Leute der Welt! Wenn auch meistens unfreiwillig.

## PARIS

Der Eiffel-Turm wurde ja bei der Weltausstellung 1900 präsentiert. Bei der nächsten Weltausstellung in Paris wird er abgerissen für ein neues McDonald's.

In Paris sind zu Silvester Knallkörper verboten. Die Terroristen sind sehr enttäuscht.

Das Schönste an dem Film »Casablanca« ist der Satz »Uns bleibt Paris«. Ich hatte mal 'ne Freundin aus dem Ruhrgebiet, der hab ich gesagt »Uns bleibt Castrop-Rauxel«.

## POLEN

Die Wirtschaft von Polen ist nicht berauschend. Der Hauptexportartikel sind Päpste.

Laut einer Umfrage sind die Polen besonders stolz auf den Fall des Kommunismus und die friedliche politische Wende. Ha! Ist doch lächerlich! So eine Anmaßung! Das waren schließlich nicht die Polen, sondern ganz alleine Helmut Kohl!
Als beschämend wurde dagegen das Ausmaß von Armut und Arbeitslosigkeit in Polen angesehen. Komisch, die kritisieren das einzige, was ich in Polen gut finde...

Es gibt eine neue Autobahnbrücke von Brandenburg nach Polen. Die polnischen Autodiebe hatten sich mehrfach über die Staus beschwert.

Viele Polen haben ja heute noch vor einem deutschen Überfall Angst. Aber ich bitte Sie: Welchen Anreiz soll es dafür geben?

Ich war mal im Winter in Warschau. Da friert man sich den Warsch ab.

Immer mehr Polen finden die Deutschen gut. Das geht aus einer Umfrage von deutschen Arbeitgebern unter ihren polnischen Arbeitern hervor.

Ich finde Polen gut. Es arbeitet sogar einer für mich, als Fußmatte vor meiner Wohnungstür.

## PRINZ CHARLES

Wie nennt er sich wohl, wenn er König wird? Vielleicht »The king formerly known as Prince Charles«?

Sollte Prinz Charles seine Mutter Queen Elizabeth II. eines Tages ablösen, so will er dies nicht unter seinem jetzigen Namen tun, sondern als König George. Wie passend: George V. war ja ebenfalls geistesgestört.

Laut der englischen Zeitung »Sonne« schläft Prinz Charles immer nackt. Tja, das tu ich auch, aber wenigstens nicht allein.
Und vor allem nicht mit so einer alten hässlichen Schachtel.

Prinz Charles besitzt inzwischen 290 Millionen Pfund! 290 Millionen Pfund - klingt nach einem Jahrestreffen der Weight Watchers.

Die »Sunday Times« schreibt, Charles habe so seine »Ticks«. Was? Dieser nette, sympathische, tamponlutschende Füchsequäler? Dann wäre ja JEDER verrückt!

Charles beauftragte einen Kunsthandwerker, einen Luxus-Hühnerstall für 33.000 Mark zu bauen. Das Besondere: Das Hühnerhinterteil wird ständig automatisch mit Vaseline eingeschmiert... Damit die Eier leichter flutschen! Was haben Sie denn gedacht?

Die von Prinz Charles und seinen Brüdern besuchte Schule Gordonstoun wurde als das schlechteste Privatinternat Großbritanniens eingestuft. Klar, als Prinz braucht man doch keine Bildung. Wenn man Füchse zeugen und Söhne abknallen kann, reicht das. Ähem. Umgekehrt natürlich. Nehme ich an.

Prinz Charles zeigt sich immer öfter mit seiner Freundin Camilla Parker- Bowles in der Öffentlichkeit. Das nenne ich mutig. ICH würde mich mit Prinz Charles nie in der Öffentlichkeit zeigen.
Das würde auch bloß dumme Gerüchte geben.

Es wird spekuliert, daß Charles sich durch gemeinsame Unternehmungen eine breitere Zustimmung für seine langjährige Verbindung mit der Parker Bowles erhofft. Mein Gott, sobald er sagt, daß er mit ihr nach Australien zieht, fällt ihm doch das ganze Volk um den Hals!

Prinz Charles' Fuchsjagd wird als Versuch des Prinzen gewertet, die konservative Opposition zu unterstützen. Charles will aber noch einen draufsetzen und sich »Down with Blair« auf den Hintern tätowieren lassen.

Ein Labour-Abgeordneter bezeichnete Charles als »unsensibel und arrogant«. Dann hat er ja doch das Zeug zum König.

Prinz Charles, der Schwipp-Witwer von Diana, hat srilankische Kinder aufgerufen, mehr zu lesen. Weil, diese dummen Blagen essen die Bücher aus lauter Hunger dauernd auf.

Camilla Parker-Bowles übernachtet ständig im Palast von Prinz Charles. Sie hat dort einen Nebenjob als Schloßgespenst.
Ich weiß gar nicht, was Camilla nachts bei Charles macht. Und ich bete zu Gott, daß es KEINEM Paparazzo gelingt, das rauszufinden!

Die Frage ist, ob Charles Camilla heiratet. Noch interessanter ist aber die Frage, mit wem er sie dann betrügt.

Camilla Parker-Bowles ist in seinem Palast besonders lieb zu ihm. Jeden Morgen bringt sie seine Pantoffeln im Maul herein.

Camilla spielt anscheinend Bowling. Ich lese das doch ständig: Camilla Parker bowles!

Prinz Charles hat einen alkoholfreien Wein auf den Markt gebracht, mit dem man schon kleinen Kindern beibringen kann, wie lecker Wein schmecken kann. Wann gibt's das endlich bei uns?

Prinz Charles ist 50 Jahre alt. Ich weiß nicht, aber im Mittelalter würde ein 50jähriger Prinz wohl als ein ziemlicher Versager gelten.

Wenn der endlich König ist, wird seine erste Amtshandlung wohl sein, die Sauerstoffzufuhr abdrehen zu lassen.

Was macht er eigentlich, wenn er endlich König wird? Läuft er dann nur noch in alten Mänteln und häßlichen Hüten rum?

Charles will vielleicht gar nicht König werden. Sonst hätte er die Alte doch längst kaltgemacht.

Prinz Charles sagt, daß er seine Fehler bereut und gelobt, ein guter König zu werden. Er will von jetzt an jede seiner widerspenstigen Ehefrauen köpfen.

Prinz Charles arbeitet jetzt mit einer Werbeagentur zusammen, die sein Image aufbessern soll. Es ist dieselbe Firma, zu der auch Gaddafi geht.
Die Leute sollen Charles wieder mehr mögen. Der erste Vorschlag (Selbstmord) wurde von ihm aber abgelehnt.

Charles betrügt seine Frau, ist 50 Jahre alt, hat keinen ernsthaften Job und scheffelt trotzdem die Kohle mit einem Schaufelbagger. Na und? Mick Jagger wird dafür geliebt!

## PRINZ WILLIAM

Wie heißt noch mal der älteste Sohn von Prinz Charles? Prinz Willibald oder so ähnlich, oder?
Es ist schon erstaunlich, wie sich die Träume von Paparazzi, jungen Teeny-Girls und alten Päderasten auf ein einziges Ziel konzentrieren können.

Prinz William will nach Zeitungsberichten nach seiner Schulzeit in Australien Schafe hüten. Ja, so was härtet ab. Also, die Schafe.

Prinz William hat ja die englischen Tierschützer verärgert, weil er anfängt, Tiere zu jagen. Wie denn, hat der etwa schon einen Führerschein?

Willi hat sich vor einiger Zeit mit der Tussi seines Vaters getroffen, mit Camilla Parker-Bowles. Der arme Junge hat seitdem fürchterliche Albträume.
William macht sich große Sorgen, daß er nach der Heirat von Charles und Camilla vom Aussehen her nach ihr geraten könnte.

William und Camilla verstehen sich angeblich so gut, daß sie bald eine Band gründen wollen, und zwar mit dem Namen »Willi Camilli«.

Prinz Wilhelm, der älteste Sohn von Prinz Charles, stößt mit seinen jüngsten Ausritten zur Fuchsjagd auf wachsende Kritik. Der Prinz versichert jedoch, er jage die Füchse nur, um sie zu essen.

## PRINZESSIN DIANA

Nach ihrem tödlichen Unfall habe ich mich gefragt, ob man jetzt noch Witze über sie machen darf. Aber dann habe ich mir gesagt: »Was soll's, das Leben geht weiter!«
Naja. Speziell ihres natürlich jetzt nicht.

Dianas Leibwächter Trevor Rees-Jones bringt jetzt ein eigenes Buch raus. Es hat den Titel »Anschnallen lohnt sich«.

Rees-Jones sagt, er fühle »eine Art Schuld«, dass er noch lebe, aber keine Verantwortung. Sowas in der Art sagt auch Wolfgang Schäuble.

James Hewitts Buch über Diana hält sich mit intimen Details weitestgehend zurück. Kein Wunder, daß keine englische Zeitung es abdrucken wollte.

James Hewitt sagt über Diana: »Ich war ihre Medizin«. Ach ja? Hat sie ihn öfter oral eingenommen?

Die New York Post behauptet, Kevin Costner wollte eine Fortsetzung von »Bodyguard« mit Prinzessin Diana in der Hauptrolle drehen. Ist ja lächerlich. Lady Di als Bodyguard, so'n Quatsch.

Die selbstlose, aufopfernde Diana hatte anscheinend schlappe 120 Mio DM gebunkert. Das Geld war ihr sicher ein

Trost, wenn sie armen verhungernden Negerkindern den Kopf getätschelt hat.

Die Beziehung zwischen Spencer und Diana soll eher schlecht gewesen sein. Und jetzt ist sie noch mehr abgekühlt.

Dodi soll mal gesagt haben, mit Diana habe er die »ideale Frau« gefunden. Klar: hübsch, reich, eher unbedarft, und was Männer angeht, nicht sehr verwöhnt.

Auf dem Familiengut Althorp wurde ein Diana-Museum eingerichtet, und zwar in den Stallungen. Wie passend. Und das Porträt von Diana hängt dann wahrscheinlich auf dem Klo.

Die Eintrittskarten für Dianas Grab sind nur per Vorverkauf erhältlich. Also spontane Last-Minute-Gruftbesichtigungen gibt es nicht. Ehrlich, manchmal fragt man sich, wozu die Frau eigentlich gestorben ist.

Der Diana-Fonds verfügt derzeit über mehr als 100 Mio DM. Damit ist Diana die reichste Leiche der Welt. Es sei denn, Michael Schumacher verfehlt das Bremspedal.
Was wir, natürlich, alle nicht wollen.

Ein deutscher Unternehmer hat unter dem Markennamen »Lady Di« einen ganzen Katalog von Waren zusammengestellt. Für 100 Mark gibt es beispielsweise ein Pfund Original Diana-Kotze. Zu dem vorläufig patentierten Repertoire des Katalogs gehören Schönheitspflegeserien und Parfums. Ich weiß ja nicht, ob jemand aussehen und riechen möchte wie eine drei Jahre alte Leiche.

Drei Viertel des Diana-Vermögens gehen an ihre beiden Söhne. Na toll, die rennen doch sofort los und kaufen sich 800 Milliarden Gummibärchen!

Auch Dianas frühere Butler wurden in ihrem Testament bedacht. Ich frage mich, was die für das Geld tun mußten. Bestimmt nicht so viel wie meine philippinische Haushälterin.

Es gibt immer wieder Gedächtniskonzerte für Diana. Ich glaube, Trevor Rees-Jones bedarf viel mehr eines Gedächtnis-Konzerts.

Dianas Leichenwächter Trevor Rees-Jones kann sich nun an einige Details bei dem Unfall erinnern. Die Presse spricht von sensationellen Erkenntnissen: Nach seiner Auskunft fuhr der Mercedes geradeaus und auf vier Reifen!

Diana war nach dem Unfall anscheinend noch bei Bewußtsein. Also, zumindest nach Diana-Maßstäben.

Diana soll kurz nach dem Unfall Dodis Namen gerufen haben. Sie wollte, daß er sein Gehirn aus ihrem Schoß nimmt.

Der Großteil von Dianas Erbschaft geht an ihre beiden Söhne. William bekommt das Lächeln, Harry die treudoofen Augen.

Ein deutscher Unternehmer hat sich den Markennamen »Lady Di« schützen lassen. Wahnsinn, als nächstes laß ich den Markennamen »Queen Elizabeth« patentieren, dann kann die Alte aber blechen, bis sie schwarz wird.

Haben Sie DAS gelesen? Dianas Grabstelle ist ein ehemaliger Hundefriedhof! Die arme Frau hatte erst ein Hundeleben, und jetzt auch noch einen Hunde-Tod!

Okay, so gesehen eigentlich ganz passend, keine Frage.
Nein, echt: Wie konnte ihr Bruder das nur tun? Hat der nicht »Friedhof der Kuscheltiere« gesehen?
Oder »Poltergeist«?
Oder »Friedhof der Kuscheltiere 2«?

Alle treuen Jagdhunde der Spencers wurden auf der »Hundeinsel« beigesetzt, wo Diana jetzt begraben ist. Das finde ich irgendwie sehr nett. Allmählich komme ich mir ein bißchen komisch vor, weil ich meine toten Haustiere immer in den nächsten Gulli werfe.

Der Fußballer David Ginola hat übrigens Dianas Rolle bei der Anti-Minen-Kampagne übernommen. Er sagt, er sei glücklich, zwei gesunde Beine zu haben. Logo, daß die Matthias Sammer nicht gefragt haben.

Die britische Regierung will einen Diana-Kult bei der Benennung von Straßen und Gebäuden vermeiden. Ja, was soll dieses Kleinbürgerdenken? Warum benennen die nicht einfach ganz Großbritannien um in »Vereinigtes Dianareich«, das wäre doch viel einfacher!

Der Ford Escort, den Prinz Charles Lady Diana zur Verlobung geschenkt hatte, wurde verkauft. Mann, Mann, Mann. Also, daß die Ehe nichts werden würde, hätte man auch schon damals sehen können. Ein Prinz schenkt seiner Verlobten einen Ford Escort. Warum nicht gleich einen Opel Kadett?
Oder einen Skoda, möglichst gebraucht? Oder ein altes verrostetes Damenrad, so wie ich damals?

Prinz Edward hat mehrere prominente Schauspieler verpflichtet für einen Dokumentarfilm über Paparazzi. In dem Film soll auch Dianas Unfall zur Sprache kommen. Sehr gut, warum soll nur Earl Spencer die große Kohle damit machen?

Diana bekam ja damals 40 Mio für nur 15 Jahre Ehe. Ich wette, Prinz Philip wird langsam nachdenklich.

Das britische Königshaus will Harrods-Besitzer al-Fayed verklagen, weil der behauptet, Prinz Philip habe Lady Di und al-Fayeds Sohn Dodi ermorden lassen. Was für ein paranoider Mumpitz! Jeder weiß doch: Diana und Dodi waren Aliens, die auf ihr Heimatschiff gebeamt sind!

## QUEEN ELIZABETH

Die Queen ist angeblich amtsmüde und will vorzeitig abdanken. Falls Sie sich als britischer König bewerben wollen, sind folgende Voraussetzungen zu erfüllen: Langsame Auffassungsgabe, latenter Rassismus und emotionale Verkrüppelung, gepaart mit dem unstillbaren Verlangen, kleine Füchse zu quälen.

Das Buch »Elizabeth: Behind the Palace Doors« erscheint am kommenden Donnerstag und ist vom Buckingham-Palast schon vorher als Unsinn abgetan worden. Na ein Glück, ich hab mir schon Sorgen gemacht, nachdem ich das Kapitel darüber gelesen habe, wo sie sich ihr Zepter hinsteckt.

Die Beziehung der Queen zu ihrem Ehemann wird als »sehr schwierig« bezeichnet. Komisch, ich hätte gedacht, die beiden sind ein Herz und eine Seele. Der einzige Unterschied zu einem anderen Traumpaar ist doch nur, daß die beiden bisher noch keinen Selbstmord in einem Bunker begangen haben.

Ich glaube nicht, daß Liesbett sich scheiden läßt. Wie will sie denn dann ihre Kinder ernähren?

Elizabeth II will die Monarchie dem Volk näherbringen. Wie denn das, will sie die Leibeigenschaft wieder einführen?

Die Queen läßt zu offiziellen Feiern und Parties Fernsehkameras in ihren Palästen zu. Gut, dann müssen sich die Kameraleute nicht mehr durch die Abflußrohre quälen.

Beim Buckingham Palace hat man den Eindruck, es »herrsche das Gefühl vor, daß ihre Alltagsarbeit manchmal nicht genug Beachtung findet.« Richtig, jeden Tag Parties und Empfänge, die Leute machen sich ja gar keine Vorstellung, wie anstrengend das ist, ganz im Gegensatz z.B. zur Arbeit in einem Stahlwerk oder beim Bergbau.

Queen Liesbett hat ihren Friseur gefeuert. Ihr neuer Schnurrbart gefiel ihr einfach nicht.
Der Friseur sagt, er sei sehr besorgt darüber, daß sein Nachfolger möglicherweise die Frisur der Königin zerstören würde. Als ob das bei diesen HÜTEN eine Rolle spielen würde.

Die Queen will ja kein Geld vom Staat mehr. Naja, die Frau ist 70. Höchste Zeit, daß sie ihre Miete selbst bezahlt.
Als nächstes sucht sie sich vielleicht sogar 'nen Job.

Queen Liesbett II. will künftig am Personenschutz für ihre Familie sparen. Hach, das wärmt das Herz, wenn sich jemand so für seine Familie einsetzt.

Die Queen will für die Monarchie weniger Geld vom Staat. Stattdessen soll jeder Bürger den Zehnten seines Gehalts direkt über den Zaun vom Buckingham Palace werfen.

Kirche und Staat sollen in England künftig getrennt werden. Da die Queen selbst Oberhaupt der Kirche in England ist, läßt sie sich in zwei Hälften zersägen.

## RUMÄNIEN

Rumänien ist ja teilweise wahnsinnig gebirgig. Wenn die Leute dort einkaufen gehen, nehmen sie immer eine Spitzhacke und ein Seil mit.

In Rumänien verwandeln sich Menschen in Werwölfe beim Anblick des Mondes. In Deutschland tritt derselbe Effekt ein beim Anblick von Heiner Bremer.

In Siebenbürgen leben auch Deutsche, die Siebenbürger Sachsen. Letzten Winter ist einer gestorben, jetzt sind es die Sechsbürger Sachsen.

## RUSSLAND

*→ Jelzin, Boris; → Moskau*

Deutsche und Russen sind sich sehr ähnlich. Beide trinken gerne, essen gerne und begehen anschließend etwas Völkermord.

Klaus Maria Brandauer spielt in einem Film den russischen Revolutionär Lenin. Albern. Warum holen die sich so einen großen Schauspieler für so eine Rolle? Ich meine, bewegungslos in einer Glasvitrine rumliegen, das kann doch jeder.

Russisch kann man nur mit minimum 2,5 Promille richtig aussprechen.

Toll finde ich ja »Russisches Roulette«. Schade, daß nur noch so wenige Russen sich für dieses Spiel begeistern.

Nachdem die Aeroflot im Eimer ist, gibt es jetzt in Rußland knapp 400 Fluggesellschaften. Aber nur drei Flugzeuge. Man muß allerdings oft umsteigen, denn kein russisches Flugzeug fliegt weiter als 50 Meter.

Die russischen Flugzeuge werden ja oft entführt. Die Passagiere applaudieren jedesmal.
Neulich hat jemand ein russisches Flugzeug entführt, weil er dahin wollte, wo sein Gepäck war.

400 Fluggesellschaften gibt es in Russland. Der Vorteil dieses gewaltigen Wettbewerbs: Die Preise purzeln. Der Nachteil: Die Flugzeuge auch.

Alexander Lebed ist ja sehr beliebt in Russland. Der Mann war mit 45 schon im Ruhestand. Damit ist er das Ideal jedes Kommunisten.

Die Deutschen mögen die Russen nicht. Das ergab eine Umfrage unter 100 repräsentativ ausgesuchten Stalingrad-Überlebenden.
Die Russen finden die Deutschen super. Das ergab eine Umfrage unter 100 repräsentativ ausgesuchten russischen Bundesliga-Spielern.

Die Russen mögen uns Deutsche, weil wir als einzige noch hässlicher sind als sie.

## SCHOTTLAND

In Schottland wurde zum ersten Mal ein komplettes Schaf geklont. Ein Hirte hatte Lust auf 'nen flotten Dreier.

Das Oberhaupt der Anglikanischen Kirche in Schottland hat sich für die Trauung von gleichgeschlechtlichen Paaren ausgesprochen. Die meisten Schotten sind enttäuscht, denn ihre Beziehung zu ihrem Lieblingsschaf bleibt immer noch ein Stigma.

In Schottland gibt es keine Hooligans. Das heißt, es gibt sie schon, aber sie haben eine Spielerlaubnis.

In Schottland sind 56% gegen die Monarchie. Es sei denn, der König trägt einen karierten Rock und schlägt seine Untergebenen per Dudelsack mit Taubheit.

## SCHWEDEN

Die Schweden sind alle kriminell. Die leben fast alle hinter schwedischen Gardinen.

Das in Schweden seit einem Jahr geltende Verbot des Kaufs sexueller Dienste hat nur wenige Freier vor den Richter gebracht. Die meisten hatten 'ne gute Entschuldigung: Ein Foto ihrer Frau.

Der schwedische König Carl Gustaf will ein Mineralwasser auf den Markt bringen. Finde ich gut, daß er sich ein zweites Standbein verschafft. Wer weiß, wie lange die Königsbranche noch Gewinne abwirft.

Bei einer Umfrage erklärten 64 Prozent der Schweden, daß sie für die Monarchie seien. Genausoviele sind es in Sachsen – also auch da wollen sie die Monarchie behalten.

Knapp die Hälfte aller schwedischen Elchjäger ist schwerhörig. Denn bei großkalibrigen Gewehren müssen die Ohren Detonationen von etwa 160 De-

zibel verkraften. Das entspricht in etwa einem »Kiesbauer«.
Ich weiß echt nicht, wozu man Elche jagen woll. Die schmecken total scheiße, das Fell kratzt, und als Wandschmuck paßt so ein Geweih irgendwie nicht zu meiner sonstigen Inneneinrichtung.
Oh, ach ja: Und die ARMEN, ARMEN Tierchen...

Die Schweden haben ja weichere Gesetze, was Teenager-Pornos angeht. Pippi Langstrumpf war da Vorreiterin.

In Schweden hat man kürzlich eine sensationelle Entdeckung gemacht: Eine Sechzehnjährige, die noch Jungfrau ist!

## SCHWEIZ

Eins verstehe ich nicht: Wenn die Schweiz seit Jahrhunderten neutral ist, wie konnten sich die Schweizer überhaupt fortpflanzen?

Schweizer streiken nie. Präziser: Man merkt es nicht, wenn sie streiken.

Sogar in der Schweiz gibt es Hooligans. Die kommen aber immer zu spät zum Spiel.

Was spricht für den Wirtschaftsstandort Schweiz? Zunächst mal sind diese langen Reisen zur Hausbank nicht mehr nötig.

Der größte Pluspunkt für den Wirtschaftsstandort Schweiz: Frauen haben in dem Land nichts zu melden und wehren sich nicht beim Angrabschen.

Die Schweizer glotzen europaweit am wenigsten fern. Kunststück, die haben ja auch nur einen Sender. Wie oft würden Sie denn fernsehen, wenn Sie nur ZDF reinkriegen würden?

## SIMPSON, O.J.

Auch auf die Gefahr hin, ein wenig zu polarisieren, aber... ich finde, Simpson sollte auf dem elektrischen Stuhl braten, mit Eiern und Speck!

Ich verstehe O.J. Simpson nicht. Warum hat er seine Frau nicht durch einen bezahlten Killer umbringen lassen, so wie ich.

O.J. Simpson hat in einem Interview gesagt: Wenn er seine Ex-Frau Nicole getötet hätte, wäre das nur geschehen, weil er sie so sehr liebte. Und ihren Freund auch.

»Wenn ich es getan hätte, dann aus Liebe.« Ich schätze, alle Menschen, die von Simpson geliebt werden, werden ihm demnächst aus dem Weg gehen.

Oh je Simpson wurde ja zuletzt schuldig gesprochen, er muß aber nicht ins Gefängnis. Fragen sich die Amis eigentlich nie, ob ihr Rechtssystem nicht doch ein klein wenig total bescheuert ist?

Ich glaube, Simpson ist unschuldig. Allerdings glaube ich ja auch, Madonna ist unschuldig.

Oh je Simpson mußte wegen seiner Geldprobleme sein Haus verkaufen. Der Käufer war angeblich ein Hollywoodproduzent. Der dreht dort »Psycho 5«.

Der Simpson-Prozeß war kein Prozeß, sondern mehr eine Art Kamera-Messe.

## SPANIEN

→ *Mallorca*
Spanien hat Italien als Lieblingsreiseland der Deutschen abgelöst. Naja, irgendwann hat sich sogar der Deutsche mal an Spaghetti Carbonara sattgefressen.

Bis sich der Deutsche an Sangria totgesoffen hat, dauert's sicher länger.

Spanien hat auf den Wehrdienst verzichtet. Es ist einfach zu peinlich, daß 90 Prozent aller spanischen Wehrpflichtigen untauglich sind.

Die Abschaffung des spanischen Wehrdienstes dürfte vor allem die ETA stark erschüttern. Wo bekommen die jetzt ihre Grundausbildung her?

Wenn Sie bei einem Stierkampf zuschauen, passen Sie auf, daß Sie von den Blutspritzern nicht getroffen werden. Wer weiß, woher die Viecher stammen.

In Spanien haben kürzlich die Toreros gestreikt. Die armen Stiere mußten da ganz alleine in die Messer reinlaufen.
Die Toreros töten den Stier ja nicht, sondern der Matador. Das ist spanisch für »Feigling«.

Die Stierkampfarena heißt »Ruedo«. Weil, da geht's ziemlich rüdo zu.

Meine Lieblingsstierkämpfer sind ja die »Picadore« oder »Lanzenreiter«. Ich finde es schön, wenn sich Schwule öffentlich bekennen. Die Lanzenreiter haben ja gepanzerte Pferde. Als nächstes befestigen sie noch Airbags am Kopf des Stiers.

## SÜDAFRIKA

In den 80er Jahren galten in Schwarzafrika dicke Frauen als sehr begehrt. Solchen Frauen hat man auch mal den einen oder anderen Ritual-Mord verziehen, wie Winnie Mandela.
Jetzt fangen die Weiber aber an, in Aerobic-Studios zu rennen, um Pfunde zu verlieren. Endlich hat die Emanzipation auch Südafrika erreicht.

Bulimie und Magersucht greifen in Südafrika um sich. Naomi Campbell freut sich, daß sie so viel erreicht hat.

Schlanke Frauen sind jetzt auch in Afrika das Schönheitsideal. In Äthiopien schicken manche Frauen schon das Rote Kreuz mit den Essenspenden wieder weg.

## THANKSGIVING

Zu Thanksgiving fressen die Amis tonnenweise Truthähne. Die Truthühner wünschen sich sicher nicht die Gleichberechtigung.

Zum Truthahn gibt es immer Preisselbeersoße. Das ist so ein chemisch erzeugtes Kompott, mit dem man hinterher auch die Wohnung tapezieren kann.

Thanksgiving wurde zum ersten Mal gefeiert als Dank an die Indianer, die die Siedler gerettet hatten. Und nach dem Mahl kommt dann das traditionelle Abschlachtungsritual.

Die Amerikaner haben Truthähne, und die Ossis ihre Broiler. Das Leben ist manchmal furchtbar gerecht.

## TSCHECHIEN

In einer Umfrage gaben 42 % der Tschechen an, in der Vergangenheit mindestens einmal bestochen zu haben. Heiho, das klingt ja nach einem fabelhaften Wirtschaftsstandort, speziell für Elf Aquitaine.

Das Aussöhnungsabkommen zwischen Deutschland und Tschechien war eigentlich nur möglich, weil die Deutschen Tschechiens Final-Niederlage als Entschuldigung akzeptiert hatten.

Wann entschuldigen sich die Tschechen eigentlich endlich? Hmm? Nein, nicht für diesen Vertreibungsquatsch. Aber es ist eine Unverschämtheit, daß die uns vom ersten Platz der am meisten Bier saufenden Völker verdrängt haben!

## TÜRKEI

Die Türkei will in die EU. Das Witzige ist, daß die Türkei eigentlich gar nicht in Europa liegt. Die sind ja schon ein Nachbarstaat vom Iran! Wer will als nächstes mit rein? Grönland?

Istanbul ist Partnerstadt von Köln! Jetzt geht die Abschiebung viel schneller. Köln wollte unbedingt eine Stadt, die genauso viele Türken beherbergt wie Köln selbst.

Das Beste an der Türkei ist eigentlich Döner. Und da wir jetzt das Rezept haben, wieso sollen wir die Türken jetzt noch großartig aufnehmen? Wenn die so unvorsichtig sind...

Nach der Einführung von Sexualkundeunterricht an türkischen Schulen wird nun auch Informationsmaterial an türkische Studenten verteilt. Ähem... wie war das gerade? »Türkische Studenten«? Da kommen sie sicher mit zehn Faltblättern aus. Mit vielen bunten Bildern.

## UNGARN

In Ungarn wird viel Deutsch gelernt. Die jungen Frauen dort bereiten sich schon sehr früh auf eine Karriere in Deutschland vor - als Pornostar.

Die Ungarn hatten ja einen wesentlichen Anteil daran, daß die Mauer fiel. Gott, sind die nachtragend!

Kennen Sie schon den neuesten Reiseprospekt: »Ungern in Ungarn«?

Ungarn ist ja weltberühmt für seine Salami und Paprika. Es ist außerdem das Land mit dem größten Anteil an Dickdarmverschlingung.

Ungarn ist ja traditionell unser Verbündeter. Die lassen uns einfach nicht los.

## USA

*→ Clinton, Bill; → Clinton, Hillary; → Halloween; → Hawaii; → Indianer; → Lewinsky, Monica; → New York; → Simpson, O.J.; → Thanksgiving*

Die Mehrheit der Amerikaner ist für normale Beziehungen zu Kuba. »Normal« heißt für Amerikaner bekanntlich »Wir sagen euch wo's langgeht und ihr haltet die Klappe und übernehmt die Kosten«. Kuba wird begeistert sein.

Die Gefängnisse in den USA sind so stark gefüllt wie noch nie. Ich hab gehört, die importieren jetzt schon Häftlinge aus Indien!

1999 saßen in den USA 1,86 Millionen Menschen hinter Gittern. Typisch amerikanische Wegwerf-Gesellschaft.
Ja, wir recyceln unsere Kriminellen wenigstens in der CDU.

Während die Zahl der Verbrechen im ersten Halbjahr 1999 um zehn Prozent zurückging, nahm die der Insassen in Haftanstalten um drei Prozent zu. Kein Wunder, die meisten Straftäter sind 5 Jahre alt und können noch nicht ins Gefängnis.

Nach einer Studie der Bundeskriminalpolizei FBI werden 28 Prozent aller schwarzen Männer in den USA während ihres Lebens zumindest einmal hinter Gittern sitzen. Was ist das, sowas wie 'ne Zielvorgabe? Was imgrunde kein Problem ist, die machen danach alle Karriere als Rap-Sänger.

Gegen den Kennedy-Neffen Michael Skakel ist Anklage wegen Mordes erhoben worden. Schön für den Mann, eine Mordanklage ist in den USA ja der erste Schritt zum Freispruch.
Zumindest solange man weiß oder prominent ist.

Nach einer Umfrage glauben 40% der Amerikaner an den Osterhasen. Ähh, nein Quatsch, Moment... 40% der Amerikaner glauben an den baldigen Weltuntergang! An den Osterhasen glauben 52%.

45% der amerikanischen Christen glauben an einen Krieg zwischen Jesus und dem »Anti-Christen«. Ich persönlich glaube schon lange eher an einen Krieg zwischen Jesus und »Ilona Christen«.

Wer in der texanischen Stadt Denton mehr als 300 Pfund wiegt, muß für den Transport im Krankenwagen 25 Dollar Aufschlag zahlen. Ganz schön happig. Man kann das Geld aber sparen, wenn man sich gleich vor Ort irgendwas amputieren läßt. In ganz Texas gab es deshalb einen Schrei der Empörung. Naja, eigentlich war es mehr ein Rülpsen.

Ein Drittel aller Amerikaner gilt als übergewichtig. Und dieses Drittel ist meistens der Bauch oder der Arsch.

Bill Clinton hat in den USA Millionen neue Jobs geschaffen. Die sind allerdings leicht unterbezahlt. Es reicht gerade, um das Finanzamt zu bezahlen.
Die neugeschaffenen Jobs sind vor allem Jobs, die eigentlich niemand braucht und die mies bezahlt werden. Wir nennen das hierzulande »Pfarramt«.

US-Präsident Clinton will angeblich seine Anwaltskosten in Millionenhöhe aus der Whitewater- und der Lewinsky- Affäre vom Staat erstattet bekommen. Mann, was für ein lustiges Land die USA doch sind. Dürfen da Profikiller ihre Revolver von der Steuer absetzen?

Die Amerikaner haben am meisten Sex. Kein Wunder, die können ja auch sechs Stunden länger schlafen als wir.

Die Amerikaner haben im Schnitt öfter Sex: Die kriegen ja schon mit sechzehn den Führerschein.

Die Amis haben den meisten Sex jeden Abend punkt 22 Uhr 34. Das gilt zumindest für die Männer. Die Frauen kommen am meisten vormittags zum Zug, wenn der Briefträger kommt.

Sie erinnern sich: Die Amerikaner kippten ein paar Schiffsladungen englischen Tee in die Häfen, und plötzlich war Krieg. Heute macht die EU so was jeden Tag tonnenweise überall, und es geht allen am Arsch vorbei.

# RELIGION UND PSYCHE

## ALKOHOL

Jedes Jahr konsumiert jeder Deutsche im Schnitt 11 Liter Alkohol. Sogar ohne Harald Juhnke wären es noch 8 Liter pro Kopf.

Es soll auf Tankstellen und Raststätten kein Alkohol mehr verkauft werden. Mein Gott, ich sehe schon den nächsten Fernfahrerstreik auf uns zurollen.

Forscher haben ein Pflaster gegen Alkohol-Sucht entwickelt. Es ist 10x5 cm groß und wird vollständig über den Mund geklebt.
Hätte man eigentlich längst drauf kommen können, finde ich.

Männer können angeblich aus genetischen Gründen mehr Alkohol vertragen als Frauen. Nur wegen der Frauen können wir Männer uns nicht mehr besoffen ans Steuer setzen. Nur weil DIE dann Unfälle bauen!

Ein Wissenschaftler hat eine Untersuchung gemacht und dabei festgestellt, daß Frauen weniger Alkohol vertragen als Männer. Die Ergebnisse bei kleinen Kindern stehen noch aus.

Bei Frauen sickert der Alkohol fast ungefiltert ins Blut. Und da heißt es immer, Frauen wären reinlicher als Männer. Die filtern nicht mal ihren Alkohol!

Männer bauen den Alkohol stärker in Magen und Darm ab, bevor er das Gehirn erreicht. Magen und Darm sind beim Mann halt leichter zu finden als das Hirn.

Männer ertränken ihren Kummer lieber, als darüber zu sprechen. Und sie ertränken ihre Frauen lieber, als mit ihnen zu sprechen.

Die Polizei unterstützt die Forderung nach einem Alkoholverbot für junge Fahrer. Und einer AlkoholPFLICHT für jeden Fahrer über 70. Damit die mal in die Gänge kommen!

Die Einführung eines Alkoholverbots für junge Fahrer würde laut Polizei »mit Sicherheit« die Zahl der Verkehrstoten reduzieren. Ja, und? Was soll das, Ihr blöden Bullen? Seid Ihr zu faul, um die Kreidestriche drumrum zu ziehen, oder was?

Wenn ich mir die bayrische Unfallstatistik so ansehe, dann brauchen wir kein Alkoholverbot für junge Fahrer, sondern eins für sämtliche CSU-Politiker.

In Deutschland ist der Umsatz von Schnaps und anderen Spirituosen zurückgegangen. Was für eine Schande! Wenn das so weitergeht, verlieren wir noch unseren Ruf als versoffenste Schnapslöcher der Galaxis!
Das Seltsame ist: Auf Mallorca ist der Alkoholverbrauch um genau dieselbe Menge gestiegen, um die er in Deutschland gesunken ist.

Wodka wird wieder mehr gekauft. Besonders die Ostdeutschen wollen sich endlich wieder betrinken wie früher.

Der Alkohol-Exportboom ist zu Ende. Besonders seit man im Ausland festgestellt hat, woraus Jägermeister wirklich besteht.

Die Deutschen selber trinken mehr Schnaps aus dem Ausland. Das ist billiger als 'ne Kreuzfahrt.

Gesundheitsministerin Fischer plant einen Warnhinweis auf Alkohol. Es ist ein kleines Foto von Udo Lindenberg mit dem Satz »So sehen Sie auch bald aus!«

Ab wieviel Promille ist man eigentlich wirklich besoffen, also schuldunfähig? Ich finde, ein Mann ist so lange fahrtauglich, solange er noch geradeaus pinkeln kann.
Ein ganz schlechtes Zeichen ist es, wenn die Vene bei der Blutentnahme rülpst.

Fahruntüchtig ist jeder, dessen Pupillen größer sind als die Augäpfel.

Es gibt jetzt in Kneipen Automaten, die den Promille-Spiegel messen. Sehr praktisch für die Verkehrspolizei, die brauchen die Kneipe jetzt überhaupt nicht mehr zu verlassen.

Eine Untersuchung hat herausgefunden, daß TV-Serien den Alkoholkonsum steigern. Im Fall von Harald Juhnke passiert das auch durch TV-Mitwirkung!

## ATHEISTEN

50% der Ostdeutschen glauben nicht an Gott. Nur an den Weihnachtsmann.

20% der Westdeutschen sind ungläubig. Manche verbrennen noch nicht mal Hexen.

Das Verhältnis der deutschen Atheisten West-Ost ist 20:80. Das macht ja insgesamt nur 100 Atheisten. Und darüber regt sich die Kirche auf?

Wenn wenigstens das Essen der Kirche besser wäre, aber diese eklige Esspappe habe ich schon als Kind gehaßt. Ich bin sicher, wenn Christus beim Abendmahl 'ne Currywurst gegessen hätte, gäb's jetzt nicht so viele Atheisten.

## BEERDIGUNG

Beerdigungen sind doch Firlefanz. Wozu gibt es Auto-Schrottpressen?

Robbie Williams' Hit »Angels« war 1999 in England der meistgewünschte Popsong bei Beerdigungen. Ehrlich? Bei der Beerdigung meiner Schwiegermutter lief »Happy days are here again«.

Ein Hersteller fabriziert jetzt Öko-Särge. Ach, wird die Öko-Bewegung jetzt endlich begraben?

Ich bin gegen diese Öko-Särge aus Pappe. Das ruiniert in Vampirfilmen doch total die Stimmung.

Didi Hallervorden hält jetzt für Geld Grabreden. Danach bedauert niemand mehr den Toten.

Der neueste Trend: »Fröhliche Beerdigungen«. Aber die sind nur ein Teil eines neuen Trends. Es gibt viele neue Aspekte:

- »Fröhliche Flugzeugkatastrophen«
- »Maliziöse Massenerschießungen«
- »Komische Kriegsverbrechen«
- »Affengeile Attentate«

Immer mehr Leute lassen sich verbrennen statt einsargen. Das ist ein großes Problem für die Tischler. Niemand denkt an die Volkswirtschaft!

Die deutschen Bestattungsunternehmen stecken in der Krise. Die deutschen Begattungsunternehmen florieren weiter.

Die Beerdigungsmoral in Deutschland ist tot und begraben!

Als Kind war ich gerne auf Beerdigungen. Am Ende durfte ich mit 'ner Schippe immer Sandburgen auf dem Sarg bauen. Wenn ich das heute mache, schauen mich alle so komisch an.

Ich will für mich ein schlichtes, einfaches Begräbnis. Und meine Pyramide braucht nicht größer zu sein als der Kölner Dom.

Ich erinnere mich noch gut an die Beerdigung meines Vaters. Mann, war der sauer.

## BIBEL

Der absolute Renner auf dem Buchmarkt sind Bibeln. Jeder will noch eine haben, bevor's keine mehr gibt.

Die Bibel bleibt das meist übersetzte Buch der Welt. Wie die Deutsche Bibelgesellschaft mitteilte, wurde das Buch der Bücher im vergangenen Jahr in 21 weitere Sprachen übersetzt. Unter anderem in »Loddamaddäus-Englisch« und »Carrell-Deutsch«.

Ich hab mal versucht, die Bibel ganz durchzulesen. Aber so nach drei Kapiteln habe ich aufgehört. Gott hat zu seiner Zeit ein paar große Leistungen vollbracht, aber er war ein beschissener Schriftsteller.

Gibt's die Bibel eigentlich als Taschenbuch? Na klar, mit Taschenbüchern macht man ja den größten Reibach.

## DROGEN

*→ Alkohol; → Hasch; → Kokain; → Zigarren; → Zigaretten*

In Deutschland ist der Konsum von harten Drogen EU-weit am geringsten. Ja, kein Wunder, Konstantin Wecker mußte ja aufhören...

Jugendliche zählen Bier und Zigaretten ebenso zu Suchtmitteln wie Haschisch und Heroin. Also so ein Blödsinn. Heroin ist doch ein ganz harmloser Freizeitspaß!

Sehr viele Kinder glauben an eine höhere Drogengefahr. Ich fürchte auch, im Supermarkt neulich hab ich schon »Schokoladen-Joints« gesehen.

Die deutsche Botschaft in Neu Delhi muß immer mehr Deutsche aufgrund völliger geistiger Verwirrung durch Drogenkonsum nach Deutschland zurückführen. Das macht Sinn, denn in Deutschland fällt geistige Verwirrung nicht so aus dem Rahmen.

Frauen nehmen deutlich mehr Beruhigungsmittel als Männer. Deshalb sehen auch so viele Frauen gerne »Nachtjournal«.

Männer bevorzugen aufputschende Drogen, um in Streßsituationen aktiver zu sein. Deshalb trifft sich die CSU auch immer im Bierzelt.

Singapur will die Todesstrafe für den Besitz von Ecstasy einführen. Daran sollte sich Deutschland ein Beispiel nehmen. Dann hätte man mit Michael Schanze und Johannes B. Kerner gleich zwei Probleme auf einmal vom Tisch.

Tommy Lee darf keinen Alkohol trinken und keine Drogen nehmen. So was kann ein Richter verfügen? Toll, die perfekte Art des Drogenentzugs.

Kann man auch zu fettfreiem Essen verurteilt werden?

Eine Umfrage hat ergeben, daß eine klare Mehrheit der Jugendlichen gegen Drogen ist. Schrecklich, wie verweichlicht die heutige Jugend ist. Zu meiner Zeit war man kein Mensch, wenn man nicht mit mindestens drei Leuten gleichzeitig Selbstgespräche geführt hat.

Die meisten Jugendlichen lehnen es ab, ihr Leben von Drogen kontrollieren zu lassen. Die lassen ihr Leben lieber von RTL, McDonald's und Bravo kontrollieren. Die meisten Jugendlichen plädieren allerdings für mehr Eigenverantwortung im Umgang mit Rauschmitteln. Ach Scheiße. Die meisten Jugendlichen können doch nicht mal mit ihren Geschlechtsteilen verantwortlich umgehen.

Die meisten Teenager stehen der Freigabe harter Drogen skeptisch gegenüber. Sobald die Erwachsenen etwas erlauben, wollen die Kids es gleich gar nicht mehr haben.

Was mache ich um Drogen? Einen Bogen! Zwischen fünf Schachteln Zigaretten und drei Pullen Schnaps am Tag habe ich für Drogen keine Zeit. Das ist nur was für Idioten.

Viele Touristen kaufen sich im Urlaub Stoff. Bei den deutschen Touristen fällt das aber nicht auf, deren Verhalten ändert sich nicht im geringsten.

Inzwischen plädiert alles dafür, Heroin auf Rezept freizugeben. Ha! Zu meiner Zeit mußte man noch auf dem Bahnhofsklo die Hose runter lassen, um an Stoff zu kommen!

Ich glaube, das Fernsehen fördert Süchte. Mein Waschzwang hat erst angefangen, als ich »Rote Erde« gesehen habe.

In jeder 4. Szene im Fernsehen werden Suchtmittel konsumiert. Alkohol, Zigaretten, Kinder-Schokolade, Pamela Anderson...

## EGOISMUS

Junge Deutsche werden angeblich immer egoistischer. Toll, ich fühl mich richtig jung.

Egoismus kann sehr viel Spaß machen. Ich schicke mir jeden Morgen selbst einen Strauß Blumen mit einer Grußkarte: »Ich denke oft an Dich!«

Beim Sex werden die jungen Leute immer egoistischer und geiziger. Nur aus Geiz halten junge Männer die Ejakulation zurück.

## ERBSCHAFT

Der Staat bereichert sich durch die Erbschaftssteuer am Tod seiner Bürger. Hans Eichel ist echt ein Erbschleicher.

Wenn Erben teurer wird, dann wird Sterben natürlich billiger. Man muß seinen Kindern weniger bezahlen.

Demnächst werden Testamente wohl so abgefaßt: Meinem Sohn vermache ich mein gesamtes Vermögen, meinem Bruder hinterlasse ich die Erbschaftssteuer.

## EXORZISTEN

Der Vatikan hat 300 Exorzisten in seinen Diensten. Im Mittelalter waren's noch 400. Die werden ja richtig fortschrittlich!

Teufel-Austreibung? Viele Leute in Baden-Württemberg wüßten das wahrscheinlich sehr zu schätzen.

Von allen Exorzisten ist Jürgen Fliege der brutalste. Wenn ich als Teufel den sehen würde, würde ich sofort abhauen.

## FRONLEICHNAM

Fronleichnam ist wieder da, wo alle Katholiken den Leib Christi verspeisen. Manche nennen es Eucharistie, andere nennen es Kannibalismus.

Natürlich ist der »Leib Christi« nur 'n Stück Esspappe. Aber wissen wir, woraus die gemacht wird? Möglicherweise ist das eine Erklärung für den Katholikenwahnsinn.

Fronleichnam bedeutet, man »frönt der Leiche«. Was ist das? Der Tag der Nekrophilie?

## GEBET

Die Kirche beklagt, daß kaum noch jemand am Tisch betet. Naja, da käme ich mir bei McDonald's auch irgendwie blöd vor.

Viele Kinder sitzen am Tisch und beten darum, daß sich der Spinat in einen BigMäc verwandelt.

Niemand dankt Gott mehr für Speisen und Getränke. Naja, ist Gott denn der Erschaffer von Coca Cola und Mikrowellen-Pizza?

Ich bete sehr oft am Tisch. Ich esse öfter bei Burger King.

Auch ältere Leute kennen das Tischgebet kaum noch. Stattdessen sitzen sie auf dem Klo und entsenden ein »Stuhlgebet«.

Viele Frauen liegen nachts allein und unbefriedigt im Bett und entsenden ein »Stoß-Gebet«.

Als Kind habe ich vieles in der Kirche nicht verstanden. Ich sagte immer »Samen« statt »Amen«.

## GEHIRN

Unser Hirn ist sehr leistungsfähig, es kann 1000 20bändige Enzyklopädien speichern. Aber nicht die Gebrauchsanweisung von Videorecordern.

Mangelnde Hirndurchblutung ist eine der Ursachen für Alzheimer. Tja, hätte Ronald Reagan mal gejoggt wie Clinton. Oder wenigstens gevögelt wie Clinton.

Ein Tübinger Hirnforscher glaubt, Techno und Rap können ein »Desaster für die Hirnentwicklung« sein. Also: Wer intelligent werden möchte, hört am besten von morgens bis abends Heino und die Wildecker Herzbuben!
Der Hirnforscher sagt, bei Kindern, die ausschließlich Popmusik hören, komme es zu »regelrechten Einbrüchen der Hirnaktivität.« Ich schätze, fünf Jahre nach dem Comeback von Modern Talking können sämtliche Schulen schließen.

Amerikanische Forscher sind der Meinung, Musikunterricht steigert geistige Fähigkeiten. Deswegen haben die Amerikaner sofort den Musikunterricht abgeschafft.

Menschen denken mit einer Geschwindigkeit von 216 m/h. Dann kann ich meine Gedanken ja zu Fuß überholen.

Die Forschung hat herausgefunden, daß Genie nicht genetisch vorprogrammiert ist, sondern erlernbar. Dann wird man genial, geht in die Forschung und beweist das Gegenteil.

IQ-Tests sind völlig unbrauchbar und müssen umgeschrieben werden. Ich war schon mißtrauisch geworden, weil meine Freundin einen höheren IQ hat als ich. Dabei ist sie 'ne Frau!

Die schwierigste Frage im neuen IQ-Test lautet: »Wieso gibt es draußen nur Kännchen?«

## GLÜCK

Ich brauche kein Glück. Ich habe mein gutes Aussehen.

Wissenschaftler haben das »Glücksgen« entdeckt. Es war etwas versteckt, unter dem »Bescheuerte-Wissenschaftler-Gen«. Nach der Entdeckung des Glücks-Gens kann man mit etwas Genmanipulation einen Fötus jetzt auf einen achtstelligen Lottogewinn programmieren.

Glück vererbt sich am besten, wenn man ein Schwein mit einem Schornsteinfeger kreuzt.

## GOTT

Neulich ist mir Gott im Traum erschienen. Was mich beunruhigt: Er hatte keine Kleidung an.

Gott ist allmächtig und allwissend. Wieso spielt er dann nie Lotto?

Ich glaube an Gott. Allerdings glaube ich auch, daß Til Schweiger ein guter Schauspieler ist.

## HASCH

Cannabis ist die in Deutschland am weitesten verbreitete illegale Droge. Tja, das sähe wohl anders aus, wenn Kokain illegal wäre.

In Spanien hat eine Richterin die heilende Wirkung von Haschisch anerkannt. Stimmt: Besonders gegen Haschisch-Entzugserscheinungen hilft es wirklich unglaublich.

Das Bundesverarschungsgericht hat entschieden, daß in Ausnahmefällen der Konsum von Cannabis erlaubt werden kann. Ich weiß nicht, ich weiß nicht. Wenn man den Kindern erstmal Hasch erlaubt, kommen als nächstes womöglich Zigaretten!

Die Berliner Grünen verlangen die Freigabe von Marihuana auf Rezept. Im Gegenzug verlangt die CSU Starkbier auf Rezept.

Schmerzen aktivieren ein natürliches Cannabinoid im Hirn, das in ähnlicher Form auch in Marihuana enthalten ist. Junkies auf Entzug sollten deshalb so oft wie möglich gegen Laternenpfähle rennen.

Es gibt eine Selbsthilfegruppe namens »Cannabis als Medizin«. Ja, z.B. als Medizin gegen Drogen-Entzugserscheinungen wirkt das Zeug angeblich toll!

Die Hälfte aller Deutschen ist dafür, den Konsum von Haschisch zu erlauben. Aber nur in ausbruchssicheren Gefängnissen. Und in öffentlichen Schulen.

Es gibt jetzt einen Fahruntüchtigkeitsgrenzwert für Hasch: den CIF, »Cannabis Influence Factor«. Jeder ist fahruntüchtig, der das nicht aussprechen kann.

Ich rauche kein Hasch! Ich backe es in Plätzchen.

Das Schönste an Holland sind die Hasch-Cafés. Ist ein bißchen eklig, das Zeug in den Kaffee zu rühren, aber man gewöhnt sich dran.

Die Holländer mögen Hasch eigentlich gar nicht. Die wollen nur irgendwie den Käsegestank kompensieren.

»Hasch TV« in Holland ist ein TV-Magazin, bei dem sich alles rund um die vielseitige Nutzbarkeit der Cannabis-Pflanze dreht. Man kann z.B. Mikrofone draus machen, wie Konstantin Wecker.

## HIMMEL

Hoffentlich komme ich nicht in den Himmel. Mir wird ja schon auf Wolkenkratzern schlecht.

Ich hab neulich an die Himmelstür geklopft. Petrus hat aufgemacht, mich angesehen und gesagt: »Wir kaufen nichts!« Nur deshalb lebe ich noch.

Böse Masochisten kommen ja grundsätzlich in den Himmel. Das ist die schlimmste Folter für die.

## HINDUISMUS

Die Hindus glauben an die Wiedergeburt. Wenn man stirbt, wandert die Seele in einen anderen Körper. Die Hindus haben als einziges Volk das Konzept des Recycling wirklich begriffen.

Man bezeichnet Hinduismus manchmal auch als Brahmanismus. Ich wußte gar nicht, daß Brahms ein so wichtiger Hindu war.

Die Hindus haben so einen Elefantengott. Vielleicht sollte sich Helmut Kohl in Indien zur Wahl stellen.

## HÖLLE

Ich lasse mich nach dem Tod einfrieren. Damit es mir in der Hölle nicht zu heiß wird.

Ich glaube nicht an die Hölle. Ich glaube an den Musikantenstadl, aber nicht an die Hölle.

Ich werde mich in der Hölle sicher wohl fühlen. Bestimmt sprechen dort viele Leute deutsch.

## ISLAM

Ich wollte mal dem Islam beitreten. Aber meine drei Freundinnen waren dagegen.

Nadja Abd El Farraq versteht sich als Vorbild für junge Moslems in Deutschland. Aber hallo, das hoff ich doch. Speziell in Bezug auf Garderobe und Brustvergrößerungen ist diese Frau für mich eine Heldin!

Viele finden den Islam einfach langweilig. Die sagen dann »Islam is' lahm!«

Der Islam ist sehr fortschrittlich. Zum Beispiel gibt es bei denen für Frauen kein Vermummungsverbot.
Es gibt sogar eine Vermummungspflicht. Ich finde das toll.

Im Grunde ist der Islam eine sehr friedfertige Religion, die nur durch ihre extremistischen Führer kriminalisiert wird. Das ist so ähnlich wie bei dem Sender RTL.

## JESUS

Jesus war Gott, aber auch Gottes Sohn. Soll das heißen, Jesus war geklont?

Ein Jesuitenpater stellt in seinem Buch die Behauptung auf, daß Jesus nicht arm war, sondern ein Mittelständler. Sowas

wie ein Yuppie mit Heiligenschein statt Handy.
Außerdem war Jesus ein kulturell gut erzogener Mensch und kein ungebildeter Prolo-Penner. Na toll, jetzt können sich noch weniger Menschen mit der Kirche identifizieren.

Linke Theologen haben bisher immer das Jesus-Bild vom sozialen Revoluzzer gepredigt. Ach, deshalb trägt der auf Bildern auch immer diesen Bart.

So ein tolles Wunder war das nicht, als Jesus zigtausend Leute mit nur zwei Fischen satt gemacht hat. Läppisch! Was meinen Sie, wie wenig Fisch in diesen Fischfrikadellen drin ist!

Jesus war ein sehr gut aussehender Mann. Besonders dieser angeklebte gelbe Heiligenschein aus Pappe war sehr kleidsam.

Viele behaupten ja, daß Jesus ein Schwarzer war. Das Witzige ist: Josef war auch ein Schwarzer.

Jesus verdiente sich seinen Lebensunterhalt als Wein-Panscher. Er hat Wasser in Wein verwandelt.

Sie wissen ja, Jesus hat einen Blinden wieder sehend gemacht. Er hat einfach gerufen: Ey, schau mal, 'ne nackte Frau!

Jesus hat ja ein paar tolle Tricks drauf gehabt, aber am Ende wurde er gekreuzigt. Siegfried und Roy sollten sich in acht nehmen.

Jesus rangiert in einer Beliebtheits-Umfrage unter Englands Jugendlichen nur auf Platz 15. Naja, der hat halt lange keine Platte mehr rausgebracht.

## JUDENTUM

Die Juden haben die sympathischste Religion der Welt. Die schlagen sogar noch die Lindenstraßen-Fans.

Viele Männer lassen sich heutzutage wie im Judentum gerne beschneiden. Einige amerikanische Hausfrauen mit Heckenscheren sind da aber manchmal etwas übereifrig.

Beim Judentum ist die Beschneidung ein wichtiges Ritual. Im Christentum schneidet man dafür symbolisch oft gleich den ganzen Pimmel ab.

## KIRCHE

*→ Bibel; → Exorzisten; → Fronleichnam; → Gebet; → Himmel; → Hölle; → Kirchenaustritte; → Luther, Martin; → Nonnen; → Papst; → Priester; → Vatikan*
Ich wollte früher Erzbischof werden. Aber ich steh nicht so sehr auf Knaben.

Das katholische Kirche hat an Ehepartner appelliert, sich vom Termindruck zu befreien und mehr Zeit für Sexualität zu gewinnen. Wieso, die Zeit haben die Ehepaare ja, sie nutzen sie nur mit ANDEREN!

Die Kirche eröffnet im Kölner Dom bald einen eigenen Supermarkt. Verkaufsschlager darin: HOSTI - Der Leib Christi zum Selberbacken.

Ein evangelischer Obermacker namens »Kock« findet, die Entfeiertagung des Busen- und Bettentags sei eine »Fehlentscheidung der Politik«. Und das gefährde das Fehlentscheidungs-Monopol der Kirche.

Der Messwein in den Kirchen ist laut der Süddeutschen Zeitung von sehr

schlechter Qualität. Die Pfarrer klauen den Wein meistens von Bahnhofspennern.
Vor allem der bayrische Messwein schmeckt scheiße. Die müssen halt sparen, seit in jedem Klassenzimmer eine Flasche Messwein hängen muß.

Die meisten Supermärkte sind in England mittlerweile sonntags offen. Das sollte auch hier so sein, dann bekäme ich sonntags endlich ein gutes Frühstück statt diese alte Esspappe in der Kirche.

Was ich bei der Kirche echt nicht leiden kann, ist dieses dumme Gebot: »Du sollst nicht begehren deines Nächsten Möse.«

Bei einer Werbekampagne der englischen Kirchen wird eine moderne Version von Leonardo da Vincis »Abendmahl« präsentiert, mit Gottes Sohn auf einer Sitzung als Manager eines Großunternehmens. Auf der Sitzung beschließt Jesus gerade die Entlassung von 50.000 Gläubigen.

Ich mache keine Witze über die Kirche, höchstens noch beim Gottesdienst und auf Beerdigungen.

Die Kirche ist ja arm dran, deshalb gibt es jetzt die ersten Second-Church-Shops. Weihwasser, Hostien, neun Meter hohe Orgeln, alles zum Einkaufspreis. Der Knüller sind natürlich die Ablässe. Für Doppelmord bezahlt man fünfzig Mark. Ein echtes Schnäppchen, finde ich.

Ich bin immer noch in der Kirche, obwohl ich finde, die Clubbeiträge sind viel zu hoch.

Die meisten Menschen sagen, die Kirche habe genug Geld. Und die Kirche sagt, die meisten Menschen haben viel zu viel.

Viele Läden öffnen jetzt auch sonntags. Das dürfte zu Besucherrückgang in den Kirchen führen. Kirchen und Gewerkschaften protestieren: Die vielen dadurch arbeitslosen Pfarrer haben keine Aussicht auf neue Jobs.

Kardinal Ratzinger sagt, Heavy Metal und Hardrock sind eine Ausgeburt des Teufels. Naja, zu »Lobet den Herrn« kann man nicht so gut tanzen.

Waren Sie am Heiligabend in der Kirche? Mein Gott, war das voll! Alte Omas prügelten sich um die letzte Hostie, es war furchtbar.

Also, ich bin mit der Kirche in meiner Gegend zufrieden. Die Glocke ist kaputt, da kann ich sonntags ausschlafen.

In Zukunft gibt es wohl auch Digitaluhren an Kirchtürmen. Vielleicht merkt die Kirche dann, in welchem Jahrhundert wir sind.

In den USA wurde ein Indianer Erzbischof. Jetzt muß in jeder Bibel das Wort »Gott« ausgetauscht werden durch »Manitou«.

Ein Indianerhäuptling wurde Erzbischof von Denver. Cool. Jetzt kann er alle Christen zu Wilden erklären, sie umbringen und sie auf ihren eigenen Golfplätzen beisetzen.

## KIRCHENAUSTRITTE

Kirchenaustritte sind immer noch populär, und das, obwohl die Kirche in den letzten Jahren so viel moderner geworden ist. Manche haben sogar Klimaanlagen.

Viele treten aus der Kirche aus. Besonders sonntags nach der Messe. Meistens durch die Vordertür.

In einer Werbebroschüre der ev. Kirche hat Jürgen »Die Fliege« Fliege gesagt, er fände es völlig in Ordnung, wenn die Leute aus der Kirche austreten. Nicht so schön ist es, wenn sie IN der Kirche austreten.
Jürgen Fliege sagte, die Leute könnten ruhig austreten, »wie in der DDR weiland«. Der Mann hat wirklich »weiland« gesagt. Wie weiland der Heiland.

## KOKAIN

Jeder 100. Deutsche hat Angst vor der Spritze. Deshalb wird auch Kokain dem Heroin immer vorgezogen.

Ein brasilianischer Priester wurde auf einem Flughafen mit 11 Kilo Kokain im Gepäck erwischt. Ich bin schockiert! Wenn ich soviel Koks dabei habe, muß ich auch immer für das Übergewicht bezahlen!

Fast zwei Drittel der Geldscheine in Spanien weisen Spuren von Kokain auf. Dadurch steigt der Wert jedes Geldscheins um das Zehnmilliardenfache.

## LEBENSERWARTUNG

Die Bundesärztekammer rechnet in diesem Jahrhundert mit einem Anstieg der Lebenserwartung auf 100 Jahre und mehr. Toll! Dann wird das ZDF vielleicht wieder Marktführer!

Die durchschnittliche Lebenserwartung der Deutschen hat sich weiter erhöht. Die überdurchschnittliche Lebenserwartung ist angeblich sogar noch höher! Für einen Jungen beträgt die Lebenserwartung 74 Jahre. Also, ich will niemandem seinen Job erklären, aber als Bankier würde ich 74-jährigen Männern keine neuen Kreditkarten mehr ausstellen.

Ein heute 65-Jähriger lebt im Schnitt noch 15,1 Jahre. Viele wollen nur so lange durchhalten, um dann den Triumph zu haben: Von jetzt an zahlt die Kasse drauf!

Für Ostdeutschland errechneten die Statistiker allerdings eine geringere Lebenserwartung als für den Westen. Tjaha, es kann nicht nur Vorteile haben, in Ostdeutschland zu leben! Das ausgeflippte Swingerdasein dort fordert seinen Tribut!

Die Dänen haben entgegen dem internationalen Trend eine sinkende Lebenserwartung. Die Gründe: Saufen und Rauchen. Das gilt vor allem für die Kinder.

Große Menschen leben angeblich länger. Die können die ganze saubere Luft einatmen, die die Zwerge da unten verseuchen.

Es heißt, kleine Menschen leben kürzer. Mir ist auch aufgefallen, wenn man Menschen den Kopf abschlägt, leben sie nicht mehr besonders lange.

## LÜGEN

Vielen Leuten sieht man ja an, wenn sie lügen. Dann bewegen sich ihre Lippen.

Die meisten Deutschen sagen angeblich die Wahrheit. Für die lügt ihr Steuerberater.

Viele glauben ja, Politiker würden am meisten lügen. Aber wissen Sie, wer wirklich die Hitliste anführt? Jörg Kachelmann.

Viele Frauen lügen wegen ihrem Alter. Sie behaupten, er ist tot.

Ein Politiker in England ist überführt worden, in einer Sex-Affäre gelogen zu haben. Und? Ich erzähle dauernd Lügen bei Sex-Affären, z.B. »Ich liebe dich« oder »Ich hoffe, für dich war's auch schön«.

## LUTHER, MARTIN

Vor 480 Jahren nagelte Martin Luther seine 95 Thesen an die Kirchentür. Plakatieren war nämlich verboten.

Luther hat ja das Neue Testament ins Deutsche übersetzt. Seitdem haben es mindestens zehn Menschen gelesen.

Er hat ja später eine Nonne geheiratet. Wie untypisch für einen Pfarrer. Die meisten vögeln die Nonnen doch bloß.

Luther hat die Bibel ins Deutsche übersetzt. Bei dem Papst sollte mal jemand die Bibel ins Polnische übersetzen.

## NIKOLAUS-TAG

Viele Kinder glauben noch an den Nikolaus. Sie nennen ihn allerdings »Vater Kelly«.

Kennen Sie schon das neueste Nikolaus-Lied: »Nikolaus komm in unserem Haus...«

Nikolaus-Tag: Der Feiertag aller Stiefelfetischisten und Ruten-Sadomasos.

Als Kind habe ich die Bahnhofspenner immer für verkleidete Nikoläuse gehalten. Naja, »Läuse« stimmte.

Ich stelle aus Gewohnheit ja immer noch meine Stiefel vor die Tür. Am nächsten Tag muß ich mir neue kaufen.

Der Nikolaus holt ja immer sein großes »Goldenes Buch« hervor, in dem die Machenschaften der Kinder aufgeschrieben sind. Für mich gab es gleich eine ganze »Goldene Enzyklopädie«.

Mein Großvater hat bei uns immer den Nikolaus gespielt. Ich muß ihm mal sagen, daß das auf mich allmählich etwas albern wirkt.

Ich hatte nie Angst vor Knecht Ruprecht. Erstens, weil ich ein braver Junge war und zweitens, weil ich nie Zeugen am Leben ließ.

Meine Eltern haben mich nie geschlagen mit der Rute. Sie wußten, daß es mir gefällt.

## NONNEN

Alle Nonnen sind mit Christus verheiratet. Ich dachte immer, die Kirche ist gegen Vielweiberei?

Der persönliche Besitz von Nonnen ist sehr spärlich. Eine Bibel, ein Kruzifix und 22 verschiedene Vibratoren.

Ich bin katholisch, aber ich wollte immer wissen, wie evangelischer Religionsunterricht abläuft. Kommt da eine Nonne rein und die Jungs dürfen sie bespringen?

## OSTERN

Zu Ostern ist irgendso'n religiöser Pfeifenwichs von den Toten auferstanden.

Ähnlich wie Graf Dracula oder John Travolta.

Wie haben Sie Ostern verbracht? Ich ganz traditionell: Ich hab meine Freundin gevögelt, und das Sperma ging dann auf Eiersuche.

Sie haben es sicher bemerkt: Überall gibt's jetzt Schoko-Hasen zu kaufen. Oder muß es jetzt heißen »Afro-amerikanische Hasen«?

Über die Festtage werden etwa 10.000 Tonnen Schokolade zusätzlich vernascht. Sollten Sie in Wildeck wohnen und einen lauten Knall hören, wissen Sie Bescheid...

Es wird dazu aufgerufen, das Osterhasen-Silberpapier zu sammeln und wiederzuverwerten. Zum Beispiel zum Frischhalten der Ostereier bis zum nächsten Jahr.

Regen ist das ideale Osterwetter. Die ideale Entschuldigung, nicht zur Kirche zu gehen.

Ich habe bei Ostereiern Pech. Da ist nie 'n Schlumpf drin.

Essen Sie zu Ostern keine Eier aus Legebatterien! Malen Sie die Dinger an und bewerfen Sie damit kleine Kinder, aber bloß nicht essen!

Ostern ist ja der wichtigste christliche Feiertag. Weihnachten ist nur der wichtigste kapitalistische Feiertag.

## PAPST

→ *Vatikan*

Mercedes hat jetzt einen Rückruf gestartet für sämtliche »Papamobile«. Sämtliche Päpste sollen sich dringend bei ihrem Kfz-Händler melden.

Ich glaube, daß der Papst im nächsten Jahrhundert heiratet. Irgendwann hat jeder das Single-Leben satt.

Angeblich erscheint bald eine Musik-CD vom Papst. Mann, der Typ wird langsam noch lästiger als Hera Lind!

Der Papst ist ja ein großer Feminist: Er läßt es nicht zu, daß Frauen in einem unkündbaren, bequemen und angesehenen Job wie Priester schamlos ausgebeutet werden.

Marx hat ja mal gesagt, Religion ist Opium für das Volk. Dann ist der Papst der größte Drogendealer aller Zeiten.

Der Papst will die Einheit der Kirche betonen. Die kleinste Einheit im Klingelbeutel ist zehn Mark.

Der Papst fordert die »Betonung christlicher Werte bei der Neugestaltung Europas«. Das heißt, wir erobern die östlichen Länder, rotten die Ureinwohner mitsamt ihren Plattenbauten aus und sprechen hinterher ein kleines Gebet.

Der Papst sagt inzwischen, die Evolutionstheorie sei »mehr als nur eine Möglichkeit«. Allerdings weniger als eine Wahrscheinlichkeit und etwa gleichwertig mit einer Vielleichtkannseinlichkeit.

Der Papst wird immer kompromißfähiger. Was kommt als nächstes: Gibt der Papst zu, daß eine Aidserkrankung auch Nachteile hat?

Es gibt ja inzwischen eine »Papst-Swatch«. Die geht allerdings um fünfhundert Jahre nach.

Der Papst fährt nur Mercedes, den benutzte schon Jesus bei Christi Himmelfahrt.

Der Mercedes vom Papst ist ganz in Schwarz mit weißem Leder. Ja, so fahren in Italien viele »Gott-Väter« herum.

Das »Papamobil« ist ein Geschenk von Mercedes. Ach so, zigtausende Arbeiter entlassen, und dafür den lieben Gott bestechen!

Das Papst-Auto hat eine spezielle Panzerung, damit nicht mal göttliche Blitzschläge durchgehen.

Der Papst ist der einzige Pole, der keinen Kleiderbügel braucht, um Mercedes zu fahren.

## PECH

Heute ist Freitag der 13.! Sie wissen was das bedeutet! Morgen ist Samstag der 14.!

Ich habe keine Angst vor schwarzen Katzen. Ich habe nur Angst vor schwarzen Panthern.

Sie kennen ja diese »Freitag der 13.«-Filme. Gefilmt an Originalschauplätzen in Dieter Bohlens Schlafzimmer.

## PRIESTER

Ich wollte mal Priester werden. Aber die Leute im Seminar meinten, dafür wäre ich nicht sadistisch genug veranlagt.

Es gibt Historiker, die behaupten, Jesus habe am Kreuz einen Bikini getragen, man hat dann aber das Oberteil abgenommen, damit sich später die Zahl der schwulen Priester in halbwegs überschaubaren Grenzen hält.
Hat nicht geklappt.

Sollen Frauen Priesterinnen werden? Naja, Männer sollten bestimmt keine Priesterinnen werden.
Ich finde diese Frage falsch. Die eigentliche Frage ist doch: Sollte überhaupt jemand Priester werden?

Der Papst meint ja, Priester sollten das Ebenbild Christi sein. Das läßt sich einrichten. Ich mache mich am besten gleich mit Hammer und Nägeln auf den Weg zum nächsten Priester.

Wenn Frauen Priester werden, brauchen sich die männlichen Priester wenigstens nicht mehr an die Chorknaben zu halten.

## PSYCHOLOGIE

Sigmund Freud war der Entdecker des Unterbewußtseins. Er war sich dessen nur nicht bewußt.

Immer mehr Eltern werden von ihren Kindern geschlagen. Das sollte man nicht verharmlosen! Kinder, die ihre Eltern schlagen, könnten davon einen psychischen Knacks kriegen und werden am Ende zu PAZIFISTEN!

Übrigens gibt es bald einen neuen Fachbereich der Psychiatrie: Die FC Bayernkunde.

Jeder fünfte Deutsche wird im Laufe seines Lebens geisteskrank. Es fällt allerdings kaum auf, weil die meisten davon beim Fernsehen arbeiten.

Wenn Sie sich selbst dabei ertappen, wie sie mit einem Küchenmesser in den Rücken Ihrer Frau einstechen, sollten Sie das als Alarmsignal nicht unterschätzen.

Wenn Sie allerdings in den Rücken von Tennisspielerinnen stechen, sind Sie nur ein übereifriger Sportfan und kriegen zwei Jahre auf Bewährung.

Erst wenn Sie glauben, ein Psychiater könnte Ihnen helfen, sind Sie wirklich reif für einen.

Vereinsamte Menschen neigen zu Selbstgesprächen. Finde ich persönlich gar nicht so schlimm. Da haben sie wenigstens einen, der wirklich zuhört.

Ich führe auch manchmal Selbstgespräche. Das ist für mich die einzige Chance auf einen intellektuell ebenbürtigen Gesprächspartner.

## SCIENTOLOGY

Die Scientology Church wird sich in Deutschland nie durchsetzen. Und das allein deshalb, weil sie kaum jemand richtig aussprechen kann.

Was haben die Leute bloß gegen Scientologen? Sicher, sie wollen die Menschheit unterdrücken und beherrschen. Aber das will Franz Beckenbauer schließlich auch.

Woran erkennt man einen Scientologen? Hier eine kleine Checkliste:

1. Schreit er laut: »Ich bin ein Scientologe!« ?
2. Schreit er laut: »Ich bin KEIN Scientologe!« ?
3. Schreit er laut: »Ich bin Tom Cruise!« ?
4. Schreit er laut: »Ich bin nicht Tom Cruise!« ?

US-Stars warfen Deutschland eine »organisierte Verfolgung« von Scientology vor. So'n Blödsinn. Wenn die uns kennen würden, wüßten sie, das wir gar nichts organisieren können.

## SELBSTMORD

Die Verspätungen der Bahn liegen auch daran, daß es täglich zwei Selbstmorde auf den Schienen gibt. Wirklich, das ist so rücksichtslos. Wozu sind denn Autobahnbrücken da?

Neueste Studie: Vier Mal so viele Männer wie Frauen wählen den Selbstmord als Ausweg nach einer Scheidung. Das ist natürlich blöd für die Frauen. Schließlich lohnt sich ein Selbstmord des Mannes finanziell nur, wenn man noch verheiratet ist.
Ja, aber die Begräbniskosten... das muß man halt abschätzen.

Männer neigen generell eher zu Selbstmord als Frauen. Klar, Frauen sind halt stabiler. Außerdem können sie nicht besonders gut mit Revolvern umgehen.

Gegen die Sektenchefin Heidewitzka-Garthe ist Haftbefehl wegen Anstiftung zum Selbstmord erlassen worden. Dann müßte man auch sämtliche Volksmusikanten verhaften.

Hemingway hat sich mit seinem Selbstmord unsterblich gemacht.

In den USA ist Selbstmord strafbar. Und zwar mit der Todesstrafe.

Der Fallschirm wurde erfunden, als ein Selbstmörder an einem regnerischen Tag beim Runterspringen nicht nass werden wollte.

Cleopatra beging Selbstmord durch Schlangenbiss. Ja, die Viecher schmecken ja auch scheußlich.

## TOD

*→Beerdigung; →Erbschaft; →Lebenserwartung; → Selbstmord*

Die Deutschen sterben jünger. Das ist halt unsere Form des Protestes gegen die verkorkste Pflegeversicherung. Haha, denen zeigen wir's!

Drei Viertel der Bundesbürger sprechen sich laut Umfrage dafür aus, den privaten Besitz von Schusswaffen in Deutschland gänzlich zu untersagen. Na klasse. Wenn sich das durchsetzt, kann ich meine schöne Panzerfaust wohl bald einmotten.
Die ist natürlich nur für die Jagd... auf Dinosaurier.

5.500 Menschen sterben jedes Jahr beim Sturz von der Leiter. Mein Gott, wann kaufen die sich endlich 'ne neue?

Viele können es nicht erwarten zu sterben. Die kündigen dann kurz vor dem Tod noch schnell ihre Lebensversicherung, nur um die Kinder zu ärgern.

Es gibt jetzt Computer, die Todesprognosen erstellen. Nach jahrelangem statistischem Rechnen kam heraus: Die Todeswahrscheinlichkeit des Menschen beträgt 100 Prozent.

## TORSCHLUSSPANIK

Torschlußpanik ist ja kein Problem mehr, die Torschlußzeiten wurden ausgeweitet.

Viele finden einfach keinen Partner. Wie wär's mal mit 'ner Kontaktanzeige: »Muttersöhnchen sucht Unterwäsche-Modell mit Riesendingern«.
Bei mir hat das geklappt.

Viele 30jährige wohnen noch zuhause... na und? Ich wohne auch zuhause. Ich meine, wer wohnt denn beim Nachbarn?

Also Männer, macht euch keine Sorgen, daß Ihr keine Frau mehr findet. Denkt nur an die vielen »Take That«-Fans, die jetzt wieder zu haben sind!

## VATIKAN

Der Vatikan ist ja ein eigenständiger Staat. Er ist keine Demokratie, mehr so was wie eine Militärdiktatur, in der sehr viel masturbiert wird.

Der Vatikan bezahlt die Stromrechnung nicht. Aber der Heilige Stuhl braucht Strom, das ist quasi der »Heilige Elektrische Stuhl«. Genau wie in Texas.

Bei der Leibwache des diensthabenden Papstes, der Schweizer Garde, dürfen jetzt auch Kleinwüchsige unter 1,74m mitmachen. Die Gardisten sahen in den Plateauschuhen einfach nur noch bescheuert aus.

Die unverheirateten Schweizer Gardisten gelten als die umschwärmtesten Männer in Rom. Ebenso im Vatikan.

## WEIHNACHTEN

Heute vor 2000 Jahren wurde Jesus Christus erfunden.
Der Erfinder war ein gewisser »Gott«, aber die Patentrechte liegen inzwischen bei den christlichen Kirchen. Ich finde das ziemlich unverschämt. Die Kirchen machen mit Jesus eine Mordskohle, aber Gott kriegt keinen Pfennig!

Sagen Sie, kriegen Sie von Ihrer Mutter zu Weihnachten immer noch Pullis geschenkt, oder ist meine die einzige mit dieser Macke?

Die meisten sagen, zuhause sei Weihnachten am schönsten. Ja, und es macht viel mehr Spaß, von der EIGENEN Pistole erschossen zu werden.

Ein britischer Wirt hat sein Lokal zur »weihnachtsfreien Zone« erklärt. Ist das nicht schrecklich? Den Mann sollte man auspeitschen, ihm die Ohren abreißen und seine eigenen Zähne fressen lassen, bis er den Geist des friedlichen Weihnachtsfestes begriffen hat!

Das schönste an Weihnachten ist für mich eigentlich, wenn ich von Knecht Ruprecht ausgepeitscht werde.

Der neueste Service: Man kann schon vor Weihnachten die Geschenke umtauschen!

Das Weihnachtsgeschäft war letztes Jahr eine Pleite. Die Leute beschenkten sich mit so konjunkturschädlichen Dingen wie »Selbstgebasteltem« oder sogar - würg - »Liebe«.

Ich frage mich, wo dieser Weihnachtsterror noch hinführt. Demnächst verkauft man wohl schon Adventskränze mit 52 Kerzen.

Bei IKEA können Sie sogar noch an Heiligabend Geschenke einkaufen gehen. Mit einem kleinen sogenannten »Verzweiflungs-Preisaufschlag« von 500 Prozent.

Der absolute Renner im Weihnachtsgeschäft sind übrigens Dessous. Ja, im Winter sollte man sich immer schön warm halten. Auch beim Ficken.

Weihnachten! Zeit, das Lametta rauszuholen. Oder etwas vergammeltes Sauerkraut.

Drei Monate lang herrscht Weihnachtsterror. Gott sei Dank ist wenigstens Heinz Rühmann tot.

Ich finde, wenn schon drei Monate Weihnachtsterror, dann aber auch drei Monate Weihnachtsgeld!

Viele Leute sind ja richtige Strumpf-Fetischisten. Zum Beispiel der Weihnachtsmann.

Ich finde das furchtbar: Jesus hat sich für uns ans Kreuz schlagen lassen, aber die Leute kriegen an seinem Geburtstag immer noch nicht den Hals voll!

Zu Weihnachten war es schön im Schoß der Familie. Nicht ganz so schön wie im Schoß von Cindy Crawford, aber immerhin...

Das Schönste an Weihnachten ist natürlich die Beschneidung. Oder heißt es Bescherung? Dann hat mich der Arzt reingelegt.

Was ist das: Tausende von Menschen tummeln sich auf einem kleinen Platz, treten sich gegenseitig auf die Füße und verfluchen das Wetter. Richtig, Weihnachtsmarkt!
Auf Weihnachtsmärkten kriegt man ja die idealen Geschenke. Sehen irgendwie nett aus und sind zu nichts nutze.

Gebrannte Mandeln auf dem Weihnachtsmarkt sind ja mein Schönstes. Die bekommt man im Hals, nachdem man einen Becher Glühwein gekippt hat.

## ZEUGEN JEHOVAS

Neulich habe ich einen dieser Zeugen Jehovas mit dem »Wachturm« in der Hand mal angesprochen. Der hat sich zu Tode erschrocken!

Viele Rentner arbeiten als »Zeugen Jehovas«. Lächerlich, die reinste Science

Fiction. In dem Alter können die überhaupt nichts mehr zeugen!

Klingeln die Zeugen Jehovas auch ab und zu bei Ihnen? Wenn Sie die loswerden wollen, machen Sie nicht denselben Fehler wie ich und sagen, Sie beten den Teufel an.
Danach stehen Sie monatelang auf deren Dringlichkeitsliste ganz oben.

## ZIGARREN

Zigarren werden immer beliebter. Viele rauchen ja nach dem Sex. Vorher braucht man die Zigarre für was anderes.

Zigarren raucht man ja nicht, man »schmaucht« sie. Das ist derselbe Unterschied wie zwischen einer offenen Klotür und einer offenen Kläranlage.

Zigarren haben ja eine große Symbolkraft. Träumen Sie von einer Zigarre, sind sie sexbesessen. Träumen sie von einem Zug, der in einen Tunnel fährt, sind sie sexbesessen. Träumen Sie von David Hasselhoff in Badehose, sind Sie - depressiv.

## ZIGARETTEN

Ich will mir das Kaugummikauen abgewöhnen. Ich fange wieder an mit Rauchen.

Raucher erleiden häufiger Knochenbrüche, Prellungen oder andere Körperverletzungen als Nichtraucher. Und zwar meistens, wenn sie versuchen, sich beim Skifahren eine Zigarette anzuzünden.

Rauchen erhöht einer wissenschaftlichen Studie zufolge den Konsum von Alkohol. Stimmt, und es ist total lästig: Jedesmal wenn ich beim Rauchen ein Bier trinke, geht dabei die Zigarette aus.

25 Krankheiten sind auf das Rauchen zurückzuführen, u.a. gewisse Sprachstörungen, verbunden mit der Unfähigkeit, öfter als dreimal pro Jahr guten Fußball zu spielen. Auch bekannt als »Basler-Syndrom«.

Also ich finde, wenn es schon kein Rauchverbot gibt, sollte man auch den Schmuggel erlauben. Wenn wir alle schon an Lungenkrebs, Herzinfarkt und Raucherbeinen eingehen, dann wenigstens preiswert!

Ich finde ja wirklich, nach zehn Jahren Einheit sollte es endlich eine Zigarettenmarke OST geben. Ohne Filter. Das wäre eine elegante Lösung für so manche Probleme.

Die Polizei ist gegen das Anti-Nichtraucher-Gesetz, weil sie grob formuliert zu faul ist, um es durchzusetzen. Geilo, bei der Gelegenheit sollten wir gleich diese albernen Mord-und-Totschlag-Verbote aufheben. Als ob die Polizei nicht Wichtigeres zu tun hätte.

Die EU will ja jede Art von Tabakwerbung verbieten. Als erstes werden sämtliche Kamele erschossen.

Dieses Jahr kommt die erste Pille zur Raucherentwöhnung auf den Markt. Das wird sicher ein großer Erfolg, also: Wer den Trend nicht verpassen will, sollte schnell mit dem Rauchen anfangen!

Seit 20 Jahren gibt's im Fernsehen keine Zigarettenwerbung mehr. Komisch, mein Fernseher raucht trotzdem.

# GESUNDHEIT UND PFLEGE

## AKNE

Ich hatte nie Probleme mit Pickeln. Ich hatte immer genügend vorrätig.

Es gab Zeiten, da hatte ich ein Dutzend Pickel im Gesicht. Das ist Gottseidank vorbei. Inzwischen sind die Dinger alle zu meinem Arsch gewandert.

Für Erwachsene ist Akne noch peinlicher als für Teens. Das ist so ähnlich wie Inkontinenz ohne Windeln.

## ALLERGIEN

30% aller Kinder und Jugendlichen sind allergisch. Und ich bin allergisch gegen 30% aller Kinder und Jugendlichen!

Ich hatte früher mal eine Allergie gegen Hundehaare. Aber seit ich jeden Hund erschieße, den ich sehe, ist das kein Problem mehr.

Der Frühling ist meine liebste Jahreszeit. Alle um mich herum sterben fast an ihren verweichlichten Allergien, aber mich erschüttert nichts.

Haben Sie Heuschnupfen? Dann haben Sie ja eine gute Entschuldigung, in der Straßenbahn die Leute vollzurotzen. Ist ein hübsches Hobby, glauben Sie mir.

## ANÄSTHESIE

Ich weiß noch, wie ich das erste Mal anästhesiert wurde. Kinder, glaubt nicht, was BRAVO sagt. Ich habe gar nichts gespürt und es war viel zu schnell vorbei.

Ich wollte früher Narkosearzt werden. Dann hätte ich ständig geile Frauen völlig wehrlos vor mir auf dem Tisch liegen.

Wenn ich nicht schlafen kann, nehme ich Baldrian. Dann kann ich zwar immer noch nicht schlafen, aber das Problem ist gar nichts gegen den widerlichen Geschmack im Mund.

## APOTHEKE

→ *Medikamente*

Sie haben es vielleicht schon gehört: Rindfleisch wird ab nächstem Jahr apothekenpflichtig.

Ein Tip an dieser Stelle an alle Freudenmädchen: Liebe prostituierte Mitbürger, wenn Ihr Euch statt neben den Bahnhof direkt neben die Apotheken stellt, könnt Ihr, seit es Viagra gibt, 'ne Menge Laufkundschaft einfangen!

Aus Pilzen wird ja Penicillin gewonnen. Das heißt, ich habe eine richtige Apotheke an meinen Fußsohlen.

## ÄRZTE

→ *Zahnärzte*

Wenn ich Arzt wäre, würde ich meinen Patientinnen ständig die Temperatur mit der Zunge messen.
Aber nicht im Mund.

Eine alarmierende Anzahl amerikanischer Männer vermeidet den Arztbesuch, so lange es nur geht. Kann ich verstehen. Ich hasse es, wenn man mir irgendwelche Gegenstände in Körperöffnungen schiebt, ohne mich vorher zum Essen einzuladen.

Nur 15 Prozent der Männer gehen regelmäßig zur Vorsorgeuntersuchung für die Prostata. Die anderen 85 Prozent gehen zu Callboys. Viele finden das bei der Untersuchung mit dem Gummihandschuh im Hintern wohl etwas entwürdigend. Komisch. Ich kann davon gar nicht genug kriegen.

Krankenkassen und Politiker fordern Noten für Ärzte. Finde ich toll. Ein Arzt kommt dann glücklich nach Hause und sagt: »Schatz, ich hab 'ne 1 in Magenspülung gekriegt!«

Die AOK will einen »Ärzte-TÜV« einführen. Als ob das nötig wäre. Ärzte kaufen sich doch sowieso jedes Jahr ein neues Auto.

Ärztliche Leistungen sollen nach strengen Kriterien beurteilt werden. Die wichtigsten Kriterien:

- Optische Ähnlichkeit mit Klaus-Jürgen Wussow
- Anzahl der flachgelegten Hilfsschwestern
- Anzahl der Schnapsflaschen im Büro-Schreibtisch

Ein Kriterium für ärztliche Leistung ist die Häufigkeit von Komplikationen. Wenn ein Patient z.B. nach einer Warzenentfernung plötzlich ins Koma fällt, ist das ein halber Minuspunkt.

Ein Kriterium für ärztliche Leistung sind die Behandlungskosten. Ja, wer vertraut schon einem billigen Arzt?

Das Gesetz soll geändert werden, nach dem man für Ärzte nicht werben darf. Ich kann es mir schon vorstellen: »Dr. Ostkamp, die zarteste Versuchung, seit es Hämorrhoiden gibt.«

Es soll demnächst eine schwarze Liste für schlechte Ärzte und Krankenhäuser geben. Damit zukünftige Erben wissen, wo sie ihre Eltern hinbringen müssen.

Die Ärzte sind auch arm dran. Manch ein Arzt muß schon seine Geliebte verkaufen.

Es gibt ja eine unglaubliche Flut von Ärzteserien zur Zeit. Ich habe noch ein paar Vorschläge:

- »Der Uni-Urologe«
- »Die Schulschwester«
- »Der Kantinen-Proktologe«

Viele Fehldiagnosen bleiben ja jahrzehntelang unangefochten. Z.B. hat ein Arzt vor 30 Jahren zu Andy Möllers Mutter gesagt: »Es ist ein Junge!«

Die Gesundheitsreform trifft auch die Notärzte. Die wollen bald keine Hausbesuche mehr machen.

Bei einem Ärztestreik tun mir die ganzen alten Leute leid. Wenn die Arztpraxen zu sind, wo sitzen die dann rum und husten anderen ins Gesicht?

Sie kennen ja diese immergrünen Pflanzen, die sich durch jedes Arztwartezimmer ranken. Würden Sie einem Arzt vertrauen, der nicht mal richtige Pflanzen am Leben halten kann?

In Norwegen gibt es zu wenig Ärzte. Die Golf-Clubs stehen vor dem Ruin.
Norwegen sucht jetzt in ganz Europa nach Ärzten. Ihr wißt also Bescheid, liebe Ärzte: Versteckt euch!

## AUSSEHEN

*→ Dick; → Dünn; → Haare; → Hässlichkeit; → Kosmetik; → Schönheit*
Ich finde, ich sehe gut aus. Allerdings finde ich auch, Karl Dall sieht gut aus.

Ich stelle meine Leute niemals wegen ihres Aussehens ein. Aber ich schmeiße sie raus, wenn sie anfangen, besser auszusehen als ich.

Ich habe ein Dutzendgesicht; es gibt höchstens noch elf Menschen, die so gut aussehen.

## BÄRTE

Ich laß mir vielleicht auch einen Bart wachsen. Wenn mir die Haare ausfallen, habe ich Material für eine Perücke.

Rudolf Scharping ist irgendwie viel lockerer geworden, seit er keinen Bart mehr trägt. Vielleicht funktioniert das auch bei
Saddam Hussein.

Kleingeräte werden ja immer kompakter. Es gibt schon Rasenmäher, die man auch als Rasierapparat benutzen kann.

Ich muß mir mal wieder einen neuen Rasierer kaufen. Mit dem alten bleibe ich ständig in den Nasenhaaren hängen.

Können Sie sich Michael Schumacher mit Bart vorstellen? Die Haare würden von seinem Kinn runterhängen wie ein Fliegenfänger.

## BLUTDRUCK

Ich finde das schrecklich, Blutdruck! Warum können diese Leute nicht ganz normal mit Tinte drucken?

Nach einer US-Studie wirken Hunde oder Katzen vor allem in beruflich bedingten Stress-Situationen derart beruhigend, dass krankhaft erhöhter Blutdruck nach einer Weile absinkt. Naja, schön. Aber deshalb werde ich doch nicht meine Katze essen!

Vor 100 Jahren wurde das Blutdruckmessgerät erfunden. Das Gerät gab es zwar schon vorher, wurde aber bis dahin nur in Folterkammern verwendet.

Ich habe einen hohen Blutdruck. Daran sehen Sie: Ich habe ein großes Herz!

Als Zivi habe ich gerne Blutdruck gemessen. Das ist sehr gut, um Aggressionen abzubauen. Und beim Patienten aufzubauen.

## BRILLEN

Ich hab's auch mal mit Kontaktlinsen versucht, bis ich damit gesehen habe, wie ich ohne Brille aussehe.

Wenn wieder eine Sonnenfinsternis kommt, bitte benutzen Sie auf jeden Fall Ihre Schutzbrille! Wenn Sie wissen wollen, was passiert, wenn Sie keine solche Schutzbrille bei einer Sonnenfinsternis tragen - fragen Sie Heino.
Oder Karl Dall.

60% der über 16jährigen brauchen eine Brille. Die müssen ja sehen, wen sie überfahren.

Wenn Sie nach Neapel fahren, nehmen Sie Ihre Brille nicht mit. Sie wissen ja, wenn Sie die Stadt sehen, müssen Sie sterben.

Viele der Jugendlichen brauchen in Wahrheit keine Brille, sondern nur einen Haarschnitt.

Ich schau mir ja die Fußballspiele auf Premiere immer verschlüsselt an. Deswegen hab ich zwar 12 Dioptrien, aber ich spare Geld.

## DAUERWELLE

Ich hab mal ‘ne Dauerwelle gehabt. Naja, eigentlich habe ich mir nur zwei Wochen nicht die Haare gewaschen.

Ich könnte es nicht ertragen, so viele Chemikalien auf dem Kopf zu haben. Am Ende frisst es sich zum Gehirn durch, wie bei Tommy Ohrner.

Sehr beliebt ist jetzt auch die »Mikrowelle«. Alle Haare bis auf eins werden abrasiert, und das wird dann gelockt.

Mein Friseur sollte mir auch mal eine Dauerwelle legen. Aber dann hat er die Lockenwickler in meinen Haaren nicht mehr wiedergefunden.

## DIABETES

Bei der Wasserdiabetes scheidet man zuckerlosen Harn aus. Damit ist man auf Natursekt-Parties nicht gerne gesehen.

Insulin heißt so, weil das Hormon in den »Inselzellen« der Bauchspeicheldrüse beheimatet ist. Fragen Sie nicht, aus welchem Organ »Penicillin« gewonnen wird.

Insulin senkt den Blutzuckergehalt. Dann ist man sicher vor Vampiren.

Die Zuckerdiabetes wird auch als »Wohlstandserkrankung« bezeichnet. Genauso wie Hirnkrebs durch Handy-Strahlung.

## DIÄT

→ *Dick*

Es gibt immer mehr unseriöse Diät-Produkte. Abtreibung, zum Beispiel, funktioniert nur, wenn Sie wirklich schwanger sind.

Beim Fettabsaugen besteht nach einer US-Studie ein »schockierend« hohes Todesrisiko. Demnach stirbt bei 5000 Fettabsaugungen ein Patient an den Folgen. Rein statistisch hätte Liz Taylor dann ja schon dreimal sterben müssen!

Laut einer Studie achten Männer stärker auf ihre Linie als Frauen. Männer achten bei Speisen mehr auf Kalorienangaben als Frauen. Ja richtig, deshalb ess ich schon seit Jahren keine Perserkatzen mehr.

Es gibt eine neue Diätpille, die satt macht. Allerdings muß man sie mit einem Schokoshake runterspülen.
Ich kenne diese appetitverderbenden Pillen schon seit meiner Kindheit. Damals hießen sie »Smarties«.

Ich brauche keinen Appetitzügler. Ich habe ein Nacktfoto von Caroline Reiber.

Ich habe in letzter Zeit viel abgenommen. Das liegt daran, daß man mich in Restaurants mit Selbstbedienungs-Buffets nicht mehr reinläßt.

Jenny Elvers hat Werbung für Diätpillen gemacht. Der Slogan lautete: »Auch Sie können von einem sexy Prachtweib zum flachen Knochengerüst mutieren, wenn Sie nur wollen!«

Meine Schwester hat 14 Pfund abgenommen. Na und? Soviel nimmt Pavarotti ab, wenn er mittags beim Eis auf die Sahne verzichtet.

## DICK

→ *Dünn;* → *Diät*

Jeder vierte Schulanfänger ist nach Angaben von Ernährungsfachleuten zu dick. Ja, und manche Mädchen müssen von der Schule gehen, weil sie ein Lehrer dick gemacht hat.

In den 80er Jahren galten in Schwarzafrika dicke Frauen als sehr begehrt. Solchen Frauen hat man auch mal den einen oder anderen Ritual-Mord verziehen, wie Winnie Mandela.

Laut einer Umfrage finden deutsche Frauen ihre Männer zu dick. Ja, das hab ich mir auch schon oft anhören müssen. Aber mit genug Gleitmittel geht es dann meistens doch.

90 Prozent der deutschen Frauen finden, ihr Partner sei zu dick. Eine Ausnahme bilden nur die Witwen.

Nach der Hochzeit neigen Ehemänner angeblich dazu, ihren Körper zu vernachlässigen. Ja, weil die Frauen die Körper der Männer ebenfalls vernachlässigen!
Ist doch wahr, plötzlich hört man Sätze wie »Aber das kannst du doch nicht wirklich von mir verlangen, das ist doch widerlich« und ähnliches Zeug.

Nach Meinung von Ärzten sind in Deutschland 10 bis 20 Prozent aller Kinder zu dick. Das gilt besonders für irische Einwandererfamilien, die von Kinderarbeit leben.

Die Zahl der übergewichtigen Bälger steigt stark an. Besonders in der »Jungen Union«.

Auch ein Grund ist natürlich falsche Ernährung. Viele Kinder stopfen sich das Essen durch die Nase rein.

Eltern sollen schon ab dem zweiten Lebensjahr darauf achten, ob der Sproß Fettpolster ansetzt. Du lieber Himmel, gibt es denn schon Eltern im zweiten Lebensjahr? Man fragt sich wirklich, wohin das mit dieser Jugend noch...

Fette Blagen werden in der Schule oft zu Außenseitern. Und dafür rächen sie sich später, indem sie Kinder vergewaltigen oder Bundeskanzler werden.

Wegen der Enthüllungen über Prinzessin Victorias Essstörungen ist ein zu dünnes Model für den schwedischen Werbemarkt nicht geeignet. Deshalb dürfen in England auch keine toten Unfallopfer mehr modeln.
In Schweden wirbt ein etwas kräftigeres Modell für die H&M-Unterwäsche. Die Frau soll sogar Brüste haben!

Ich finde das Gewicht gar nicht so wichtig. Wenn ich 200 Kilo wiegen würde, würde ich mich genauso lieben.

Katzen neigen ja erst zur Fettleibigkeit, wenn sie kastriert wurden. Haben die Wildecker Herzbuben eigentlich Kinder?

Mollige Frauen sind besser im Bett. Allerdings sind sie noch besser auf dem Küchentisch.

Ich finde es schön, wenn die Dicken mehr Selbstbewußtsein zeigen. Dann muß ich mich nicht mehr so schuldig fühlen, wenn ich mich über sie lustig mache.

## DÜNN

*→ Dick*
Schlanke Frauen sind jetzt auch in Afrika das Schönheitsideal. In Äthiopien schicken manche Frauen schon das Rote Kreuz mit den Essenspenden wieder weg.

Dünne Frauen sind bei Modedesignern begehrt. Da spart man am Stoff.

Die dünnen Models verbeugen sich am Schluß nie vor dem Publikum. Sie haben Angst, sie würden durchbrechen.

Modedesigner wie Lagerfeld oder Joop stehen mehr auf knabenhafte Frauen. Nun, das wundert mich nicht, ehrlich gesagt.

Die Männer stehen eigentlich gar nicht auf schlank. Dünne Frauen gehen halt leicht kaputt, wenn man draufspringt.

## ERKÄLTUNG

Überall heißt es: Jetzt gegen Grippe impfen lassen! Und alle rufen zurück: Und wie soll ich mich dann krankschreiben lassen?

Das beste Hausmittel gegen Schnupfen war früher das Schnüffeln an stinkenden Socken. Und das beste Mittel gegen AIDS ist das Schnüffeln an stinkenden Kondomen.

Eigentlich freuen wir uns alle doch heimlich über Grippewellen. Da braucht man nur kurz zu husten, schon hat man einen Grund, drei Wochen nicht zur Arbeit zu gehen.

Mit dem Anstieg der Grippe-Fälle haben Experten vor allem kranke und ältere Menschen zur Impfung aufgerufen. »Kranke und ältere Menschen« - jetzt mach ich mir aber doppelt Sorgen um Rudi Carrell.

## FARBENBLIND

Farbenblinde Männer kleiden sich oft bunt und geschmacklos. Das hätte ich nie vermutet bei Jörg Wontorra.

Das größte Problem für Farbenblinde sind ja Verkehrsampeln. Das heißt, eigentlich ist das mehr ein Problem für die anderen.

8,2% der Männer sind farbenblind, aber nur 0,4% der Frauen. Bei dem heutigen Make-up schwer zu glauben.

Männer werden erst dadurch farbenblind, weil sie dauernd ihre Frauen am Schminktisch ansehen müssen.

Ich habe festgestellt, daß ich auch farbenblind bin. Ich dachte immer, Heino sei ein Schwarzer.
Und Roberto Blanco ein Albino.

## FRISEUR

*→ Dauerwelle; → Haare*

Friseure sind in der Krise. Die meisten Deutschen lassen wachsen oder werden Skinheads.

Ich war gestern wieder beim Friseur. Aber der hat mich nur kurz angesehen und gesagt, er könne nichts mehr für mich tun.

Viele Frauen wollen mit einer neuen Frisur auch ihr Leben ändern. Besonders wenn sie polizeilich gesucht werden.

Jede zweite deutsche Frau will mit einer neuen Frisur auch ein neuer Typ sein. Das ist gar nicht so dumm. Wenn Hannelore Kohl sich 'nen Irokesen schneiden läßt, sieht sie sicher jeder mit anderen Augen.

Die Deutschen geben pro Jahr coole 8 Milliarden Mark beim Friseur aus. Die Kelly-Family tut alles, um diesen Schnitt zu drücken.

In den Siebzigern hatte ich beim Friseur immer einen Standard-Satz: »Nehmen Sie ein bißchen von den Hüften weg.«

### GEBURTSTAG

Ich hasse Geburtstage. Da wird man durch so eine Röhre gequetscht und von einem Arzt gehaun, und das soll man dann feiern.

Die meisten Frauen haben kein Problem mit dem Altwerden. Die haben sich für ihren 50. Geburtstag alle reichlich mit Zyankalikapseln eingedeckt.

Ich schenke meiner Mutter zum Geburtstag einen 10-Liter-Eimer Nivea. Der sollte für eine Woche reichen.

Ich wollte meinen Kindern zum Geburtstag eigentlich Schokoladenzigaretten schenken. Das hab ich dann vergessen, also gab ich ihnen eben echte.

Ich finde das furchtbar: Jesus hat sich für uns ans Kreuz schlagen lassen, aber die Leute kriegen an seinem Geburtstag immer noch nicht den Hals voll!

### GEHÖR

Ein schlechtes Gehör hat auch Vorteile. Man wird im Straßenverkehr nicht durch Rufe abgelenkt wie »Passen Sie doch auf, Sie hätten mich beinahe umgefahren!«

Gehörlose sind ein beliebtes Thema bei Talkshows. Nächste Woche bei Jürgen Fliege: »Ich bin taubstumm und niemand hört mir zu.«

Wenn man viel Walkman hört, kriegt man Ohrensausen. Ich dachte, so was gibt es nur im Arsch.

### GLATZE

Meine Frau kriegt 'ne Glatze. Sie erwartet ein Baby.

Wer eine Glatze hat, hat die Entwicklung vom Affen zum Menschen abgeschlossen.

Kahlköpfigkeit ist laut einer Studie ein Karrierekiller erster Güte. Deshalb gibt's auch so wenig Skinheads bei den Grünen.

### HAARE

→ *Bärte;* → *Dauerwelle;*
→ *Friseur;* → *Glatze*

Meine Haare sind da, wo sie hingehören: im Waschbecken.

Laut einer Studie sind Blondinen am Aussterben, weil sie sich nur noch dunkelhaarige Partner suchen. Schlimm. Noch schlimmer wär's aber, wenn die Blondinen wie Steffi Graf nur noch Glatzköpfe nehmen.

Rudolph Moshammer liegt zur Zeit im Krankenhaus. Er läßt sich operativ die Frisur verkleinern.

Der deutsche Durchschnittsmann hat dunkelblonde Haare. Naja, also ICH bin nicht so'n Durchschnittstyp! Meine Haarfarbe ist Herbstkastanien-Olivenzweigamaretto.
Also, so'n ähnlicher Ton wie 'ne Bierflasche.

Vor ein paar Jahren hat jemand »Fräulein« zu mir gesagt. Da kam mir zum ersten Mal der Gedanke, daß meine Haare vielleicht einen Tick zu lang sind.

Das mit meinen grauen Haaren ging schon früh los. Ich sah bei der Abschlußfeier drei Jahre älter aus als die anderen. Das lag aber auch daran, daß ich drei Jahre älter war als die anderen.

## HÄSSLICHKEIT

*→ Schönheitsoperationen*

Ich war mal mit einer echten Miss Germany im Bett! Sie sah scheiße aus, »Germany« war bloß ihr Name.

Wissen Sie, wie Sie Ihr Aussehen verbessern können? Umgeben Sie sich einfach mit häßlichen Menschen!

Schöne Frauen haben's schwer, werden ständig verkannt. Manchmal beneide ich Bettina Böttinger.
Haha, nein, tu ich nicht, war nur Spaß...

Die Russen mögen Deutsche, weil wir als einzige noch hässlicher sind als sie.

Die Spanier machen sich wenig Gedanken über ihr Äußeres. Kein Wunder, daß die Deutschen sich dort wie zuhause fühlen.

Die Amerikaner legen angeblich gar nicht so viel Wert auf ihr Äußeres. Klar, seit Monica Lewinsky wissen wir ja, daß amerikanische Männer anscheinend nicht so hohe Ansprüche stellen.
Und Frauen offensichtlich auch nicht.

Das Wort »Miss-Wahl« kriegt ja in der deutschen Sprache einen eigenartigen Beigeschmack. Als würde die Wahl auf jeden Fall miss-lingen.

»Miss Germany« klingt eben besser als »Fräulein Deutschland«. Genau deshalb heißen die »Power Rangers« hierzulande auch nicht »Die Kraft-Förster«.

## HYGIENE

*→ Nasenbohren*

Wie waschen sich Männer die Hände? Sie strecken in der Waschanlage die Hände kurz aus dem Schiebedach.

In Deutschland waschen sich Männer nicht mal die Hände, wenn sie operieren.

Tja, sollen sich Frauen ruhig nach dem Toilettengang die Hände waschen. Wir Männer haben indes gelernt, uns nicht auf die Hände zu pinkeln.

Ich wasche meine Hände jeden Tag mit Wasser und Unschuld.

Viele benutzen die Formulierung »Hände waschen« ja als Synonym für »aufs Klo gehen«. Ich hoffe, daß die sich nach dem Händewaschen die Hände waschen.

## KOSMETIK

*→ Parfüm*

Meine Freundin benutzt keine Feuchtigkeitscreme. Braucht sie auch nicht, wir machen stattdessen coitus interruptus.

Manche teuren Cremes sind schlechter als die billigen. Aber dafür sind sie eine schmackhafte Salatsoße.

Meine Freundin legt sich Gurkenscheiben auf die Augen. Und zwar immer, wenn ich mit ihr schlafe.

## KRANKENHAUS

Ich bin als Kind sehr gerne ins Krankenhaus gegangen. Jedesmal wenn ich rauskam, hatte ich eine tote Erbtante mehr.

Ich hatte eigentlich nie Angst vor Krankenhäusern. Bis ich zum ersten Mal »Stadtklinik« gesehen habe.

Ich bin ja ein gutmütiger Mensch und verzeihe schon mal kleine Irrtümer. Obwohl, als ich neulich ins Krankenhaus mußte, weil mein Blinddarm geplatzt war, fand ich's schon bescheuert, als mich die Schwester in den Kreißsaal schob.

Die Arbeit im Krankenhaus soll angeblich krank machen. Das ist ja 'ne tolle Art der Eigenversorgung.

Patienten können oft unter Narkose hören, was draußen vor sich geht. Also wenn Sie unter Narkose so was hören wie »Was ist denn das für ein schleimiges Ding da«, geraten Sie nicht in Panik.

Ist Ihnen schon aufgefallen, daß auf den Krankenwagen das Wort »Ambulanz« immer spiegelverkehrt steht? Als ich das erste Mal einen Krankenwagen sah, dachte ich, die Russen überfallen uns.

Die Ambulanzen in Berlin machen es sich einfach. Sie verarzten jeden, den sie über den Haufen fahren.

## KRANKENKASSEN

Die Gesundheit wird immer teurer. Wenn du niest und jemand dir Gesundheit wünscht, mußt du ihm zehn Mark bezahlen.

Bei Männern, die mindestens zweimal die Woche einen Orgasmus haben, ist die Sterblichkeitsrate nur halb so hoch wie bei den anderen. Demnächst fordern die Krankenkassen wahrscheinlich von jedem Patienten, mindestens zweimal die Woche zu wichsen.

Die Krankenkassenbeiträge steigen und steigen. Aber es gibt eine Möglichkeit, viel Geld zu sparen: Begräbnisse werden immer billiger.

Es wurden Leistungen für Gesundheitsfürsorge wie Bauchtanzkurse gestrichen. Ein herber Schlag für die Bauchtanzindustrie. Dutzende von Arbeitsplätzen gehen den Bauch runter.

Die Patienten müssen immer mehr dazu zahlen. Auf dem Operationstisch: »Wollen Sie eine Betäubung? Das kostet aber extra...«

Unnötige Medikamente werden nicht mehr bezahlt. Unnötige Operationen natürlich schon.

Zahnersatz wird ja immer teurer. Manche können nur zu Weihnachten noch 'nen Zahn zulegen.

## KRANKHEITEN

*→Akne; →Allergien; →Blutdruck; → Diabetes; →Farbenblind; →Erkältung; → Schlafstörungen*

Jedes Jahr sterben 11000 Männer wegen Prostata-Vergrößerungen. Ich kann das auch schon nicht mehr hören, wie die alten Männer beim Arzt im Wartezimmer ständig mit ihrer Größe prahlen.

Die Deutschen leben furchtbar ungesund, rauchen, trinken, fressen fettes Zeug, schauen Wolfgang Lippert und hören Volksmusik. Meistens alles gleichzeitig.

Besonders schlimme Ausmaße herrschen in Deutschland in punkto Magen-Darm-Krankheiten. Eine Gegend in Westdeutschland nennt man deshalb im Volksmund schon »Ruhr-Gebiet«.

Die Ärzte fordern, daß die Patienten künftig Bagatellerkrankungen selber bezahlen. Es geht um folgende Krankheiten:

- Empfängnisverhütung: wird nur noch erstattet, wenn das Baby es will
- Abtreibungen: werden nur erstattet, wenn der Klinikleiter der Vater ist
- Krankengeld bei Kindern: wird nur noch erstattet, wenn das Kind auch Steuern zahlt

## KUREN

Viele Kurhäuser müssen schließen, wegen der Gesundheitsreform. Die Leute können es sich einfach nicht mehr leisten, den ganzen Tag nur Wasser zu trinken.

Immer weniger Leute gehen zur Kur. Ist echt kurios.

Ich gehe jeden Monat zur Kur. Oder besser gesagt, zur Kurtisane.

## LINKSHÄNDER

Linkshänder dürfen keine Chirurgen werden. Sie schneiden statt des Blinddarms immer die Milz raus.

In München gibt es eine Beratungsstelle für Linkshänder. Besonders Männer wollen da lernen, wie man richtig wichst. Also Schuhe. Wie man richtig Schuhe wichst. Tschuldigung.

Eins der schwierigsten Probleme für Linkshänder ist ja das Dosen-Öffnen. Ach ja, und Konservenbüchsen kriegen sie auch nur schwer auf.

## MEDIKAMENTE

→ *Viagra*

Die Kassenärztliche Bundesvereinigung hat die Vorwürfe der Stiftung Warentest über eine mangelnden Wirksamkeit von Medikamenten zurückgewiesen. Richtig, zumindest die Nebenwirkungen sind hundertprozentig klinisch belegt.

Jeder vierte Deutsche greift täglich zu einem Medikament. Vor der Einführung von Viagra war es aber nur jeder achtundneunzigste.

Angeblich werden grundsätzlich nur zugelassene Arzneimittel verschrieben und die Zulassung unterliege strengen Kriterien. Sobald ein Mediamenten-Tester stirbt, wird sofort die Dosis halbiert.

Dieses Jahr kommt die erste Pille zur Raucherentwöhnung auf den Markt. Das wird sicher ein großer Erfolg, also: Wer den Trend nicht verpassen will, sollte schnell mit dem Rauchen anfangen!

Die BILD-Zeitung hat behauptet, daß all die Wundermittel der Prominenten völlig wirkungslos sind. Ja, genau! Ich habe schon Dutzende von Ilona Christens Megaperls geschluckt, und meine Potenz hat sich eher verschlechtert! Ganz zu schweigen von meiner Verdauung.

Die deutsche Ärzteschaft warnt vor ausländischen Pillen. Die sind sehr schlecht gedreht, das erkennt man am Pillenknick.

Immer mehr Deutsche kaufen im Ausland Medikamente, die angeblich genauso gut sind wie hier, bloß billiger. Zum Beispiel schottischer Whisky.

Kaufen Sie in Bangladesh keine Durchfall-Tabletten. Der Name bezeichnet nicht die Krankheit, sondern den Hauptbestandteil.

## NASENBOHREN

Ich bohre nicht in der Nase. Ich habe Personal dafür.

Michael Jackson trägt die Atemmaske nicht aus Angst vor Krankheiten, sondern um sich das Nasenbohren abzugewöhnen.

Nasenbohren ist durchaus sinnvoll. Wenn man mal irgendwo ausgesetzt wird, muß man sich ja von irgendwas ernähren.

## OPERATIONEN

*→ Anästhesie;*
*→ Schönheitsoperationen*

Vor Operationen braucht man keine Angst zu haben. Fürchten Sie sich lieber vor dem Sterben.

Immer mehr Ärzte werden gemobbt. Die werden von ihren Kollegen bei Herzoperationen ständig geschubst.

Ärztinnen werden von ihren Kollegen nicht ernstgenommen. Die sagen dauernd »Wenn Sie mit der Blinddarmnaht fertig sind, nähen Sie mir danach einen Knopf an?«

## PARFÜM

Deutsche geben im Jahr 4,3 Mrd DM für Parfüm aus. Und was hat es genutzt?

Schwere, süße Parfüms will keiner mehr. Die werden die Händler nicht mal mehr im Nutten-Discount los.

Bei dem Merchandising der Bundesliga dauert es nicht mehr lange, dann gibt es das Parfüm »Schalke No. 05«.

Die Geschichte des Parfums war ein langer Weg vom Pferdedung zu Coco Chanel.

Ist After Shave eigentlich ein Parfum? Nein, genausowenig wie »After Eight« eine Süßigkeit ist.

Parfum enthält ja stets Alkohol. Männer-Parfum besteht aus einer Flasche Bier, die man sich in den Kopf schüttet.

Parfum riecht besonders gut, wenn das Gesicht »Aromaporen« hat.

Früher dachte ich, Knorr-«Aromat« wäre ein Parfum. Zu der Zeit hatte ich wenig Freunde.

## ROTES KREUZ

Ich spende beim Roten Kreuz sehr viel Blut. Wenn auch nicht mein eigenes.

Ich benutze bei Zahnpasta gerne Spender. Dann kann ich zu den Leuten vom Roten Kreuz sagen: Tut mir leid, ich hab heute schon gespendet.

Berlins rotes Kreuz ist die PDS.

Ich wollte neulich beim Roten Kreuz Blut spenden. Die waren total nett und wollten mir gleich sechs Liter abzapfen.

## SCHLAFSTÖRUNGEN

Ich habe keine Schlafstörungen. Ich bin nur gestört, wenn ich wach bin.

Besonders schlimm sind die Beischlafstörungen. Ist einfach lästig, wenn plötzlich die Ehefrau in der Tür steht.

Viele Betroffene werden mit ihrem Problem nicht ernstgenommen. Außer von der Kaffee-Industrie.

Ich hatte auch eine Weile Schlafstörungen. Bis ich den Wecker aus dem Fenster geschmissen habe.

Schnarchen ist gesund. Es hielt in der Urzeit die wilden Tiere ab, und heute ist es ein gutes Abschreckungsmittel für Ehefrauen in den Wechseljahren.

Ich schnarche nur, wenn ich will, daß die Tussi endlich abhaut.

## SCHÖNHEIT

*→ Schönheitsoperationen*

Ich wäre als Richter in einem Schönheitswettbewerb nicht geeignet. Ich würde sowieso immer die mit den größten Möpsen wählen.

Die Venezolaner sind nach einer neuen Studie das eitelste Volk der Welt. Klar, in dem Land herrscht besonders viel »Eitel-Sonnenschein«.

In Venezuela werden Frauen in besonderen Schulen gezielt zu Kandidatinnen für Schönheitswettbewerbe ausgebildet. Mann, ist das sexistisch! Was soll das? Wie sollen die Weiber so jemals kochen lernen?

Auf Platz zwei der eitelsten Völker liegen die Russinnen. Richtig, man muß gut aussehen, wenn man sich einen deutschen Mann angeln will.

Ich finde ja Schönheitswettbewerbe erniedrigend und sexistisch. Aber mir fällt nichts Negatives darüber ein.

Vor 110 Jahren fand der erste Schönheitswettbewerb statt. Joan Collins kam auf Platz 20. Was ist? Ist doch 'ne starke Leistung für eine Fünfzigjährige!

Die Gewinnerin des allerersten Schönheitswettbewerbs wurde gestern zur »Miss Friedhof« gewählt.

## SCHÖNHEITSOPERATIONEN

Setzen Sie hier einen Michael-Jackson-Witz Ihrer Wahl ein.

Hillary Clinton will sich einer Schönheitsoperation unterziehen. Sie glaubt, mit einer Schönheitsoperation ihre Wahlchancen zu erhöhen. Da hat sie recht, das hat bei Gerhard Schröder ja auch geklappt.

Viele Männer lassen sich den Hintern liften. Und zwar mit 'nem Baukran.

## ZAHNÄRZTE

»Nimm 2« waren als Kind meine Lieblingsbonbons. Sogar mein Zahnarzt hat sie mir empfohlen. Naja, der Mann brauchte Arbeit.

Amalgam macht wieder Ärger. Mein Zahnarzt greift jetzt auch wieder öfter zum Betäubungsgewehr, bevor er mir die Zähne füllt. Ich hab das Gefühl, der verschweigt mir was.

Was Zahnärzte angeht, brennt mir schon lange eine Frage auf den Nägeln. In der Werbung gibt es doch immer diese »Zahnarztfrauen«. Also, wenn eine Zahnarztfrau die Frau eines Zahnarztes ist, was ist dann der Mann ein Zahnärztin? Ein Zahnärztinmann?

Ich würde nie eine Zahnbürste benutzen, die »Zahnärzte am häufigsten empfehlen«. Ich meine, Zahnärzten ist doch logischerweise gar nicht daran gelegen, daß wir unsere Zähne gut pflegen.

Ich habe sehr gesunde Zähne. Naja, Keramik ist nicht sehr krankheitsanfällig.

Ich gehe eigentlich ganz gerne zum Zahnarzt. Bei dem kann man sich richtig ausweinen.

# UMWELT

## BLUMEN

→ *Hydrokultur*

Warum bringt man auf dem Friedhof eigentlich Blumen mit? Soll das eine Art Glückwunsch sein: »Hey, gratuliere, daß Du immer noch tot bist«?

Am Valentinstag kann man alle Frauen mit 'nem Strauß Blumen auf die Matratze kriegen. Und man gilt immer noch als romantisch.

Ich schicke mir jeden Morgen selbst einen Strauß Blumen mit einer Grußkarte: »Ich denke oft an Dich!«

## ENTEN

Ich kaufe viel Brot. Das meiste davon lasse ich lange liegen, um damit Enten im Park zu erschlagen.

Ein »Entenschnabel« ist eine mittelalterliche Schuh-Form. Für die Enten war das sehr unbequem.

Viele Enten stecken ja ständig den Kopf ins Wasser und das Hinterteil nach oben. Die Vergewaltigungsrate bei Enten soll enorm sei.

## FEUERWEHR

Früher wollte ich immer Feuerwehrmann werden. Aber dann bekam ich meine Blasenprobleme wieder in den Griff.

Wenn es eine Feuerwehr gibt, gibt es auch einen Feuerangriff?

Feuerwehrmänner sind wie Machos: Spritzen einfach drauf los und treffen oft nicht das Ziel.

## FRÜHLING

Bei 44 Prozent der Bundesbürger werden laut Umfrage Frühlingsgefühle geweckt. Perverse Schweine. Das sind Leute, die leihen sich in der Porno-Videothek Filme mit blühenden Blumen aus.

Frühling bedeutet ja, daß sich Leute verlieben und Schmetterlinge im Bauch haben... zumindest, wenn ihre Essgewohnheiten etwas extravagant sind.

Zur Feier des Frühlings habe ich in meinem Badezimmer eine neue Frühlingsrolle aufgehängt.

Frühling... Warum gibt es eigentlich keinen »Spätling«? Oder noch besser, einen »Pünktlichling«?

Frühling ist toll. Die Sonne blüht, die Bäume kommen wieder raus, die Zwitscherer vögeln...

Haben Sie Heuschnupfen? Dann haben Sie ja eine gute Entschuldigung, in der Straßenbahn die Leute vollzurotzen. Ist ein hübsches Hobby, glauben Sie mir.

Der Frühling ist meine liebste Jahreszeit. Alle um mich herum sterben fast an ihren verweichlichten Allergien, aber mich erschüttert nichts.

## GARTEN

→ *Blumen*

Ich habe mir mal einen Steingarten angelegt. Hat aber nichts gebracht, sie sind mir alle eingegangen.

Ich habe in meinem Garten haufenweise Gemüse. Hanf ist ja so vielseitig verwendbar.

Das Schrebergärtnern wird wieder beliebter, auch junge Leute machen das jetzt wieder gern. Das liegt an unserem Welteroberungsdrang. Als Ausgleich gründen wir wenigstens Schrebergarten-«Kolonien«. Da beuten wir dann die Bodenschätze aus und versklaven die Ureinwohner!

Ich habe auch einen Platz im Schrebergarten. Eigentlich nur, um legal Maulwürfe in die Luft zu sprengen.

### GREENPEACE

*→ Tierschutz;*
*→ Umweltverschmutzung*
Wegen Greenpeace trage ich ja seit Jahren keine Hermelin-Unterwäsche mehr.

Greenpeace ist über 25 Jahre alt. Langsam wird's Zeit, daß die sich endlich 'nen eigenen Planeten mieten.

Die Firma Shell hat angekündigt, nach den Erfahrungen mit Greenpeace verstärkt an die Öffentlichkeit zu gehen. Das heißt, von nun an werden Bohrinseln in öffentlichen Schwimmbädern entsorgt.

Als nächstes plant Greenpeace, sämtliche Bäume abzuholzen, um sie vor dem sauren Regen zu schützen.

Greenpeace will sich auch sozialpolitischen Themen widmen, z.B.:
- Asylrecht für Buckelwale
- Apothekenpflicht für Rindfleisch
- Wald-Euthanasie bei tödlicher Krankheit

Die Greenpeace-Leute sind Ökos und trotzdem cool. Eine Mischung aus James Bond und Antje Vollmer.

### HAUSTIERE

*→ Hunde; → Katzen*

Die Deutschen geben jedes Jahr rund 5 Milliarden Mark für ihre Haustiere aus. Ja, ich muß auch sagen, es ist schon ein teurer Spaß. Sie glauben gar nicht, wie viele Briefträger so ein Rottweiler frisst.

Die Deutschen geben im Jahr 5 Mrd DM für Haustiere aus. Ach, deshalb verdienen die Pet Shop Boys soviel Geld!

Nach einer US-Studie wirken Hunde oder Katzen vor allem in beruflich bedingten Stress-Situationen derart beruhigend, dass krankhaft erhöhter Blutdruck nach einer Weile absinkt. Naja, schön. Aber deshalb werde ich doch nicht meine Katze essen!

### HERBST

Jeder Mensch mag den Herbst. Das Wetter ist dermaßen scheiße, daß sich niemand verpflichtet fühlt, vom Fernsehsessel aufzustehen.

Im Herbst fallen die Blätter. Frauen entblättern sich leider nur im Sommer.

Neulich hat mir ein Verkäufer in einem Bekleidungsgeschäft gesagt, ich sei ein »Herbsttyp«. Was bedeutet das? Verliere ich meine Haare?

### HITZE

Die Ozonwerte steigen bei Hitze stark an. Zu dumm, ich habe meine Ozon-Aktien gerade verkauft.

Wenn es draußen zu heiß ist, mache ich Feuer im Kamin. Dann gehe ich nach draußen und seufze: »Hach, wie erfrischend kühl es heute ist!«

Entweder hab ich mich unter dem Ventilator erkältet, oder es ist so heiß, daß sogar meine Nase schwitzt.

## HOCHWASSER

Das Hochwasser am Oderbruch war wirklich schlimm. Aber wenigstens konnten die Brandenburger so mal sehen, was mit »Überfluß« gemeint ist.

Deutschland ist ständig Land unter. Land unter aller Sau.

Vor allem in Südwestdeutschland schwappen öfter eine Menge Flüsse über. Ganz Südwestdeutschland ist dann quasi überflüssig.

## HUNDE

In den USA sammeln Penner für das Pfand die Getränkedosen von der Straße. Jetzt müßte es nur noch Pfand auf Hundescheiße geben.

Ich hab meinen Hund kastrieren lassen. Die Dinger ergeben hinterher zwei hübsche Schlüsselanhänger.

Eine Untersuchung zeigt, daß dänische Hunde am liebsten weibliche Briefträger beißen. Ja und? Das geht mir genauso.

Hunde sehen den Briefträger als täglichen Eindringling ins eigene Revier an. Die Briefträger könnten das vermeiden, indem sie selbst die Vorgärten als ihre Reviere »markieren«.

Zur gestiegenen Anzahl der Hundebisse meint der Hundezüchterverband, daß immer mehr Hundebesitzer immer weniger über Hunde wissen. Wäre es anders, gäbe es bei den Beiß-Attacken nicht so erschreckend viele Überlebende.

Seit ein paar Jahren werden in Deutschland in einigen Städten spezielle »Hundefahnder« eingesetzt, um »schwarz« gehaltene Hunde aufzuspüren. Wieviel wetten wir: In einem Jahr gibt's darüber 'ne SAT.1-Krimiserie!

Viele Leute melden ihre Hunde ja nicht an, um die Hundesteuer zu sparen. Deshalb melde ich auch meine Quelle nicht an.

In Bremerhaven werden sämtliche Haushalte abgeklappert, um zu sehen, ob dort »schwarz« gehaltene Hunde leben. Ich sage dazu: »Hunde, wollt Ihr ewig in Bremerhaven leben?«

Ich hab mal nachgerechnet: Wenn jeder Deutsche 32 Hunde bei sich aufnimmt, hat Deutschland wieder ein ausgeglichenes Haushaltsbudget!

Die Hundesteuer für Hundebesitzer gibt's halt, weil die Viecher immer auf die Straße scheißen. Und die Hunde auch.

Es wurde eine Bürgerinitiative gegen die Hundesteuer gebildet. Ihr Credo: »Freies Scheißen für freie Hunde!«

Ich habe einen Rauhhaardackel. Das heißt, möglicherweise ist es auch eine große Kanalratte.

Ich schätze, drei Viertel der Hundebesitzer lieben ihren Hund mehr als ihren Partner. Das letzte Viertel liebt sich selbst mehr als den Partner.
Tatsächlich lieben viele Männer ihre Frau lieber als den Hund. Aber nur in der »Hundestellung«.

Hunde können angeblich Gedanken lesen. Pöh, meiner kann noch nicht mal Zeitung lesen.

Ich hatte mal einen Hund, den mußte ich dann einschläfern lassen. Oder verwechsle ich das jetzt mit meiner Oma?

Ich würde niemals einen Hund quälen. Ich bin mehr ein Mann des sofortigen Abknallens.

In Berlin gibt's jetzt einen Hunde-TÜV. So ein Blödsinn. Was verstehen Hunde denn von Autos?
Beim Berliner Hunde-TÜV soll festgestellt werden, ob gefährliche Hunde kontrolliert werden. Wenn nicht, wird der Besitzer eingeschläfert.

Beim Berliner Hunde-TÜV müssen Hundebesitzer beweisen, daß sie das Tier kontrollieren können. Den Bullterriern wird ein kleines Kind auf den Rücken gesetzt und der Besitzer muß es in einem Stück wieder runternehmen.

Vielen Hunden fällt es immer schwerer, ihr Herrchen an der Leine zu führen.

Ein Gericht hat endgültig festgestellt, daß die Hundesteuer rechtmäßig ist. Unklar ist noch, wo die Hunde das Geld hernehmen sollen.

Ich hatte früher mal eine Allergie gegen Hundehaare. Aber seit ich jeden Hund erschieße, den ich sehe, ist das kein Problem mehr.

## HYDROKULTUR

Hydrokultur: Sie wissen, das sind diese Plastikpflanzen, die sogar wachsen.

Sie kennen ja diese immergrünen Pflanzen, die sich durch jedes Arztwartezimmer ranken. Würden Sie einem Arzt vertrauen, der nicht mal richtige Pflanzen am Leben halten kann?

Meine Mutter hatte früher wahnsinnig viel von den Dingern, in Kübeln mit braunen Lehmklümpchen. Ach, übrigens: Füttern Sie damit niemals Ihren Hund.

## IGEL

Es ist Igel-Zeit! Ich hab bereits Spikes an meine Reifen gemacht.

Die Tiere müssen sich minimum 600g anfressen, sonst überleben sie den Winter nicht. Natürlich sind sie dann auch zu schwer, um schnell genug über die Straße zu kommen.

Ich weiß noch, wie ich meinen ersten Igel überfahren habe. Ich hab das Tier immer noch als Trophäe an der Wand! Vielleicht sollte ich das Tier endlich mal ausstopfen lassen.

Igel sind vielseitig verwendbar. Kurbeln Sie einen durch eine Spaghettimühle, und schon haben Sie eine Rolle Stacheldraht!

## INSEKTEN

→ *Kopflaus*

Haben Sie auch so Angst vor Spinnen? Ich finde die so eklig! Wenn die sich wenigstens mal die Beine rasieren würden.

Es heißt, daß 30% aller Insektenarten noch gar nicht entdeckt wurden. Die sollen mal meinen Kühlschrank öffnen, da sind sie alle.

Man hat jetzt ein furchtbar blutrünstiges, ekliges, schleimiges Insekt entdeckt: Die Jürgen-Fliege.

Kaufen Sie keine dieser Silberfischchenköderboxen, die funktionieren nicht. Die Fische beißen nicht an.

Küchenschaben sind die widerlichsten Insekten überhaupt. Allerdings sind sie ein guter Oliven-Ersatz.

Man nennt hübsche Frauen ja gerne »flotte Käfer«. Warum nicht gleich »geile Wanzen«?

## KÄLTE

Es ist saukalt. Die Zähne meiner Oma klappern sogar im Glas.

Die Polarkälte kommt. Alte Frauen in Parks füttern schon wieder Pinguine.

In manchen Gegenden sagt man ja nicht kalt, sondern »frisch«. Wieso sind eigentlich »frische« Brötchen immer warm?

Eigentlich freuen wir uns alle doch heimlich über Kältewellen. Da braucht man nur kurz zu husten, schon hat man einen Grund, drei Wochen nicht zur Arbeit zu gehen.

Verdammt, wo bleibt die globale Erwärmung, wenn man sie mal braucht?

Es gibt bei Eisglätte massenhaft Unfälle. Aber es gibt auch negative Aspekte.

Die Binnenschiffer stehen wegen der Kälte vor der Pleite. Aber wen kratzt das? Wir können endlich skifahren!

Flüsse und Kanäle frieren zu. Gottseidank gibt es in deutschen Flüssen keine Fische mehr.

## KATZEN

Die Katze ist das beliebteste Haustier Deutschlands. Hunde sind ja auch widerlich. Wenn Katzen in die Küche pinkeln, vergraben sie es wenigstens im Kartoffelsalat.

Eine Hauskatze ist angeblich weniger intelligent als ein Gepard? Nun, Hauskatzen sind jedenfalls nicht vom Aussterben bedroht!

Es gibt in Deutschland schon 6 Mio Katzen. Das macht genau 18 Mio Tennisschläger-Bespannungen.

Ich bin ja ein Katzenliebhaber. Ich mach es wie Katzen: Ich besteige die Frau von hinten und verbeiße mich in ihrem Nacken.

Haben Sie eine neurotische Katze, die auf den Teppich scheißt? Hier unser Ratschlag: Geben Sie dem Vieh einfach nie wieder was zu fressen.

Katzen neigen ja erst zur Fettleibigkeit, wenn sie kastriert wurden. Haben die Wildecker Herzbuben eigentlich Kinder?

Ich habe keine Angst vor schwarzen Katzen. Ich habe nur Angst vor schwarzen Panthern.

Katzenforscher haben jetzt die Katzensprache entschlüsselt. Höchste Zeit, ich habe es schon fast aufgegeben, meiner Katze Deutsch beizubringen.
Katzensprache, so ein Quatsch. Wieso soll ich lernen, was »Fütter mich« bedeutet? Als ob die Katze mich füttern würde.

Katzen sind doch doof! Die tun nichts als fressen und schlafen und überleben trotzdem. Hey, Augenblick... das ist ja genial!

## KOPFLAUS

Die Kopflaus-Saison beginnt bald. Sozusagen der große Laus-Angriff.

Ich habe auch Kopfläuse, die tarnen sich als Schuppen.

In der Schule hab ich es gehaßt, wenn diese Leute einem in den Haaren rumwühlten. Heute bezahl ich dafür Nutten.

Wenn man Läuse hat, muß man sie aus den Haaren ziehen und verbrennen. Die Läuse, nicht die Haare.

Das beste Mittel gegen Kopfläuse ist immer noch eine Totalrasur. Dasselbe gilt für Filzläuse.

Ich gebe allen meinen Läusen Namen. Die hier vorne heißt zum Beispiel »Laus Kinkel«.

Die Indianer wurden früher auch mißverstanden. Dabei wollten die die Weißen beim Skalpieren nur vor Kopfläusen retten.

Ich hatte nie Läuse. Die habe ich sofort mit L'Oreal Haarlack umgebracht.

## LÄRM

Das eigentliche Problem beim Straßenlärm sind ja nicht die Autos, sondern die Schmerzensschreie der Unfallopfer. Wie soll man da schlafen?

500.000 Anzeigen wegen Lärmbelästigung gibt es jedes Jahr. Der Flughafen Köln-Bonn hat sich früher z.B. häufig beschwert, daß Willy Millowitsch so laut schnarcht.

Als Kläger muß man heutzutage ein richtiges Lärmprotokoll führen. Da reicht nicht einfach »den ganzen Rosenmontag ging das so«, nein, da muß man jeden einzelnen Jecken mit Vor- und Zunamen benennen.

Man muß sich mindestens dreimal pro Woche eine halbe Stunde laut streiten, um sich eine Klage einzuhandeln. Also, ich finde, das ist es nicht wert.

Meine Nachbarn haben einen Hund, der ständig bellt. Oder vielleicht ist das auch mein Nachbar selbst. Das wäre eine Erklärung für die vielen ausgeleierten Peitschen und Ketten in seiner Mülltonne.

## MENSCHEN

Es ist schon eine tolle Entwicklungsgeschichte: vom Affenmenschen zu Olli Kahn. Dieser Prozeß muß Monate gedauert haben!

Durch die Evolution haben wir uns alle weiterentwickelt. Die französische Evolution gab's allerdings erst im 18. Jahrhundert.

Wer weiß, in 10.000 Jahren können Menschen vielleicht schon fliegen. Und das, ohne das Rauchen einzustellen!
Und Handys dürfen sie auch benutzen!

## MÜLL

Ich trenne meinen Müll sehr konsequent. Nur eine Frage: Gehören gebrauchte Geldscheine in den Papiermüll oder zum Kompost?

Der BUND fordert die Deutschheit zum Verzicht auf Geschenkpapier auf, von wegen Papiermüll. »Liebenswerter und lustiger« sind nach Ansicht des BUND Phantasie-Verpackungen aus Stoffresten und Tüchern. Ja klar, oder aus Klopapier!
Ich glaube, der BUND hat noch nicht den wahren Geist von Weihnachten erfaßt. Wenn man bereit ist, Millionen von Bäumen zu fällen, nur um sie zwei Wo-

chen später wegzuwerfen, geht einem die Umwelt eh total am Arsch vorbei.

Die Deutschen sind zwar umweltbewußt, nehmen es dafür aber mit dem eigenen Verhalten nicht so genau. Versteh ich nicht. Ich trenne z.B. meinen Müll sehr konsequent: Abgelegte Liebschaften überführe ich sofort an Udo Jürgens.

Wieso muß ich so viel für die Müllabfuhr ausgeben? Bei den gewaltigen Mengen von Kaviarresten, die ich jeden Tag wegwerfe, müßten die MIR noch etwas zahlen!

Was ist mit benutzten Kondomen? Muß man die vorm Wegwerfen auswaschen, so wie Joghurt-Becher?

Diese Mülltrenneimer bei McDonald's finde ich toll. Ich schmeiß immer alles zu den »Reststoffen«, aber die Idee finde ich klasse.

Ich trenne gerne meinen Müll bei McDonald's. Aber die Öffnungen sind viel zu klein, um reinzukotzen.

Wissen Sie, wie ich meinen Müll entsorge? Ich schicke das Zeug an Blinde, weil eine Blindenlieferung bis 7 Kilo portofrei ist.

Das »Neujährchen« ist eine Art Trinkgeld für den Müllmann. Man könnte es auch »Schmutzgeld« nennen.

Kennen Sie diese Kehrfahrzeuge, die die Straße putzen und dann mit dem sogenannten »Saugmund« den Müll raufsaugen? Ich hab mich schon dreimal von so 'nem Ding überfahren lassen. Ist echt geil!

Die Müllmänner können uns einiges leeren. Zum Beispiel unsere Mülltonnen.

Früher war es mein Traumberuf, der Typ zu werden, der die plattgefahrenen Viecher von der Straße kratzt.

Vor einiger Zeit haben sie einen Riesenhaufen Schutt und Beton in einem kleinen Tümpel nahe Bonn versenkt – und was noch herausragte, wurde Schürmann-Bau genannt.

## OZONLOCH

Das ist mein Verdienst, daß es im Moment so schön warm wird. Ich habe in den letzten Wochen haufenweise Deospray direkt in die Luft gesprüht.

Besonders Leute, die sich am Strand sonnen, sind wegen des Ozonloches stark krebsgefährdet. Das bedeutet, bis zum Jahr 2015 sind alle Deutschen ausgerottet.

Es gibt bald kein Ozonloch mehr. Wo nichts ist, ist auch kein Loch drin.

## PFERDE

Angeblich gibt es in Deutschland 1 Million aktive Reiter. Und genau 1 Million passive Reiter.

Charlie Watts, der Schlagzeuger der »Rolling Stones«, hat für 130 000 Dollar die Araber-Stute »Albula« ersteigert. Und zwar, weil er gehört hat, Pferde produzieren jeden Tag zwanzig Kilo »Shit«.

In Niedersachsen treibt ein »Pferderipper« sein Unwesen, der Pferde mit dem Messer tötet. Meine Güte, ich mag Pferde ja auch nicht, aber wenn ich welche abmurkse, esse ich sie wenigstens hinterher auf.

Ich wollte als Kind immer ein Pony. Naja, schauen Sie nicht so. Das war so eine Phase, ich habe experimentiert, mit Mitte 20.

Ich war mal auf der »Equitana«, einer Pferdemesse. Das Pferd mit dem größten Haufen gewann.

Das kleinste Pferd der Welt hat 68 cm Schulterhöhe. Sehr praktisch. Wenn es schmutzig ist, paßt es bequem in die Waschmaschine.

Ich bin als Kind sehr gern geritten. Eigentlich nur, um die Sporen zu benutzen.

Mein Lieblingsreittempo ist der Trab. Es gibt jetzt eine neue Reitart, wo das Pferd wirr umherläuft ohne Sinn, sie heißt »Trab-Patoni«.

Pferde sind tolle Kameraden. Mit denen kann man Pferde stehlen.

## REGEN

Regen ist immer noch besser als Schnee. Regen schaufelt sich von selber weg.

Regen ist das ideale Osterwetter. Die ideale Entschuldigung, nicht zur Kirche zu gehen.

Der Fallschirm wurde erfunden, als ein Selbstmörder an einem regnerischen Tag beim Runterspringen nicht nass werden wollte.

## SCHNEE

Es herrscht ein reges Schneetreiben auf deutschen Straßen. Die Nutten tragen schon Unterwäsche.

Schnee ist das einzig Positive am deutschen Winter. Und das einzig Negative am deutschen Sommer.

## SOMMER

→ *Hitze*

Es ist ja jetzt schon wahnsinnig heiß. Die Vogelscheiße auf meinem Wagen schmilzt endlich weg.

Vor allem im Süden Deutschlands - also u.a. in Österreich - soll es diese Woche so richtig heiß werden. In Garmisch-Partenkirchen wird möglicherweise sogar der Skibetrieb nicht mehr aufrecht erhalten werden können.

Sie wissen ja, daß die Deutschen im Sommer fast alle wegfahren. Eigentlich komisch, schließlich ist es im Sommer in Deutschland am schönsten. Das ist, als ginge man ins Kino und verläßt es, wenn der Film anfängt.

Wie lang ist eigentlich noch Sommerzeit? Ich stelle meine Rolex nach der Sommerzeit nie um. Ich kauf mir bei jeder Zeitumstellung einfach 'ne neue.
21. Juni - Der Sommer fängt an!
22. Juni - Der Sommer hört auf.

## TAUBEN

Im Ruhrgebiet gehören Tauben ja zum öffentlichen Leben, Taubenzüchten hat da Tradition. Und mit entsprechenden Nachrichten an den Tieren sind sie eine billige Alternative zum Telefonsex.

In Regensburg kriegt man 3 DM Prämie für den Kopf einer toten Taube. Da tun sich ja interessante Perspektiven für den Arbeitsmarkt auf. Und wieviel kriegt man für den Kopf eines toten Pudels?

Ich füttere Tauben sehr gerne. Und dann sehe ich zu, wie sie an dem Gift verrecken. Vielleicht hat meine Mutter recht, und ich bin wirklich verhaltensgestört.

Na gut. Tauben sind schmutzig, übertragen Krankheiten und verdrecken die Straßen. Warum werden dann nicht auch Hunde vergiftet?

### TIERSCHUTZ

Die SPD will den Tierschutz im Grundgesetz verankern. Typisch Sozen, wieder mal viel zu spät. Hätte das denen nicht einfallen können, BEVOR die Dinosaurier ausstarben?

Die Tierschützer werden wirklich immer militanter. Viele retten nicht nur Leoparden, sondern fahren auch in einem.

Jagen ist ein toller Sport. Eigentlich der einzige, bei dem die Devise wirklich zutrifft: Sport ist Mord.

Ich bin gegen die Fuchsjagd in England. Bestimmt sind die Tiere dort alle vom Füchsewahn befallen.

Der Bauernverband findet, daß der Tierschutz total übertrieben wird. Als nächstes müsse man die Tiere wohl erst betäuben, bevor man sie schlachtet!
Er glaubt, nach dem Willen der Tierschützer sollten die Bauern mit den Tieren noch ins Bett gehen. Ach was, woher denn! Macht das ruhig weiter auf der Koppel, an der frischen Luft!

Ich hab 'ne tolle Idee: Ich raube ein Pelzlager aus, und wenn ich erwischt werde, sage ich einfach, das war militanter Tierschutz.

Manche Tierschützer schmeißen Schaufenster von Zoogeschäften ein. Sicher, die Tiere gehen dabei drauf, aber es geht ums Prinzip.

Prinz William hat ja die englischen Tierschützer verärgert, weil er anfängt, Tiere zu jagen. Wie denn, hat der etwa schon einen Führerschein?

Nina Hagen beteiligt sich an einer Kampagne für den Tierschutz. Sie will sich dafür einsetzen, daß abgehalfterte Rock-Omis nicht aussterben.

Die Tierschutzorganisation »People for the Ethical Treatment of Animals«, abgekürzt PFET, protestiert gegen die grausamen Tierversuche des Konzerns Proctor & Gamble. Wieso, machen andere Firmen denn lustige Tierversuche?

Wirbeltiere darf man erst ab 16 Jahren kaufen. Also auch Fische! Die Kinder freuen sich: Jetzt kann Mama sie nicht mehr auf den Markt zum Fischkaufen schicken.

Der Deutsche Tierschutzbund fordert ein völliges Verbot von Tierversuchen. Ein neuer Tierschutzversuch.

Auf meinem Auto ist ein Aufkleber: Ich bremse auch für Tiere. Das ist zwar nicht wahr, aber es kommt gut an bei den Tussis.

### UMWELTVERSCHMUTZUNG

*→ Greenpeace; → Lärm; → Müll; → Ozonloch; → Waldsterben*
Ich bin sehr umweltnah, ich mache immer häufiger Sex unter freiem Himmel, z.B. auf der Weide. Manchmal sogar mit Menschen.

Die EU-Kommission hat Deutschland wegen Abwässer-Problemen in Sachsen und Sachsen-Anhalt verwarnt. Ja, ich finde, in der Elbe schwimmen immer noch viel zu viele von diesen ekligen schuppigen FISCHEN rum.

Eine Umfrage des Umweltmysteriums zeigt, daß die Bundesbürger über ein hohes Umweltbewußtsein verfügen. Wir holzen zum Beispiel fast überhaupt keine Regenwälder ab.

Bei der Nutzung des eigenen Autos will niemand Abstriche machen. Manche haben sogar einen extra Wagen, mit dem sie zur Garage fahren.

Eine große Mehrheit wünscht sich weniger Autos in den Städten. Die einfachste Lösung: Baut einfach noch 500 Städte!

Über die Hälfte der Deutschen befürwortet eine totale Sperrung der Innenstadt für Autos. Das heißt, dann dürfen nur noch Fiats und Opel Asconas dort fahren.

Sogar eine allgemeine Geschwindigkeitsbegrenzung auf Autobahnen wird von den meisten Deutschen befürwortet. Dann wird man nicht mehr so oft von Mercedes-Ärschen überholt und fühlt sich dann nicht wieder so schrecklich kastriert.

Immer mehr Leute machen immer mehr Autofahrten allein. Fahrgemeinschaften werden kaum genutzt. Was das angeht, ist Michael Schumacher wirklich ein schlechtes Vorbild.

40 Prozent halten das Auto für den größten Umweltverschmutzer im Verkehr. Die anderen wissen, es sind nicht die Autos, sondern vor allem Igel und Katzen.

Eine knappe Mehrheit schätzt die Umweltverhältnisse in Deutschland als sehr gut ein. Ja, vor allem versperren einem nicht mehr so viele Bäume den Blick auf die Berge.

Gerade die jungen Leute führen einen Konsum- und Lebensstil, der eher umweltschädlich ist. Ja, die stellen bei McDonald's nie die Tabletts zurück!
Dabei sind die Verpackungen für das Essen dort die wichtigsten Rohstoffe!

Deutsche Strände haben eine sauschlechte Wasserqualität. Das ergab eine Umfrage unter 1000 repräsentativ ausgesuchten Quallen.

Als ich an der Ostsee Urlaub gemacht habe, war das Wasser so seltsam gelb und irgendwie trocken und grobkörnig. Man könnte fast meinen, es war Sand.

Seit ich an der Ostsee baden war, weiß ich, wie sich die Fritten bei McDonald's fühlen.

In der Nordsee schwimmen wieder mehr Fische. Wenn auch mit dem Bauch nach oben.

Das Wasser an Stränden ist echt Scheiße. Und zwar groß geschrieben.

Das Wasser an deutschen Stränden ist mies. An manchen Stellen kann man statt Wasserski schon Langlauf machen.

Man hat jetzt herausgefunden, wer die Hauptverantwortlichen sind für die Strandverschmutzung: Meerschweine.

Warum soll Waschmittel eigentlich ökologisch abbaubar sein? Das Zeug hat doch immer so gut unsere Flüsse gereinigt.

## VÖGEL

*→ Enten; → Tauben*

Fliegen fliegen, Robben robben, Vögel ficken.

Alle Vögel haben etwas majestätisches an sich. Besonders wenn sie einem auf den Kopf scheißen.

Ich habe eine ganz teure Swatch. Zu jeder vollen Stunde kommt ein kleiner Kuckuck raus.

## WALD

*→ Waldsterben*

Holz ist ein tolles Material, da werden die besten Soap-Schauspieler draus geschnitzt.

Überall stehen Bäume rum. In meinem Kühlschrank wächst sogar einer aus 'ner Milchtüte raus.

Ohne Holz hätten wir nie das Feuer erfunden. Und womit würden wir dann das Holz verbrennen?

Holz ist vielseitig verwendbar. Man kann z.B. Religionsstifter drannageln.

## WALDSTERBEN

Das Waldsterben hat vollständig aufgehört. Jetzt sterben nur noch die Bäume.

Dem Wald geht es angeblich besser. Endlich muß ich mir nicht mehr mit diesem Umweltpapier den Arsch wund rubbeln.

Der Regenwald wird nicht mehr soviel abgeholzt. Die vielen heimatlosen Tiger haben es mit dem Menschenfressen halt doch etwas zu bunt getrieben.

Gibt es eigentlich auch einen Sonnenwald? Ja, klar, wenn die Bäume weg sind und es keinen Schatten mehr gibt.

## WETTER

*→ Hitze; → Kälte; → Regen; → Schnee*

Die Sonne kommt einfach nicht raus. Naja, würden Sie rausgehen, wenn das Wetter so scheiße ist?

Ich persönlich bin so reich, ich habe meinen eigenen Wetterdienst. Ich schaue aus dem Fenster.

Dank dem Deutschen Wetterdienst wissen wir genau, wie stark der Niederschlag am 3. September 1882 in Bielefeld war. Das heißt, wir würden es wissen, wenn es uns nicht meilenweit am Arsch vorbeiginge.

Der Deutsche Wetterdienst ist schuld an der Arbeitslosigkeit. Es heißt doch immer »wetterbedingte Entlassungen«.

## WINTER

*→ Kälte; → Schnee*

Na, ist das ein Wetterchen? Ich hab's gern winterlich. Nur irgendwie doof mit diesen Pinguinen, die einem aufs Autodach scheißen.
Und diesen Eisbären, die die Mülltonne durchwühlen.

Heiner Bremer will in diesem Jahr angeblich Winterschlaf halten. Aber keine Sorge, Ihnen wird überhaupt kein Unterschied auffallen.

In ganz Deutschland droht der Wintereinbruch. Komisch, bei mir brechen sie immer nur im Sommer ein.

# ESSEN UND TRINKEN

## BIER

Die deutschen Brauereien klagen: Deutsches Bier verkauft sich immer schlechter. Also Leute, tut was für die Binnenkonjunktur und sauft euch mal wieder richtig einen an!
Ich tu das jeden Abend, ich bin nicht so 'n Egoist!

Bier ist in Japan extrem teuer. Na klar, die kennen die üblichen Bierpreise ja nur vom Oktoberfest.

Die Starkbierzeit geht von Mitte bis Ende März. In Niederbayern ist in dieser Zeit schulfrei.

Jeder Bayer, der was auf sich hält, geht auf den Nockerberg zum Saufen. Und nicht wie sonst unter die Parkbrücken.

Dosenbier ist sehr lange haltbar. Allerdings merkt auch keiner, ob das Zeug schlecht geworden ist.

Ich geh ja sehr gern aufs Oktoberfest. Wo Männer noch Männer sind. Und das Bier 90 Mark kostet.

Es gibt jetzt übrigens die Bierpille. Aufgelöst in Wasser schmeckt es wie alkoholfreies Bier. Aber aufgelöst in Clausthaler schmeckt es nach Wasser.

Ich persönlich trinke ja kein Bier. Ich injiziere es.

Ich frage mich, warum das Oktoberfest auf der theresienwiese stattfindet. Warum nicht im Landtag, da gibt's viel mehr Alkoholiker.

Im Ausland wächst die Nachfrage nach bayrischem Bier. Das sind all die abgelehnten Asyl-Bewerber, die wenigstens ihre Lebern glauben lassen wollen, sie wären in Deutschland.

Allein in Bayern sind 55 Prozent aller deutschen Brauereien beheimatet. Und 90 Prozent aller Geschäftsstellen der Anonymen Alkoholiker.

Ein Mediziner hat herausgefunden, daß jemand, der in Maßen Bier trinkt, sein Herznfarktrisiko halbiert. Das freut die Bayern, die trinken ihr Bier ja immer im Maß.

Die Entdeckung, daß maßvoller Bierkonsum das Herzinfarktrisiko senkt, ist gut für betrunkene Autofahrer, die können der Bullerei dann sagen: »Wieso, ich muß Bier trinken, das ist meine Medizin!«

Der Bierdurst der Deutschen stagniert, heißt es. Stimmt: Der fünfjährige Sohn meiner Nachbarin hört neuerdings meistens nach der dritten Flasche schon auf.

Die neueste Entwicklung: Dosenbier gibt es jetzt auch in Flaschen!

Vor gut 60 Jahren wurde das Dosenbier erfunden. Jahrelange Forschungsarbeit war nötig, um diesen blechernen Beigeschmack hinzukriegen.

## BROT

Meine Mutter hat mir früher immer ein Butterbrot mitgegeben. Ich muß ihr mal sagen, daß sie das endlich lassen soll.

Pro Tag sterben in Deutschland 2 Bäckereien. Erst kam das Robbensterben, jetzt das Roggensterben.

Die Bäckereien sterben. Woran? An Schweineohrenentzündung?

Die Bäcker wollen bald frisches Knäckebrot anbieten. Also zwei Monate altes Roggenbrot.

Ich habe früher auch mal in 'ner Bäckerei gejobbt. Ich war der, der das Haschisch in die Plätzchen eingebacken hat.

Jetzt werden ja auch sonntags Brötchen verkauft. Das wird die Kirchen weiteren Zulauf kosten. Ich bin da sonntags nur hingegangen, um 'ne Hostie zu frühstücken.

Die Deutschen sind Europameister im Brotessen. Obwohl, die Hälfte brauchen wir natürlich, um Enten im Teich zu erschlagen.

Die Deutschen mampfen jährlich gut 80 kg Brot pro Dickdarm. Und darauf klatschen sie eine halbe Tonne Fleischwurst.

Man muß ja nicht unbedingt fette Butter aufs Brot schmieren. Schweineschmalz schmeckt genauso gut.
Ein Margarinebrot ist natürlich gesünder. Vor allem, weil man es sofort wieder auskotzt.

## BRUNCH

Brunch ist eine Mischung aus Frühstück und Mittach. Das ist für die Wildecker Herzbuben die Zwölftwichtigste Mahlzeit am Tag.

Das Wort setzt sich zusammen aus den Wörtern Breakfast und Lunch. Es kommt also aus dem Griechischen, glaub ich.

Das Verb zum Substantiv Brunch lautet »brunchatzen«.

## COLA

Cola ist immer noch das beliebteste Getränk der Jugendlichen. Ist schon traurig. Warum können sich die Kinder nicht sinnlos besaufen, wie es reife Erwachsene tun?

Warum hält Coca Cola eigentlich das Rezept so streng geheim? Und was vielleicht auch wichtig ist: Wieso gibt es in den Coca-Cola-Fabriken keine Toiletten?

Ich mag Magenbitter ganz gerne. Schütten Sie Zucker rein, dann schmeckt's wie Pepsi Cola.

## CURRYWURST

Nie kotzt man so schön wie nach 'ner Currywurst.

Die Currywurst ist nicht mehr der Deutschen liebstes Fressen. Sie wurde abgelöst durch exotisches, ausländisches Essen wie Döner, Pizza oder Wiener Schnitzel.

Die Phosphate sind das einzige an der Currywurst, das schmeckt.

Die Currywurst erzeugt schwere Magen-Darm-Krankheiten. Eine Gegend in Westdeutschland nennt man deshalb im Volksmund schon »Ruhr-Gebiet«.

## DR. OETKER

Dr. Oetker ist schon über 80. Offensichtlich hat er nie was von seinen Sachen gefressen.

Viele nennen Dr. Oetker den Pudding-König. Komisch, das war immer mein Spitzname für Helmut Kohl.

Haben Sie gewußt, daß Radeberger und DAB zu Dr. Oetker gehören? Das Zeug muß man saufen, um den Geschmack der Puddings wieder loszuwerden.

Früher habe ich ja gerne mal diese Ristorante-Pizza gefressen, aber dann haben die die Rezeptur geändert, und jetzt schmeckt sie scheiße. Jetzt fresse ich sie zweimal pro Tag.
Hmm. Ich lasse mich wohl von der Werbung beeinflussen.

## EIER

Eier aus Bodenhaltung sind daran zu erkennen, daß sie immer braun sind. Aber fragen Sie lieber nicht, warum.

Die Lufthansa serviert ihren Gästen Eier aus Bodenhaltung. Es ist für die Passagiere nur noch etwas ungewohnt, auf dem Boden zu essen.

Europa hat jetzt die Größe von Eiern genormt. Jeder Hühnerarsch wird ein Präzisionsinstrument. Die Größe der Eier wird jetzt eingeordnet wie bei T-Shirts von S bis XL. Und man kann sie bei 60 Grad bügelfrei waschen.

Ich mag Spiegeleier. Es ist verblüffend: Wenn ich in ein Spiegelei schaue, sehe ich viel besser aus.

Wie mögen Sie Ihre Eier am liebsten? Gekocht, gerührt oder gespiegelt? Also, ich werfe sie am liebsten für zehn Minuten in kochendes Wasser, und danach schlage ich ihnen die Köpfe ab und streue noch Salz in die Wunde!

Ich esse nur winzig kleine Eier. Sie heißen Kaviar.

## EIS

Ein Soziologe glaubt, Männer anhand ihrer Vorlieben beim Speiseeis klassifizieren zu können. Adelige z.B. essen am liebsten »Ed von Schleck«.

Das erste Eiscafé gab es schon im siebzehnten Jahrhundert. Man hat Schnee mit Wein übergossen.

Die Deutschen vertilgen im Jahr über 8 Liter Eiscreme pro Magen. Umgerechnet bedeutet das, die Deutschen geben sich im Jahr etwa 200 mal die Kugel. Wir sind echt hart im Nehmen.

Schon 550 v.Chr. haben die Griechen Eis gefressen. Hat sich aber nicht durchgesetzt. Oder haben Sie schon mal gefrorenes Tzatziki probiert?

## ESSEN

*→ Brunch; → Gen-Food; → McDonald's; → Öko-Nahrung; → Spezialitäten; → Tiefkühlkost*
Was kann man überhaupt noch essen? Naja, es gibt doch jetzt so viele vitaminreiche Arbeitslose.

Die Japaner essen ja Suppe mit Stäbchen. Und Pizza mit dem Löffel.

Schlimm ist auch dieses alte Sprichwort, daß jeden zum Fressen animiert. Sie wissen schon - »Liebe geht durch den Dickdarm« oder so ähnlich.
Ist übrigens Quatsch - Liebe geht durch die Vulva.

Jetzt gibt es Automaten, wo man sich sein Menü selber im Mikrowellenherd erhitzt. Zum Beispiel Salat.

Essen Sie auch so gerne Chipsletten? Das sind fritierte, in Scheiben geschnittene Einwohner Lettlands. Glaub ich.

### FISCH

Ich esse am liebsten Fisch, den ich selber gefangen habe. Ich esse nämlich überhaupt keinen Fisch.

Fischkonserven sind angeblich sehr ungesund. Man kann sich beim Aufreißen so leicht schneiden.

So ein tolles Wunder war das nicht, als Jesus zigtausend Leute mit nur zwei Fischen satt gemacht hat. Läppisch! Was meinen Sie, wie wenig Fisch in diesen Fischfrikadellen heutzutage drin ist!

### FLEISCH

*→ Rinderwahn; → Schweinepest*

Man muß bei Fleisch ja sehr vorsichtig sein, besonders bei Warnetiketten wie »Vorsicht, in diesem Östrogenschnitzel könnten Spuren von Kalbfleisch enthalten sein«.

Australisches Krokodilfleisch ist eine Delikatesse, es schmeckt nach einer Mischung aus Fisch und Huhn. Na und? Das schmeck ich auch, wenn ich bei McDonald's Chicken McNuggets bestelle.

Ich war mal auf der Cebit, mußte 30 DM für ein Schnitzel bezahlen. Für ein Schnitzel! Und das im Land von Gerhard Schröder!

Ich mag Suppe, besonders Eintopf. Ja, ein Topf voll mit Rumpsteaks!

### GEMÜSE

Ich esse sehr viel Gemüse, z.B. Pommes mit Tomatenketchup.

Ich habe in meinem Garten haufenweise Gemüse. Hanf ist ja so vielseitig verwendbar.

Ich habe früher sehr viel Gemüse gegessen. Aber dann bekam ich Zähne.

Ich mag Gemüse nicht so. Kennen Sie die Maßeinheit für guten Geschmack? Die Kalorie.

### GEN-FOOD

Ich mißtraue genmanipulierten Lebensmitteln. Tomaten, die nicht matschig sind, sind doch wider die Natur.

Letzte Woche ist wieder ein Frachter mit genmanipuliertem Soja in Deutschland eingetroffen. Es war nur eine Sprosse, aber die wog 30 Tonnen.

Gemüse ist bald nur noch genmanipuliert. Und ich will nichts essen, das intelligenter ist als ich.

### KÄSE

Heutzutage ist der Käse viel zu lasch! Zu meiner Zeit mußte man noch Gasmasken aufsetzen, bevor man das Goldpapier aufriß.

Das Schönste an Holland ist der Käse. Das beste sind natürlich die Löcher. Nach meiner Meinung eine perfekte Metapher für das ganze Land.

Die Deutschen essen immer mehr Käse. Ohne uns wäre Holland nur noch eine Steinwüste.
Also, noch mehr als jetzt...

Ich habe dieses Jahr viel Käse gekauft, aber nicht gegessen, sondern an die Mäuse im Keller meines Nachbarn verfüttert.

Ich mag keinen Käse. Die Löcher sind mir einfach zu schwer.

Irischer Käse ist in Wirklichkeit nur irische Butter, die zu lange neben dem Katzenklo lag.

### KAFFEE

60 Prozent der Deutschen trinken Kaffee zum Frühstück. Tja, Individualisten wie ich sterben langsam aus. Ich trink immer 'ne Flasche Doppelkorn.

Frauen trinken ihren Kaffee gerne mit Sahne. Ja, auch emanzipierte Frauen wissen halt im Unterbewußtsein, daß sie dazu da sind, weiße Sahne zu schlucken.

Männer trinken ihren Kaffee gerne schwarz. Dann fällt's nicht so auf, wenn sie sich die Zähne nicht geputzt haben.

Sechs Prozent aller Kaffeetrinker nehmen nur Zucker in den Kaffee. Die Wildecker Herzbuben verzichten dabei sogar auf den Kaffee.
Man will ja gesund leben.

Die Kaffeewirtschaft will eine Kampagne starten, um sich ein besseres Image bei der Jugend zu verschaffen. Wahnsinn, ich freu mich schon auf den Melitta-Mann im Schlauch-Top mit Inlineskatern und auf Ecstasy.

Laut einer Umfrage ist die vorherrschende Kaffeewerbung eine reine Erwachsenenwelt ohne Jugendappeal. So wie das Kinderprogramm des ZDF.

Nur Spezialitäten wie Cappuccino und Milchkaffee sprechen die Jugend an. Und in Holland der beliebte »Hasch-Kaffee«.

Der Kaffee-Verband sagt: »Kaffee soll Kult werden.« Am besten läßt man Quentin Tarrantino einen Spot drehen mit William Shatner, der dabei singt »Guildo hat Kaffee lieb«.

Tchibo hat Eduscho geschluckt. Aber nur mit viel Milch und Zucker.

Angeblich hat Tchibo für Eduscho 200 Mio DM gezahlt. Das klingt, als wäre mit dem Preisverfall beim Kaffee erstmal Schluß.

Eduscho ist in den letzten Jahren marktanteilsmäßig immer stärker abgefallen. Tja, die hatten eben nicht so einen total lustigen »Eduscho-Mann«.

Melitta will den chinesischen Markt erobern. Mich überrascht das gar nicht. Daß sich Melitta nicht um Menschenrechte schert, sieht man ja schon an den Werbespots.

Melitta will den chinesischen Markt erobern. Ich bin gespannt, wie die Chinesen auf den Melitta-Mann reagieren. Die gehen ja rabiater um mit Volksfeinden.

### KANTINEN

Kantinenköche gelten als harte Burschen. Aber die kochen auch nur mit Schwefelsäure.

In Berlin gibt es jedes Jahr die Olympischen Spiele der Kantinenköche. Alle Köche bekommen dafür extra Freigang.

Dies sind die wichtigsten Dinge, die ein Kantinenkoch beherrschen muß:
- Weitkotzen
- Fettweitspritzen
- Cholesterinspiegel-Heben
- Kreatives Anbrennen
- Zigarettenkippen-Verstecken

Ich esse gerne mal in der Kantine von meinem Finanzamt. So wie ich Steuern zahle, GEHÖRT mir die Kantine.

Eigentlich sind Kantinen gar nicht so schlecht. Was schlecht ist, ist das Essen.

Jedesmal, nachdem ich in der Kantine ein Sandwich gegessen habe, habe ich das Bedürfnis, einen Toast auszubringen.

### KAUGUMMI

Streifenkaugummi war immer mein Lieblingsgummi. Ist nur schwierig, das Ding richtig überzustreifen.

Ich will mir das Kaugummikauen abgewöhnen. Ich fange wieder an mit Rauchen.

Wrigley's macht wirklich gutes Kaugummi. Leider platzen die Dinger bei mir immer beim Blasen, so wie alle Gummis.

### KAVIAR

Ich hab Kaviar nie gemocht. Mich stören ja schon braune Hühnereier. Was soll ich da von schwarzen Fischeiern halten?

Den Kaviar liefern nur die trächtigen Weibchen. Wenigstens bei den Fischen erfüllen die Frauen eine vernünftige Aufgabe.

Was machen die Yuppies nur ohne Kaviar? Färben sie Hühnereier schwarz?

Es muß ja nicht immer Kaviar sein. Hundedreck mit Weizenkleie sieht genauso aus und schmeckt doppelt so scheiße.

### KELLNER

Ich mag Kellner nicht. Ich habe immer das Gefühl, daß die mir ins Essen spucken. Als ich mal Kellner war, hab ich das ja auch andauernd getan.

Ich esse gerne im Schnellimbiss. In den teuren Restaurants tragen die Kellner immer Handschuhe, und das macht mich irgendwie mißtrauisch.

Kellner sind nicht direkt unhöflich. Sie sind einfach so zuvorkommend, daß sie einen dauernd übersehen.

Ich wollte auch mal kellnern. Aber ich war so schnell und so höflich, daß mich der Chef für drogensüchtig hielt.

### KNEIPEN

In manchen Gegenden verbringen die Männer mehr Zeit am Stammtisch als zu Hause. Die Ehefrauen sind sehr dankbar.

Immer mehr der kleinen Kneipen machen dicht, deshalb fehlen auch die Stammtische. Und was noch schlimmer ist: Statt der Kneipen machen dort jetzt überall Biokost-Läden auf.

Der Stammtisch stirbt aus. Naja, jetzt wo die Asylanten sowieso gleich abgeschoben werden, gibt's einfach keinen treffenden Grund mehr hinzugehen.

### KNOBLAUCH

Mit Knoblauch kann man Vampire vertreiben. Und alle Menschen mit Geruchssinn.

Wenn man Knoblauch frisst, wird ein bestimmtes Fett ausgeatmet. Fett ausatmen? Was für eine geniale neue Diät!

Knoblauchzehen gab's zuhause früher in rauhen Mengen. Mein Opa hatte sogar zehn davon an den Füßen.

## KOCHEN

Ich kann nicht so gut kochen. Meine Gäste schauen immer ganz komisch, wenn ich diesen viereckigen Spinat serviere.

Junge Leute kochen sehr gut. Schmeißt sie in riesige Kessel mit Wasser, zündet unten ein Feuer an, und ihr werdet sehen, wie schnell die kochen!

Meine Gefährtin verlangt immer von mir, daß ich koche. Als ausgleichende Gerechtigkeit muß sie es dann essen.

Früher hatte ich in der Küche einen ziemlichen Hygienefimmel. Ich habe sogar Eiswürfel abgekocht.

Ich habe keine Einbauküche, nur eine Einbaukochnische. Eine Herdplatte auf einem alten Übersee-Koffer.

## MAGGI

Inzwischen ist Julius Maggi tot, aber er lebt in uns allen weiter. In jeder Suppentüte ist ein bißchen von seiner Asche drin.

Haben Sie sich je gefragt, was in dieser schwarzen Maggi-Soße drin ist? Nein? Wenn Sie Katzenfreund sind, bleiben Sie dabei!

Die neueste Kreation von Maggi kommt bald auf den Markt: die Pizza in Pulverform.

Die Frage heißt: »Maggi Würze« oder »Knorr Aromat« - was ist ekliger?

Maggi hat jetzt einen neuen Werbeslogan: »Maggi - immer eine gute Blähung«.

## MCDONALD'S

Ich möchte natürlich keine Schleichwerbung für McDonald's machen. Nein, bei Burger King schmeckt's genauso scheiße.

McDonald's ist weiter auf Wachstumskurs. Toll, dann gibt's für die Angestellten vielleicht bald eine dicke Gehaltserhöhung! Oder überhaupt mal ein Gehalt, das man in Scheinen ausbezahlen kann.

Rabattmarken werden immer populärer, z.B. bei McDonald's. Für fünf Cheeseburger-Marken bekommt man eine Packung Magentabletten gratis.

Seit ich an der Ostsee baden war, weiß ich, wie sich die Fritten bei McDonald's fühlen.

Ich habe mich mal um eine Lehrstelle bei McDonald's beworben. Die haben mich aber nicht genommen. Was hat dieser Ronald McDonald, was ich nicht habe?

Die Kirche beklagt, daß kaum noch jemand am Tisch betet. Naja, da käme ich mir bei McDonald's auch irgendwie blöd vor.

Vor gut 25 Jahren wurde die erste McDonald's-Filiale in Deutschland eröffnet. Gestern wurde zum ersten Mal die Friteuse gereinigt.

Bei McDonald's sind alle Verpackungen biologisch abbaubar. Nur nicht das Essen.

Als Teenager haben wir Jungs die Mädchen bei der ersten Verabredung ja gerne zu McDonald's mitgenommen. Wir wußten: Wenn sie das mitmacht, ist die Schlampe zu allem bereit.

Der Erfolg von McDonald's in Deutschland ist ja erstaunlich. Wie haben die's nur geschafft, sich gegen Kochlöffel durchzusetzen?

Diese Mülltrenneimer bei McDonald's finde ich toll. Ich schmeiß immer alles zu den »Reststoffen«, aber die Idee finde ich klasse.

Ich trenne gerne meinen Müll bei McDonald's. Aber die Öffnungen sind viel zu klein, um reinzukotzen.

McDonald's ist ja ein Synonym für Frieden und Völkerverständigung. Man soll andere Rassen nicht diskriminieren, sondern sie zu Minimallöhnen schuften lassen!

## MILCH

Dosenmilch schmeckt gut. Ich wußte gar nicht, daß Dosen Milch geben.

Manche Leute geben Milch in ihren Tee. In England gilt das als Doping!

Ich finde das Wort »Dosenmilch« sehr poetisch. Zu meiner Zeit hieß das noch »Vaginalsäfte«.

## MÜSLI

Im internationalen Vergleich essen die Deutschen viel zu wenig Müsli. Aber das machen wir durch unseren Rekordkonsum bei flüssigem Korn wieder wett.

Ich habe ein eigenes Müsli-Rezept: Schneiden Sie ein paar Bananen, Orangen und Äpfel, vermischen Sie das Ganze mit einem halben Pfund Haferflocken und geben Sie Milch dazu. Dann schmeißen Sie es in den Mülleimer. Danach machen Sie sich ein Omelett mit Schinken und einen starken Kaffee.

Viele machen ihr Müsli ja noch gerne selber, ernten sogar selber das Getreide und das Obst. Wenn man bei so jemandem eingeladen ist, muß man die kleinen Feldmausschwänze und Apfelwürmer leider mitessen.

## OBST

Obst ist toll! Große Melonen, pralle Äpfel, saftige Pflaumen...

25% der Erdbeeren werden selbst gepflückt. Wie schön, daß dieser ewige Hygiene-Wahn endlich abflacht.
Das bißchen Vogeldreck schmeckt immerhin besser als diese Sprühsahne vom Aldi.

Wieso wird Obst immer so hochgejubelt? Wenn es im Garten Eden keine Äpfel gegeben hätte, wären wir immer noch im Paradies!

Die Arbeiter auf Bananenplantagen sollen nicht mehr so ausgebeutet werden. Es wird sogar darüber nachgedacht, die einzelnen Arbeitsschichten auf 23 Stunden pro Tag runterzuschrauben.

Die Verpackung der Banane soll umweltfreundlicher werden. Die gelbe Schale wird durch Pappe ersetzt.

## ÖKO-NAHRUNG

Ich esse nur gesund. Ich ess doch keine kranken Tiere.

Statt Nuß-Nougat-Cremes gibt's jetzt tatsächlich eine Hanf-Schoko-Creme.

Einziges Problem: Das Zeug brennt schlecht.

Ich höre dauernd, man soll nur gesund essen. Heißt das, wenn man krank ist, darf man gar nichts essen?

Ich mag ökologisches Essen gerne. Es gibt sogar Hot Dogs, nur aus ursprünglichen Zutaten. Ich weiß nur nicht, wie das Halsband da reinkam.

Ökologischer Anbau wird großgeschrieben. Echte Umweltfreunde essen nichts, wo der Knecht beim Düngen nicht eigenhändig die Kuhscheiße draufgeklatscht hat.

Die Deutschen essen gesünder. Wir essen nur pflanzenfressende Tiere.

## PILZE

Die Pilz-Saison ist eröffnet! Klar. Nach der Freibad-Saison kommt ja immer die Fußpilz-Saison.

Aus Pilzen wird ja das Penicillin gewonnen. Das heißt, ich habe eine richtige Apotheke an meinen Fußsohlen.

Ich gehe auch gerne Pilze suchen. Und wenn ich welche finde, zermansch ich sie sofort. Wozu ist man am Ende der Nahrungskette?

Ich mag Pilze nicht, sie sind so schleimig und fade und langweilig. Setzen Sie an dieser Stelle einen FDP-Politiker Ihrer Wahl ein.

## PIZZA

Pizza ist angeblich unhygienisch. Ich finde, wenn man sich da freiwillig tote Fische drauflegen läßt, darf man sich nicht beschweren.

Für Italiener ist Spucke ein Gewürz. Das hat mir der Pizzabäcker nebenan jedenfalls so gesagt, und warum sollte er lügen?

Das Widerlichste sind die Pizzas mit Eiern drauf. Diese Eier stammen angeblich aus den Aftern von Hühnern!

## POMMES FRITES

Bestellen Sie in Frankreich niemals Pommes. Die sprechen das total falsch aus.

In Großbritannien wird zurzeit an Pommes frites mit integriertem Ketchup getüftelt. Geilo, vielleicht züchten sie demnächst Schweine mit eingebauter Jägersauce!

Eine Zeitschrift hat festgestellt: Pommes sind unglaublich schlecht. Man merkt es nur nicht, weil die billige Majo vorübergehend die Geschmacksnerven lähmt.

Pommes werden oft in verdorbenem Fett fritiert. Schrecklich. Jeder weiß doch, viel besser ist verdorbenes ÖL!

Die schockgefrorenen Fritten für daheim wurden mal getestet, und deren Fettanteil ist wesentlich geringer als der von Pommesbudenpommes. Vielleicht sollte man auch mal die Wildecker Herzbuben schockgefrieren.

Es gibt ja jetzt diese Pommes-Soße »Rot-Weiß« aus der Tube. Ist in Wirklichkeit Zahnpasta, aber geschmacklich 'ne Verbesserung.

Hunderte von Fritten schwimmen herum in altem Fett. Das kenne ich von meinem letzten Nordsee-Urlaub.

Ich habe als Kind im Freibad immer viel Pommes gefressen. Im Bedarfsfall konnte man damit das Wasser aufheizen.

## RESTAURANT

*→ Kellner; → McDonald's*

In meinem Stammlokal ist es immer furchtbar voll. Und diese Frauen, die auf den Tischen tanzen, lassen einen einfach nicht in Ruhe essen!

Im Steakhouse bekommt man ja immer ein Wrigley's neben die Rechnung hingelegt, von wegen Mundgeruch. Ich laß das Ding aber liegen, das ist dann das Trinkgeld.

Am liebsten bestelle ich im Restaurant Kohlsuppe. Dann habe ich das halbe Lokal für mich allein.

Ich habe in letzter Zeit viel abgenommen. Das liegt daran, daß man mich in Restaurants mit Selbstbedienungs-Buffets nicht mehr reinläßt.

Arnold Schwarzenegger hat sich von der Restaurantkette »Planet Hollywood« getrennt. Als neues, etwas bescheideneres Projekt plant er nun eine Restaurant-Kette mit dem Namen »Planet Bitterfeld«.

## RINDERWAHN

Seit dem Rinderwahn mache ich mit Stier-Frauen keinen Sex mehr.

Besonders Fleisch mit Knochen dran ist stark BSE-verdächtig. Genlabors arbeiten deshalb bereits an der Entwicklung der knochenfreien Kuh.

In ganz England gab es damals plötzlich Panikkäufe von Knochenfleisch, um dem Verkaufsverbot vorzubeugen. Das ist, als würde man sich noch Vorräte von Asbest zulegen, bevor die Wände entgiftet werden.

Die britische Regierung hatte zwischenzeitlich den Verkauf von Rindfleisch mit Knochen verboten. Nur der Diebstahl war noch erlaubt.

## SCHNAPS

Wodka findet in Deutschland starken Absatz. Besonders die Ostdeutschen wollen sich endlich wieder betrinken wie früher.

Der Exportboom bei Spirituosen ist zu Ende. Besonders seit man im Ausland festgestellt hat, woraus Jägermeister wirklich besteht.

Die Deutschen trinken mehr Schnaps aus dem Ausland. Das ist billiger als 'ne Kreuzfahrt.

Underberg ist 150 Jahre alt. Das ist das Dreifache der Lebenserwartung seiner Konsumenten.

Es gibt jetzt sogar Pfand auf die kleinen Jägermeister-Fläschchen. Wer hundert Stück zurückbringt, bekommt einen hübschen Grabstein.

## SCHOKOLADE

Es gibt bald einen Ableger von Ferrero Küsschen: »Ferrero Fellatio«.

Ich wollte meinen Kindern eigentlich Schokoladenzigaretten schenken. Das hab ich dann vergessen, also gab ich ihnen eben echte.

Wir alle lieben ja Ferrero Rocher, die Überraschungseier, in denen immer dasselbe drin ist: Schokolade.

Franzi van Almsick ist froh, nicht mehr für Milka zu werben. Jetzt muß sie nicht mehr jedesmal ins Aufnahmestudio rennen, wenn sie Schokolade essen will.

Ich weiß nicht, wie es Ihnen geht, aber ich bekomme beim Anschauen der Milka-Spots immer Hunger. Aber nicht auf die Schokolade, sondern auf diese lila Kuh.

## SCHWEINEPEST

»Schweinepest« klingt so negativ. Wie wäre es mit »Ferkelschnupfen«?

Die Schweinepest breitet sich in Deutschland immer mehr aus. Viele merken erst am Rosenmontag, wieviele versoffene Schweine es in Deutschland gibt.

Vielleicht sollte es ein Export-Verbot für deutsche Schweine geben. Aber dann kann ja kein Bayer mehr das Land verlassen.
Und das wäre ja nun wirklich doof.

Die Schweinepest ist nicht auf den Menschen übertragbar. Aber benutzen Sie vorsichtshalber Kondome.

## SPEZIALITÄTEN

→ *Pizza*

Hat Köln eigentlich eine Spezialität? Irgendwas, womit man dieses eklige Kölsch runterspült?

Matjes ist ja eigentlich eine holländische Spezialität, wir haben sie nur kultiviert. Die Holländer benutzen Matjes eigentlich nur als Einlegesohlen.

50% der Deutschen kochen zuhause am liebsten italienisch. Soll heißen, sie machen 'ne Tiefkühlpizza warm.

Ich bewundere ja die italienische Küche. Abgesehen von den vielen Fliegen und der alten Matrone, die im Schaukelstuhl in der Ecke vor sich hin krepiert.

## SUPPE

Die Knorr-Familie arbeitet ja im Deutschen Suppeninstitut als Testfamilie. Ist Ihnen schon aufgefallen, daß die Darsteller oft ausgetauscht werden?

Ich war früher ein echter Suppenkasper. Nicht, weil ich sie nicht essen wollte, sondern weil ich mit den Croutons immer Puppentheater gespielt habe.

Wenn die Suppe zu heiß ist, muß man pusten. Pavarotti hat deshalb schon in ganz Italien Lokalverbot.

## TEE

Der Erfinder des Teebeutels ist vor kurzem gestorben. Also wirklich. Wie kann man denn so was nur machen? Runde Tasse. Eckiger Beutel. Toter Erfinder! Wie kann man denn so was nur machen?

Was merkwürdigerweise schon völlig vergessen ist: Der Teebeutel-Erfinder ist ja auch der Erfinder der Kotztüte.

Der Vorteil des Teebeutels ist, daß man nicht reingucken kann. Sonst würde man sehen, wie das Zeug zusammengesetzt ist: 4 Prozent Tee, 96 Prozent Farbstoff.

## TIEFKÜHLKOST

Bis heute ist nicht genau bekannt, wie die Tiefkühlkost wirklich erfunden wurde. Es hat was zu tun mit einer Forschungsexpedition in der Antarktis, einem erfrorenen Expeditionsleiter und sehr hungrigen Wissenschaftlern.

Meine Mutter friert einfach alles ein: Brot, Eier... sogar den Kühlschrank.

Schon fünf Jahre nach der Erfindung der Tiefkühlkost kam jemand auf die Idee, die Tiere vorher zu töten.

### TUPPERWARE

Vor 50 Jahren wurde die Tupper-Dose erfunden. Leider kann man nichts reintun, weil der Tupper noch nicht erfunden ist.

Am Anfang gab es nur die »Wunderschüssel«. Die wurde allerdings oft auf der Toilette zweckentfremdet.

Inzwischen gibt es die Schüsseln ja in jeder Größe. Im Modell »Cherry« bewahrt man einzelne Kirschen auf.
Und im Modell »Dumbo« kann man einen Elefanten monatelang frisch halten.

Sogar im tiefsten Afrika werden die Dinger benutzt. Auch Tupper-Beraterinnen halten sich sehr lange darin frisch.

### VEGETARIER

Ich habe mir fest vorgenommen, ein Jahr lang ohne Fleisch zu leben. Das Jahr steht auch schon fest: 2099.

Laut einer Studie pupsen Vegetarier deutlich mehr als Fleischesser. Dazu passend die Meldung: Auf der »Grünen Woche« gab es eine Explosion mit 24 Verletzten! Da sieht man mal die Zusammenhänge...

Vegetarier leben viel gesünder als Fleischesser. Jedenfalls solange sie überhaupt leben.

Vegetarierinnen sind schlecht im Bett. Viele wollen nicht mal beim Sex Fleisch in sich aufnehmen.

### WEIN

Italienischer und französischer Wein ist hierzulande am stärksten gefragt. Einem Deutschen kann man ja pure Benzoesäure in den Schwenker kippen, solange irgendwas mit »Chateau« draufsteht.

Logo wird in Deutschland mehr Wein getrunken. Weil, Schnaps haben die Ärzte Harald Juhnke ja verboten.

Champagner ist bloß ein Statussymbol für neureiche Yuppies, die nicht wissen, wohin mit ihrer unverdienten Knete. Ich selber habe mir für meinen Vorrat extra einen Keller bauen lassen.

Prinz Charles hat einen alkoholfreien Wein auf den Markt gebracht, mit dem man schon kleinen Kindern beibringen kann, wie lecker Wein schmecken kann. Wann gibt's das endlich bei uns?

Die Deutschen trinken zwei Drittel ihres Weins selber, der Rest wird exportiert. Ins Klo.

Mein Lieblingswein ist natürlich der »Kröver Nacktarsch«. Da erwartet man erst gar nicht, daß er großartig schmeckt.

Ich hab früher als Student auch mal geholfen, Weintrauben zu lesen. Die Rechtschreibfehler hab ich gegessen.

Deutschland stellt ja fast ausschließlich Weißwein her. Rotwein gibt es zwar auch, aber seit dem Rinderwahnsinn beklagen die Winzer Rohstoffknappheit.

# VERKEHR UND REISEN

## ADAC

Ich war mal Mitglied beim ADAC, aber sie haben mich nach einem Jahr rausgeschmissen. Weil ich meine »Tote-Radfahrer-Quote« nicht erfüllt habe.

Der ADAC ist unglaublich reich. Opel-Fahrer lassen die bald schon gar nicht mehr rein.

Jeder anständige Deutsche ist beim ADAC. Ich z.B. nicht.

Ich bin auch Mitglied beim ADAC, eigentlich nur, weil mir diese affengeile Club-Zeitschrift so gut gefällt.

Wozu sind so viele Autofahrer in einem Club? Auf der Straße kämpft ja doch jeder gegen jeden.

## AMPELN

Es gibt statistisch betrachtet zu viele Ampeln in Deutschland. Das wird aber wieder dadurch ausgeglichen, daß sich die meisten Autofahrer gar nicht an sie halten.

Es dauert sehr lange, bis man merkt, daß eine Ampel defekt ist. In Köln gibt es eine Kreuzung, an der für 30 Sekunden sämtliche Ampeln jeder Art auf rot stehen. In Bochum gibt's das auch, nur da stehen alle Ampeln auf grün.
Und in Leipzig sind sie kaputt.

Eigentlich komisch, daß es so viele Ampeln gibt. Wie oft hat man es schon gehört: »Er hat die Ampel bei Rotlicht überfahren«. Offenbar sind die Dinger hart im Nehmen.

## AUTO

*→ ADAC; → Autowerkstatt; → Dieselmotor; → Flensburg; → Ford; → Mercedes; → Opel; → Radarfalle; → Tempolimit; → Verkehrsunfälle; → Volkswagen*

Deutschland hat nur deshalb den Status des drittgrößten Waffenexporteurs, weil Autos offiziell als tödliche Waffen eingestuft wurden.

Die Benzinpreise in Deutschland sind auf Rekordniveau geklettert. Man stelle sich vor: Es gibt jetzt schon Deutsche, die tatsächlich erwägen, mal öfter mit der Bahn zu fahren!

Autofahrer fühlen sich einer Studie zufolge zunehmend durch Rüpeleien belästigt. Na und? Wenn zentimeterdichtes Auffahren und abrupter Spurwechsel ohne Blinken schlecht wäre, wäre es ja verboten!

Als häufigstes Fehlverhalten wurden »aggressive oder obszöne Gesten« genannt. Naja, ICH mach sowas nie! Geht auch schlecht, ich hab ja beim Fahren immer mein Handy in der Hand.

Männer nutzen das Auto angeblich nicht nur als Fortbewegungsmittel, sondern auch als Ventil für ihre Gefühle. Ja, besonders wenn sie ihren Wagen von oben bis unten »einschmieren« und dann »abrubbeln«...

Die meisten Deutschen sehen Frauen als die besseren Autofahrer an. Weil, die Schnallen schnallen sich öfter an.

Ich sehe beide Geschlechter im Fahrtest als gleichwertig an. Ich fänd's ideal, wenn jedes Auto ZWEI Lenkräder hätte und Mann und Frau gleichzeitig fahren.

55 Prozent der Frauen finden, das weibliche Geschlecht könne besser Auto fahren. Männer dagegen sagen, das weibliche Geschlecht sollte überhaupt nicht Auto fahren. Die Frauen sollen gefälligst Hände und Füße benutzen.

Frauen fahren umsichtiger. Deshalb gibt es auch keine weiblichen Formel-1-Fahrer. Die würden ja nie irgendwo gegenbrettern, wo soll da dann noch der Spaß liegen?

29 Prozent der Männer finden, daß Männer am besten fahren. Besonders, wenn sie mit 180 betrunken auf der Gegenfahrbahn sausen.
Das TRAUEN sich Frauen gar nicht erst.

Viele Männer wissen die Fahrkünste ihrer Frauen zu schätzen. Zum Beispiel Derrick.

Frauen am Steuer sind gar nicht das Hauptproblem. Achten Sie lieber auf Kinder auf der Straße! Die sind furchtbare Fahrer.

Autofahrer sollen darauf achten, daß Kindersitze im Auto genutzt werden. Das mag für den Fahrer anfangs etwas unbequem sein, aber sicher ist sicher!

Das Gepäck soll immer sicher im Kofferraum verstaut sein. Das gilt besonders für illegal eingeschmuggelte Waren wie Schnaps, Zigaretten und Albaner.

In Großbritannien gibt es jetzt ein Automagazin für Frauen. Das finde ich gut, dann verschwinden aus den anderen Magazinen endlich diese verdammten Kochrezepte. Und Horoskope. Und »Fragen an Frau Erika«.
In dem Blatt stehen so hinreißende Erklärungen wie »Wenn die Bremsen blockiert sind, drehen sich Ihre Räder nicht mehr«. Wahnsinn, und ich hab immer gedacht, ich wär auf vier Tuben Alleskleber draufgefahren.

Inzwischen kaufen sich mehr Frauen als Männer ein neues Auto. Naja, Männer haben eben den Trick kapiert, wie man mit seinem Wagen NICHT alle 100 Kilometer gegen einen Betonpfeiler rast.

Angeblich werden Frauen beim Autokauf nicht für voll genommen. Das liegt daran, daß die immer Hilfe brauchen, um den Gurt zwischen die Brüste zu drapieren.

Frauen sind bei einem Auto weniger an der Technik interessiert. Viel wichtiger ist, ob der Schminkspiegel höhenverstellbar ist.

Manche Deutsche haben sogar einen extra Wagen, mit dem sie zur Garage fahren.

Eine große Mehrheit wünscht sich weniger Autos in den Städten. Die einfachste Lösung: Baut einfach noch 500 Städte!

Über die Hälfte der Deutschen befürwortet eine totale Sperrung der Innenstadt für Autos. Das heißt, dann dürfen nur noch Fiats und Opel Asconas dort fahren.

Immer mehr Leute machen immer mehr Autofahrten allein. Fahrgemeinschaften werden kaum genutzt. Was das angeht, ist Michael Schumacher wirklich ein schlechtes Vorbild.

In der EU-Kommission werden Beschränkungen für Autowerbung erwogen. Armer Michael Schumacher, das würde ihn mindestens 50 Millionen Mark Einnahmen kosten. Also fast ein halbes Monatseinkommen!

Ein totales Werbeverbot für Autos ist im Gespräch. Tja, dann ist wohl Schluß mit den Zeiten, in denen Autofahrer eben mal 40.000 Mark hinlegen für einen neuen Wagen, weil die den Song der TV-Werbung so toll finden.

Es gibt vielleicht bald eine europaweite Pflicht, die Autoscheinwerfer auch tagsüber einzuschalten. Dafür muß man nachts im Auto 'ne Sonnenbrille tragen.

Ich treibe es am liebsten in kleinen Autos, dann wirkt mein Schwanz viel größer.

Wenn man sich früher im Autokino einen Horrorfilm ansehen wollte, mußte das Auto über 18 sein.

Ich nehme ja immer ein Taxi, wenn ich besoffen bin. Übrigens, will jemand mein Auto kaufen? Ich brauch's nicht mehr.

Als Alternative überlegt man sich jetzt das Elektro-Auto. Das Teuerste daran sind die kilometerlangen Kabel.

Ich habe mal einen Japaner gefahren. Aber der Typ hat sich dann irgendwann die Wirbelsäule gebrochen.

Ich liebe es, japanische Autos zu fahren. Ich denke dabei immer an die japanischen Akkordarbeiter, die sich kaputt schuften, nur damit ich bequem zum Einkaufen fahren kann.

Japanische Autos sind so wunderbar unauffällig. Wenn man einen Unfall baut, kann man abhauen ohne daß sich einer an dich erinnert.

## AUTOBAHN

*→ Stau; → Tempolimit; → Transit*

Ich finde, einige Autobahnen in Deutschland sind total abgefahren!

Die Straßen im Osten sind ein gefährliches Pflaster. Ich bin gestern bei Magdeburg an einem Schlagloch vorbeigefahren, da kroch gerade ein verdutzter Chinese raus.

Eine allgemeine Geschwindigkeitsbegrenzung auf Autobahnen wird von den meisten Deutschen befürwortet. Dann wird man nicht mehr so oft von Mercedes-Ärschen überholt und fühlt sich dann nicht wieder so schrecklich kastriert.

Es gibt eine neue Autobahnbrücke von Brandenburg nach Polen. Die polnischen Autodiebe hatten sich mehrfach über die Staus beschwert.

Verkehrsminister Klimmt kündigt an: Alle Autobahnen werden sechsspurig ausgebaut. Jede Spur 30 cm breit.

Vermutlich sollen breitere Autobahnen Staus verringern. Schön und gut, aber viele Familienväter kommen dann viel zu früh nach Haus zu Frau und Kindern. Ich finde das unverantwortlich!

## AUTOWERKSTATT

Die Stiftung Warentest meint, in jeder dritten Autowerkstatt wird geschlampt. Kein Problem für mich, ich hab bloß zwei Autos.

Viele Mechaniker sind zu schlecht ausgebildet. Aber solange sie fluchen, rülpsen und den halben Arsch aus der Hose hängen lassen, vertraue ich ihnen blind.

Ich glaube, Mechaniker schlampen nicht bei Reparaturen. Meistens tun sie einfach gar nichts und verstellen nur die Sitze.

Die Leute in meiner Werkstatt sind nicht schlampig. Die finden erst gar nicht den Fehler.

### BAHN

→ *Bahnhof;* → *Euro-Tunnel;* → *Verspätung*

Die Deutsche Bahn will in den nächsten Jahren jeden vierten Lokomotivführer einsparen. Das ist nur konsequent, schließlich wird die Bahn bis dahin auch auf jeden vierten Fahrgast verzichten.

Nach einem neuen Konzept ist auch ein einspuriger Transrapid wirtschaftlich. Hey supi, wenn diese Leute es mal durchrechnen, lohnt sich vielleicht auch wieder ein Kanzleramt auf dem Mars!

Das Bundeskartellamt hat ein Verfahren wegen Monopolmissbrauchs gegen die Deutsche Bahn eröffnet. Sehr gut, endlich unternehmen die mal was! Ich meine, 5 Mark für eine Tasse Kaffee! Also echt!

Die neue ICE-Generation heißt »Generation X«. Die Züge kommen, wann sie wollen, bleiben stundenlang stehen und begehen in unregelmäßigen Abständen Selbstmord.

Zwei Waggons der deutschen Bahn hat man entdeckt, die total voller Läuse waren. Sie wurden aber nicht entfernt - alle hatten einen gültigen Fahrschein.

Jeder sechste Zug hat fünf Minuten Verspätung. Na, wenn das feststeht, muß man ja nur die Fahrpläne korrigieren.

Der ICE 2 hat nur Großraumwagen. Aber die gute Nachricht: Dafür hat er keinen Speisewagen.
Oder wie ich es nenne, keine fliegende Folterkammer.

Die Deutsche Bahn will bald Sonderzüge bereitstellen, die speziell für Fußballfans gestaltet wurden. Das heißt wahrscheinlich nur Stehplätze, billige Bockwurst und schales Bier im Speisewaggon. Also ein ganz normaler Zug.

Eine neue Waggon-Beschichtung soll Graffiti-Sprayern den Spaß verderben. Es steht einfach drauf »Graffiti erlaubt«. Damit ist die Fläche tabu.

Londons U-Bahn ist die älteste U-Bahn der Welt. Ich hab da mal 'n Graffiti gelesen: »Fuck you, Napoleon!«
Die Londoner U-Bahn-Stationen sind ja erfreulich sauber. Allerdings treiben sich da viel zu viele Engländer rum.

In der U-Bahn fühlt man sich wie in U-Haft.

Öffentliche Verkehrsmittel finde ich gut, besonders die in Netzstrümpfen hinterm Bahnhof.

Busse und Bahnen sind nicht ausgelastet. Na, warum lassen sie halt keine Motorräder rein?

Du weißt, daß du alt bist, wenn in der Straßenbahn niemand für dich aufsteht.

## BAHNHOF

Die Deutsche Bahn wird ihre Bahnhöfe umstricken. »Die Marke Bahnhof« soll neue Qualität gewinnen. Hässliche Fahrgäste werden durch Tunnel zu den Gleisen geführt.

Manchmal warte ich solange auf eine Bahn, daß man glauben könnte, die Linie wurde gerade stillgelegt.

Die Wartesäle wurden in die »DB Lounge« umgewandelt, um die Wartequalität zu erhöhen. Die Lounge hat z.B. Sitze.

Es gibt mehr First-class-Wartesäle in den Bahnhöfen. Da wartet man zehn Minuten weniger als andere.

Stuttgart kriegt einen neuen Bahnhof. Hauptsächlich zum Abreisen.

## DIESELMOTOR

Ich fahre grundsätzlich Diesel. Da spart man viel Benzin.

Vor gut 100 Jahren wurde der Dieselmotor erfunden. So ein Zufall, der Smog-Alarm auch.

Der Dieselmotor, das ist noch einer, der den Namen »Verbrennungsmotor« wirklich verdient. Mein alter Diesel hat praktisch ununterbrochen gebrannt.

## EURO-TUNNEL

Der Euro-Tunnel heißt bald nur noch so, weil ein Euro der Kaufpreis sein wird.

Viele sagen, der Euro-Tunnel stünde kurz vor dem Aus. Vielleicht kommt dann ja auch bald das endgültige Aus für den Euro.

Vielleicht kommt der Euro gar nicht. Vielleicht bleibt er im eigens gegrabenen Euro-Tunnel stecken.

## FAHRPRÜFUNG

→ *Führerschein*

Ich hab gehört, in Deutschland soll man das Telefonieren im Wagen schon in der Fahrschule üben. Weitere neue Punkte auf dem Lehrplan sind »Rasen auf der Überholspur« und »Fahrerflucht für Fortgeschrittene«.

Ich kann mich noch sehr gut an meine erste Fahrprüfung erinnern. Und ich glaube, der Fahrlehrer auch.

Etwa 23% der Fahrschüler scheitern in der Theorie. Das ging mir auch so. Meine Theorie war: Wer mir nicht Platz macht, ist selber schuld!

Etwa 28% der Fahrschüler scheitern in der Praxis. Das ist weniger als bei Zahnärzten.

Umweltschonende und benzinsparende Fragen gehören jetzt zum entscheidenden Teil der Fahrprüfung. Schön zu wissen, daß man einen Ausgleich hat, wenn man bei der praktischen Prüfung die Karre in einen vollbesetzten Schulbus rammt.

Bei der Bundeswehr kann man den Führerschein ja auch machen. Da muß man zeigen, wie man einen Panzer mit einem Verbrauch unter dreißig Liter pro Stunde fahren kann.

Als ich meinen Führerschein gemacht habe, mußte man nur wissen, wo Gas und Bremse sind. Bei der fünften Prüfung habe ich's geschafft.
Ich wünschte, das könnte ich auch über den Fahrlehrer sagen.

Fahrschulen sind doch Quatsch. Die Kinder sollen das auf der Straße lernen, so wie ich.

Das war ein Streß zu der Zeit: Fahrschule, Tanzschule, Ski-Schule. Kein Wunder, daß ich für die richtige Schule keine Zeit mehr hatte.

### FAHRRAD

Die Radfahrer verseuchen unsere Innenstädte. Es ist furchtbar: Die denken, die Radwege gehören ihnen allein!

Radfahrer fallen auf wegen Fahrens auf Gehwegen. Das finde ich auch echt unmöglich! Ich meine, welchen Spaß hat man denn heutzutage als Autofahrer noch, wenn man nicht mal mehr Radfahrer auf der Straße anfahren kann!

Radfahrer mißachten häufig rote Ampeln. Kaum steht die Ampel auf rot, bleiben diese Drahtesel plötzlich abrupt stehen!

Radfahrer verursachen immer mehr Unfälle. Die haben es ja auch schwer: Die müssen während der Fahrt ihr Handy ja erstmal vom Gepäckträger abklemmen.

Radfahrer sind ja gemeingefährlich. Wenn die bergab fahren, erreichen die ja mörderische Geschwindigkeiten von bis zu 30 Stundenkilometern.

Aber seien wir fair: Haben Sie schon mal versucht, mit dem Wagen links abzubiegen, während Sie nur eine Hand am Lenkrad haben und die andere versuchen, rechts aus dem Fenster zu strecken? Ich hab's mal versucht. Meine Bewährung läuft erst nächstes Jahr aus.

In den Niederlanden fahren viele Leute Fahrrad, weil das Land so schön flach ist. Naja, außerdem, weil die wenigsten den Führerschein schaffen.

Ich fahre ganz gerne Tandem. Allerdings jammert meine Frau ständig, ich sollte auch mal mittrampeln.

Es ist furchtbar, wie leichtsinnig Radfahrer sind. Neulich habe ich einen 'ne halbe Stunde lang mit meinem Wagen durch die Fußgängerzone verfolgt, um ihm eine Lektion zu erteilen.

Nach dem Triumph von Jan Ullrich bei der Tour de France habe ich mir allerdings vorgenommen, mehr Rad zu fahren. Das Problem ist nur: Für mein Fahrrad gibt es keine passenden Stützräder.

### FLENSBURG

Mir tut Flensburg leid. Eine so schöne Stadt ist für so was Häßliches berühmt. So wie München für den FC Bayern.

Über sechs Millionen Bundesbürger sind in der Flensburger Verkehrssünderkartei registriert. Mein Gott, wieviel müssen es dann erst außerhalb von Flensburg sein?

Flensburg liegt ja ganz weit oben, knapp vor der dänischen Grenze. Das ist, damit die Angestellten am Tag X schnell ins Ausland fliehen können.

### FLUGHAFEN

Mir macht es nichts, wenn die Flughäfen bestreikt werden. Dann muß ich eben mit dem Zug nach New York fahren.

Der Flughafen Köln-Bonn hat sich noch letztes Jahr beschwert, daß Willy Millowitsch so laut schnarcht.

Offenbar hat der Flughafenbrand dem Ansehen von Düsseldorf nicht geschadet. Ich hatte schon so ein schlechtes Gewissen, weil ich damals bei meinem Rückflug über Düsseldorf eine Zigarette aus dem Fenster geworfen hatte.

## FLUGZEUGE

→ *Lufthansa*

Wenn Sie eine Maschine kapern, verlangen Sie als Verpflegung: Kapern! Niemand erschießt Menschen mit einem sonnigen Humor.

Wie kann eine Stewardess streiken? Sie läßt sich die Knie zusammennähen.

Es wird noch gerätselt, warum Flugzeuge entführt werden. Angeblich war es nur ein alter Brauch, wenn die Maschine gerade geheiratet hat.

Fliegen soll angeblich die sicherste Art zu reisen sein. Dabei fliegen doch alle Flugzeuge in die Luft!

Die Flugzeugbauer Boeing und McDonnell-Douglas haben sich vor kurzem zusammengeschlossen. Zum ersten Mal wurde ein ganzer Flugzeug-Konzern entführt.

Boeing stellt jetzt mehr Jumbos her als der beste Schönheitschirurg von Hollywood.
Boeing ist der größte Waffenhersteller der Welt. Ja, noch größer als »Gerd's Waffen«.

Jetzt will die Airbus-Industrie einen neuen Groß-Jumbo mit 500 Plätzen bauen. Und zwar Stehplätzen.

Ich mag es, wenn Stewardessen die Sicherheitsvorschriften erläutern. Viele wissen ja immer noch nicht, wie man mit einem Kondom richtig umgeht.

Nachdem die Aeroflot im Eimer ist, gibt es jetzt in Rußland 400 Fluggesellschaften. Aber nur drei Flugzeuge.

Man muß bei russischen Fluggesellschaften oft umsteigen, denn kein russisches Flugzeug fliegt weiter als 50 Meter.

In russischen Maschinen gibt es nur eine erste Klasse. Die zweite Klasse ist auf den Tragflächen.

400 Fluggesellschaften gibt es in Russland. Der Vorteil dieses gewaltigen Wettbewerbs: Die Preise purzeln. Der Nachteil: Die Flugzeuge auch.

## FORD

Der Ford Fiesta muß zurück in die Werkstatt. Der Wagen ist nicht langsam genug.

Vor gut 100 Jahren begann die Massenproduktion am Fließband, nämlich in den Ford-Fabriken, wo das Modell T, auch »Tin Lizzy« genannt, hergestellt wurde. Dreißig Jahre später ging dann das Nachfolgemodell »Queen Lizzy« vom Band.

Ford stellt ja bald eine neue Erfindung vor: Die Francis-Ford-Kupplung.

Ford baut ja seit einiger Zeit die Zahl seiner ausländischen Arbeiter ab. Ford. Die tun was.

Ich liebe ja diese kleinen Fiestas. Denen kann man frontal drauffahren und der Polizei glaubhaft versichern, man habe das Auto nicht gesehen.

## FÜHRERSCHEIN

*→ Fahrprüfung; → Flensburg*

Ich brauche keinen Führerschein. Ich bin sowieso ein Führerschwein.

Etwa 800 000 Briten fahren nach einer Studie des englischen Automobilclubs AA ohne Führerschein. Ja, und wissen Sie was noch? Als ich letztes Jahr da war, fuhren die ALLE auf der falschen Straßenseite!

Der Führerschein kann in Österreich bei Trunkenheit am Steuer für mehrere Wochen entzogen werden. Wer gar keinen Führerschein hat, muß ihn sogar für ein halbes Jahr abgeben.

Mir wurde gestern mein neuer Führerschein per Post geschickt. Er ist letzten Monat abgelaufen.

Ich muß meinen Führerschein bald mal erneuern lassen. Ich sehe auf dem Passfoto aus wie Günter Jauch mit einem Hormonproblem.
Also, mit einem NOCH GRÖSSEREN Hormonproblem.

Jeder 18jährige will den Führerschein, um allein dahin zu fahren, wo er mit anderen zusammen ist.

Mir wurde noch nie der Führerschein entzogen. Ich halte es mit Franz von Assisi: Was man nicht hat, kann einem auch nicht genommen werden.

Führerscheinneulinge müssen sich auf härtere Auflagen einstellen. Auf den Fahrersitz kommt ein Nagelbrett.

Führerscheinneulinge bauen sehr viele Unfälle. Dazu müssen die sich noch nicht mal einen ansaufen.

Die Probezeit für Führerscheinneulinge wird von zwei auf drei Jahre verlängert. Mein Gott, so lange proben ja nicht mal die Fischer-Chöre.

## HOTELS

*→ Touristen*

Für die Hilton-Motels werden jetzt neue Manager gesucht. Vorzugsweise alleinstehende, geisteskranke Männer mit ausgestopfter Mutter.

Die deutschen Hotels sind immer schlechter ausgelastet. Hauptsächlich deshalb, weil immer mehr Prostituierte Arbeit mit nach Hause nehmen.

Japaner wollen ein Hotel auf einer Weltraumstation bauen. Name des Hotels: »Holiday Out«.
Die Übernachtungskosten liegen bei 138.000 DM pro Nacht. Der Witz ist: Da draußen gibt's nichts anderes als Nacht.

Auf dem Mond soll ein Hotel entstehen. Die Übernachtung kostet nichts, aber die Rückfahrt ist im Preis nicht mit inbegriffen.

Hilton ist der größe Hotel- und Spielcasinobetreiber der Welt. Also, gleich nach der katholischen Kirche.

Hilton hat 655 Hotels mit 230 000 Zimmern. Mein Gott, das macht ja insgesamt 150 Millionen Zimmer!

## LKW

Ich wollte auch mal den Führerschein für Lastwagen machen. Aber ich hab es nicht geschafft, beim Überholen das Pornoheft umzublättern.

Das Feiertags- und Sonntagsfahrverbot für LKW bleibt bestehen. Menno! Man kann sonntags nicht einkaufen, man kann nicht LKW fahren, was verbieten die als nächstes? Handtaschendiebstahl?

Die Straße vor meinem Haus ist völlig still. Der Lärm kommt bloß von den 5 Mio Lastwagen, die da jeden Tag vorbeizischen.

Es fahren wieder viel mehr Lastwagen auf deutschen Straßen. Das bedeutet mehr Staus und mehr Umweltverschmutzung. Endlich mal ein echtes Signal für den Fortschritt.

## LUFTHANSA

Die Lufthansa serviert ihren Gästen Eier aus Bodenhaltung. Es ist für die Passagiere nur noch etwas ungewohnt, auf dem Boden zu essen.

Die Lufthansa verkauft Sessel aus ihren Flugzeugen, zum Gebrauch im Wohnzimmer. Zusätzlich bekommt man zwanzig Kotztüten.
Der Preis richtet sich danach, ob man den Sessel am Fenster aufstellt oder am Flur.

Die Lufthansa bildet jetzt Stewardessen als Krankenschwestern aus. Wow, das sind ja gleich zwei meiner Lieblings-Sexphantasien in einem!

Die Lufthansadessen sind ausgebildete Krankenschwestern. Ich hoffe bloß, daß die mit den Bettpfannen nicht durch die Gänge laufen.

## MERCEDES

Ich weiß, Sie erwarten jetzt billige Witze über die A-Klasse. Ich muß Sie enttäuschen. Ich habe mir selbst so einen Wagen bestellt. Und auf drei Millionen Mark versichert.

Dem Chef von Daimler-Chrysler, Jürgen Schrempp, wird von deutschen Wirtschaftseliten der meiste Einfluss auf die Wirtschaft zugesprochen. Auf den zweiten Platz kam Bundeskanzler Gerhard Schröder. Aber Schrödi soll sich mal nicht grämen. Eines Tages steigt er vielleicht vom Bundeskanzler zum Daimler-Chef auf.

Der Smart muss nachgerüstet werden. Alle drei Smart-Besitzer sollen sich bei ihrem Kfz-Händler melden.

Laut einer Untersuchung verlieren Menschen mit Verletzungen in bestimmten Regionen des Vorderhirns die Fähigkeit, Moralbegriffe und soziales Verhalten zu erlernen. Jetzt weiß ich, wieso im Mercedes der Rückspiegel so tief hängt.

Der Designer der Mercedes A-Klasse hat den Lucky Strike Designer Award 1997 gewonnen. Besonderen Beifall fanden die hübschen Beulen und Dellen an der Außenhülle.

Mercedes hat jetzt einen Rückruf gestartet für alle »Papamobile«. Sämtliche Päpste sollen sich dringend bei ihrem Kfz-Händler melden.

Der überarbeitete A-Mercedes hat beim TÜV den Elchtest überstanden. Und der Elch auch.
Dem Wagen wurde ein Spurkontrollsystem hinzugefügt. Das klingt, finde ich, sehr beruhigend. Du lieber Himmel, das war aber auch Zeit. Endlich ein Spurkontrollsystem!
Nebenbei - was ist das eigentlich?

Im Elchtest und auf Slalomstrecken hat sich die A-Klasse laut Mercedes absolut stabil gezeigt. Nur gradeausfahren kann der Wagen nicht mehr.

Der Entwicklungs- und Produktionschef des Smart mußte seinen Posten räumen. Er wechselt jetzt ins Süßigkeitengeschäft und produziert Smarties.

Ich habe ein Aphrodisiakum, das auf die Torten wie ein Magnet wirkt: meine Mercedes-Autoschlüssel.

Die DASA steckt ja in Schwierigkeiten. Die verdammten Mercedesse wollen einfach nicht fliegen.

Das Papamobil ist ja von Mercedes. Daß bald alle Kruzifixe gegen Mercedessterne ausgetauscht werden, ist allerdings nur ein Gerücht.

Walter Riester nannte mal Daimler-Chef Jürgen Schrempp »Rambo der Nation«. Dafür bekam er jetzt eine Beleidigungsklage. Und zwar von Sylvester Stallone.

Mercedes-Chef Schrempp hat schon viele Einsparungen beim Personal vorgenommen. Sogar die Zahl seiner Sänftenträger hat er halbiert.

Der neue Papst-Mercedes hat eine spezielle Panzerung, damit nicht mal göttliche Blitzschläge durchgehen.

Der »Silberpfeil« ist wieder da. Gott sei Dank, denn ein Silberpfeil ist ja bekanntlich die einzige Methode, einen Werwolf zu töten.
Es gibt nur eins, was ich nicht verstehe: Wenn dieser Mercedes-Rennwagen ein Silberpfeil ist, wer hält den Silberbogen?

Mercedes hat die neue A-Klasse rausgebracht. Aber Vorsicht beim Autokauf: Wer A kauft, muß auch B kaufen.

Die neue A-Klasse ist ziemlich winzig, wird wahrscheinlich niemand haben wollen. Schließlich kaufen die meisten Männer nur einen Mercedes, um darin billige Schlampen flachzulegen.

## MOTORRAD

Ich hatte früher auch mal ein Motorrad. Leider hat das Geld für ein zweites Rad nicht gereicht.

Vor 50 Jahren wurde die erste Vespa fabriziert. Fünf Jahre später wurde ein Motor eingebaut.

Früher hatte ich auch eine Vespa. Jeden Freitagabend in der Kirche.

## OPEL

Opel ist ja auch Sponsor von Bayern München. Wenn sich jetzt da ein Spieler verletzt, kriegt er dann eigentlich seinen Lohn fortgezahlt?

Kurz vor seiner Verhaftung wollte Konstantin Wecker mit der Firma Opel einen neuen Werbevertrag abschließen. Wecker sollte Pate stehen für den neuen Konstantinopel.

Franz Beckenbauer kriegt Millionen Mark dafür, daß er einen Opel fährt. Ich würde sagen, das ist angemessen.

## PARKPLÄTZE

Wir leben wirklich in einem Politessen-Staat!

Es gibt jetzt Parkuhren mit eingebauter Radarfalle. Also wehe, jemand parkt zu schnell ein!

Wenn bei den neuen Radar-Parkuhren die Zeit abgelaufen ist und die Karre immer noch da steht, wird sofort die nächste Politesse angepiept. Dann fährt man schnell weg und lacht die Politesse aus.

Ziehen Sie einfach 'ne Plastiktüte über die Parkuhr, und Sie können ewig da stehenbleiben.

Ich habe keine Parkplatzsorgen. Ich parke einfach quer auf drei Behindertenparkplätzen und ziehe das Bein etwas nach.

Mich nerven immer diese frühpensionierten Parkplatz-Sheriffs, die wie Geier um jeden einparkenden Wagen kreisen. Wenn die schon kein Leben haben, können die sich doch gleich vor meinen Wagen werfen.

## RADARFALLE

Unter den Augen der Polizei hat ein französischer Autofahrer letztes Jahr den Ordnungshütern eine Radarfalle gestohlen, von der er zuvor selber geblitzt worden war. Das ist ja brilliant. Und ich Ödel halt mich immer damit auf, gefälschte Nummernschilder zu montieren.

40 Jahre gibt es die Radarfalle, und es wurde nicht ein einziger Radar gefangen!

Radarfallen waren früher noch etwas simpler als heute. Man stellte einen Radarschirm auf den Boden und legte ein Stück Käse rein.

Am schlimmsten waren früher die Radarfallen in Berlin. Die russischen Piloten kriegten dauernd Strafzettel von den Amerikanern.

Ich warne die anderen Fahrer immer vor den Radarfallen mit der Lichthupe. Besonders wenn ich sie überholen will.

## SCHIFFAHRT

Viele Frauen, die einen Einmaster sehen, überkommt schnell Penisneid.
Manchen Männern überkommt es bei Zweimastern.

Ich finde Segelboote irgendwie erotisch. Der große »Mast«, das »Lenzloch«, das »Unterliek« und vor allem die »Fock«!

Surfbretter werden die neuen Rettungsboote für die »Estonia 2«.

Mein Lieblingssegelboot ist ja der »Fliegende Holländer«. Je weiter die Holländer wegfliegen, desto besser.

## STAU

Ich liebe es, mit meinem hochgezüchteten Ferrari stundenlang im Stau zu stehen und die neidischen Blicke zu spüren.

Es gibt hier wirklich zig Kilometer lange Staus. Ich fahre am Wochenende am Randstreifen mit breitem Grinsen auf meinem Fahrrad dran vorbei.

Jeder italienische Autofahrer steht einen Monat im Jahr im Stau. Obwohl, das ist so nicht ganz richtig. Italiener parken einfach auf diese Weise.

## TAXI

Viele Taxifahrer machen ja absichtlich Umwege. Neulich habe ich auf der Heimfahrt im Taxi von weitem den Eiffelturm gesehen.

Früher gab's noch keine Taxameter. Die Fahrt wurde nach dem Gewicht des Fahrgastes berechnet.

Ich fahre gerne Taxi. Aber die Fahrer lassen mich nie ans Steuer.

Machen Sie das auch so gern, einfach mal 20 Taxis anonym zu ihrem Nachbarn zu bestellen?

## TEMPOLIMIT

Bundesverkehrsminister Klimmt will den Bußgeldkatalog für Temposünder verschärfen. Erstes prominentes Opfer: Dieter Baumann.

»Zwangsneurose« - also so eine Unverschämtheit!

Ich halte mich ab und zu ganz gerne ans Tempolimit. Besonders wenn ich der erste einer fünf Kilometer langen Schlange bin.

Geschwindigkeitsbegrenzungen für Autos gibt es jetzt schon seit über 50 Jahren. Außer Lada und Skoda hält sich aber kein Hersteller daran.

Der Highway 375 im US-Bundesstaat Nevada heißt jetzt »Autobahn der Außerirdischen«, von wegen weil da nämlich seit vielen Jahren Anwohner von UFO-Kontakten berichten. Trotzdem müssen die Aliens auf dem Teppich bleiben: Es herrscht ein konsequentes Tempolimit von Warp 5.

## TITANIC

Die Titanic galt als »unsinkbar«. Ja, und der VfL Bochum galt als »unabsteigbar«.

Ein schweizerisches und ein amerikanisches Unternehmen planen, eine zweite Titanic zu bauen. Toll! Dann braucht die nur noch unterzugehen, und James Cameron kann noch einen Kassenschlager drehen!

90 Jahre nach ihrem ersten Stapellauf soll eine zweite Titanic losschippern. Wer weiß, vielleicht hält diese dann sogar 'ne ganze Woche. Will man übrigens auch den Eisberg detailliert nachbauen?

Die neue Titanic soll Platz für 2000 Menschen bieten. Und die Rettungsboote bieten Platz für 20. Genau wie damals.

Mehr als 1500 Menschen sind ja damals ertrunken. Aber kein Grund sich zu ärgern, es waren keine Deutschen dabei.

Nach neuesten Erkenntnissen war der Kapitän absichtlich zu schnell gefahren. Tja, das hatte er davon. Vielleicht sollte man auf Autobahnen lieber Eisberge statt Radarfallen einsetzen.

Viele Männer aus der ersten Klasse blieben freiwillig an Bord, um sich nicht zu blamieren. Diese Engländer schaffen mich. Demnächst begehen die Selbstmord, wenn man sie anrempelt.

Es gab viel zu wenig Rettungsboote. Und die Löcher da drin fand auch niemand witzig.

Ein 20 Tonnen schweres Stück der Titanic wurde ja aus 3000 Meter Tiefe hervorgeholt. So ähnlich müssen sich hinterher die Liebhaber von Madonna fühlen.

An Bord des Schiffes, das die Bergung der Titanic damals beobachtet hat, waren auch die letzten drei Überlebenden der Katastrophe. Die wollten endlich ihre Hausschlüssel wiederhaben.

In Hamburg sind ja Wrackteile der Titanic in einem Museum ausgestellt. Natürlich wurden die Leichenteile erstmal rausgekratzt.
Und dann gesondert ausgestellt.

Man will eine neue »Titanic« bauen. Ich frage mich, ob bald auch jemand eine neue »Apollo 13« baut. Oder eine neue »Challenger«.

Die neue Titanic soll bald zu ihrer Jungfernfahrt in See stechen. Nur diesmal versucht man's mal auf dem Wasser.

## TOURISTEN

Deutsche Touristen sind laut einer Umfrage im Ausland relativ beliebt. Klar, wir schmeicheln den Italienern ja auch damit, daß wir auf ihren bescheuerten Ruckelstraßen mit RICHTIGEN AUTOS fahren.

Am beliebtesten sind die deutschen Urlauber in Österreich. Naja, nun. Das ist ja in dem Sinne nicht »Ausland«.
Mehr sowas wie 'ne deutsche Zweigstelle mit Zentralverwaltung.

Sie kennen doch Singapur? In dem Land kriegt man für kleine Vergehen Stockhiebe. Seitdem ist das Land Hauptziel für SM-Sextouristen.

Wüsten-Tourismus ist jetzt in. Diese Bewegung wird bezeichnet als »Desert Storm 3«.

Können Sie sich deutsche Touristen in der Wüste vorstellen? Eindrücke:

- »Hey, der Sand ist viel zu heiß!«
- »Gibt's denn nix zu saufen hier!«
- »Mein Zelt hat kein fließend Wasser, das reklamier ich!«

Ich hab auch mal in der Wüste Urlaub gemacht. In der Innenstadt von Hannover.

Touristen lassen sich im Urlaub als Drogenkuriere mißbrauchen. Warum verreist eigentlich der Papst so oft?

Manche Touristen kaufen Drogen im Ausland. Bei den deutschen Touristen fällt das aber nicht auf, deren Verhalten ändert sich nicht im geringsten.

## TRANSIT

Vor über 25 Jahren wurden die ersten Transitstrecken durch die DDR gebaut. Und sie wurden nie so wenig benutzt wie heute.

Ich verstehe nicht, wieso ich auf diesen Strecken nie einheimische Autos gesehen habe. Ich meine, da waren so komische Kisten auf Rädern, aber keine Autos!

Ich finde, Honecker wäre in Ordnung gewesen, hätte er nur diese Autobahnen nicht gebaut!

## URLAUB

*→ Hotels; → Titanic; → Touristen*

Viele Frauen begeben sich in den Sex-Urlaub. Sehr beliebt ist Jamaica. Der Jamaica-Rum ist nämlich die einzige Sex-Droge, durch die der Mann vorübergehend erblindet.

Nach Untersuchungen der Stiftung Warentest geben viele Reisebüros zu hohe Preise an und lassen Reisewillige über entscheidende Zusatzinformationen häufig im Unklaren. Ja, mir war das auch eine Lehre, als ich von meinem letzten Mallorca-Urlaub zurückschwimmen mußte. Und dabei meine Mutter auf dem Rücken hatte.

Die neuen Bundesländer werden als Urlaubsziel immer beliebter. Fein, wenigstens in diese Richtung war die Maueröffnung nicht völlig falsch.

In den neuen Ländern erlebt die Tourismusbranche mehr Zuwachs als in den alten. Klar, Abenteuerurlaub ist halt gefragt. Urlaub mit fließendem Wasser ist nur was für Weicheier!

1999 war die Reisefreudigkeit der Bundesbürger etwas gedämpft. Die Deutschen haben gemerkt: Hautkrebs und Beinbrüche kann man auch in Deutschland kriegen, und zwar viel billiger.

Motor der Reisebranche sind die Senioren, die weitaus reisefreudiger sind als die 30-Jährigen. Klar, wir jungen Leute müssen ja noch für unseren Lebensunterhalt arbeiten, während unser Großeltern unser legitimes Erbe auf den Malediven versaufen.

71 Prozent der Reisen führten 1999 ins Ausland. Wobei hinzugefügt werden muss, dass auch Österreich und die Schweiz zum Ausland gezählt werden, was ja allgemein umstritten ist.
Ich bleibe dieses Jahr in Deutschland: Ich fahre nach Königsberg...

Bei den Urlaubsmotiven registrieren die Analysten einen Wertewandel: Gefragt sind u.a. Sonne und Wärme. Der Urlauber wolle sich verwöhnen lassen und seine Freiheit genießen. Warum lassen die sich nicht einfach scheiden und kaufen sich 'ne Höhensonne?

Christdemokraten reisen am liebsten in die Schweiz, um ihr Geld zu besuchen. Das fühlt sich so allein im Schließfach.

Der Trend zum Kurzurlaub hat auch 1999 angehalten. Das Praktische an kurzen Reisen ist: Man muß nur eine einzige Badehose besitzen.

Urlauber müssen in diesem Sommer bei Pauschalreisen tiefer in die Tasche greifen. Sie können aber Geld sparen: Sperren Sie Ihre Kinder solange in die Hundehütte.

Mehr als die Hälfte aller Deutschen will einer Umfrage zufolge in diesem Jahr mindestens zwei Mal in Urlaub fahren. Klar, wie haben ja Milliarden von Spaniern zu ernähren, das verpflichtet.

Mehr als 18 Millionen Deutsche reisen über Ostern nach Italien. Da wundert es doch, daß die Italiener diesen Tag überhaupt noch feiern.

41% aller Italienurlauber sind Deutsche. Noch 10% mehr, und Gerhard Schröder kann für das Amt des italienischen Ministerpräsidenten kandidieren. Zumindest in der Urlaubszeit.

Die Urlauber geben 2600 Milliarden Lire in Italien aus. Umgerechnet sind das, glaub ich, 500 Mark.

Mallorcas Nachbarinsel Menorca will angeblich eine Touristensteuer einführen in Höhe von 6 Mark. Aber das macht nichts, das holen die Urlauber dadurch wieder rein, daß sie die öffentlichen Toiletten ÜBERHAUPT nicht mehr benutzen.

Sie kennen das ja: Tausende von Menschen in einer langen Schlange, halb verdurstet, halb verhungert, und werden gebraten von der Sonne. Also: Meiden Sie die Autobahn!

Ich habe im Moment unbefristeten Sonderurlaub. Und zwar so lange, bis ich einen neuen Job habe.

Immer mehr Paare kriegen Streit im Urlaub. Folgendes sind die Hauptstreitpunkte:

- Die Sonnencreme-Tube wird in der Mitte gedrückt
- allzu heftiger Flirt mit dem nackten Bademeister
- Haare im Meer

Ich war neulich auf Urlaub in Spanien. Das war sehr erholsam, auch für meine Gefährtin. Die blieb nämlich zuhause.

Sommerferien: Freizeit, Ruhe und Erholung winken vielen Menschen. Die anderen fahren in Urlaub.

Meiden Sie die Autobahnen, und trinken Sie wenig Flüssigkeiten. Das Sterben der Bäume und Pflanzen an den Fahrbahnen hat nichts mit Abgasen zu tun, sondern mit urinierenden Familienvätern.

Sie wissen ja, daß die Deutschen im Sommer fast alle wegfahren. Eigentlich komisch, schließlich ist es im Sommer in Deutschland am schönsten. Das ist, als ginge man ins Kino und verläßt es, wenn der Film anfängt.

Einbrecher haben in der Urlaubszeit Hochkonjunktur. Bevor Sie in den Urlaub fahren, beachten Sie folgende Hinweise:
1. Lassen Sie nicht die Tür offen.
2. Schalten Sie nicht die Alarmanlage aus.
3. Bringen Sie auf dem Dach kein Transparent an »Ich bin für zwei Wochen weg und mein Haus ist voller Wertsachen!«
Ich bitte Sie also: Machen Sie nicht die Fehler, die ich gemacht habe.

Das schönste ist natürlich im Urlaub die Fahrt über den Brenner. Es gab zuletzt 'ne Menge Unfälle, da hat er endlich mal wirklich gebrannt.

Urlaub in Ostdeutschland wird immer beliebter. Na gut, wie könnte das auch noch UNbeliebter werden?

Ostdeutschland ist als Urlaubsziel beliebt. Da sind Schilling und Lire noch was wert.

Der Deutsche Touristik-Verband gibt sehr viel Geld für Kampagnen für Deutschland als Reiseziel aus. Da hatte die DDR einfachere Methoden.

Deutsche Strände haben eine sauschlechte Wasserqualität. Das ergab eine Umfrage unter 1000 repräsentativ ausgesuchten Quallen.

Als ich an der Ostsee Urlaub gemacht habe, war das Wasser so seltsam gelb und irgendwie trocken und grobkörnig. Man könnte fast meinen, es war Sand.

Seit ich an der Ostsee baden war, weiß ich, wie sich die Fritten bei McDonald's fühlen.

Das Wasser an manchen deutschen Stränden ist echt Scheiße. Und zwar groß geschrieben.

Jaja, das Wasser ist mies an deutschen Stränden. An manchen Stellen kann man statt Wasserski schon Langlauf machen.

## VERKEHRSUNFÄLLE

Es gibt wieder mehr Unfälle. So sind die Deutschen eben: Wenn man schon einen Seitenaufprallschutz hat, will man ihn auch ausnutzen!

Die Straßen sind schon wieder spiegelglatt. Ich habe auf der Fahrt zur Arbeit drei Hunde überfahren! Statt der üblichen zwei.

Männer verursachen laut Statistik mehr als doppelt so viele Unfälle wie Frauen, fahren aber nur eineinhalb Mal so viele Kilometer. Aha! Also bauen Männer nicht zu viele Unfälle, sondern Frauen fahren zu wenig Auto! Na, Kunststück! Ich würde auch keine Unfälle bauen, wenn ich nur Dreirad fahren würde!

Nach einer Umfrage halten 27 Prozent der westdeutschen Autofahrer ihre Ostkollegen für die schlechteren Fahrer. Ja, die Ostdeutschen beherrschen nicht einmal die wichtigste Grundregel im Straßenverkehr: Die strecken immer den ZEIGEFINGER hoch.

Die Unfallzahlen in Brandenburg und Mecklenburg-Vorpommern liegen noch immer um rund 100 Prozent über den Zahlen vergleichbarer Westländer. Na wenigstens eine Kurve im Osten, die nach oben geht.

Nur 85 Prozent der Erwachsenen schnallen sich innerorts an. Die anderen fahren Opel Manta, und um die ist's sowieso nicht schade.

Die Anschnallquote ist immer noch sehr schlecht. Zufriedenstellend ist sie nur bei Sadomaso-Anhängern.
Da schießt sie sogar oft übers Ziel hinaus.

Nach der neuesten Unfallstatistik sind Frauen nach wie vor zu blöd, um andere Autos richtig zu treffen.

Männer haben statistisch ein erheblich größeres Unfallrisiko als Frauen. Sie werden dabei nur noch von stark alkoholisierten Schimpansen knapp übertroffen.

Hauptunfallursache ist erhöhte Geschwindigkeit. Das ist aber nur zur Hälfte richtig. Das andere Auto ist halt auch zu LANGSAM gefahren.
Zumindest geh ich mit dieser Begründung in Berufung.

Frauen sind am Steuer seltener alkoholisiert. Die saufen sich meistens zuhause einen an, wenn »Vera am Mittag« läuft.

Männer bevorzugen leistungsstarke Fahrzeuge. Das ist bei Männern und Autos das Gleiche wie bei Frauen und Vibratoren.

Frauen machen am meisten Fehler bei Vorfahrtsregeln. Die glauben, diese Regeln gelten nur, wenn sie ihre Tage haben.

Es gibt immer mehr Nötigungsdelikte mit dem Auto. Kann ich nur bestätigen. Auch ich fahre zum Nötigen meistens nachts in eine Tiefgarage.

Die Polizei unterstützt die Forderung nach einem Alkoholverbot für junge Fahrer. Und einer AlkoholPFLICHT für jeden Fahrer über 70. Damit die mal in die Gänge kommen!

Die Einführung eines Alkoholverbots für junge Fahrer würde laut Polizei »mit Sicherheit« die Zahl der Verkehrstoten reduzieren. Ja, und? Was soll das, Ihr blöden Bullen? Seid Ihr zu faul, um die Kreidestriche drumrum zu ziehen oder was?

Bei jungen Fahrern herrschen angeblich Imponiergehabe und fehlende Erfahrung vor. Mit diesen Eigenschaften kann man es aber weit bringen. Fragt mal den Generalsekretär der FDP.

15 Prozent der Frauen schätzen die Männer als die besseren Autofahrer ein. Die haben eben kapiert, worauf es beim Autofahren ankommt: Nämlich nicht, keinen Unfall zu bauen, sondern sich nicht erwischen zu lassen.

Neulich hat mich die Polizei angehalten mit der Begründung, ich hätte eine sechzigjährige Fußgängerin überfahren. Sie haben mich aber laufenlassen, es war nämlich nur meine Mutter.

In Wirklichkeit ist das, was Autofahrer machen, kein aggressives Fahren, sondern Formel-1-Training.

Ich fahre meistens sehr defensiv. Verteidigung ist der beste Angriff.

Ich habe es langsam satt, wie sich die Radfahrer immer aufregen, wenn ich beim Einparken auf dem Fahrradweg ein paar von ihnen über den Haufen fahre. Die tun so, als wär das verboten.

Viele Unfälle sind eigentlich gar keine. Volvos bremsen immer auf diese Art.

In einem kleinen Ort in Holland werden Schafe zur Verkehrsberuhigung eingesetzt. Wunderbar, wenn man die Schafe beim Fahren zählt, kann man viel besser einschlafen. Ich fahre am Wochenende mal dahin, um meine neuen Stoßstangen zu testen.

Tiere sind doch dazu da, daß man sie überfährt! Was glauben Sie, wie die »Zebrastreifen« entstehen!

Ich bremse auch für Tiere. Aber nicht für kleine Kinder.

Wenn Sie ein Kaninchen überfahren und mitnehmen, ist das übrigens Wilderei! Wenn Sie eins erschießen, ist es Sport.

Ich versuche, Igel nicht zu überfahren. Die zerstechen mir noch meine Reifen!

Das Gaffen bei Autounfällen ist jetzt verboten in Bayern. Mein Gott, wozu dann überhaupt noch Unfälle bauen, wenn einen keiner beachtet?
Die Bayern sind so humorlos, da darf man nicht mal schaulustig sein.

## VERSPÄTUNG

Entschuldigen Sie meine Verspätung, aber ich mußte in meinem Gag-Lexikon noch nach einem Entschuldigungsspruch dafür suchen, daß ich mich verspätet habe.

Als Kind wollte ich immer Zeigeruhren. Denn man kann die Verspätung in der Schule nicht damit rechtfertigen, daß die Digitaluhr stehengeblieben ist.

Die Kirche beschwert sich bei der Post. Der letzte Hirtenbrief hatte zwei Wochen Verspätung.

## VOLKSWAGEN

Der Gewinn von VW geht zurück. Tja, die haben ihre Gewinne sozusagen zurückgerufen.

In Detroit wurde der neue Käfer vorgestellt. Die schlechte Nachricht zuerst: Er kann immer noch nicht fliegen.

# WIRTSCHAFT UND BERUF

## ARBEIT

*→ Arbeitgeber; → Büro; → Gewerkschaften; → Handwerk; → Karriere; → Lohnfortzahlung; → Mobbing*

Ich hab mir vorgenommen: Mit 50 höre ich auf zu arbeiten. Genau wie Rudi Carrell.

Für 47 Prozent der Deutschen ist Kreativität bei der Arbeit wichtiger als Erfolg, heißt es. Genau wie bei der Bundesregierung.

Die harten Arbeitsbedingungen in Japan nehmen immer groteskere Züge an. Zum Beispiel läßt man alle fünf Minuten auf irgendeiner Toilette den Blitz einschlagen.

In Japan arbeitet man im Jahr 1909 Stunden, und zwar durchschnittlich. Das bedeutet, für jeden Arbeitslosen arbeitet ein anderer im Jahr fast 4000 Stunden. Und wenn der krank wird, arbeitet ein anderer 8000 Stunden. Die einzigen, die offenbar überhaupt nicht arbeiten, sind die Gewerkschaftsbosse.

Ich finde gutes, anständiges Benehmen bei der Arbeit sehr wichtig. Das prügel ich meinen Untergebenen jeden Tag mit dem Rohrstock ein.

Viele Arbeitnehmer würden freiwillig aufs Weihnachtsgeld verzichten. Endlich mal 'ne gute Ausrede: »Schatz, ich hätte dir ja gerne den Pelzmantel gekauft, aber die Zeiten sind hart... ich geh jetzt und wasch meinen BMW.«

## ARBEITGEBER

Ich könnte einen weiblichen Chef nicht ertragen. Deshalb heirate ich niemals.

»Man-ager« ist ja eigentlich die Weiterentwicklung von »Teen-ager«. Und wenn man bedenkt, was die schon an Taschengeld verlangen...

Wirtschaftsmanager spielen schon als kleines Kind gerne »Monopoly«. Und ihre Lieblingscomics sind die »Peanuts«.

In Deutschland werden 800 Betriebe von Frauen geleitet. 400 davon sind natürlich Bordelle.

Männer können sich auch nach oben schlafen. Was meinen Sie, wozu es die Betriebssauna gibt?

Im Osten ist jeder dritte Chef 'ne Frau. Die anderen Frauen sind nicht verheiratet.

## ARBEITSLOSIGKEIT

*→ Armut*

Auf dem Arbeitsmarkt zeichnet sich immer deutlicher eine konjunkturelle Aufhellung ab. Aber nicht in Panik geraten, liebe PDS, das gilt nur für den Westen.

Deutschland bringt die meisten Abiturienten hervor. Und die meisten arbeitslosen Akademiker.

Im Winter nimmt die Arbeitslosigkeit ja immer zu. Das liegt an dem schweren Essen um die Weihnachtszeit, da nehmen wir ja alle zu.

Seit es den Kinderkanal gibt, sind Tausende von Kindermädchen arbeitslos geworden.

Viele Deutsche sind für die Einführung der Todesstrafe. Na gut. Mittelfristig wäre das eine interessante Lösung fürs Arbeitslosenproblem.

Das Fax-Gerät ist ja hauptverantwortlich für die hohe Brieftaubenarbeitslosigkeit.

China entwickelt sich zur Wirtschaftsmacht. Die wissen, wie's geht: Faule Arbeitslose werden einfach erschossen.

Der Deutsche Wetterdienst ist schuld an der Arbeitslosigkeit. Es heißt doch immer »wetterbedingte Entlassungen«.

## ARMUT

→ *Arbeitslosigkeit*

Bettler erfüllen eine wichtige gesellschaftliche Funktion. Sie schaffen Arbeitsplätze für Putzkolonnen.

Die Mehrheit der Deutschen ist gegen eine Verbannung der Bettler aus den Innenstädten. Sonst kämen die ja in die Außenbezirke, wo wir alle wohnen!

Viele Bettler verkaufen inzwischen ihre eigene Zeitung für 2 DM. Eine Mark behält der Verkäufer, die andere Mark der Besitzer vom nächsten Schnapsladen.

Hamburgs FDP-Vorsitzender hat mal gefordert, die Einnahmen der Bettler zu besteuern. Fangen wir bei der FDP an, die betteln ja immer um Leihstimmen.

Wer in Stuttgart seinen Hut umdreht, muß damit rechnen, daß seine Einnahmen beschlagnahmt werden. Cool. Ich gehe am Wochenende mal durch die Stuttgarter Innenstadt und sorge für Ordnung.

Die Penner auf der Königsallee halten sich für was besseres. Die würden eher sterben, als einen Synthetik-Hut hinzustellen.

## ATOMKRAFTWERK

Die bayerische Landesregierung hat auf 5 bereits ausgewiesene Standorte für neue Atomkraftwerke verzichtet. Weil, diese ganzen fünfbeinigen Rothirsche, das fällt doch langsam unangenehm auf.

Der Atommeiler in Mülheim-Kärlich bleibt abgeschaltet. Hauptsächlich, weil inzwischen keiner mehr so recht weiß, wie das Ding funktioniert.
Das Kraftwerk wurde auf Erdbebengebiet gebaut. Das war echt clever von den Betreibern: Wenn was schiefging, konnten sie immer behaupten: Tja, das war leider ein Erdbeben...

Man sagt zwar immer, Kernkraft treibe die Energieverschwendung an. Blödsinn. Kernkraftwerke sparen Energie, weil sie keine Beleuchtung brauchen. Die leuchten nachts von ganz allein.

Die Atomforschung hat sich weiterentwickelt. Erst gab es nur Atompilze. Jetzt gibt es auch Atom-Tomaten, -Zwiebeln und -Karotten.

Ich habe mal in einem Kernkraftwerk gearbeitet. Ich muß sagen, da drin ist alles sauber. Sogar die Ratten sind irgendwie gepflegt.

Was soll's, wenn Tschernobyl wieder in die Luft fliegt? Im schlimmsten Fall erreicht es noch die neuen Länder. Und wer da noch nicht abgehauen ist, ist selber schuld.

Kernkraft ist im Grunde harmlos. Man darf sie nur nicht reizen.

Es gibt einen neuen Sex-Trend: »Castor-Masochismus«. Als Autonome verkleidete chronische Masochisten lassen sich zusammenschlagen und von Wasserwerfern bombardieren.

19000 Polizisten wurden beim letzten Castor-Transport eingesetzt, und das hat 55 Millionen Mark gekostet. Ich hab's mal ausgerechnet: Das macht für jeden Polizisten einen Tageslohn von 3000 Mark! Cool. Gebt mir einen Schlagstock, ich mach's für die Hälfte!

Man denkt bereits über andere Möglichkeiten des Atomtransports nach. Beate Uhse hat bereits eingewilligt, einen Atom-Versand einzurichten, in neutraler Verpackung.

Es gab für den nächsten Castor-Transport wieder eine Menge Anschläge auf Oberleitungen der Bahn. Allerdings könnte das auch nur eine Ausrede der Deutschen Bahn sein.

Was mich bei den Castor-Transporten ärgert, ist: Erst verweigern diese Demonstranten den Wehrdienst, und dann werden sie militant!

## BANKEN

→ *Schneider, Dr. Jürgen*

Der Service in Banken ist schlechter geworden. Die fangen jedesmal an zu meckern, bloß weil ein paar Geldscheine nur auf einer Seite bedruckt sind.

Der Chaos Computer Club hat eine Methode erarbeitet, mit deren Hilfe man leichter die Geheimnummer einer EC-Karte knacken kann. Man überfällt den Besitzer mit einer Brechstange und prügelt solange auf ihn ein, bis er die Nummer verrät.

Tatsächlich braucht man fürs Knacken einer EC-Karte etwa 100 DM und ein paar mathematische Kenntnisse. Also zwei Dinge, die die meisten Deutschen eh nicht besitzen.

Dresdner und Deutsche Bank werden möglicherweise fusionieren. Na endlich, ich finde schon lange, daß die viel zu viele Angestellte haben.

Kreditbetrug an sich ist gar nicht strafbar. Es ist erst ein Verbrechen, wenn man erwischt wird. Ansonsten wird man entweder Bundesbankchef, Tennis-Star oder Talkshow-Moderatorin.

Viele Banken stehen in der Kritik, weil sie viel zu schnell viel zu hohe Kredite vergeben. Meine Bank ist da ganz anders. Wenn ich das Wort Kredit in den Mund nehme, hetzen die Hunde auf mich.

Neulich in der Sparkasse wurde der Kunde vor mir viel schneller und zuvorkommender bedient als ich. Vielleicht hätte ich auch eine Maschinenpistole und Skimaske mitnehmen sollen.

Ich bin gegen Telefonbanking. Ich brauche eine Bank zum Anfassen. Und ich hätte nichts dagegen, wenn Samantha Fox am Schalter stünde.

Die Deutsche Bank richtet in Supermärkten Filialen ein. Das ist echt praktisch, besonders für Räuber.
Diese »Banking-Shops« der Deutschen Bank werden immer beliebter. Die nächste Filiale eröffnet in einem Beate-Uhse-Shop. Da landet ja das meiste Geld.

Es gibt einen Dokumentarfilm über Hilmar Kopper und seine Gefolgsleute: »Die Lümmel von der Deutschen Bank«.

Die erste Bank der Welt hatte noch sehr altmodische Regeln: Alle Menschen mußten etwas einzahlen, aber nur der Papst durfte etwas abheben.

## BEWERBUNGEN

Ich habe mich mal um eine Lehrstelle bei McDonald's beworben. Die haben mich aber nicht genommen. Was hat dieser Ronald McDonald, was ich nicht habe?

Bewerbungsschreiben für Lehrstellen sind voller Rechtschreibfehler. Wie kann man denn Lehrstellen falsch schreiben? Die Lehrtaste ist doch wirklich groß genug!

Viele junge Bewerber kommen in zerrissenen Jeans zu Vorstellungsgesprächen. Naja, zu meiner Zeit waren die Jeans immer nach den Gesprächen zerrissen.

Einige Bewerber sind nicht mehr in der Lage, einfachste Rechenaufgaben zu lösen oder sich sprachlich gut auszudrücken. Dann brauchen die keine Lehrstelle mehr, die können gleich Moderator bei viva werden.

## BÖRSE

Gönnen Sie sich etwas Spaß: Wenn Sie genügend Telekom-Aktien haben, können Sie bei ihrem Nachbarn das Telefon sperren lassen.

Bisher haben die Deutschen ja immer nur Lotto gespielt. Dann haben sie sich für Aktien interessiert. Und super: Seit dem Infineon-Börsengang gibt es jetzt Aktien und Lotto in einem!

Die Steuerpläne der Bundesregierung haben auf dem Aktienmarkt ein Kurs-Feuerwerk ausgelöst. Das war so, als wäre Oskar Lafontaine fünfmal hintereinander zurückgetreten!

Die Telekom-Aktie dümpelt im Vergleich zum DAX ziemlich unentschlossen vor sich hin. Ich frage mich, ob ich nicht auch ein paar DAX-Aktien kaufen soll, die gehen ja tierisch ab.

Ich finde die Bezeichnung »Kleinaktionäre« diskriminierend. Wie wär's mit »vertikal herausgeforderte« Aktionäre?

Wenn Sie Aktien von VW kaufen, seien Sie vorsichtig, sonst müssen Sie noch nach Wien zum Opernball.

Pro 7 ist ja jetzt auch an der Börse. Wenn Sie sich genügend Aktien sichern, können Sie vielleicht »Arabella« absetzen! Und »Liebe Sünde« auf drei Stunden pro Tag verlängern.

Vorsicht: Wenn Sie jetzt Ihre Aktien verkaufen, müssen Sie sie versteuern. Es sei denn, Sie sind irgendwie prominent.

Ich werde mir immer FC Bayern-Aktien kaufen, wenn Franz Beckenbauer mal wieder das Training übernimmt. Dann schnellen die Kurse sofort nach oben. Und dann GANZ SCHNELL wieder verkaufen!

## BÜRO

Jede zweite Frau hatte schon mal Sex am Arbeitsplatz. Besonders erschreckend sind die Zahlen bei Prostituierten, da sind es fast 100 Prozent.
Diese Zahl wird nur noch von den Stewardessen übertroffen.

60% der Erwerbstätigen sind bereit, auf Gehaltserhöhungen zu verzichten. Und 90% der Arbeitgeber sind bereit, auf die Erwerbstätigen zu verzichten.

Arbeitsutensilien klaut eigentlich jeder. Die meisten Deutschen wissen gar nicht, daß man Kugelschreiber auch KAUFEN kann.

Bürokratie heißt im Englischen »birocracy«, was soviel heißt wie »Kugelschreiberwahnsinn«.

### EINKAUFEN

*→ Ladenschluß; → Pfand; → Schlußverkauf; → Versandhäuser; → Vertreter*

Die Leute lassen sich heutzutage alles aufschwatzen. Das sehen Sie am Nachmittagsprogramm von RTL.

Eine Untersuchung hat gezeigt: Die großen Waschmittelmarken Omo und Ariel sind nicht besser als die Billigmarken. Jetzt bin ich menschlich so enttäuscht von Ilona Christen.

Bei IKEA können Sie sogar noch an Heiligabend Geschenke einkaufen gehen. Mit einem kleinen sogenannten »Verzweiflungs-Preisaufschlag« von 500 Prozent.

Man kann für eine Mark immer noch sehr viel kaufen. Zum Beispiel ganze Einkaufswagen. Ich weiß schon gar nicht mehr, wohin mit den Dingern.

Viele Deutsche wollen sich vor dem Beginn der Schulferien noch mit Sommerkleidung eindecken. Weil, ohne Bermudashorts und violette Spaghettiträgerblusen merkt man ja gar nicht, daß das Deutsche sind.

Die Kundenberatung im Elektro-Handel grenzt schon an arglistige Täuschung. Kein Wunder, daß mein Geschirr in der Waschmaschine immer kaputt geht.

Ich habe mich reinlegen lassen. Ich habe mir einen neuen Fernseher gekauft, und in dem liefen genau dieselben dämlichen Sendungen wie in dem alten!

Man kann später einen durch Schönreden erreichten Kauf rückgängig machen. Vorausgesetzt, man hat noch die Quittung und einen in Blut getauchten Fingerabdruck des Geschäftsführers.

Vor gut 60 Jahren wurde der Einkaufswagen erfunden. Die haben einfach aus einem Fiat den Motor rausgenommen.

Das Schöne an den Einkaufswagen sind ja diese ausklappbaren Kindersitze. Ich wünschte, ich dürfte mich da reinsetzen. Aber mein Gott, ich bin nicht mehr 17.

Haben Sie auch einen »Möllemann«? So nennt man ja diese Einkaufswagen-Chips. Naja, jeder Politiker bleibt uns auf seine Weise im Gedächtnis.

Diese Einkaufswagen-Chips sind wunderbar. Man braucht gar kein Geld mehr, man bezahlt sogar die Einkaufswagen mit Plastik.

Ich fühle mich immer so überlegen, wenn mir Leute eine Mark geben für meinen Wagen, aber ich sage: »Tut mir leid, da ist 'n Chip drin!« Dann fühl ich mich wie der König des Supermarkts.

Ich komme mir mit diesen Einkaufs-Wägelchen immer vor wie ein Gehbehinderter. Ist ein gutes Training für das Bettpfannenzeitalter.

Meine Freundin hat ihren eigenen Einkaufswagen. Das heißt, eigentlich ist es ein Tieflader.

## EURO

Ich glaube, der Euro wird in zehn Jahren sehr viel wert sein. Als seltenes Sammler-Objekt.

Bis Mitte 2002 soll der Umtausch der Münzen und Scheine abgeschlossen sein. Das ist wie nach Weihnachten: Kaum hat man das Geld, wird es umgetauscht.

Mit der Einführung des Euro wird sich die Zahl der Millionäre halbieren. Und die Zahl der Unterhalbderarmutsgrenzelebenden wird sich verzehnfachen.

Die Hälfte der Deutschen fürchten sich ja bibbernd vor dem Euro. Also ich finde, ein Volk, das sein ganzes Geld in die Telekom investiert, hat kein Recht zu quengeln.

Viele sagen, der Euro-Tunnel stünde kurz vor dem Aus. Vielleicht kommt dann ja auch bald das endgültige Aus für den Euro.

Die Deutschen fürchten, der Euro ist nicht so stabil wie die Deutsche Mark. Niemand weiß, was das eigentlich bedeutet, aber wir sind trotzdem stolz drauf.

Der Bundestag hat der Währungsunion zugestimmt. Auch wenn die Sozialdemokraten sie lieber Währungs-SPD genannt hätten.

Vielleicht kommt der Euro gar nicht. Vielleicht bleibt er im eigens gegrabenen Euro-Tunnel stecken.

Um den Euro wird weiter gefightet.

Bald kommt der Euro. Dann werden Spielmarken in Casinos völlig überflüssig.

## GASTARBEITER

Seit über 40 Jahren gibt es Gastarbeiter im Ruhrgebiet. Gastarbeiter? Soll das heißen, wenn die SPD fertig ist, geht sie wieder?

Nach Meinung mancher beinhaltet die Formulierung »Gastarbeiter«, daß sie als Gäste halt auch irgendwann wieder weggehen müssen. Grundsätzlich sehe ich das nicht so, aber bei holländischen und österreichischen Fernsehmoderatoren würde ich zustimmen.

Zuerst haben die Gastarbeiter Kohle geschaufelt, und jetzt scheffeln sie Kohle mit Döner.
Rein handwerklich kein großer Unterschied, wie mir scheint.

## GELD

*→Banken; →Euro; →Gold; →Reichtum; → Schulden; → Sparsamkeit*

Montenegro hat die D-Mark offiziell als zweite Währung anerkannt. Toll, ich fahr am Wochenende mal da hin und kauf mir zwanzig Autos.

Eine Umfrage hat ergeben, daß jeder zweite Mann findet, daß seine Frau eigenes Geld verdienen sollte. Viele Frauen haben schon reagiert und verlangen jetzt 100 Mark für einmal Sex.
Ohne Kondom: 200.

Die D-Mark wird weich. Ich finde das gut, ich meine, Knete muß doch weich sein, oder?

Die deutsche Mark ist 50 Jahre alt. Und Sie wissen ja: In ein paar Jahren kommt sie in den Vorruhestand.

Für unsere lieben Freunde in den neuen Bundesländern ist die Mark natürlich erst zehn Jahre alt. Ihr dortiger Wert ist dementsprechend.

Unsere Mark wird immer weicher. Das ist ja markerschütternd.

Die Geldgeilheit der Ossis hat mich ja schon erschreckt. Ein ganzes Bundesland haben die »Mark Brandenburg« genannt.

Früher bekamst du für eine Mark noch eine ganze Mahlzeit. Und heute kriegt man - na ja - ganze Sozialwohnungskomplexe namens »Neue Heimat«.
Da meckern manche Leute über die Inflation?

Die D-Mark wird immer weicher. Aus den Zehnmarkscheinen kann man schon Lasagne machen.

## GESCHENKE

→ *Spenden*

Wieso müssen eigentlich die Männer immer den Frauen was schenken? Wir beschenken die Frauen doch jeden Tag mit unserer Anwesenheit.

Der neueste Service: Man kann schon vor Weihnachten die Geschenke umtauschen!

Auf Weihnachtsmärkten kriegt man ja die idealen Geschenke. Sehen irgendwie nett aus und sind zu nichts nutze.

Zum Hochzeitstag hat mir meine Frau etwas ganz Besonderes geschenkt: Sie hat mich verlassen.

Ich schenke meiner Mutter zum Geburtstag einen 10-Liter-Eimer Nivea. Der sollte für eine Woche reichen.

Ich schenke meiner Mutter prinzipiell nichts zum Muttertag. Ist mir egal, wieviele Tabletten sie ihr aus dem Magen pumpen, es geht ums Prinzip.

Ich wollte meinen Kindern zum Geburtstag eigentlich Schokoladenzigaretten schenken. Das hab ich dann vergessen, also gab ich ihnen eben echte.

## GEWERKSCHAFTEN

→ *Lohnfortzahlung*

In den Tarifverhandlungen sagen die Arbeitgeber dauernd, ihnen fehle der Spielraum. Na, dann richtet doch endlich Kindertagesstätten ein!

Wenn in der Metallindustrie gestreikt wird, darf dann auch kein Heavy Metal gespielt werden?

Wie kann eine Stewardess streiken? Sie läßt sich die Knie zusammennähen.

## GOLD

Die Goldvorräte der Welt gehen langsam zur Neige. Die goldene Hoch-Zeit ist anscheinend vorbei.

Stellen Sie sich vor, es gibt kein Gold mehr! Dann müssen wir »Haribo Quecksilberbären« essen!

Ein Gutes hat es, wenn es kein Gold mehr gibt: Wenigstens gibt es dann auch kein »Golden Goal« mehr.

## HANDWERK

Ich finde es schön, wenn heutzutage noch mit der Hand gearbeitet wird. Viele Männer verlernen das nach der Pubertät.

Handwerker werden kaum noch gebraucht. Wie heißt es doch: Die Frau im Haus erspart den Zimmermann.

Der Grund für die Handwerkskrise ist die geschwundene Kaufkraft der Bürger. Da beißt man die Zähne zusammen und versucht, mit einer überschwemmten Wohnung zu leben.

Der Staat fällt wegen leerer Kassen als Arbeitgeber für das Handwerk aus. Das wäre nie so weit gekommen, gäbe es noch Innenminister Zimmermann!

Wenn ein Handwerksbetrieb in Schwierigkeiten gerät, kann er ja immer noch seinen Fußboden verkaufen. Handwerk hat doch goldenen Boden, oder?

Tapezierer haben es schwer, vor allem, weil immer mehr Leute ihre Bude einfach mit Pop-Postern vollhängen.

Tischler sind schwer in der Krise. Immer mehr Leute lassen sich verbrennen statt einsargen. Niemand denkt an die Volkswirtschaft!

Gestern sind bei mir sämtliche Rohre geplatzt. Anscheinend sollte man wirklich keine toten Hunde die Toilette runterspülen.

Haben Sie Ärger mit Ihren Rohren? Dann rufen Sie einen Klempner oder einen Urologen.

Immer mehr Gasrohre explodieren wegen der Kälte. Ja, auch Gas braucht Wärme und Zuneigung.

Ich habe einen Rohrbruch in meiner Küche. Und jetzt wird mein Haus von einer furchtbaren Plage heimgesucht: Von Klempnern!

Die Reparaturen der Abflußrohre bei mir dauern furchtbar lang, weil die Leute ständig Ersatzteile nachbestellen müssen. Und das dauert bei denen länger als bei der Raumstation Mir!

Der Stundenlohn, den ich den Klempnern bei mir bezahle, ist noch nicht mal das Schlimmste. Aber bei soviel Bier, wie die bei mir trinken, müssen die am Ende eigentlich MIR noch was zahlen!

## HAUSFRAUEN

→ *Einkaufen*

Anscheinend will niemand mehr ein Heimchen am Herd. Viele haben ja nicht mal mehr einen Herd im Heimchen.

Immer mehr Hausfrauen gehen in ihrer Freizeit auf den Strich. Kann ich gut verstehen, jede Hausfrau sehnt sich nach einem vollwertigen Beruf.

Es gibt Eheverträge, in denen die Männer dazu verpflichtet werden, Hausarbeit zu leisten. Dafür müssen jetzt die Frauen die Häuser bauen.

Der Mann muß auch ab und zu kochen. Als ausgleichende Gerechtigkeit muß die Frau es dann essen.

Der Abwasch ist für uns Männer kein Problem. Wir laden das Geschirr einfach aufs Auto und fahren in die Waschanlage.

Vor 120 Jahren wurde der Staubsauger erfunden. Ursprünglich gedacht war er als Masturbationshilfe.

Ich habe gestern mal wieder meine Wohnung gesaugt und dabei zum ersten Mal festgestellt, daß ich gar keinen Teppich habe.

Jedesmal, wenn ich in meiner Wohnung staubgesaugt habe, wundere ich, wie hoch die Decke auf einmal ist.

Mein Staubsauger ist schon wieder kaputt. Anscheinend sollte man damit wirklich kein Katzenklo säubern.

## KARRIERE

Laut einer Umfrage gelingt Frauen nur selten der Aufstieg in die Führungsspitze. Schrecklich, schrecklich. Daraus sollten die Frauen etwas lernen: Man sollte es nie ablehnen, sich nach oben zu schlafen.

In Ungarn wird viel Deutsch gelernt. Die jungen Frauen dort bereiten sich schon sehr früh auf eine Karriere in Deutschland vor - als Pornostar.

Das siebte Lebensjahr entscheidet über die spätere Karriere eines Jungen. Also, wenn er bis dahin keinen Doktortitel in Astrophysik hat, wird er niemals Astronaut.

In Hamburg kann praktisch jeder Karriere machen. Helmut Schmidt ist vom Bundeskanzler zum »Zeit«-Herausgeber aufgestiegen.

## LADENSCHLUSS

Das Ifo-Institut für Wirtschaftsforschung ist für eine Abschaffung des Ladenschlussgesetzes. Ich bin entsetzt! Ist man dafür in Leipzig auf die Straße gegangen, bloß um mehr einkaufen zu können?
Hmm? Was soll das heißen, »ja natürlich«?

Das Oberverwaltungsgericht Magdeburg erklärte die allgemeine Sonntagsöffnung der Geschäfte in Halle für rechtswidrig. Als neuen Trick erwägen die Geschäftsinhaber jetzt, ihre Kaufhäuser als Kirchen auszugeben.

Um sonntags die Läden zu öffnen, könnte man doch irgendeinen Einkaufs-Feiertag erfinden, z.B. den »Fron-Einkaufstüte« oder »D-Marks Himmelfahrt«.

Die Gewerkschaften protestieren gegen das neue Ladenschlußgesetz und drohen mit Streiks. Aber nur sonntags.

Viele Läden öffnen auch sonntags. Das dürfte zu Besucherrückgang in den Kirchen führen. Kirchen und Gewerkschaften protestieren: Die vielen dadurch arbeitslosen Pfarrer haben keine Aussicht auf neue Jobs.

Auch die Banken öffnen länger. Das heißt, auch die Bankräuber müssen sich umstellen.

In Gladbeck gibt es donnerstags einen »Langen Dienstleistungsabend«, wo die öffentlichen Ämter noch bis 20 Uhr arbeiten. Sie fangen um 19 Uhr an.

Jetzt kann man sonntags auch Brötchen kaufen. Ein Glück, ich bin dieses Esspapier in der Kirche so leid.

## LOHNFORTZAHLUNG

Eigentlich ist ja klar, warum sich die Leute nicht impfen lassen: Bei jeder Grippewelle braucht man nur kurz zu husten, schon hat man einen Grund, drei Wochen nicht zur Arbeit zu gehen.

Gibt es eigentlich Karenztage für Politiker? Dann wäre Boris Jelzin sicher schon verhungert.

Opel ist ja auch Sponsor von Bayern München. Wenn sich jetzt da ein Spieler verletzt, kriegt er dann eigentlich seinen Lohn fortgezahlt?

## LOTTO

Lotto-Hexe Karin Tietze-Ludwig wird mir sehr fehlen. Fast so sehr wie das ganze Geld, daß ich beim jahrelangen Lottospielen verloren habe.

Michael Schanze moderiert für das ZDF eine Lotterie-Show. Wow! Das ist mal originell. Da müssen die aber aufpassen, daß ihnen keiner diese Idee wegschnappt.
So wie bei »Verstehen Sie Spaß?«

Reinhold Beckmann war ebenfalls als Moderator im Gespräch für die ARD-Lotto-Show. Aber das wär wohl etwas peinlich gewesen, wenn der mitten in der Show sagt: »Haha, was hier so als großer Gewinn gilt, ist für mich ein Stundenlohn!«

Ulla K.a.B. moderiert jährlich sechsmal die ARD-Lottoshow, bei der nicht abgeholte Gewinne ausgespielt werden. Da ist es nur konsequent, eine nicht abgeholte Moderatorin zu nehmen.

## MOBBING

Sehr oft sind Vorgesetzte die Mobber. Manche Chefs werden schon eklig, wenn man mal die Mittagspause um zwei, drei Tage verlängert.

DAG, AOK und die Kirchen haben jahrelang das »Hamburger Mobbing-Telefon« betrieben. So eine organisierte Gemeinheit hätte ich denen nie zugetraut.

Die Krise am Arbeitsmarkt verschärft das Problem. Es gibt schon arbeitslose Mobber, die einfach in Büros gehen und Heftzwecken auf die Stühle legen.

Immer mehr Ärzte werden gemobbt. Die werden von ihren Kollegen bei Herzoperationen ständig geschubst.

## PFAND

Als Kind habe ich Pfandflaschen in den Büschen gesammelt. Bis ich 12 war dachte ich, Pfandflaschen wachsen aus Sträuchern.

In den USA sammeln Penner für das Pfand die Getränkedosen von der Straße. Jetzt müßte es nur noch Pfand auf Hundescheiße geben.

Bald gibt es kein Geld mehr als Pfand. Denn für uns Deutsche sind ja bloß Einigkeit, Recht und Freiheit des Glückes Unterpfand.

## REICHTUM

In Monaco sind alle reich, bis auf die Eingeborenen. Wenigstens dort ist die Zivilisation noch nicht tot.

Pop-Ikone Madonna sagt neuerdings, Ruhm, Reichtum und auch Berühmtheit machten auf Dauer nicht glücklich. Ja, das kann ich bestätigen.
Es sei denn, hinzu kommen noch tägliche Sexorgien mit weiblichen Wasserballmannschaften.

In Deutschland gibt es über fünfzig Milliardäre. Genausoviele Stammwähler hat die FDP.

## SCHLUSSVERKAUF

Was ist ein Sommerschlußverkauf? Eine Altkleidersammlung, bei der man auch noch Geld bezahlt.

Morgen startet der neue SSV. Ich hab mir schon ein türkisches Kopftuch besorgt, damit ich in die erste Reihe darf.

Beim Schlußverkauf gibt es bis zu 70 Prozent Preisabschlag. Das bedeutet, bei Aldi kriegt man für manchen Einkauf noch zusätzlich Geld an der Kasse.

Experten meinen, daß eigentlich inzwischen das ganze Jahr lang Schlußverkauf ist. Logisch in einem Land, in dem der Sommer im Grunde niemals aufhört. Und niemals beginnt.

Im Winterschlußverkauf kaufe ich nie ein. Ich kenn das doch: Ich kaufe mir eine warme Jacke, und der nächste Winter wird dann überhaupt nicht kalt. Nur um mich zu ärgern!

Waren Sie auch schon beim Sommerschlußverkauf? Ich schon, ich hab mir ein Nationalmannschaftstrikot mit dem Namen »Steffen Freund« gekauft. Was heißt gekauft, der Ladenbesitzer hat mir das Ding halt mit in die Tüte gestopft. Hab ich leider zu spät gemerkt. Ich wollte das Ding einem Penner schenken, aber der hat mich nur verächtlich ausgelacht.

Beim Schlußverkauf erleben besonders die Freudenhäuser und Sex-Shops einen Kundenansturm, wie es ihn nicht mehr gab seit der Maueröffnung.

Einige Kaufhäuser haben beim Schlußverkauf früher geöffnet als gewohnt, um dem Kundenansturm gerecht zu werden. Also so ähnlich wie die Abwehr der deutschen Fußball-Nationalmannschaft.

Beim SSV wird alles niedergemäht. Ich meine nicht den SSV Ulm, obwohl das bei dem auch so ist, nein ich meine den Sommerschlußverkauf!

## SCHNEIDER, DR. JÜRGEN

Dr. Jürgen Schneider muß vielleicht für 15 Jahre in den Bau. Dann ist er wirklich ein »Bau«-Löwe.

Anscheinend ist Schneider total pleite. Sogar sein Toupet hat er verpfändet.

Vielleicht kommt er in ein Gefängnis, das er selbst gebaut hat. Da fehlen wahrscheinlich noch ein paar Wände.

Er hat ja einen Schuldenberg von 6 Mrd DM aufgebaut. Er ist ein echter Bergbauer.

Schneider behauptet ja, die Banken seien an allem schuld. Die hätten merken müssen, was für ein Idiot er ist.

Angeblich ist Schneider jetzt arm wie eine Kirchenmaus. Und ohne Toupet sieht er sogar wie eine aus.

Laut Spiegel hat Dr. Jürgen »Ich brauch mal eben 'ne Zilliarde« Schneider sogar noch mehr Geld versteckt als bisher angenommen, fast 40 Millionen Mark. Wahnsinn, ich wußte gar nicht, wieviel man beim Pleitegehen verdienen kann. Wenn sich der blöde Schröder nicht eingemischt hätte, wären die Holzmänner jetzt alle steinreich.

## SCHULDEN

Fast jeder zehnte Jugendliche ist in Deutschland dauerhaft verschuldet. Na klar, meine Eltern schreiben sich auch alles auf, was ich sie koste.

3 Mio Schuldner in Deutschland können nichts zurückzahlen. 2 Mio davon sind Germanistikstudenten, die zuviel gebafögelt haben.

In Italien verschuldet man sich schon, wenn man ein Eis kauft.

Berlin hat über 3 Mio Einwohner. Und das Tausendfache an Schulden!

## SEKRETÄRINNEN

Die Zukunft der Sekretärinnen ist stark bedroht. IBM bringt eine aufblasbare Gummipuppe mit eingebautem Diktiergerät raus.

Die Zukunft der Sekretärinnen besteht hauptsächlich aus Rückenschmerzen. Kein Wunder, wenn man den ganzen Tag mit gespreizten Beinen auf dem Kopierer liegt.

Es bringt übrigens eher Schaden als Nutzen, es mit dem Chef zu treiben. Glauben Sie mir, ich weiß das...
Das heißt, selbstverständlich weiß ich das nicht! Meine Sekretärin sagt mir das nur immer wieder.

## SPARSAMKEIT

Alle Männer schnallen den Gürtel enger. Und die Frauen den BH.

Eigentlich ist Bausparen totaler Betrug. Ich habe schon seit zwanzig Jahren einen Ziegelstein in einem Bankschließfach deponiert, aber meinen Sie vielleicht, der wird größer?

Diesel fahren ist die beste Methode, Benzin zu sparen.

Ich drehe jeden Groschen um, bevor ich ihn ausgebe. Allerdings bezahle ich meistens mit Tausendmarkscheinen.

Ich finde, Sparsamkeit ist wichtig. Besonders Frauen sollten viele Rücklagen machen.

Auch in den 70ern mußte man sparen. Besonders beim Friseur.

Ich spare, indem ich mein Postsparbuch auflöse und zu 'ner richtigen Bank gehe.

Wir alle müssen den Gürtel enger schnallen. Bzw. uns kürzere Hosenträger kaufen.

## SPENDEN

→ *Geschenke*

Ich spende für die Kinder in der dritten Welt. Vor allem die in Sachsen und Thüringen.

Ich benutze Zahnpasta im Spender. Dann kann ich in der Fußgängerzone guten Gewissens behaupten: Ich hab heute schon gespendet.

Die Spendenbereitschaft der Deutschen geht zurück. Allerdings nicht bei Samenspenden.

Ich spende schon seit Jahren Blut, wenn auch nicht mein eigenes.

Ich habe mal in München Blut gespendet. Der Arzt hat dabei gegrölt: »O'zapft is'!«

Vergessen Sie nicht die Überprivilegierten! Spenden Sie für bessere Alarmanlagen!

Ich putze mir zweimal pro Tag die Zähne. Anstelle von Blutspenden.

## TERMINKALENDER

Haben Sie ein Filofax? Nein, das ist keine Anspielung, so nennen die Amerikaner ihre Terminkalender.

Mit so einem Filofax sieht man als Mann unheimlich wichtig aus. Sogar, wenn darin nur die Termine für den Friseur und den Urologen stehen.

Ich habe mal einen Film gesehen, in dem so'n Typ ein fremdes Filofax gefunden hat und dann einfach die Stelle des Besitzers eingenommen hat. So was ähnliches muß auch dem echten Michael Jackson passiert sein.

## UHREN

Ich stelle meine Rolex nie um. Ich kauf mir bei jeder Zeitumstellung einfach 'ne neue.

Ich habe eine Uhr, die die Mondphasen anzeigt. Leider geht sie um einen Halbmond nach.

Vor gut 25 Jahren wurde die Digitaluhr erfunden. Die ganze Welt bemerkte damals erstmals, daß der Tag mehr als 12 Stunden hat.

Ich habe eine ganz teure Swatch. Zu jeder vollen Stunde kommt ein kleiner Kuckuck raus.

In Zukunft gibt es vielleicht auch Digitaluhren an Kirchtürmen. Vielleicht merkt die Kirche dann, in welchem Jahrhundert wir sind.

Viele Leute tragen ja gar keine Uhr, um sich nicht so von der Zeit abhängig zu machen. Dafür nerven die dann jeden Passanten damit zu fragen, wie spät es ist.

Als Kind wollte ich immer Zeigeruhren. Denn man kann die Verspätung in der Schule nicht damit rechtfertigen, daß die Digitaluhr stehengeblieben ist.

## VERSANDHÄUSER

Einkauf per Katalog wird immer beliebter, weil man dann weniger Parkplatzstreß hat. Das kann ich nur bestätigen. Ich habe in letzter Zeit immer größere Schwierigkeiten, meinen Tieflader vorm Juweliergeschäft zu parken.

Sogar die kauffreudigen jungen Leute und auch die Reichen bestellen jetzt bei Otto und Quelle. Allerdings sind die Absatzzahlen bei teuren Mänteln stark rückläufig. Die kaufen Frauen schließlich nur, um damit einkaufen zu gehen.

Ich habe mal einen Anzug bei Quelle gekauft, hab ihn aber nicht lange getragen. Ich war es leid, ständig gefragt zu werden, woran der Clown gestorben ist.

Quelle-Klamotten sind hauptsächlich was für Leute, die nichts wegwerfen können.

Es gibt von Quelle extra einen eigenen Polizei-Katalog. Die Trendfarben des Frühjahrs sind anscheinend grün und beige.

In dem Polizei-Katalog von Quelle ist auch eine große Auswahl an Schlagstöcken. Die Auswahl ist noch größer als im Katalog von Beate Uhse.

## VERSICHERUNGEN

→ *Versicherungsbetrug*

Im Ausland gibt es seit Jahren immer skurrilere Versicherungen. Die polnische Regierung hat sich z.B. gegen eine deutsche Invasion versichert.

Es gibt eine Versicherung gegen Börsen-Crash-Verluste. So eine Versicherung habe ich auch: Ich kauf einfach keine Aktien. Das ist relativ günstig.

In Großbritannien gibt es eine Versicherung gegen eine Entführung durch Außerirdische. Das ist ziemlich clever: Ich meine, wenn einer auf den Merkur verschleppt wird, hat er möglicherweise Schwierigkeiten, das Schadensersatz-Formular auszufüllen.

In Großbritannien gibt es eine Versicherung gegen eine unbefleckte Empfängnis. Die Frau muß gegebenenfalls nur eine eidesstattliche Versicherung von allen Männern der Welt vorweisen, daß sie nicht mit ihr geferkelt haben.

Die deutschen Versicherer achten angeblich sehr auf ihren Ruf. Ja, sie sorgen dafür, daß sie niemals als fair oder unbürokratisch verschrien werden.

Nach Erkenntnissen der Stiftung Warentest sind Lebensversicherungen für den Verbraucher ein schlechtes Geschäft. Ja, und wenn man noch so viel einzahlt, irgendwann stirbt man doch!

Jeder in Europa kann sich bei jeder Gesellschaft, egal in welchem Land, versichern lassen. Das gibt Probleme, besonders wenn man als Entschädigung statt 100.000 Mark 100.000 Schilling kriegt.

Die Deutschen sterben früher. Das ist halt unsere Form des Protestes gegen die verkorkste Pflegeversicherung. Haha, denen zeigen wir's!

Viele kündigen kurz vor dem Tod noch schnell ihre Lebensversicherung, nur um die Kinder zu ärgern.

In England war eine Versicherungsanstalt so blöd, gegen Impotenz zu versichern. In England! Ende der Woche sind die pleite.

Wer die Impotenz-Versicherung abschließt und keinen mehr hochkriegt, hat Anspruch auf die Rund-um-die-Uhr-Behandlung einer Profi-Nutte.

## VERSICHERUNGSBETRUG

Ich finde, eine Versicherung mit dem Namen »Provinzial« fordert Betrug auch wirklich heraus.

Jeder vierte betrügt die Versicherung. Einfaches Gegenmittel: Jedem vierten Antragsteller die Versicherung verweigern.
Also, nicht wie bisher jedem zweiten.

Was ich nicht verstehe: Warum versichern sich die Versicherungsunternehmen nicht einfach gegen Versicherungsbetrug?

Ich bin sogar gegen Erdbeben versichert. Also, wenn es in Deutschland niemals Erdbeben gibt, wissen Sie, wem Sie das zu verdanken haben!

## VERTRETER

Gestern war so ein Kerl an meiner Tür, der wollte unbedingt meine Frau sehen. Ich wollte ihm schon eine reinhauen, aber er war nur ein Vertreter für Staubsauger.

Ich hab ja eigentlich schon einen Staubsauger. Aber der Vertreter hat mich überzeugt: Wenn man zwei Staubsauger benutzt, geht das Saugen ja doppelt so schnell!

Der Mann hat mir dann angeboten, meinen Teppich zur Vorführung zu saugen... Naja, um es kurz zu machen: Morgen wird bei mir ein neuer Teppichboden verlegt.

## WAFFENEXPORTE

Deutschland ist der drittgrößte Waffenexporteur überhaupt, wir beliefern praktisch die ganze Welt. Das ist natürlich sehr clever. Dadurch wissen wir genau, welche Waffen unsere potentiellen Feinde haben.

Den Status des drittgrößten Waffenexporteurs haben wir allerdings erst, seitdem Autos offiziell als tödliche Waffen eingestuft sind.

Boeing ist der größte Waffenhersteller der Welt. Ja, noch größer als »Gerd's Waffen«.

## WELTAUSSTELLUNG

Wer braucht eigentlich eine Weltausstellung? Kauft euch doch einfach einen Globus.

Hannover ist als Messestadt gut geeignet. Da gibt es halt nicht die Spur von Kulturleben, das von der Messe ablenken könnte.

Der Eiffel-Turm wurde ja bei der Weltausstellung 1900 präsentiert. Bei der nächsten Weltausstellung in Paris wird er abgerissen für ein neues McDonald's.

## WERBUNG

Der bekannteste Werbeslogan in Deutschland ist »Haribo macht Kinder froh«. Der Spruch rangiert ganz knapp vor »Sieg Heil!«

Die bei Kindern bekannteste Werbefigur ist nach der Umfrage die Milka-Kuh. Die mag ich auch, allerdings macht die mir keinen Appetit auf Schokolade, sondern auf ein gutes Steak.

Laut einer Untersuchung kann sich kaum einer merken, für welches Produkt welcher Prominenter wirbt. Ich schon: Verona Feldbusch wirbt für Brustvergrößerungen, Lothar Matthäus für Rheumasalbe und Dieter Bohlen für Ohrenschützer. Richtig?

72 Prozent der Befragten finden TV-Spots «nervig». Aber nicht doch! Diese unglaublich witzigen DEA-Spots zum Beispiel! Diese Parodie auf die Unfähigkeit der Deutschen, witzig zu sein, ist doch genial!

Die italienische Modefirma Benetton wirbt jetzt mit Bildern von Todeskandidaten in US-Gefängnissen. Ist ja gräßlich! Okay, wenn der Todeskandidat der Melitta-Mann wäre, fänd ich das lustig, aber sonst...

Die EU will ja jede Art von Tabakwerbung verbieten. Als erstes werden sämtliche Kamele erschossen.

TV-Sender Pro Sieben sendet bald eigene Werbeblöcke für den österreichischen Markt. Viele befürchten aber, die Werbung könnte die Österreicher intellektuell überfordern, wie »Glücksrad«.

Es gibt Unterschiede zur österreichischen Werbung:

- »Herr Kaiser« heißt dort »Herr Generaloberdirektionalrat«.
- »Gutes aus Deutschen Landen« wird übersetzt in »Scheiße von den Piefke«
- »Deutschländerwürstchen« heißen dort »Ausländerwürstchen«.

Ältere Zuschauer sind für die Werbung uninteressant, weil die nicht an neuen Produkten interessiert sind. Die sind nicht mal an neuen Unterhosen interessiert.

Laut einer Umfrage ist die vorherrschende Kaffeewerbung eine reine Erwachsenenwelt ohne Jugendappeal. So wie das Kinderprogramm des ZDF.

Frauen erinnern sich angeblich gern an Werbung von Persil. Viele Frauen träumen schon von einer Halskette aus »Megaperls«.

Frauen erinnern sich besonders an Coca-Cola-Werbung. Ja klar. Wo dieser Muskelprotz in diesem Büro sich so mit Cola Light vollspritzt. Typisch Frauen! Ich hab das übrigens neulich hier im Büro auch mal ausprobiert. Hat ERSTAUNLICHERWEISE nicht funktioniert.

Ich nehme nachts RTL 2 nur deshalb auf, um die neuesten Produkte auf dem Telefon-Erotikmarkt nicht zu verpassen.

Am schlechtesten merkt man sich den Slogan »Die tolle Super-Saugkraft-Wischfest-Rolle« von Bounty. Ja, das ist wirklich ein dämlicher Slogan für einen Schokoriegel.

In der EU-Kommission werden Beschränkungen für Autowerbung erwogen. Armer Michael Schumacher, das würde ihn mindestens 50 Millionen Mark Einnahmen kosten. Also fast ein halbes Monatseinkommen!

Ein totales Werbeverbot für Autos wird nicht ausgeschlossen. Tja, dann ist wohl Schluß mit den Zeiten, in denen Autofahrer eben mal 40.000 Mark hinlegen für einen neuen Wagen, weil die den Song der TV-Werbung so toll finden.

In der Auto-Werbung sollten nach Meinung der EU-Kommission »Darstellungen oder Hinweise von Verhaltensweisen« vermieden werden, die »zu unsozialem Verhalten ermuntern könnten«. Hahaha, als ob gerade deutsche Autofahrer dafür eine Ermunterung bräuchten.

Die Auto-Werbung sollte nach Meinung der EU-Kommission »weder Leistung noch Motorstärke betonen noch Aussagen zu Geschwindigkeit und Beschleunigung zur vorherrschenden Botschaft machen.« Das bedeutet, die Opel-Werbung kann bleiben, wie sie ist.

77% aller Deutschen kennen den 35 Jahre alten Haribo-Slogan »Haribo macht Kinder froh«. Das sind 20% mehr als die Deutschen, die fehlerfrei bis 10 zählen können.

Sehr unpopulär ist der Pringles-Slogan »Einmal gepoppt und nie mehr gestoppt.« Das ist auch der Titel der neuen Biographie von Mick Jagger.

Der neueste Werbeslogan von BASF: »Kauft unsere Produkte und niemand wird verletzt!«

Seit über 20 Jahren gibt's im Fernsehen keine Zigarettenwerbung mehr. Komisch, mein Fernseher raucht trotzdem.

Bei Waschmittelreklame wunder ich mich immer, daß sich die Firma »Herkömmlich« das gefallen läßt.

Ist Ihnen schon aufgefallen, daß sich die Slogans der Waschmittel immer mehr gleichen? Fast könnte man meinen, ein Waschmittel sei wie das andere.
Gott sei Dank gibt es noch Dieter Bürgy, der uns vom Gegenteil überzeugt.

Die Formel 1 würde ein Verbot von Tabakwerbung hart treffen, die leben ja fast ausschließlich von Marlboro. Ohne Zigarettenwerbung hätten die Autos ganz andere Farben.

Lucky Strikes sagt, sie machen sich keine Sorgen über Verbot von Tabakwerbung. In ihren Zigaretten wäre sowieso kein echter Tabak.

Ich würde nie eine Zahnbürste benutzen, die »Zahnärzte am häufigsten empfehlen«. Ich meine, Zahnärzten ist doch logischerweise gar nicht daran gelegen, daß wir unsere Zähne gut pflegen.

Wigald Bonings Toyota-Werbespots waren sehr beliebt. Das zeigt halt, daß genaue seriöse Produktinformationen immer noch gefragter sind als oberflächliches Tralala, das nichts mit dem Produkt zu tun hat.

Berti Vogts ist ein toller Werbeträger. Er lenkt nicht vom Produkt ab.

Manfred Krugs Waschmittel-Spots kamen nicht an. Da hat seine Frau mitgespielt, und das hat an seinem Sex-Symbol-Image gekratzt.

Wie wär's, wenn man bei jeder Verletzungspause im Fußball Werbung einblendet? Ich bin sicher, es gibt eine Menge brutale Abwehrspieler, die sich was nebenbei verdienen wollen.

Bei dem Merchandising der Bundesliga dauert es nicht mehr lange, dann gibt es das Parfüm »Schalke No. 05«.

Die Spieler von Bayer Leverkusen müssen sich wahrscheinlich absichtlich verletzen, damit der Sponsor Bayer demonstrieren kann, wie gut seine Produkte sind.

Jeder Fußball-Zuschauer bekommt demnächst einen Werbeaufkleber, und den klebt er sich unten an den Bildschirm.

## WIRTSCHAFTSWACHSTUM

Die Wirtschaft soll dieses Jahr um ganze 2,7 Prozent wachsen. Ha! 2,7 Prozent? Da wächst mein kleiner Neffe ja schneller!

Die fetten Jahre sind vorbei. Jetzt kommt der Herzinfarkt.

Das Wachstum geht zurück. Blüm, Schröder, Gysi... die Politiker werden immer kleiner.

In den Fünfzigern haben sich ja alle über die deutsche Wirtschaft gewundert. Heute fragen sich alle, wo das verdammte Geld geblieben ist.

## ZECHEN

In Bochum wurde eine Zeche in ein Bergbaumuseum verwandelt. In Recklinghausen gibt's auch eins, da sind sogar lebende Arbeiter ausgestellt.

Einige Zechen werden jetzt in Erlebnisparks umgewandelt. Das ist, als würde man auf einem Friedhof 'ne Kirmes veranstalten.

Wer sonst außer einem Bergmann wird schon dafür bezahlt, die ganze Nacht zu zechen?

Früher wollte ich Bergmann werden. Zu der Zeit wollte ich an möglichst viel Koks herankommen.

Die Kumpel sind doch selber schuld. Wer jahrzehntelang skrupellos Kohle abbaut, darf sich nicht wundern, wenn er selbst irgendwann abgebaut wird.

# WISSENSCHAFT UND LERNEN

## ABITUR

Mir ist bis heute nicht klar, wie ich das Abitur geschafft habe. Und noch weniger weiß ich, wozu überhaupt.

50 Prozent der deutschen Eltern wollen, daß ihre Kinder Abitur machen. Das ist halt der alte Elternwunsch, daß es die Kinder einmal besser haben.
Wer weiß, vielleicht schaffen meine Kinder sogar die Grundschule.

Ich habe das Abitur eigentlich nur geschafft, weil meine Lehrer mich auf keinen Fall im nächsten Jahr wiedersehen wollten.

Jedes Jahr jagen die Abiturienten sturzbesoffen mit Heulen und Toben durch die Schule und kotzen bei der Feier von Wand zu Wand. Ist schon 'ne schöne Sache, so ein Reifezeugnis.

Deutschland bringt die meisten Abiturienten hervor. Und die meisten arbeitslosen Akademiker.

Vielleicht sind die Abitur-Kriterien in Deutschland zu lasch. Ich meine, sogar ICH habe Abitur!

Ich sah bei der Abschlußfeier drei Jahre älter aus als die anderen. Das lag aber auch daran, daß ich drei Jahre älter war als die anderen.

## ANALPHABETEN

Analphabeten bezeichnet man als »anders geschulte Personen«. Warum bezeichnet man sie nicht als »Glücksrad-Kandidaten«? Ist das zu hart?

Es gibt immer mehr Analphabeten und Legastheniker, habe ich mir vorlesen lassen.

Analphabeten sind sehr religiös. Sie analpha-beten vor jedem Essen.

Legastheniker sind Leute, die so intelligent sind wie jeder andere, aber nicht so gut schreiben können wie jeder andere. Jetzt weiß ich, wie Günter Grass sich fühlt.

## AUSSERIRDISCHE

→ *Raumfahrt*

Hoffentlich sind die Außerirdischen friedlich. Dann ist es leichter, sie hinterrücks kaltzumachen.

Angeblich steht die Invasion der Außerirdischen kurz bevor. Die haben »Independence Day« gesehen und fanden den Film sehr realistisch.
Bis auf das Ende.

Am Ende von »Independence Day« werden die Aliens ja besiegt. Ich frage mich, ob sie Reparationszahlungen leisten müssen.

Bei mir haben Außerirdische jedenfalls schon mal einen Stein im Brett: Sie sind keine Menschen.

Immer mehr UFO-Jünger bereiten sich auf das Ende der Welt vor. Genau wie die Fans von Borussia Mönchengladbach.

Immer mehr UFO-Jünger bereiten sich darauf vor, von Außerirdischen abgeholt zu werden. Naja nun, ähem. Abgeholt werden die sicher irgendwann, wenn auch nicht unbedingt von Außerirdischen.

Viele »Ufone« sind sogar dazu bereit, sich das Leben zu nehmen. Na prima, das löst das Problem ja gleich wieder! Was regen sich die Leute denn dann auf?

Die »Ufonen« verlieren immer mehr den Bezug zur Realität. Na und, es gibt schlimmeres. Ich zum Beispiel verliere immer mehr den Bezug von meinem Bett. Ich muß mal neue Bettwäsche kaufen.

In Großbritannien gibt es eine Versicherung gegen eine Entführung durch Außerirdische. Das ist ziemlich clever: Ich meine, wenn einer auf den Merkur verschleppt wird, hat er möglicherweise Schwierigkeiten, das Schadensersatz-Formular auszufüllen.

Gibt es Außerirdische? Und wenn ja, sind sie witziger als ALF?

Wär das nicht witzig, wenn wirklich Außerirdische landen und sie genauso sind wie wir? Nein. Das wäre wohl eher äußerst deprimierend.

Der Highway 375 im US-Bundesstaat Nevada heißt jetzt »Autobahn der Außerirdischen«, weil da nämlich seit vielen Jahren Anwohner von UFO-Kontakten berichten. Trotzdem müssen die Aliens auf dem Teppich bleiben: Es herrscht ein konsequentes Tempolimit von Warp 5.

Ich habe furchtbar geweint am Ende von »E.T.«. Ein großer Science-Fiction-Film - und nicht eine einzige Leiche!

Ich fand das Ende von »E.T.« total doof. Wieso ist Elliot nicht mit E.T. weggeflogen? Das wäre ein Rotzbalg weniger auf der Welt.

## BIOLOGIE

→ *Klonen*

Sexualkunde war immer das Interessanteste am Bio-Unterricht. Besonders für die Lehrer.

Bio-Unterricht macht in den USA viel mehr Spaß. Da darf man Tiere sezieren. Nebenbei: Warum gibt es eigentlich in den USA soviele geisteskranke Ritualmörder?

Ich habe Biologie total gehaßt. Ich mußte Nachhilfe bei meiner Lehrerin nehmen, und ich mußte ihr ständig vorführen, wie der Penis in die Vagina eindringt.
Und die ganze Zeit hat sie dabei geschrien.

## CEBIT

Man muß furchtbar viel rumlaufen auf der Cebit. Und hat man endlich was interessantes entdeckt, heißt es nur: Tut mir leid, Würstchen sind ausverkauft.

Seit kurzem gibt es ja im Herbst noch zusätzlich die Cebit Home, nur für die Unterhaltungsindustrie. Da gibt es eine ganze Halle nur für Porno-CD-ROMs.

Ich war mal auf der Cebit, mußte 30 DM für ein Schnitzel bezahlen. Für ein Schnitzel! Und das im Land von Gerhard Schröder!

Alle laufen auf der Cebit mit Handys rum. Das ist ziemlich witzlos, denn wo ist der Angeber-Effekt, wenn ALLE ein Handy haben?

## CHEMIE

Ich war nie gut in Chemie. Ich kann heute noch nicht mal Kaffee kochen.

Ich wollte immer in der chemischen Industrie arbeiten. Ich hab's allerdings nur in eine chemische Reinigung geschafft.

Chemie ist eine hochkomplizierte Wissenschaft. Ein falsches Molekül, und aus einem Vollwaschmittel wird ein Kinderbrei.

### COMPUTER

*→ Cebit; → Internet*
Bill Gates bestreitet, Microsoft habe Innovationen verhindert und den Verbrauchern geschadet. Gates wörtlich: »Diese Behauptung wird aufgrund eines ungültigen Vorgangs geschlossen.«

Die Firma Compaq will einen speziellen Computer für Frauen herstellen. Statt eines Monitors wird ein Spiegel mitgeliefert.

Frauen legen beim Computer viel Wert auf ein ansprechendes Design. Den Frauen ist es einfach zu lästig, jeden Tag den Computer mit Puder und Lippenstift zu verschönern.

Die Firma Mattel bringt den ersten Computer für Mädchen heraus. Der ist rosa und ist bestückt mit Barbie-Spielen. Hmm, könnte man auch ausgeben als den ersten Schwulen-Computer.

Vor gut 25 Jahren hat jemand den Microchip erfunden. Eigentlich wurde er schon früher erfunden, aber ohne Paprika.

Microchips bestehen ja zum größten Teil aus Sand. Die restlichen Bestandteile sind Glasscherben und Hundedreck.

Heutzutage sind ja überall Microchips drin. In Toastern, Haartrocknern, FDP-Generalsekretären...

Unglaublich: So ein Microchip kann genauso schnell denken wie ich, und ist nur halb so groß wie mein Gehirn.

Der ursprüngliche Name für das Baby von Bill Gates war »Windeln 96«.

Es wird jeden Tag eine neue Computerkrankheit entdeckt. Meiner hat sich erkältet und rotzt mir jeden Morgen ins Gesicht.

Es gibt jetzt Computer, die Todesprognosen erstellen. Nach jahrelangem statistischem Rechnen kam heraus: Die Todeswahrscheinlichkeit des Menschen beträgt 100 Prozent.

Diese neuen Todes-Computer, die die Lebenswahrscheinlichkeit von Menschen berechnen, sind dazu da, daß Patienten unnötig gequält werden. Ganz zu schweigen von den unschuldigen Krankenkassen.

### EINSTEIN, ALBERT

Einstein war ein Sex-Symbol. Von ihm hat Mick Jagger die Sache mit der Zunge.

Angeblich soll Einstein was mit Marilyn Monroe gehabt haben. $E=mc^2$ bedeutet in Wirklichkeit »Einstein gleich Marilyn commt zweimal hintereinander«.

Einstein ist ja berühmt für zwei Dinge: die Relativitätstheorie und seine rausgestreckte Zunge. Ich weiß nicht mehr, für was davon er den Nobelpreis bekommen hat.

Das US-Magazin »Time« (das heißt soviel wie »Zeit«, wenn ich das eben übersetzen darf) hat Albert Einstein zum Mann des Jahrhunderts gewählt. Ich weiß nicht. Seine allgemeine Relativitätstheorie hat sicher viel Gutes bewirkt, und wenn er nicht die Brownsche Bewegung erklärt hätte, würde man wahrscheinlich heute noch nichts über die kinetische Wärmetheorie wissen. Sehr hübsch soweit.
Andererseits sah er scheiße aus. Ich hätte Brad Pitt gewählt.

## ESOTERIK

→ *Außerirdische*
Ich glaube nicht an Geister. Ich durchschaue sie sofort.

Früher war ich auch auf dem Esoterik-Trip, habe z.B. Sternzeichen-Halskettchen getragen. Allerdings habe ich es oft gewechselt, je nachdem, welchem Tierkreiszeichen gerade die größte Manneskraft nachgesagt wurde.

Übersinnliches ist wieder populär. Fast so populär wie Unsinniges.

## FORSCHUNG

Ich hab mal bei »Jugend forscht« gewonnen, weil ich rausfand, wo man als Minderjähriger Porno-Hefte kaufen kann.

Vielleicht erfindet man ja bald eine Fernbedienung für Reißverschlüsse.

Die Teilnehmer bei »Jugend forscht« sind doch noch nicht trocken zwischen den Ohren. Sozusagen Naßforscher.

Wonach forscht man denn so in europäischen Ländern?
Italien: Ein unbestechlicher Beamter
Spanien: Vegetarier
England: Ein Rind, das geradeaus laufen kann
Schottland: Kleidung ohne Karos
Irland: Genießbares Bier
Frankreich: Eine volle Weinflasche
Polen: Irgendein Auto
Österreich: Ein Mann, der nicht redet, als ob er schwul wäre
Niederlande: Ein Mann, der nicht redet, als ob er schwul wäre
Belgien: Politiker, die auf erwachsene Frauen stehen
Luxemburg: Ein Firmensitz mit Angestellten
Schweiz: Ein Alm-Opa, der keine Milka mag

## FÜLLER

Früher hat man die Füller ja noch mit Katzenblut gefüllt. Naja, ich zumindest, bis man das Jugendamt eingeschaltet hat.

Ich liebe ja diese schönen Füller, die man mit einem richtigen Tintenfäßchen nachfüllt. Allerdings verschütte ich viel, wenn ich die Tinte in diese kleinen Patronen reingießen will.

Wie nennt man einen homosexuellen Füller? Tinte.

## GERMANISTIK

Germanistik ist sehr nützlich.

Sie wissen nicht, was Haß ist, bevor jemand Sie gezwungen hat, das Gesamtwerk von Bertolt Brecht zu lesen!

Sehen Sie in diese Augen, und Sie sehen: Ich habe auch mal Germanistik studiert.

Studiert man eigentlich auch im Ausland Germanistik? Und wenn ja, was muß man verbrochen haben?

## GESCHICHTE

»Die Geschichte der weiblichen Menstruation ist eine Geschichte voller Mißverständnisse.«

Die wichtigsten Themen im Fach Geschichte waren zu meiner Zeit »Der Überfall der Polen auf Deutschland« und »Der Holocaust an den Sudetendeutschen«.

Das Frühgeschichtliche Museum in München glänzt im nächsten Jahr mit einer Horst-Tappert-Ausstellung.

## INTERNET

Im Internet können Gerüchte und Falschmeldungen viel schneller gestreut werden. Die BILD-Zeitung ist deshalb auch für einen Journalisten-Ehrenkodex, sie fürchtet um ihr Falschmeldungs-Monopol.

Im Internet läßt sich oft gar nicht genau sagen, von wem was stammt. So ähnlich ist es auch beim Nachwuchs von Michael Jackson.

Die Ostdeutschen sind ziemliche Internet-Muffel. Klar, die Ossis sind halt irritiert, weil an einem Modem keine Wählscheibe dran ist.

Der niederländische Kronprinz Willem-Alexander macht sich Sorgen, dass die Jugend zu viel Zeit vor dem Computer verbringt und sich zu wenig sportlich bewegt. Ach wo, kein Problem mit dem neuesten Trend: Internet-Surfen auf dem Surfbrett!

Ich finde es gut, daß auch Frauen lernen, mit Computern umzugehen. Ist halt in den Internet-Kontaktbörsen doch auf Dauer etwas nervig, immer nur mit Männern zu flirten.

Dabei fällt mir ein, ich muß Heinz-Dieter noch zurückrufen.

Eine Gruppe von Hackern hat damit gedroht, ein Computervirus massenhaft im Internet zu verbreiten. Na und, was soll schon passieren? Daß jeder User beim Internetsurfen Wutanfälle bekommt? Das ist doch jetzt schon so. Die Computerbenutzer können sich gegen den Virus schützen, indem sie ein Kondom über den Computer ziehen.

Ein neuer Virus wird als »logische Bombe« bezeichnet und am Weihnachtstag auf den Computern aktiviert. Das schreckt mich nicht. Kein Computervirus kann so schrecklich sein wie Weihnachten selbst.

Das Internet macht den Menschen durchsichtig wie Glas. Obwohl, die Gläser in meiner Küche sind schon lange nicht mehr durchsichtig.

Jedesmal, wenn Sie sich geschmackvolle Nudisten-Bilder runterladen, werden Ihre Daten irgendwo registriert. Und dann werden Sie mit Katalogen von thailändischen Reiseveranstaltern überschwemmt.

## JURA

Wie nennt man einen Vorlesungssaal voller Jura-Studenten? Jurassic Park.

Jetzt wird vorgeschlagen, daß manche Gesetze eine Lebenszeit von fünf Jahren kriegen sollen. Also wenn Sie den Zeitpunkt günstig abpassen, dürfen Sie straffrei ihre Schwiegermutter erschießen.

Jetzt will man die Zahl der Gesetze reduzieren. Mann, diese Rechtschreibreform nimmt aber wirklich überhand.

## KLONEN

Ein amerikanischer Arzt will bald den ersten Menschen klonen. Er hält das Klonen von Menschen für einen ernsthaften Schritt, wie Gott zu werden. Ach, befindet sich Gott denn in einer Gummizelle und tritt wild um sich?

Ein Internet-Betreiber bietet Klone von Prominenten an. Michael Jackson kostet 1 Million Mark. Dieter Bohlen 2 Mark fuffzich.
Aber das ist nur die Verhandlungsbasis.

Ich stell mir das schon etwas komisch vor, wenn mein Sohn auch mein Zwillingsbruder ist. Allerdings soll so was auf dem Land ja schon des öfteren mal vorkommen.

Wie nennt man einen Clown, der sich klonen läßt? Einen Clown-Klon oder einen Klon-Clown?

Klonen bedeutet, daß aus Zellen identische Kopien eines Lebewesens entstehen. So entstand damals auch »Schreinemakers TV«.

In Schottland wurde ja ein komplettes Schaf geklont. Ein Hirte hatte Lust auf 'nen flotten Dreier.

Das Schäfchen »Dolly« ist ein identischer Zwilling der eigenen Mutter. Das können wir dem zweitem Baby von Michael Jackson nur wünschen.

So'n paar Forscherlein in den USA haben bereits erwachsene Rhesus-Äffchen geklont. Bedauerlicher Nebeneffekt: Die Affen können nichts sehen, nichts hören und nicht sprechen. Die geklonten Affen sind total gleich. Sogar ihre Flöhe sind dieselben.

## LEHRER

Zu meiner Zeit hat man einen Lehrer noch verprügelt, wenn er frech wurde!

Ich wollte mal Lehrer werden. Aber meine Mitschüler waren dagegen.

Fast jeder dritte Lehrer in Deutschland ist über 50. So wie jeder dritte Student.

Ist doch toll, sehr alte Lehrer zu haben. Mit etwas Glück kratzen die mitten im Schuljahr ab.

Ich hatte immer ziemlich junge Lehrer. Besonders in der Oberstufe waren manche sogar jünger als ich.

Ich hatte immer ziemlich alte Lehrer. Jedenfalls sahen sie sehr alt aus, wenn ich mit ihnen fertig war.

Das hohe Durchschnittsalter der Lehrer ist echt ein Problem. Ich kenne Kinder, die lernen in der Schule noch, daß wir bis zum Endsieg durchhalten müssen.

Pensionierte deutsche Lehrer sollen nach Polen und in die Tschechei gehen, um dort zu lehren. Oh je, hoffentlich behandeln die Polen und Tschechen Gastarbeiter besser als wir.

## LEHRLINGE

Wolfgang Schäuble will deutschen Schülern in der Schule »mehr Werte vermitteln«. Klar, Werte sind ja auch leichter zu vermitteln als Ausbildungsplätze.

Es herrscht ein extremer Lehrstellenmangel. Irgendwie treffe ich nie die Leertaste.

Im Hotel- und Gaststättengewerbe bricht Panik aus: Es gibt kaum noch Lehrlinge. Oh Gott, hoffentlich muß man jetzt für die unterbezahlte Drecksarbeit keine Gastarbeiter holen!

## MATHEMATIK

Mathe war immer mein Hauptproblem, besonders in der Oberstufe. Mein Lehrer sagte immer: »Das braucht ihr alle bis zum Abitur«. Ja, und dann nie wieder.

Bei Mathe lernt man so viele nützliche Dinge. Wieviele, weiß ich nicht, ich kann nicht bis 1 zählen.

Deutsche Kinder können nicht rechnen. Es sei denn, es geht um die jährliche prozentuale Ost-West-Angleichung des Taschengelds.

Kinder verlernen das Rechnen bei diesen dummen Computerspielen. Zu meiner Zeit mußte man seinen Highscore noch selber zusammenaddieren!

## MOND

Bei dieser Gelegenheit eine wichtige Mitteilung im Namen der Emanzipation: Der Mann im Mond ist in Wirklichkeit 'ne Frau!

Ich habe eine Uhr, die die Mondphasen anzeigt. Leider geht sie um einen Halbmond nach.

In Rumänien verwandeln sich Menschen in Werwölfe beim Anblick des Mondes. In Deutschland tritt der selbe Effekt ein beim Anlick von Heiner Bremer.

US-Forscher haben auf dem Mond einen See aus Eis entdeckt. Na toll, die Wintersportindustrie hat eine neue Attraktion!

Es wurde Wasser auf dem Mond entdeckt. Endlich haben die Forscher auf dem Mond eine Bodenressource gefunden, die man ausbeuten kann!

Die Forscher sagen, das Wasser auf dem Mond kann z.B. als Treibstoff eingesetzt werden. Sagt mal, kann es sein, daß uns die Raumfahrtindustrie etwas Wichtiges verschweigt?

Japaner wollen ein Hotel auf einer Weltraumstation bauen. Name des Hotels: »Holiday Out«. Die Übernachtungskosten liegen bei 138.000 DM pro Nacht. Der Witz ist: Da draußen gibt's nichts anderes als Nacht.

Auf dem Mond soll ein Hotel entstehen. Die Übernachtung kostet nichts, aber die Rückfahrt ist im Preis nicht mit inbegriffen.

Ein Amerikaner hat seinen Anspruch auf den Mond registrieren lassen und verkauft ihn seitdem Stück für Stück. Denn Amerika selbst gehört ja schon den Japanern und Arabern.

## NACHHILFE

Für Nachhilfe werden in Deutschland wöchentlich 30 Mio DM ausgegeben. Die Eltern von dem Kind sollten mal langsam die Realität zur Kenntnis nehmen.

Jeder 5. deutsche Schüler kriegt Nachhilfeunterricht. Als ob die in der Schule nicht schon genug lernen müssen, jetzt werden sie auch noch im Nachhelfen unterrichtet.

Die gewinnorientierten Nachhilfeschulen schießen wie Pilze aus dem Boden. Es besteht die Gefahr, daß gute Bildung zu einem Privileg wohlhabender Elternhäuser wird. Unsinn. Reiche brauchen keine Bildung, die haben Geld.

## NOBELPREIS

Ein deutscher Molekularbiologe bekam letztes Jahr den Nobelpreis für Medizin. Wofür? Hat er vor 500 Jahren das Heftpflaster erfunden? Ich meine, die brauchen ja immer etwas lange in Stockholm.

Bill Clinton ist ja 1998 für den Friedensnobelpreis nominiert worden. In der Begründung hieß es: »Niemand außer Clinton hat in seinem Leben so viele Frauen befriedet.«

Günter Grass erhielt letztes Jahr den Nobelpreis für eklige Schnauzbärte. Ach Quatsch, für Literatur. Tschuldigung.
Der Nobelpreis für eklige Schnauzbärte ging an Wolfgang Petry.

Benjamin Netanjahu war ja der erste Preisträger einer neuen Kategorie: des Kriegsnobelpreises.

## PHILOSOPHIE

Ich denke, also bin ich im falschen Land.

In der Philosophie geht es hauptsächlich darum zu erklären, warum man nichts erklären kann.

Nietzsche war ein syphiliskranker, geisteskranker Frührentner. Er gilt als Deutschlands größter Denker.

## PHYSIK

Physik habe ich in der Schule echt geliebt. Leider wurde meine Liebe nicht erwidert.

Ich wollte gerne Physiklehrer werden. Ich hatte mir sogar schon eine Peitsche und Daumenschrauben gekauft.

Physik lernt man wirklich fürs ganze Leben. Sonst weiß man ja gar nicht, WIESO man beim Stolpern auf die Schnauze fliegt.

## PRÜGELSTRAFE

70% der Deutschen glauben an die Wirksamkeit von Schlägen. Nur nicht Axel Schulz.

Meine Eltern haben mich nie geschlagen. Die Drecksarbeit haben sie meiner Oma überlassen.

Kinderschlagen wird bald verboten. Also, liebe Kinder, haltet euch zurück!
Es kann schwere Folgen haben, wenn man seine Eltern verprügelt. Am Ende macht euch dieses Schockerlebnis noch zu - würg - Pazifisten!

Meine Eltern haben mich nie geschlagen. Sie wußten, daß es mir gefällt.

25% der Deutschen fordern, jede Art körperlicher Züchtigung zu verbieten. Stattdessen soll man den Kindern G.G.-Anderson-Platten vorspielen, bis sie heulend zusammenbrechen.

25% der Deutschen fordern, jede Art körperlicher Züchtigung zu verbieten. Das sind die Eltern, die selbst noch Kinder sind.

Ich bin gegen die Prügelstrafe. Ich bin eher ein Mann der chinesischen Wasserfolter.

## RAUMFAHRT

→ *Außerirdische*
Fachleute glauben, daß der erste Mensch in weniger als 25 Jahren den Mars betritt. Toll! Und wann betritt der erste Mensch die Sonne?

US-Astronauten haben früher Sex-Stellungen im Weltraum geübt, um die Möglichkeiten der Fortpflanzung in der Schwerelosigkeit zu testen. Na klar, SOLCHE Experimente machen sie NICHT mit Ratten!

Die NASA hat Berichte über angebliche Sex-Experimente im Weltall zurückgewiesen. Sex-Experimente fänden bei der NASA grundsätzlich nur in der Bodenkontrollstation statt.

An Bord einer russischen Test-Raumstation soll es zu Tätlichkeiten und sexuellen Übergriffen gekommen sein. Aaaach, was soll das, diese Astronautinnen wollen das doch, so wie die angezogen sind...

Die Asche des Kometenforschers Eugene Shoemaker wurde von der Forschungssonde »Lunar Prospector« ins Weltall gestreut. Wahnsinn, die Amerikaner geben soviel Geld aus, nur für einen Salzstreuer.
Shoemaker hatte immer davon geträumt, auf den Mond zu kommen. Von da aus kann man prima auf die Erde runterpissen.

Eugene Shoemakers Komet ist ja mit dem Jupiter zusammengeprallt. Damit hat er mehr erreicht als die meisten James-Bond-Bösewichte.

Ich nehme Wetten entgegen: Auf welchen Kontinent stürzt die Raumstation Mir ab?

In der Raumfahrt gewinnt man wichtige Erkenntnisse, z.B.:
- Schwerelosigkeit macht Spaß!
- Ganz schön kalt im Weltraum – warm anziehen!
- Du liebe Güte, die Sterne sind ganz schön weit weg.
- Man sollte im Raumanzug nicht rauchen.
- Außerirdische schmecken scheiße

Raumfahrt kostet wirklich zuviel. Wenn sich der Sprecher beim Countdown verzählt, kostet das schon fünf Millionen Mark.
Aber vielleicht ist es immer noch besser, die Kosten explodieren statt der Raumschiffe.

## RECHTSCHREIBREFORM

Die Rechtschreibreform zerstört angeblich »die Einheit unserer Schriftsprache«. Was soll's, unsere Schriftsprache existiert doch sowieso nur auf dem Papier.

»Glücksrad« läuft bekanntlich seit über 10 Jahren. Die Show hat ja sogar die Rechtschreibreform in weiten Teilen voraus geahnt.

Namhafte deutsche Langweiler – Verzeihung- SCHRIFTSTELLER haben zum Boykott der Rechtschreibreform aufgerufen. Kein Problem. Die meisten Deutschen boykottieren die Rechtschreibung sowieso schon ihr Leben lang.

Zu den Aufrufern gegen die Rechtschreibreform gehörten u.a. Günter Grass und Martin Walser. Was soll das? Die können ja nicht mal ihre eigenen Namen richtig schreiben! »Gras« schreibt man nur mit einem »s«, und »Walzer« nicht mit »s«, sondern mit »z«!

Die Bundesländer konnten sich untereinander nicht auf einen gemeinsamen Starttermin für die Reform einigen. Bayern benötigte für Computer-Umstellung und Personal-Schulung mehr Zeit. Es ist schwer, den Leuten beizubringen, daß alles, was sie in der Schule nicht gelernt haben, jetzt plötzlich anders ist.

Die Rechtschreibreform kostete den Steuerzahler 77 Mio DM, und das nur, damit er so weiterschreiben darf, wie er es sowieso immer getan hat.

Was mich irritiert hat: Die Österreicher machen auch mit. Ich wußte gar nicht, daß die Rechtschreibregeln haben.

Im neuen Duden sind alle Änderungen rot angestrichen. Rot angestrichen? Waren es nicht diese Dinge, die man damit vermeiden wollte?

Rechtschreibung ist das, was das Kind vom Manne trennt.

Für mich war Rechtschreibung in der Schule nie ein Problem. Die Lehrer konnten meine Handschrift sowieso nicht lesen.

## SCHULE

*→ Abitur; → Lehrer; → Nachhilfe; → Prügelstrafe; → Sportunterricht; → Zeugnisse*

Ich schicke meine Kinder auf die Waldorf-Schule. Dann kann ich ihnen wenigstens noch bei den Hausaufgaben helfen.

Der Bund der Waldorfschulen hat Rassismus- und Antisemitismus-Vorwürfe vehement zurückgewiesen. Trotzdem: Ich boykottiere von nun an Waldorfschulen! Ich mache meinen Schulabschluß woanders!

Vor allem aufgrund des drastischen Geburtenrückgangs gibt es immer weniger Schüler in Deutschland. Außerdem sagen sich viele Kids: Hey, wozu brauch ich Schule? Ich werd einfach Viva-Moderator!

Einem Zuwachs an Schülern im Westen steht eine deutliche Abnahme in Ostdeutschland gegenüber. Tjaha, die Ossis sind halt auch ohne Schule schlau genug. Außerdem kriegen sie ja sowieso keinen Job, also - so what?

Freie Waldorfschulen verzeichnen einen starken Zuwachs. Oh, das ist sehr gut für unsere Volkswirtschaft. Wenn wir neben den Japanern bestehen wollen, müssen wir unbedingt mehr cello-spielende Landschaftsgärtner hervorbringen.

Mehr als ein Drittel aller Schulkinder geht ohne Frühstück zur Schule. Ein weiteres Drittel geht ohne Schulbücher zur Schule. Und das letzte Drittel geht spielen. Mit leerem Magen ist man angeblich nicht so gut in der Schule. Dann kann man später höchstens noch Modell oder Prinzessin werden.

In Amsterdam, diesem Drecksnest in unserer westlichen Kolonie, gibt es ein neues Schulfach namens »Liebeskunde«. So was brauchen wir in Deutschland nicht, wir haben ja den »Schulmädchenreport«.

Bei der »Liebeskunde« sollen die Kinder lernen, wie man mit der Liebe umgeht. Weil, bisher schlagen die holländischen Jungs die Mädchen einfach nieder und zerren sie ins Gebüsch.

Zu meiner Zeit trug ich 'ne Schuluniform. Ich hab das aber bald gelassen. Hauptsächlich, weil ich der einzige in der Schule war, und immer so komisch angeguckt wurde.

Die Schuluniform soll das Gemeinschaftsgefühl stärken. Ja klar, genau wie im Gefängnis, da halten alle zusammen wie Pech und Schwefel!

Ich wollte als Kind mal eine Atombombe auf die Schule werfen. Aber da war ein Schild, das verstoße gegen die Schulordnung.

In Brandenburg gibt es das Schulfach »Lebensgestaltung, Ethik, Religion«. Die Klassen werden hierbei getrenntgeschlechtlich unterrichtet: Bei Lebensgestaltung lernen die Mädchen Kochen, Staubsaugen, Windelnwickeln, und die Jungs lernen Arschkriechen, Überstunden und Schlangestehen vorm Arbeitsamt.

Als Kind wollte ich immer Zeigeruhren. Denn man kann die Verspätung in der Schule nicht damit rechtfertigen, daß die Digitaluhr stehengeblieben ist.

## SONNE

→ *Sonnenfinsternis*

Die Sonne kommt einfach nicht raus. Naja, würden Sie rausgehen, wenn das Wetter so scheiße ist?

Die Sonne läßt die Ozonwerte bei uns stark steigen. Zu dumm, ich habe meine Ozon-Aktien gerade verkauft.

Sie wissen ja, daß die Deutschen im Sommer fast alle wegfahren. Eigentlich komisch, schließlich scheint die Sonne im Sommer am meisten. Das ist, als ginge man ins Kino und verläßt es, wenn der Film anfängt.

## SONNENFINSTERNIS

Eine Sonnenfinsternis ist, wenn sich der Mond zwischen Sonne und Erde schiebt. Dann hat die Erde 'nen Schatten.

Während der Sonnenfinsternis soll man auch die Venus gut erkennen können. Ach, deshalb schalten Gynäkologen immer das Licht aus.

Nostradamus soll vorausgesagt haben, daß bei einer Sonnenfinsternis ein »großer Schreckenskönig« vom Himmel kommt. Ach du Scheiße – wird dann Berti Vogts wieder Nationaltrainer?

Einige der Schutzbrillen, die es bei der letzten Sonnenfinsternis zu kaufen gab, waren defekt. Ich hab so ein Ding aufgesetzt – und hab überhaupt keine Sonnenfinsternis gesehen!
Geschweige denn diesen Laternenpfahl.

## SOZIALWISSENSCHAFT

Niemand weiß genau, was Sozialwissenschaft eigentlich ist. Und sobald ein Student es herausgefunden hat, wechselt er das Fach.

Frauen studieren angeblich zu oft Sprach- und Sozialwissenschaften. Ich habe diese Fächer damals auch nur belegt, um Weiber aufzugabeln.

Das soziale Umfeld ist für Kinder angeblich gar nicht so wichtig. Viel wichtiger ist das asoziale Umfeld.

## SPORTUNTERRICHT

Bei Leichtathletik habe ich immer auf dem Pferd versagt: Das Ding wollte sich nie auch nur einen Millimeter bewegen. Ich hab's dann irgendwann erschossen.

In Bayern gibt es weniger Sportunterricht in den Schulen. Ich hätte nie geglaubt, daß es überhaupt jemals welchen gab. Abgesehen von Kampftrinken.

Leichtathletik fand ich immer furchtbar in der Schule. Ans Reck mußte ich Gott sei Dank nie. Das war immer zu hoch für mich.

## STUDENTEN

→ *Studiengebühren*

Viele verbringen auf der Uni die schönste Zeit ihres Lebens. Manche dehnen diese Zeit aus bis ins fünfzigste Lebensjahr.

Die sozialen Lasten für die Studenten sind zu hoch. Sie können kaum ihr Studentenfutter bezahlen.

Die Studenten müssen zuviel arbeiten. Das sieht man daran, daß die Hälfte von ihnen bei den Vorlesungen schläft. Und zwar zuhause.

## STUDIENGEBÜHREN

Es werden keine Studiengebühren eingeführt. Stattdessen müssen die Studenten jeden Tag die Autos der Professoren waschen.

Kleines doofes Wortspiel zum Thema Studiengebühren: Gebt denjenigen Studien, denen Studien gebühren.

Die FDP fordert Studiengebühren. Damit ihre Bälger auf der Uni nicht von irgendwelchem Proletenvolk belästigt werden.

Die Schulgebühren in Eton betragen pro Jahr 43.500 DM. Du lieber Himmel, da muß man ja als Schüler 20 Stunden pro Tag kellnern, um das wieder reinzuholen.

## UNIVERSITÄTEN

→ *Studenten;* → *Studiengebühren*

Nach dem Abitur gehen alle zur Uni, zum bafögeln.

Im Playboy gab es mal einen Artikel über die Unis, in denen am meisten gevögelt wird. Spitzenreiter der Hitliste ist die Uni Frankfurt. Da wird während der Vorlesungen immer das Licht ausgemacht.

In Stuttgart wurde ein Uni-Professor wegen sexueller Belästigung verurteilt. Er muß ein Semester wiederholen, bis er's richtig kann.

## ZEUGNISSE

Meine alten Schulzeugnisse sind inzwischen nur noch Zeugnisse einer verschwendeten Jugend.

Ich bin so oft sitzengeblieben, als ich endlich mit der Schule fertig war, bekam ich kein Zeugnis, sondern eine große Torte.

Bald gibt's Zeugnisse. Am besten fahren Sie die nächsten Wochen nicht mit der Bahn. Diese Kinder, die sich vor den Zug schmeißen, halten ständig den Betrieb auf.

INDEX

GRAFFITI ART
SPRAY CITY
GRAFFITI IN BERLIN
Graffiti Art
Deutschland – Germany
Graffiti Art
BAND 2:
Süddeutschland und Schweiz
WRITING IN MÜNCHEN
GRAFFITI ART #3
GRAFFITI ART #4
RUHRGEBIET – RHEINLAND
GRAFFITI ART #5
FRANKFURT / MAIN
UND RHEIN-MAIN-GEBIET
GRAFFITI ART #6
BERLIN UND NEUE LÄNDER
GRAFFITI ART #7
NORDDEUTSCHLAND
GRAFFITI ART #8
DEUTSCHLAND
FIGUREN & CHARACTER
GRAFFITI ART #9
GRAFFITI AUF
WÄNDEN UND MAUERN
GRAFFITI ART #10
STYLES
GRAFFITI ART 11
GRAFFITI IN PARIS
12 Bände porträtieren die Graffiti Szene in Deutschland und Europa. Alle Titel haben ca. 150 Seiten, sind durchgehend farbig illustriert und kosten jeweils 49,80 DM

JUGEND, MUSIK, SZENE, MEDIEN, KULTUR
Frank Schäfer
KULTBÜCHER
PETER MATZKE • TOBIAS SEELIGER
Gothic!
GEDD' IT ?!
GRAFFITI ART 11
GRAFFITI IN PARIS
MARCEL FEIGE
DEEP IN TECHNO
DIE GANZE GESCHICHTE DES MOVEMENTS
Marlies Menge
Spaziergänge
THE BOYS ARE BACK IN TOWN
SCHWARZKOPF & SCHWARZKOPF
Keine Macht für Niemand
POCHOIR
DIE KUNST DES SCHABLONEN-GRAFFITI
Der Musiker Guide
BEI UNS GEHT EINIGES
DIE DEUTSCHE HIPHOP-SZENE
Matthias Gründer
SOS im All
Pannen, Probleme und Katastrophen der bemannten Raumfahrt
Schwarzkopf & Schwarzkopf

## DER AUTOR

Falko Amadeus Rademacher, Jahrgang 1974, liebt und lebt in Köln, u.a. für die Harald Schmidt Show, wenn er nicht gerade in einem seiner exklusiven Apartments in New York, London oder Castrop-Rauxel weilt. Über sich selbst schreibt der streng kannibalisch lebende Sunnyboy am liebsten in der dritten Person, zumeist in Form von kurzen Klappentexten. Ansonsten fabriziert er bedingt witzige »Texte« für TV, Radio und Printmedien, die ihn dafür großzügig mit Essensmarken und Klopapier bezahlen. Bis er sich für einen richtigen Beruf entscheidet, studiert und vegetiert er unverdrossen am Existenzminimum herum. Ansonsten ist er unheimlich nett und bereitet weitere Bücher vor

## IMPRESSUM

Falko Rademacher: Das zynische Gag-Lexikon
Das universelle Kompendium des respektlosen Humors
ISBN 3-89602-278-4


## VORSICHT, SATIRE!

Dieses Buch versteht sich als Satire im Sinne des Gesetzgebers.

## KATALOG



## INTERNET



## E-MAIL